了凡领导力

葛升（字：书竹）◎著

华龄出版社
HUALING PRESS

图书在版编目（CIP）数据

了凡领导力：/ 葛升著 . -- 北京：华龄出版社，2023.3

ISBN 978-7-5169-2475-4

Ⅰ . ①了… Ⅱ . ①葛… Ⅲ . ①领导学 Ⅳ . ① C933

中国国家版本馆 CIP 数据核字 (2023) 第 037954 号

策划编辑 张 杰　　**出版统筹** 周海霞

责任编辑 郑 雍　　**责任印制** 李未圻

书　名	了凡领导力	**作　者**	葛 升
出　版 **发　行**	华龄出版社 HUALING PRESS		
社　址	北京市东城区安定门外大街甲 57 号	**邮　编**	100011
发　行	（010）58122255	**传　真**	（010）84049572
承　印	香河县宏润印刷有限公司		
版　次	2023 年 3 月第 1 版	**印　次**	2023 年 3 月第 1 次印刷
规　格	710mm × 1000mm	**开　本**	1/16
印　张	28.5	**字　数**	410 千字
书　号	ISBN 978-7-5169-2475-4		
定　价	131.00 元		

自序 Preface

2012年初夏，我正在长沙讲课，偶然在微信朋友圈看到一个《了凡四训》公益课程的开课链接，我便报名参加了课程。三天课程学习下来，我既非常感动，也非常羞愧。

感动于袁了凡在家训中对子孙的谆谆教诲，感动于老师公益讲课近百期仍然在始终如一地坚持，感动于课程中每一个义工都在无私地奉献，感动于自己能有如此善缘遇见《了凡四训》。

羞愧于我年近四十才初次听闻《了凡四训》，羞愧于我身为一个南京人在听到“问道栖霞”时，竟然以为“栖霞”是烟台苹果的产地栖霞市，羞愧于我当下对于中华优秀传统文化认知的浅薄。

子曰：“四十而不惑。”学完课程后，我认真回顾了自己前半生的生命历程，发现自身的很多经历与《了凡四训》竟然如此地契合相应。

我的老家泗阳县，是著名白酒“洋河蓝色经典”的产地，我和泗洪县的陈光标、宿豫区的刘强东同属苏北宿迁人。相比富庶的苏南地区，整个苏北地区的经济、交通等各方面发展一直大幅落后于苏南，三十年前更是如此，直到几年前，宿迁地区才通了第一条铁路。

《易》曰：“穷则变，变则通，通则久。”家乡虽然贫穷，但个人志向不能穷，尤其是思想更不能穷，越穷越要思变，不能选择躺平。俗话说：“要想富，先修路。”贫穷地区之所以穷，关键是人思想观念上有很多堵塞不通。一个人要想改变命运，必须冲出自我的舒适地带，替换自己的落后观念。只有自己的观念变了，生命的天地才会更广阔。

1994年，那时还没有人才市场，求职也不像今天如此方便。因缘际会，我无意中看到《扬子晚报》刊登的一则豆腐块大小的招聘广告，便辞掉了安逸的国企工作，带了二百六十块钱和两套换洗衣服，只身去到上海闯荡，并在1996年辗转来到南京工作与生活。从1996年开始持续学习，接连取得CPA（中国注册会计师）、CTA（中国注册税务师）、MBA（工商管理硕士）等多张资格证书。

2000年，我在南京安家。2009年，因为报名参加一个课程学习的善缘，得到了当年公司总裁徐勤虎先生为我投资千万而进入了教育培训界。十几年来的苦乐参半，一路走到今天，能够成为今天的自己，并有幸走遍全国传播中华优秀传统文化，也可以说是类似了凡的生命逆袭了。

读到《六祖坛经》后，我相信了“宿昔有缘”之说。2011年11月2日上午，我在厦门南普陀寺发愿：我愿终身传播中华优秀传统文化，支持一千万个家庭拥有幸福喜悦的精彩人生。

坦率地说，当时的我，刚从成功学转型不久，根本没有能够拿得出手的国学课程。虽然已经发了愿，但是内心还是一片迷茫，根本不知道未来自己生命的走向。

孙正义说：“最初所拥有的只是梦想和毫无根据的自信而已，但是所有的一切都从这里开始。”

2012年仲夏，我复训了一次《了凡四训》。学完返回南京后，我给自己做了一个决定——线下开讲《了凡领导力》公益课程。

《了凡四训》这本书原名《诫子文》，是袁了凡先生写给他儿子袁天启的家训。中国历史上有许多家训，大部分都是只讲智慧之理，却鲜有讲授落地实操的方法。《了凡四训》之所以能被很多人喜爱并学习，除了所说道理通俗易懂之外，关键在于它是一本极具实操性的EMBA教科书级的家训——有理论、有方法、有案例、有案例分析与总结。

除了《了凡四训》内容深中肯綮又通俗易懂外，《了凡领导力》公益课程能够顺利开办到今天，首先要感谢桂亮兰、张春芳两位企业家的大爱接引，在她们二位的大力推荐下，得到了南京兰夫赢德董事长张博皓先生的支持，于2013年初在南京举办了第一期线下课程。说来也巧，第一期课程举办地名叫：南山湖。我们中国人常说“福如东海，寿比南山”，愿《了凡领导力》公益课程未来能够支持到更多的有缘人，越办越好。

“了凡领导力”第一期课程

不忘初心，方得始终。

2010年去深圳游学，住在大梅沙，与我同住一室的萧灏兄非常热情，在他的建议下，我把自己主讲的系列课程命名为“喜悦人生”。

从2013年初第一期《了凡领导力》线下课程顺利举办开始，截止到2021年底，《了凡领导力》课程已经圆满举办超过70期。九年时间，每年要举办8期左右线下公益课程。

为了更广泛地传播《了凡四训》这部家训经典，从2017年开始，“喜悦人生”每年都会举办一次为期十四天的《了凡传承师资班》公益课程（疫情期间未开班），已累计培养了43名了凡传承师，其中的优秀者如王圣灵、刘泤菡、王萍、柴坤宏、王小会、路婕、马雪良、窦少春等同学均已登上了国学讲台。

到2022年，“喜悦人生”已经走过了整整十一年，经过这十一年的成长与发展，“喜悦人生”已经拥有了体系化的国学经典品牌课程：

（1）问道：《了凡领导力》　（2）行道：《行善的力量》

（3）明道：《了凡传承师资班》　（4）禅道：《修身智慧》

（5）王道：《辩才无碍·能量演说》（6）商道：《金刚生意经》

（7）见道：《金刚经私塾课》　（8）传道：《金刚传承导师班》

《了凡传承师》国学经典课程

十几年以来，“喜悦人生”系列国学经典课程已经在线下成功举办了数百场，加上线上课程，受众已近二十万人。我为什么能够实现生命的逆袭与转型？我为什么能够得到众多贵人的大力支持与帮助？

一切都是《了凡四训》的指引。

一个人前半生与后半生的分界线在哪里？就在自己“做决定”的一瞬间。命运的改变，其实就从自己起心动念的一刹那开始了。

动念即是到达，发心就是一切。

只要我们真心发下大愿，生命中所有的美好，就都准备为我们精彩呈现了。最重要的事情在于——我们做出决定了吗？我们真的准备好改变命运了吗？这才是值得每个人思考的关键问题。

回首来时路，我无限地感恩、感谢与感激。我将持续不断地提醒自己，在传播中华优秀传统文化的道路上，不惧艰险，砥砺前行，绝不辜负自己2011年在南普陀寺发愿时的初心。

辞暮尔尔，烟火年年。十一年前，我不知道《了凡四训》的根源祖地在南京的栖霞山。今天，同样还有太多人不知道，不仅外地人不知道，很多南京人亦经常表示“从未听说过”。

2020年8月8日，我再次于栖霞古寺发愿，此生培养1000名“了凡传承师”，推动在南京栖霞山建一座“中华善文化园”，同时建一所能够传承千年的“了凡书院”，让世界上所有《了凡四训》的爱好者有机会“问道栖霞”，与了凡善文化的根源祖地连根养根，根深叶（业）茂。

是为序。

葛升（字：书竹）

2022年1月5日 小寒 于南京

了凡領導力

壬寅初夏 隆相

中国首善陈光标先生寄语

积善之家，必有余庆。人人学了凡，世界更美好。传播了凡善文化，让天下人幸福喜悦。

2022年5月5日·立夏 于南京

陈光标先生

陈光标，中共中央、国务院、中央军委两次表彰的全国抗震救灾英雄模范，全国道德模范、全国劳动模范、全国五一劳动奖、中华慈善总会荣誉副会长、CCTV中国年度经济人物年度人物大奖、中企会副会长、中国光盘行动发起人、全国97个市县荣誉市民，其江苏黄埔再生资源利用有限公司坚持将每年60%以上的净利润投入到环保与教育事业。

目录 Contents

第五章　了凡成圣方程式

第一章 绪论

01 相信是相信者的通行证

《了凡四训》四篇文章汇编成书于1601年（辛丑年），距今已有420多年了。《了凡领导力》课程自2013年初开课，现在已经在中华大地上开花了：北到哈尔滨、南到深圳、东到上海、西到乌鲁木齐，参加课程学习的同学除了国内的，还有来自日本、马来西亚等地的同学。

前几年我经常去山西五台山讲课，一年之中往往会在五台山住上个把月。时间长了，对五台山的情况也略有些了解。在新冠疫情发生之前，每逢节假日，尤其是农历初一与十五，塔院寺大白塔边上的五爷庙香火极其旺盛，可谓是人山人海，门庭若市。绝大多数烧高香的人都是为了在菩萨面前求点事，大概都是祈求自己及家人诸事顺利之类的。这些现象看多了，就会明白一个现实——过得顺利的人真不太多。绝大多数人都是觉得自己过得不太顺心，才到菩萨面前祈求诸事顺意的。

为什么会诸事不顺

“事不顺”只是个表象，是什么导致事不顺才是关键。究竟是什么原因导致了事不顺呢？答案是：人不和。

我们中国人特别强调“和”，“和”在传统文化中具有极其重要的地位。《孟子·滕文公上》有：“使契为司徒，教以人伦：父子有亲，君臣有义，夫妇有别，长幼有序，朋友有信。”五伦关系圆融，诸事就会顺利。家庭要追求“和睦”，家和万事兴。经商要“和气”待人，和气才能生财。社会要“和谐”，和谐才能共富共荣。

不过，“人不和”还是表象。那又是什么导致了人不和呢？心不悦。

“心不悦”是指人的内在能量低。一个低能量的人，必然经常产生各种负面情绪。身体是人最忠诚的朋友，它帮助人贮存所有的情绪，提醒我们要真实面对自己的内心，要处理好自己的情绪，否则就会以攻击自己器官（消化系统、皮肤、内脏器官是重灾区）的方式，来消化贮存的诸多情绪，最终会导致身体不适与各种疾病的产生。

人为什么会“心不悦”？因为“路不对”——自己所走的生命道路不对。

不少人整天浑浑噩噩的，甚至哭着喊着要“躺平”，分不清什么是自己想干的事，什么是自己该干的事，什么是自己能干的事。经常处于歌中所唱的状态：“有时间的时候，我却没有钱；有了钱的时候，我却没时间。”当一个人生命道路不明确时，内在心理状态往往是纠结的，甚至是扭曲分裂的。身心如果长时间不能合一，必然导致“心不悦”的负面连锁反应。

一个把生命道路走错的人，通常会在生活与工作中，呈现出五种低能量状态：一、好累：身心倍感疲倦；二、好忙：整天忙得要死；三、好烦：心情容易烦躁；四、好苦：郁闷不乐痛苦；五、好惨：结果诸事不顺。

很多人把生命中出现不想要的结果定义为“倒霉”，却忽略了这些倒霉事件出现的意义是什么。其实，每一个“倒霉”都是有价值的：

首先，“倒霉”是因为“道没”。我们没在自己该走的生命正道上。我们当年都学过一篇寓言故事叫《南辕北辙》，这个故事说的就是正确把握生命方向的重要性——方向不对，努力白费。

其次，“道没”就要问自己“倒没”？当我们在生命中撞到南墙、此路不通时，要懂得接受不顺并及时调整前进的方向，甚至要有勇气一百八十度地向后倒车——我们向后倒车了没？我们调整方向了没？流水不争先，争得是滔滔不绝。当我们明白了善知进退的人生哲理，我们顺应了“倒霉”的提醒，发现了自己“道没”，进而能勇敢地向后倒车。

再次，“倒没”才能“导梅”。一百八十度地向后倒，才有可能把自己导入一条“梅花香自苦寒来”的修行大道，从此走上光明的未来。

最后，“导梅”必然“道美”。虽然在前行的道路上会遇到各种各样的挑战，但只要不忘初心，砥砺前行，最后必然能修至生命的美好境界——“道美”，体悟“夫唯不争，天下莫能与之争”的生命妙境，感受“人间有味是清欢”的淡然，进入“也无风雨也无晴”的欢喜，生命从此豁然开朗，自在光明。

纪伯伦说：“一个人有两个我，一个在黑暗中醒着，一个在光明中睡着。”我们要透过“倒霉”的事件，转念看到价值，唤醒在光明中沉睡的那个我，就能完成从“倒霉”到“道美”的华丽蜕变。

苦难是化了妆的幸福。

所有生命中的痛苦，都是为了让我们痛定思痛，进而唤醒那个在光明中沉睡的自己。

教育的本质在于唤醒。

可问题的关键是，你知道自己身处虚幻之中吗？所谓的外境现实，真能困住一个渴望改变命运的人吗？

历史上很多大成就者已经用行动告诉我们答案了，所谓的外境现实，只是一种幻象而已，它根本就困不住我们，唯一能困住我们的，是自己的信念与想法，这也叫“思路决定出路，想法就是活法”。

信念决定行为，行为决定结果。

一个人有什么样的信念，就会有什么样的行为，最后就有什么样的结果。信念是什么？信念就是坚信不疑的想法，是人们在一定认知基础上确立的对某种思想或事物坚信不疑并身体力行的态度。

一个人相信什么，就会吸引到什么，这就叫“心想事成”。

一个人怀疑什么，什么就会与他擦肩而过，这就叫“不信则无”。

一个人抱怨什么，什么事就会在他身上经常发生，这就叫“怕啥来啥”。

一个人面对机会与挑战时，相信自己能或不能，都是对的，匹配对应的行为后，最终的结果一定会像自己相信的那样呈现，这叫“信念决定结果”。

曾国藩列作子侄必读的第一本人生智慧之书

为了更好地理解“信念决定行为，行为决定结果”这种思考模式，下面我想给大家推荐一本书，在介绍这本书之前，我想先介绍与这本书有着千丝万缕联系的重要人物：

曾国藩是宗圣曾子的第七十世孙，是晚清时期重要的政治家与战略家。曾国藩的崛起，对清王朝的政治、文化、经济、军事等诸多方面都产生了深远的影响。在他的倡议下，清政府建造了中国第一艘轮船，建立了第一所兵工学堂，印刷翻译了第一批西方书籍，安排了第一批赴美留学生。曾国藩是中国近代化建设的开拓者，与李鸿章、左宗棠、张之洞并称为“晚清中兴四大名臣”。官至两江总督、直隶总督、武英殿大学士，封一等毅勇侯，谥号“文正”，后世称“曾文正”。

两江总督府就是今天南京的总统府，同治三年（1864 年）七月，曾国荃率领的湘军攻破天京（今天的南京），曾国藩担心功高震主惹来横祸，其弟曾国荃下令湘军对南京城烧杀劫掠，以自污方式自保。同年八月，曾国藩主动上奏，请准裁撤湘军两万五千人。

图1-1　曾国藩富厚堂

曾国藩的成功影响了整个湖南，激发了整体湖南人建功立业的志向，湖南自此更是人才辈出，正应了岳麓书院的名联所言：惟楚有才，于斯为盛。

曾氏家族的遗传基因完全没有异于常人之处，这点从曾国藩的父亲曾麟书以及曾国藩自己的科举之路就可以看出来。曾国藩家族从其祖父曾玉屏开始，就有一个改变家族命运的“科举梦”。曾国藩的父亲曾麟书，连考十七次，终于在43岁时考上了“秀才”，曾国藩也是连考了七次才考上。在第六次考秀才时，还因为文章写得“文理欠通”被“悬牌批责”。所谓“悬牌批责”，就是把他那次的考卷文章作为“反面典型”的范文，这在当时是一件极其难堪的事情，相当于一个儒生因为文章写得不好被全省示众。这件事对曾国藩的刺激很大，是他平生遇到的第一个大挫折。连续六次秀才考试的失利，以及被

“悬牌批责”的耻辱，如同一记响亮的重耳光，狠狠地打在了曾国藩脸上，同时也激起了曾国藩的耻心与斗志，让他确认了一个事实并悟出了一个道理：人如何弥补梦想与现实的差距？那就是必须要付出超越常人的努力！

除此之外，更重要的是，曾国藩此时遇到了一本改变他日后命运轨迹的书籍——《了凡四训》。他在读了《了凡四训》之后，旋即改号为：涤生。在《曾国藩治家全书·日记》中讲述了曾国藩改号“涤生”的原因：“涤者，取涤其旧染之污也；生者，取明袁了凡之言‘从前种种譬如昨日死；从后种种譬如今日生也’。”

事实证明，读懂了《了凡四训》，认识命运真相之后的曾国藩，不仅没有被“悬牌批责”的羞辱打垮，反而迎来了个人及家族命运的重要转折点。

公元1833年，曾国藩终于以倒数第二名的成绩考上了秀才。从这一年开始，曾氏家族的运气也被彻底地扭转过来：在考中秀才之后的第二年秋天，曾国藩乡试考中了举人；道光十八年（1838年），曾国藩成功登第，殿试位列三甲第四十二名，赐同进士出身；后成为了军机大臣穆彰阿的得意门生；在1840年到1849年的十年间，他更是获得七次升迁、连跃十级，官位高升至二品大员。此后，曾国藩又组建了湘军，在太平天国的战争中开启了自己波澜壮阔的人生。曾国藩的一生，最终被人评价为：立德立功立言三不朽，为师为将为相一完人。

不仅如此，曾国藩除了自己学习《了凡四训》之外，他还将该书列为曾家子侄必读的第一本人生智慧之书。由此可见，他对《了凡四训》的心悦诚服！

除了曾国藩以外，还有一个人和《了凡四训》有着极其密切的关系。我们都知道做企业难，做大企业更难，能做成世界五百强企业更是难上加难。所以，很多企业的领导者很少有想过并相信自己能够做出一家世界五百强企业。

深刻影响了日本经营之圣稻盛和夫的一本书

第二位和《了凡四训》有极深渊源的人，是个日本人，他的名字叫：稻盛和夫。稻盛先生是日本国宝级的企业家，他和松下创始人松下幸之助、索尼创始人盛田昭夫、本田创始人本田宗一郎，被一起尊称为日本“经营四圣”。

1932 年 1 月 21 日，稻盛和夫出生于日本鹿儿岛，毕业于鹿儿岛大学工学部，27 岁时创办了京瓷公司，目前是世界五百强。52 岁时，他又创办第二家企业——第二电信（KDDI），目前在日本是仅次于 NTT 的第二大通讯公司。京瓷和 KDDI 这两家公司都已经在稻盛的有生之年成为了世界五百强企业。

2009 年，已经 78 岁高龄的稻盛和夫正准备潜心佛学以安度晚年之际，世界第三大航空公司——日本航空公司因负债 1.5235 万亿日元（约合人民币 1220 亿）宣告破产。当时的日本航空是一家具有 58 年历史的企业，一度被视为“日本株式会社”战后经济繁荣的象征，是日本的国家“翅膀”。抱着“必须拯救这家公司”的信念，稻盛和夫接受了时任首相鸠山由纪夫的邀请，担任了日本航空的董事长，日本政府也因此给予了日航 3500 亿日元的资金援助。

从 2010 年 2 月 1 日稻盛和夫出任破产重建的日本航空公司董事长，到 2011 年 3 月底，共计 424 天的时间，便创造了该公司历史上从未有过的奇迹——利润额高达 1884 亿日元，是另一家航空公司“全日空”的三倍。因为已弥补了日航前一年约 1800 亿的亏损额，其实日航当年的盈利总额应该是 3600 亿日元，已经超过了日本政府为拯救日航援助的 3500 亿日元。而且，日航利润是在以下条件中创造出来的——因为宣告破产，日航的规模已缩小到原来的三分之二，销售额也缩小到前一年的四分之三了，日航这一年的乘客数量也低于“全日空”。更加不可思议的是，短短一年时间里，稻盛和夫领导下的日本航空创造了三项世界第一：利润额世界第一，准点率世界第一，客户满意度（服务水平）世界第一。2011 年，日本航空继续保持了良好的发展状态，当年的净利润高达 1866 亿日元。2012 年 9 月，日本航空公司在东京证券交易所再次上市，目前也是世界五百强企业。

我们很多人认为，能够做出一家世界五百强企业就已经是天方夜谭了，而稻盛和夫这一生不仅创造出两家世界五百强企业，又成功挽救了一家破产企业重新上市并成为世界五百强，他这一生不可思议地打造出了三家世界五百强企业，这份成就确实值得我们钦佩与赞叹！

为什么稻盛和夫先生经营企业会如此厉害？究竟是什么样的底层逻辑在支持他创造出如此大的经营成就呢？

在《成功的真谛》[①] 一书的第三章“向安冈正笃先生学到的经营秘籍”中，稻盛和夫明确地揭示了改变自己命运的秘密：“命运是可以改变的——《阴骘录》的启示”。在文章中，稻盛和夫详细讲述着自己的过往与感悟：

> 人的命运的确是与生俱来的，这叫作“天命”。可是，谁会遵照天命生活呢？那么，该怎样改变自己的命运呢？要想改变命运，就要行善。
>
> ……
>
> 人的命运是与生俱来的，这是天命，而不是宿命。安冈先生明确地告诉我们，人可以通过思想和行动来改变命运。我年轻时读《命运和立

① ［日］稻盛和夫：《成功的真谛》，裴立杰译，北京：中信出版社 2016 年版。

命》(后改名为《读〈阴骘录[①]〉》)一书，被这种说法深深地打动。《阴骘录》的作者是中国的袁了凡，他生活的时代相当于日本的丰臣秀吉时代，离现代并不遥远。

从这本稻盛和夫所著的《成功的真谛》一书中，我们清晰看到了《了凡四训》一书对稻盛和夫经营思想与生命轨迹的重大影响。

2009年，在一次专访中，主持人现场请教稻盛和夫："我们经常会说大的成功背后一定会有大的智慧，大家会觉得每个人都有私心，真正能做到稻盛和夫这样完全利他的人可能真的不多，这要从稻盛和夫先生一生的经历当中寻找答案，稻盛和夫先生一生充满坎坷，小时候曾经得过肺结核病，16岁还在读高中时就开始做纸袋生意以贴补家用，19岁报考医学失败，22岁参加帝国石油就职考试也失败了，大学毕业后参加工作，因为与上司发生矛盾冲突而下决心自己开创公司，开创公司也经历了日本经济中种种坎坷，之前说的石油危机、日元升值，企业高成本运营的挑战。稻盛和夫先生，大家认为您是日本经济界的传奇，现在是77岁高龄，能不能从您过往一生的经历和体会，谈一谈对人生经历的思索，如何做到像您所说的心胸阔达，大公无私?"

稻盛和夫借此再次讲述了《了凡四训》对他的重大影响，他说："确实，我的孩提时代是非常背运的一个人，小时候生活十分艰辛，为了供我读大学，哥哥、妹妹都放弃了学业。刚进公司的时候只是个陶瓷技术员，取得一定成就后，自己成立了京瓷公司。创办公司后，不断在思考我今后将要度过什么样的人生，在这一个思考过程中，我有幸邂逅了中国400年前一位袁了凡所写的《阴骘录》，我读完这本书以后，顿时得

---

① 《阴骘录》又名《了凡四训》《命自我立》，明代袁了凡所著，阐明"命自我立，福自己求"思想。

到了顿悟的感觉，原来人生是这样的。这本书中也写到人的命运虽然是天生就定的，但是并不是无法改变的宿命，而是可以改变的。现在看来，我的成就最终也验证了书中的道理。

袁了凡在《阴骘录》当中写道：每一个人的人生其实事先都已经被上天所注定的，大家都有各自的人生，每个人都会按照命运去度过自己的人生。但是人生当中肯定会遭遇到各种各样的经历，在遭遇到每次经历的时候，每个人心中怎么样去想，怎么样描绘自己的愿望，这种想法、信念会改变一个人的命运，在中国会把它称之为因果报应，也就是说如果你心中想的是好的事情，你做的事情是善事的话，肯定会得到好报。相反一个人如果居心叵测，做一些恶事，肯定会得到恶报。每个人要有关怀他人的慈爱之心，这样的话，你的命运肯定会转变。

所以我得到了启示，从此以后，我就认为必须要美化、净化自己的心灵。我是技术员出身，之后创立了京瓷公司，要从事经营的工作，但是我对经营的技巧是一窍不通的，有的只是我一颗纯净美好的心灵，最终我走过了一段非常辉煌的人生，这也验证了这样的道理。我不知道我一开始注定的命运是怎么样的，但是通过我不断地去美化、净化我的心灵，才有了今天的成绩。

我刚才所说的这番话，大家乍听起来觉得非常迷信，而且年轻人不太相信我刚才说的这些话，但是我认为刚才所说的这些内容非常重要。当然，在经营企业的时候，也需要经营者的智慧。我是一个技术员出身，我要不断地开发新产品，这是我的工作。之后我开始经营公司，也开展全球化的业务，这个时候就要具备全球化的眼光。但是，无论是产品的开发，还是全球化经营，其基础就是人的心灵。所以，要不断地美化自己的心灵，那么你的命运肯定就会发生改变，而且是朝着好的方向发生改变，这是真理。”①

通过上述稻盛和夫的故事，可以看出他和曾国藩一样，起初都不是很聪明，甚至表现得极其愚钝——曾国藩经历了六次考场失利，稻盛和夫也经历了工厂濒临倒闭发不出工资，员工士气低落，常常以罢工来宣泄，跟稻盛和夫一起进厂的四个大学生全部辞职走了，唯独稻盛和夫一个人选择了留下。

稻盛和夫心无旁骛，吃住都在实验室里。他不断进行新产品的试验，一次又一次地推倒重来，最后不可思议的奇迹发生了——知识和专业技术都极其欠缺的稻盛和夫，却搞出了世界领先的发明，给快要倒闭的工厂带来了生机。

渴望的程度，是一个人能力唯一真正的限制

稻盛和夫发现：人一旦对某个目标有强烈的渴望，并发疯地为之行动时，就会在人的脑海里形成一个清晰的意象，身边每件事情的发生都会坚定地指向那个意象。稻盛和夫体悟到超越现实的想象力和创造力产生的奇妙过程，他在知行合一之中，得到了一个极其重要的感悟：人的内在追求尽善尽美的渴望强度，决定了自己乃至一个组织前景的美好程度。当一个人对目标有着强烈且持续的渴望时，内在心灵就会如同佛家的观想那样，能够提前“清晰地看见”未来。这一点让很多不理解的人会觉得很玄、很神秘。稻盛和夫没有停留在灵感的顿悟上，而是带着觉知继续在实践中深入探索，最后总结出了一个“稻盛和

① 权静：《与日本“经营之圣”稻盛和夫先生谈人生和哲学》，网址：http://blog.sina.com.cn/s/blog_50660f140100dwcp.html.

夫成功方程式”[①]：

人生和工作的结果 =

思维方式 (−100 ～ +100) × 热情 (0 ～ +100) × 能力 (0 ～ +100)

稻盛先生说：“这个方程式是京瓷哲学的核心。它表达了思维方式的极端重要性。我自己长期以来，就是根据这个方程式做事的。并且觉得只有用这个方程式，才能解释自己的人生和京瓷公司的发展。”

在这个成功方程式中：

方程式中的“能力”，主要指遗传基因以及后天学到的知识、经验和技能，取值区间为：0–100；

方程式中的“热情”，是指人从事一件工作时所呈现出来的激情以及内心对成功渴望的状态，取值区间也是：0–100；

方程式中的“思维方式”，则指对待各种挑战时的心态、精神状态和价值偏好。取值区间为：“–100” – “+100”。

一个人和一个企业能够取得多大的成就，就是这三个因素的乘积。因为是三个数值的乘积，所以就有可能出现：一个“能力”极强的人，因为个人的工作“热情”数值较低，而导致最后的乘积数不会太高的结果。而一个先天资质不高“能力”较低，但却能以饱满的“热情”去面对人生和工作的人，最终也可以取得比先天资质好、“能力”强者更优异的成果。在这个公式中，最具决定性的指标是“思维方式”，因为这个指标的取值范围是从“–100”到“+100”的正负区间。有能力、有热情固然很重要，但思维方式不犯方向性的错误更重要。否则，即使“能力”与“热情”两个

① ［日］稻盛和夫：《成功的真谛》，裴立杰译，北京：中信出版社 2016 年版，P128。

指标取值非常高，如果“思维方式”的取值是个负数的话，最终的结果必然会是一个更大的负数。反之如果“思维方式”的取值是个正数，而且取值很高的话，最终的结果一定超级棒。

改变思维方式，改变自己的心智模式，未来的人生和事业一定会有180度翻天覆地的变化。这个成功方程式，既是稻盛和夫经营哲学的展示，也是他提拔干部和选聘员工的标尺。依据这个方程式出发，稻盛和夫坚持在公司中不用聪明人，不用一流大学毕业的学生，更不用有资深背景的人。在他看来：这些通常让人们引以为傲的东西，恰恰是专注做事的障碍。如果一个人不能调动全身的觉知和能量潜身于细节之中，就不会有持久的热情和深度思考的能力。他一再强调：“我希望人们铭记这个‘神秘预言’，人生与心意一致，强烈的意念将以一定的现象表现出来。”

晚清重臣曾国藩，以及现代日本经营之圣稻盛和夫，他们与《了凡四训》的渊源如此深厚，可见《了凡四训》这本书的价值巨大。我们一起来共同学习《了凡领导力》，目的就是要扩大心量，不仅是为了改变自己个人的命运而来，更是为了整个家族、企业乃至我们整个中华民族的伟大复兴而来。

02 思维运作模式的凡圣二分法

人有两种思维运作模式：一种是“从过去而来”，一种是“从未来而来”。

有人认为：等我有了钱，我就帮助他人。这样的思维模式，颠倒了“有钱”和“帮助人”之间的先后次第。现实生活中，一个不愿先帮他人的人，很难发大财。真正的富豪，都一定是先帮他人解决问题、满足他人需求的人，财富只是他们助人之后顺便得到的回报而已。我们很多人整天口口声声说“舍得”——先舍后得，可是一到具体操作时就变成了“得舍”——先得后舍。

成功者的思维运作模式与三大步骤

什么是“从未来而来”的人？我给大家讲一个范仲淹的故事：

范仲淹是北宋著名的政治家、思想家、军事家、文学家与教育家，苏州吴县人，字希文，因其死后谥号文正，所以人称“范文正公”。《岳阳楼记》流芳百世，令人感佩其“先天下之忧而忧，后天下之乐而乐”的博大情怀。

宋太宗端拱二年（公元 989 年），范仲淹生于徐州节度掌书记官舍。淳化元年（公元 990 年），其父范墉病卒于任所，其母谢氏在贫困无依的情况下，带着范仲淹改嫁给淄州长山（今山东邹平市）人朱文翰，继父朱文翰时任澧州安乡（今湖南安乡县）县令，亲自为范仲淹改姓名为朱说（yuè）。

范仲淹从小胸怀大志，以天下为己任。宋人吴曾的《能改斋漫录》记载了范仲淹小时候的一桩佚事：有一天，小仲淹遇到一位算命先生。他问：“我将来能做宰相吗？”算命先生看过卦相后表示不能。他又问：“那我能做个好医生吗？”算命先生对小仲淹很是惊奇，他觉得这孩子的问题好奇怪——宰相与医生，云泥之别。算命先生问小仲淹：“好男儿志在四方，你立志想做宰相，我可以理解；可是，你怎会突然又想做个医生，把自己的志向变得这么小呢？”小仲淹正色道：“男子汉大丈夫，不为良相，便为良医！我立志向学，是希望自己将来能够报效国家！而造福天下百姓的最大官职，莫过于做宰相。你既然说我做不了宰相，那能以自己平生所学施惠百姓的职业，莫过于悬壶济世。我若能做一个好医生，同样可以救治天下苍生！”算命先生听完大为撼动，脱口而出：“孩子，你有如此胸襟，未来定当为相！”

不为良相，便为良医。何为良相？尽心竭力治国安邦，为国为民鞠躬尽瘁，死而后已。何为良医？仁心仁术拔人于苦痛，大医精诚传承医道，慈悲济世。良相与良医两者所服务的对象固然不同，工作的内容更是大相径庭，但是，两者的共性都是“救”与“治”。下医医病，中医医人，大医医国，良相可济世，良医能救人，皆是敬天爱人、利国利民之职业，都是儒家“仁爱”精神的践行。

十几岁时，范仲淹意外得知自己的真实身世，知晓了先祖是唐代武则天时期的宰相范履冰。于是，他不顾母亲和继父的苦苦阻拦，只身前往应天府求学，拜当时著名学者感同文为师，学习经邦治国的知识，立志报国为民。范仲淹坚定相信自己可以改变命运，整日徜徉于圣贤经典的海洋，废寝忘食，乐在其中。因为贫困，为了节约开支，他每天早上提前熬好一锅野菜粥，等粥晾凉凝结之后，用刀划成四块，早晚各取两块拌着切碎的咸菜吃下饱腹。有不少出身富贵的同学怜悯他，私下送来一些精美饭菜，范仲淹全部婉言谢绝，坚持每天吃着难以下咽的食物。很多人觉得他不识抬举，范仲淹说：“由俭入奢易，由奢入俭难，我并非不领你们的好意，而是怕自己吃惯了你们给我的美味佳肴，就再也过不了吃糠咽菜的日子了。”同学们听闻之后，都深受震撼。

世界的模样，取决于我们凝视她的目光。如豆心灯，长须呵持，大夜弥天，亦可照亮。范仲淹曾给自己的贵人晏殊写过一首明志诗——《睢阳学舍书怀》，诗的最后两句是：“但使斯文天未丧，涧松何必怨山苗。”出身贫寒的学子如同长在山涧深处的青松，即使长得再高，也高不过那些出身富贵、可以尽情享受阳光雨露滋养的山顶小草。但是，只要天道没有彻底沦丧，深涧的青松就必有出头之日，无须抱怨天道的不公。

凡心所向，素履以往；生如逆旅，一苇以航。大中祥符八年（公元1015年），26岁的范仲淹以“朱说”之名参加科举考试，登蔡齐榜，中乙科第九十七名，进士及第，被任为广德军司理参军，官居九品。天禧元年（公元1017年），范仲淹升为文林郎、集庆军节度推官，他归宗复姓，恢复了自己原来的范仲淹之名。他历任兴化县令、秘阁校理、陈州通判、苏州知州、权知开封府等职，宋夏战争爆发后，康定元年（公元1040年），与韩琦共任陕西经略安抚招讨副使，采取“屯田久守”的方针，巩固西北边防，拔擢培养出狄青、种世衡、郭逵等有才干的将领，对宋夏议和起到了重要的促进作用。庆历三年（公元1043年），范仲淹被宋仁宗召回，授枢密副使，后拜参知政事，上《答手诏条陈十事》，发起了著名的“庆历新政”推行改革。次年新政受挫，范仲淹自请出京，历知邠州、邓州、杭州、青州。皇祐四年（公元1052年），他改知颍州，在赴任途中病逝，年六十三岁。宋仁宗亲书其碑额为“褒贤之碑”，后累赠太师、中书令兼尚书令、魏国公，谥号“文正”。

范仲淹一生文武兼备、智谋过人，无论其在朝主政、还是为国戍边，均清正廉明，刚正不阿。他领导的“庆历革新运动”，虽只推行一年有余，却开北宋改革风气之先，成为王安石“熙宁变法”的前奏。范仲淹次子范纯仁，亦是北宋名臣、政治家，官拜尚书右仆射兼中书侍郎（宰相），人称“布衣宰相”。

从未来而来的人，如蚌之含沙，未经苦难的刺痛，就不能温润出美丽的珍珠。范仲淹“先忧后乐”的价值取向，“不以物喜，不以己悲”的坚定意志，“居庙堂之高则忧其民，处江湖之远则忧其君”的责任担当，皆发端于其青少年时期“不为良相，便为良医”“划粥断齑”的自我砥砺。不经一番寒彻骨，怎得梅花扑鼻香？唯有经历过一番痛苦到濒死淬炼的人，才能够凡夫心死，圣人心活，破茧成蝶，凤凰涅槃。往事越千年，《岳阳楼记》最后一句的“噫！微斯人，吾谁与归？”即是范文正公穿越千年的感召宣言。

“从未来而来”的人，必然拥有一种领袖特质，“领袖”二字，一个是“领”，一个是“袖”，都是上衣的关键部位，稍有污垢所染，别人就能看到。所以，时刻保持这两个部位的洁净，体现了一个人对自身卫生状况的重视程度。对于追求建功立业来说，一个能够做到以身作则、率先垂范的人，就是拥有领袖气质的人。在身处艰难困境时，他们总能为大家描绘美好且光明的未来，俨然自己已经真实去到过一样。“从未来而来”人的事业，不是后来成功时才获得成功的，而是早就在心上建立了成功。

“从未来而来”运作模式的人，他们的常规思考模式分为“成为、行为、作为”三大步骤：。

1.TO BE——他们历事炼心，提前把自己锻炼成为一个成功的人。

2.TO DO——他们俨然已经去到过未来，并又从未来返回当下，他们能够清晰地描绘愿景，激励并感召更多人一起上路，朝着理想的方向坚定前行。

3.TO HAVE——最后他们率领一群相信的追随者成功实现理想，创造出令凡人觉得不可思议的奇迹。

而“从过去而来”运作模式的人，他们的思维模式则恰恰相反，都是：先满足拥有（TO HAVE），然后才去行动（TO DO），最后才会成为（TO BE）。

03 使我痛苦者，必使我强大

2003 年夏天，我在澳门特色听了一堂经济学课程，老师结合传统文化解析企业经营，令我顿觉耳目一新，从此在心中种下了一颗向往圣贤的种子，这也是我第一次与中华优秀传统文化结缘。回来后，我便四处寻找机缘，如饥似渴地学习各种传统文化课程，同时开始诵读诸多圣贤经典。

这颗种子的真正萌芽，是在 2010 年初。那时我长住上海，是一名成功学讲师，经常出现在各大培训机构的课程里。奇妙的缘分往往不求而得，不可思议的事情经常在不经意间就发生了，冥冥之中好像有一种神秘的力量，在不断推动我的命运轨迹转向传统文化这条光明大道。

十年后，你是谁？

2011 年元旦我在我国台湾省南投县紫南宫许愿时，我问了自己一个问题：“十年后，你是谁？”回到大陆后，我长时间地思考这个问题，钻进了牛角尖。2012 年 7 月 23 日到 8 月 28 日，我把自己封闭在家，整整昏睡了三十五天之后，终于迎来了命运的转机——我 8 月 28 日下午飞成都，主持了中国首善陈光标的万人演讲会。8 月 31 日回到南京后，我立即给自己录了一段五分钟的潜意识音频，借助这段音频，我自己疗愈了自己，彻底从抑郁中走了出来，在思想上脱胎换骨，打破了生命困境。

一个不被他人嘲笑的梦想，没有实现它的价值。

当年的我也不知道从哪里来的勇气，每天持续不断地和很多人分享，说自己要转行做传统文化老师，以及成为传统文化老师之后的梦想。我对他们说：在十年内，我要支持一万名企业家和十万名大学生拥有幸福喜悦的精彩人生。

当然，很多人听后会礼貌地笑一笑，偶尔也会有个别给我鼓励的人，但是，不信并打击我的人更多。在那些听我梦想的人看来，当年的我基本就是一个活在幻想中的人。我至今都记得当年的一个情景——我和一个好朋友开车送陈光标从上海回南京。在和他一起返回上海的路上，我和他说起我的梦想，他极其冷静且又充满怀疑地对我说："你讲传统文化？你讲的传统文化会有人听吗？"

我能理解这些人对我的怀疑，毕竟那时的我，连一次传统文化课程都没办过。这些人的鼓励与嘲笑都不是最重要的，最重要的是——我自己是否相信？是的，我坚信了这件事情必定发生。

世界上最伟大的激励，是自我激励。人世间最重要的贵人，也包括自己。人生想要修有所成，首先要有坚定的信念与光明的内在。勇气是看不见的，它如核裂变一样无法目睹，但是能量却大到不可思议。

我当年的梦想，在很多人看来不过是一种书生意气。在哪里开课？怎么开课？什么流程？受众是谁？如何招生？课程讲什么？有谁能支持我？诸如此类的问题，我自己一个都答不上来。

怎么办？求佛不如求己，我再一次运用潜意识冥想，与自己内在心灵深度沟通，因为我坚信——人终究会得到和他实际相匹配的一切。我必须相信自己所坚持的，坚持自己所相信的。

究竟是什么让一个人功成名就

全国讲课这十几年里，我也算是阅人无数，我见过太多参加各种学习却进步不大的人——他们在听课学习时非常激动，发誓改变时令自己都很感动，想一想还有马上就干的冲动，可回去以后没几天就变成了一动不动。

为什么很多人做事缺乏恒心，原因何在呢？同样都是生活在人世间，同样都是好几十年一辈子，为什么有的人一事无成，而有的人却能干成惊天动地的伟大事业呢？两者的区别在哪里？究竟是什么东西，让一个人功成名就？

分析来分析去，我思考过无数答案，包括但不限于主动积极、空杯心态、刻苦努力、不停学习、帮助他人等等，但我都觉得没有直指核心。直到有一天，我终于悟出一个心得，那就是：一个人有没有抓住生命的大事，并主动去接受因此而来的各种磨难。

在我家楼下有一条小街，小街中间有一个修鞋的大爷，他每天真的很忙很辛苦。那么长的一条街，就他一个修鞋匠。每次路过时，都看到他在那里“梆叽、梆叽”地敲打，帮人修补东西。南京夏天很热，他忙得满头大汗，有时连老花镜上的汗水都来不及擦。冬天南京湿冷，他戴着手套，脸冻得通红，流着清水鼻涕还在辛苦劳作！反正他每天就“铛铛铛”地敲打不停。作为一种生存方式，我们当然都很理解也很同情他。比如找他修鞋，他说收八块钱，咱也不还价，付款时往往给个十块钱整数，没别的原因，大家街里街坊的，老人家真的很辛苦。但问题是什么呢？他钉鞋钉了一辈子，这么忙的生命状态，最终的意义是什么呢？当然，从养家糊口的角度看，确实有意义。但是从生命修行的角度看，整天钉鞋除了解决自己与家人的生存之外，没有其他太大的意义。人的一生有无成就，首要关键就在于：能否找到自己的生命大事。可现实却是：

1. 有人连“找大事”这件事都不知道；

2. 有人知道找，但不知道什么是大事；

3. 有人去找了，找到最后却没有找到；

4. 最要命的是，有人找到了却没去干。

很多人不知道“找生命大事”这件事，一辈子都在乱晃，人生几十年的光阴经不住晃荡，时光如白驹过隙，稍微晃一晃就没了，一辈子就过去了。人总是喜欢做容易的事而不是做正确的事，这是人性的弱点之一。

我看过一个很有意思的小视频，看完后感慨万分：

在一个哲学课堂上，教授拿了一个玻璃花瓶，往瓶子里放了几十个高尔夫球，高尔夫球从瓶底一直满满地堆到瓶口。教授问同学们：“瓶子满了吗？”同学们说：“满了。”

教授又拿出一袋石子倒进瓶子，不一会儿，石子便填满了高尔夫球之间的空隙溢到了瓶口。教授问同学们：“瓶子满了吗？”同学们说：“满了。”

教授又拿出一袋细沙，慢慢倒进了瓶子，不一会儿，沙子填满了高尔夫球与石子之间的空隙溢到了瓶口。教授问同学们：“瓶子满了吗？”同学们说：“满了。”

教授又拿出一瓶啤酒，缓缓倒入瓶子，啤酒迅速地穿过细沙渗进瓶子中，不一会儿，倒入的啤酒彻底渗入瓶子里所有的空隙，溢到了瓶口。教授再一次问同学们：“瓶子满了吗？”同学们说：“满了。”

最后，教授问同学们：“看明白了吗？”学生们有的摇头说不明白，有的点头说明白了。

等所有的学生发言完毕后，教授总结道：“每个人的答案都是值得尊重的，仁者见仁，智者见智。每个人都认为自己看待事物的模式是正确的。但是，我通过这个互动，想分享给你们一个关于人生排序的思考与感悟。这个花瓶如同我们的一生，每个人都有权选择按照自己的方式度过一生。如同填满花瓶的过程一样：最大的高尔夫球，是我们要去完成的生命大事，例如求学，婚姻，事业和家庭；小石子是我们生活中次等重要的事情，例如读书，旅行和朋友聚会；细沙是生活中的琐事，例如吃饭，睡觉，刷牙洗脸等等；而啤酒则是我们放纵自我，给生命带来苦涩且充满泡沫感的行为。”

我们的人生准备怎样安排呢？是先放入大的高尔夫球？还是先放入小石子？抑或是先倒入细沙或啤酒？换句话说，我们准备用什么样的事情去填满自己的人生花瓶？

先填高尔夫球的人，往往有生命的大局观，他们明白自己这一生要去哪里，知道自己想要什么，他们会先寻找到自己生命的大事，规划好自己的生命进程，并匹配践行与对应的检视点。同时，他们也会很好地面对石子、沙子这些生活中经常遇到的人事物。因为他们知道，生命要的是完整而非完美，很多事情不可或缺。墨菲定律[①]告诉我们，肯定也有人从来都不放高尔夫球，而是直接往瓶中灌满啤酒，偶尔放些沙子和石子，做法没有对错之分，只是这样的人生必定会被各种琐事占满，终将平凡地度过一生。

做对的事情，比把事情做对，要难太多倍。故《大学》开篇即说：“物有本末，事有终始，知所先后，则近道矣”。“知所先后”关乎极其重要的人生规划，我们的生命大事是什么？这个问题极其重要。

---

① 墨菲定律是一种心理学效应，1949 年由美国的爱德华·墨菲（Edward A. Murphy）提出的，亦称墨菲法则、墨菲定理等。原文为：如果有两种或两种以上的方式去做某件事情，而其中一种选择方式将导致灾难，则必定有人会做出这种选择。根本内容是：如果事情有变坏的可能，不管这种可能性有多小，它总会发生。“墨菲定律”“帕金森定律”和“彼德原理”并称为二十世纪西方文化三大发现。”

使我痛苦者，必使我强大。

看透世间的智者，不但会找到自己的生命大事，而且会选择磨难去修行。让我们痛苦的人，都是贵人；使我们痛苦的事，都是好事。

孟子有一篇仅有 143 字的著名短文《生于忧患，死于安乐》，讲述的也是天选之人：“舜发于畎亩之中，傅说举于版筑之间，胶鬲举于鱼盐之中，管夷吾举于士，孙叔敖举于海，百里奚举于市。故天将降大任于是人也，必先苦其心志，劳其筋骨，饿其体肤，空乏其身，行拂乱其所为，所以动心忍性，增益其所不能。人恒过，然后能改，困于心，衡于虑，而后作；征于色，发于声，而后喻。入则无法家拂士，出则无敌国外患者，国恒亡，然后知生于忧患而死于安乐也。”

上天对待人类最精妙、最公平的地方，就是给人类设计出一个不可思议的枷锁——凡是能让人当下觉得很“爽”的东西，一定在未来会让人得到“痛苦”；凡是现在让人痛苦的人事物，最后都一定能让人变得更加强壮。人生最重要大事是“出枷”？不能出枷，即使“出家”，也只是种形式而已。

农村很多地方为了晾晒衣物，往往会在两棵树干之间拉上一根钢丝，挂上衣物后，在重力作用下钢丝的两头会勒进树皮。久而久之，树干被钢丝勒进去的地方，都会长出两圈粗粗的树瘤。这种现象就是“使我痛苦者，必使我强大”的自然注解。

良药苦口利于病，忠言逆耳利于行。人生读懂“舍得”二字很重要，先苦就有后甜吃，先甜必定吃后苦，这就是人世间最公正的能量平衡。

我们过去说的穷苦人家多吃苦，那时吃的都是缺衣少食的苦。而现在，全面建成了小康社会，5G 互联的时代，各种精神产品如此丰富——影视大片、网络游戏、视频直播、娱乐节目等应有尽有，人可以尽情地选择沉迷与放纵。

当今社会，吃苦与物质基本无关，而只和精神相关了。

找到生命的大事，并主动选择吃苦磨炼自己，是走向成功的必经之路。想要改变命运，就要收敛人性的各种欲望，聚焦于生命大事。不但要放弃各种无聊的虚荣与享受，还要在过程中忍受他人难以理解的孤独。如此，才是高品质的自信与自律，才是真正理解了吃苦的本质，才能获得快速进步与成长。

04 退回了凡之侧

全国有很多老师讲《了凡四训》，我也听过多个老师的课程，每位老师所讲的课程都有值得赞叹之处，我亦获益颇多。该如何讲好了凡课程？十多年来，我始终都在思考一个问题：了凡先生透过这篇《诫子文》，他想告诉儿子的最重要的关键究竟是什么？如果若能把这件事讲明白，课程就成功了，这叫“主抓要害”。

别被“一屋不扫，何以扫天下”误导

哲学家弗朗西斯·培根说：“只要人们持有一种见解，不管是被植入的，还是真心认同的，他们就会想尽一切办法、使用一切可用的手段去维护它。”比如有一些人讲了凡时，大讲特讲关于吃素的事情。对这样的讲法，不论有意无意，都要随喜赞叹。但我们还是要请教一句：这是了凡先生最想传递的核心思想吗？比如日本、南传佛教的泰国、缅甸，以及我国西藏、内蒙古等地的一些僧众就不全是茹素的。汉传佛教是从南朝梁武帝时期开始，汉地僧众才改为全素。关于吃素这件事，有很大的历史、地域、传承以及文化的差异因素。大乘佛法的解脱从究竟了义的层次上说，跟具体吃什么并无太大关系。在家居士如果能够吃素，我们当然要赞叹，毕竟吃素也是不杀生的另一种表达。但是，这并非修行的究竟目的，惟有以修持慈悲心为前提的发心茹素，才是佛教倡导的吃素。我们不能拿着《了凡四训》去肆意发挥，把吃素作为《了凡四训》的核心思想大讲特讲，甚至告诉学员，以往的杀业未来必定要下地狱，把好多向往传统文化的同学直接吓得浑身哆嗦。佛教不是整天恐吓众生的宗教，要给众生以更多的光明与希望，而非恐怖与恐吓。如果以这样的方式去讲《了凡四训》，就属于肆意发挥，也叫过度诠释。

有人说："过度点也没什么不好。"过度当然不好。不好在哪里？当我们在一个没有法义或法义不大的地方过度诠释，一定会丢了这句话的原本法义。

我一直对当年上学时写过的一个作文题目有看法，叫"一屋不扫，何以扫天下"，听起来好像很有道理。可实际情况却是，扫一屋的人，是扫不了天下的。三国时蜀国的疆域，绝不是刘备一个屋、一个屋扫出来的。凡是扫天下的人，都没时间去扫一屋。刘备负责把控方向，诸葛亮负责落实执行，他们俩搭档得很完美。彼此的性格、思考方式与做事方法，属于典型的互补：刘备举重若轻，诸葛亮举轻若重。刘备说话慢，走路也缓，冷不丁地冒出几句话，都是充满无我利他的智慧语录。刘备兵败西撤，荆州城里的数万老百姓哭着喊着都要追随。而诸葛亮是什么样的人？思维很快且语速犀利，他既能舌战群儒，骂死王朗；又能小心细致，考虑周全，每天都在忙前忙后地各种操心。我们很难想象刘备和诸葛亮两人调换位置，会是怎样的情形。刘备会做饭吗？不会。扫地会吗？不会。穿衣服会吗？不会。在影片中，他连穿衣服都是这样的场景：侍者把衣服在他背后抻好，他手一伸就穿进去了。刘备上战场会吗？不太会。有人说三国里不是有"三英战吕布"的桥段吗？"三英战吕布"是什么场景？吕布使的兵器方天画戟接近三米长；关羽使的青龙偃月刀比方天画戟短一些，也该有两米七左右；张飞使的兵器一听名字就很有气势——丈八长矛，估计也不会低于两米五；四个人战斗，唯一使用短兵器的人就是刘备，他的武器叫“双股剑”，既然是剑，那就没有多长。估计战吕布时，他也只能在旁边把双股剑作为指挥棒上下挥舞，帮助二弟、三弟打个气，做个啦啦队长而已。刘备会操心自己具体挣多少钱吗？不会！他从来不关心这些，也没有精力关心这些，因为他心里想的一直都是他的生命大事——如何匡扶汉室？

所以，我们一定要清晰地明白一件事——这人跟人之间的差别是很大的，每个人都要找到并抓住自己生命的大事。

可能有人说：“我大事小事一手抓，不是更好吗？”不可能。因为人的精力是有限的。我们一生就这么点时间与精力，禁不起眉毛胡子一把胡乱地抓。

人生的三大遗憾

人找到了自己生命的大事，才能干生命的大事。但是，在找生命大事之前，有个问题必须要能清晰回答：这辈子，我究竟要成为一个什么样的人？

人生有三大遗憾——不会选择，不坚持选择，不断地选择。三者互为交织，因为不会选择，故谈不上坚持选择，就只能持续不断地选择。

哈佛大学有一项调查报告显示，人一辈子只有七次决定人生走向的机会，每次机会相隔大约七年。大概在25岁开始出现机会，75岁以后就不会再有了。在这五十年里总共会有七次机会——第一次因为太年轻不易抓到，最后一次因为太老也不用抓了，如此就只剩下五次机会了。在这五次机会中，一般会有两次会因不小心而错过。也就是说，我们一辈子只有三次左右的机会。

想真正改变命运的人，在遇到机会时，千万不要犹豫，务必先抓住再说，别去考虑成功与否的问题，先冲上去占位。做事只有两个结果，一个成功，一个失败，各有 50% 的几率，最不济的结果也是“我曾为之奋斗过”。否则，我们就只能在不断的选择中迷茫，徒增众多的后悔与懊恼。

其实，很多事情做起来并没有想象中那样难，难是难在自己反复掂量得失做决定的过程。一旦做了决定，我们的内心反而会安定下来。我们与其把大部分的精力与时间耗费在选择上，还不如扔个硬币来得快捷，扔硬币的结果也是两个，概率也都是 50%，能一分钟内决定的事情，就不要折磨自己更长时间。

人生能够抓住的机会最多三次左右，抓住其中任何一次，就能改变命运，可问题的关键是：我们真的准备好了吗？

05《了凡四训》的第一个关键字

稻盛和夫学明白《了凡四训》等经典的核心要义，总结出“敬天爱人”的经营哲学，并作为京瓷株式会社的社训。所谓“敬天”，就是道法自然，顺道而行；所谓“爱人”，就是从利他出发，动机至善，私心了无。

先有努力，还是先有成功

经营企业是需要哲学的，在课程中，经常有些老板无奈地说出自己的“生意经”：“老师啊，谈生意就得靠喝酒！其实我早就三高了，也必须得喝，不喝不行，不喝酒生意谈不下来！”我经常到内蒙古、东北等地讲课，那里的同学们都非常豪爽，大家到酒店包间坐下，欢迎辞都是：“欢迎老师来到内蒙古，我们这里是酒的海洋，肉的故乡，美丽的草原欢迎您。”然后在“酒喝干，再斟满，今夜不醉不还”的歌声中热情地端起酒杯：“来，草原雄鹰展翅飞，每个翅膀挂三杯，干！”他们喝酒用的酒杯有茶杯大小，满满一杯酒，举杯就喝完，那种冲天豪气，真的令人惊叹。

喝酒确实会营造出热烈的环境氛围，可以迅速拉近人与人之间的距离，但是我们务必要知道：生意的成功合作，究竟是靠什么？我们想要拥有世人所期望的成功，是先有“努力”？还是先有“成功”？

在线下课程中，90% 以上的人脱口而出的往往都是：当然是先有努力啦，是靠我自己努力拼搏，才创造出现在的成功。这个答案听起来好像很有道理，没什么问题。但换一个角度看，以前农村吃水要挖井，一口水井的形成，是先有人挖的行为？还是地下先要有水？

正常思维的人肯定会回答：地下先要有水。没错！首先是地下先得有水，然后我们再去努力地挖，才能形成一口水井。如果地下没有水，再怎么使劲挖，它都不叫水井，只能叫坑儿。

一笔大生意的成功合作，真的是靠拼命喝酒吗？我们今天拥有的一切，真的只是靠自己努力得来的吗？当然，很多人以为就是这样的。有些人还会反问："没有我自己的拼命努力，怎么能有今天的成就呢？"又是听起来很有道理，但这其实只是这些人的自以为是而已。努力固然很重要，但它只是必要条件，不是充分条件。如同前面举例的打井，如果地下没有水，无论我们怎样努力拼命地向下挖掘，最后会出现水井吗？不会的！同理，日夜辛苦劳作的人，未必就能成为富豪；而拥有财富的人，并不一定要没日没夜地辛苦。

《易》曰："积善之家，必有余庆。"这句话中，哪个字最最关键？是"必"字。"必"就是"=100%"。无论我们相信还是怀疑，都会必定发生的意思。这个"必"字，也是我们《了凡领导力》课程的第一个关键字。

"积善之家，必有余庆"的意思，就是积善的人家，一定100%有"余庆"。什么是"余庆"？余庆就是"福荫"，"福荫"是指福气所能笼罩的地方或范围。"积善之家，必有余庆"，就是祖宗当年行善所累积的福，一定会荫及子孙，泽被后世。

《大学》云："生财有大道，生之者众，食之者寡，为之者疾，用之者舒，则财恒足矣。仁者以财发身，不仁者以身发财。"生财是有大道的——生产的人多，消费的人少；生产的人勤奋，消费的人节约。如此财富才会长久富足。

仁者仗义疏财以修养自身的德行，不仁者不惜以生命为代价去聚敛财富。《大学》告诫我们：“德者，本也；财者，末也。”圣贤强烈提醒我们，外在的物质财富只是虚幻之相，惟有以德为基，去正确地创造财富、使用财富，我们的生命才有意义。

电影《长津湖》上映时，我们看完影片都很感动。为什么感动？我们知道了这个世界上从来没有真正的岁月静好，只不过是有人在替我们负重前行。当年那么艰苦的环境下，面对拥有强大的后勤保障且武器装备非常先进的敌人，伟大的革命先辈们依然凭借血肉之躯创造了不可思议的奇迹。我们究竟靠什么取得了伟大胜利？靠的是毛主席“打得一拳开，免得百拳来”的雄才伟略；靠的是中国人民志愿军“必须把美国人打回三八线”的坚定信念；靠的是革命先辈们“我们打这一仗，是为了子孙后代不用打仗”的深情厚意；靠的是祖辈勒紧裤带也甘愿为我们主动去吃苦的无私奉献。

其实，对于一个家庭也是这样的。如果父母无能，儿女就会受罪；儿女若是无能，父母就要低头。总之，要么是我们自己吃苦，要么是我们的孩子吃苦，要么是父母还在为我们吃苦。三代人中，总要有一代人要努力吃苦的。三十年前，看父敬子；三十年后，看子敬父。如果到了今天，父母依旧还在吃苦的话，那我们长大的意义何在呢？所以，从生命传承的角度说，我们今天的美好生活，一切都是祖宗遗德的余庆，是先辈们的大爱庇护恩泽着我们。这就是所谓的“前人栽树，后人乘凉”，这就是“祖宗有德，儿孙有福”，这就是祖宗“积善之家”，儿孙“必有余庆”。

“积善之家，必有余庆”后面还有一句“积不善之家，必有余殃”，同样是用“必”字告诫我们：如果“积不善”，必定“有余殃”。

生命传承有序，每个家族都如同一棵大树，家族的列祖列宗如同地下看不见的“本”，祖父母如同地面看得见的“根”，而我们的父母则如同树干，我们自己如同树枝，我们的儿女及各种美好的期望，如同树上的果实与树叶。把谐音的“叶”与“业”替代一下，要想家业、企业、事业、学业、业绩等方面“业茂”，就必须要“根深”，此之谓“根深业（叶）茂”。

《论语》云：“君子务本，本立而道生。孝弟也者，其为仁之本与！”君子务求专心致力于根本的大事，根本建立了，为人处世的原则就有了。孝顺长辈、尊敬兄长，这是仁的根本。这句话里有个关于生命传承的秘密——有德的君子都很明白与祖宗能量连接的重要性，与祖宗的能量连通时，生命的仁爱大道才会贯通，连根养根，就是打通生命仁爱大道的基本方法。

只有连根养根，连接上本源，与根本的能量贯通了，才有利于光合作用与能量转换；枝繁叶茂，才有利大树持续开花结果，形成良性的生命循环。

测试：你是一个孝敬的人吗

很多人都觉得自己孝敬祖宗，我们线下开课时做过这样的统计：对于自己父母的姓名，100% 的人都知道；对于自己祖父母的姓名，大概只剩下 60% 的人知道；而对于自己曾祖父母的名讳，90% 以上的人根本不知道。

每年清明节时，很多人捧着鲜花，带上祭品去扫墓，到了坟前还亲热地喊：“太爷太奶，我们来看你们啦，你们要保佑我们啊！”太爷太奶说：“保佑没问题！好孩子，我们叫什么名字呀？”很多人理直气壮地回答：“不知道啊！”把祖宗们的心听得拔凉拔凉的。

做中国人的祖宗很不容易的，不仅活着时要为儿女子孙操心，死了以后还要继续保佑子孙，真是太辛苦了。

有些人到处学习风水，学完之后就不停地调祖坟，把祖宗们搞得心情都快崩溃了——只想好好睡个觉，也不让睡！隔三差五地在外敲门，要给我们换房间、换房间号。学了风水之后经常调风水的人，基本都是希望自己过得更好、能够发大财，而去调的风水，说什么“何以解忧，唯有暴富”，这种风水调得有意义吗？我们不能肤浅地理解祭祖，祭祖的本意是让我们与祖宗连根养根，是为了表达内心的感恩以及对祖宗无比诚挚的怀念。

祖宗以厚德庇护子孙，子孙才能载起更多的物。“厚德载物”其实是在表达“能量守恒定律”。祖宗“厚德”在先，儿孙“厚得”在后。得什么？得“厚物”。很多人认为“物”只是财富、房子、金钱，其实“物”指的是我们期盼拥有的一切事物——长寿、富贵、康宁、智慧、子孙等等。如果我们今天的工作生活还算不错的话，首先就要感念祖宗，感恩他们的厚德，才有了我们的厚物。

“厚德载物”的能量守恒定律，揭示了一个命运的真相：厚德必厚物，薄德必薄物，缺德必缺物，无德必无物。

06 你有前途吗

我们经常会用“前途无量”“大有前途”这样的词汇称赞某个人很优秀。可问题是：什么是前途？我们有前途吗？

究竟什么是“前途”

“前”是前进，“途”是道路。“前途”就是前进的道路。从当下所在的位置，到达生命的蓝图，中间所行进的道路就是前途。

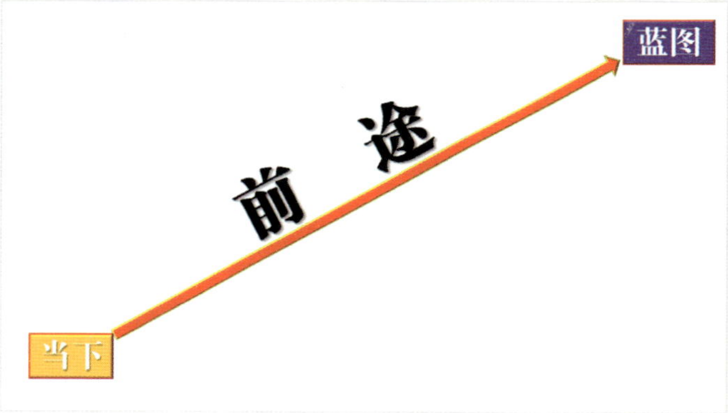

图1-2 前途

如果我们认为自己有前途，就须明确回答“十年后，我是谁”这个问题。通过回答问题，我们可以清晰思考未来如何前进的三个关键：自己有什么？自己要什么？自己能放弃什么？

对于自己“有什么”，每个人都很容易评价出自己的现状。

对于自己“要什么”，很多人的内心往往不太清晰了。

对于自己“能放弃什么”，则是最具挑战的。虽然我们知道“舍得”的本义是“先舍后得”，可是当一个人连自己“要什么”都不清楚的时候，究竟放弃什么？自然也就无从谈起了。

以我亲身经历为例，2011年元旦，我在我国台湾省南投县竹山镇的紫南宫许愿，为自己做了一个决定——成为一名传播中华优秀传统文化的明师。当时的我“有什么”？有极为稳定的收入，有多位成功学大咖对我的欣赏与青睐，有自己熟悉的成功学舞台，有公司总裁对我的真心信任，个人还持有MBA、CPA、CTA等多张职场人士羡慕的资格证书。当时的自己“要什么”？很简单，成为一个明师。那我“能放弃什么”？上述所有的一切，我全部可以放弃！我的岳母说我疯了，还有一些人不仅不相信，还等着看我笑话，甚至直接出言讥讽。可那又怎么样呢？这十几年的时间，我严格自律，持续不断地达成自己设定的人生目标。回顾当年的决定，我兑现了自己对自己的承诺，甚是欣慰。

2020年10月26日，我再次为自己做出新的十年规划。我现在每天所做的一切，都在紧密地围绕这个规划，我不断为自己设定新的目标并达成，我坚信十年以后，一定会再次兑现自己对自己的承诺。

这个世界上，每个人都走在一条自己认为正确的生命修行道路上。犹太人有句谚语，叫“人类一思考，上帝就发笑”。我们每个人的一生，其实都是在为自己的内在认知买单。所谓的对与错，好与坏，都只是自己内心的解析与判断。托尔斯泰说：“多么伟大的作家，也不过是在书写他的片面而已。”我们每个人的思维都存在着认知边界，世界的丰富多彩，原因就是每个人彼此不一样，我们内心允许别人可以和自己不一样，才能做到真正的包容；允许自己和别人不一样，才能活出真实的自在。

曾经有个男同学来参加《了凡领导力》线下课程，课程中我问他：“你有做过什么好事吗？”他高声回答：“老师，我一件好事都没干过。”听完他的回答，全场都笑翻了。

仔细想一下，这个同学有些戏谑的回答，其实也是实话。我们真的是一个好人吗?《易》曰:“积善之家，必有余庆。”同理，积善之人，也必有余庆；积善之企业，同样必有余庆。如果我们真是一个好人，理应生活与工作都会诸事顺利，可绝大多数人的现实情况却恰恰相反。结果已经说明了问题，如果感觉当下过得不是太好，我们就需要反观自己，思考自己是否需要扩大认知的边界了。

在常规认知中，每个人都有自己做人做事的评判标准，甚至把这些标准奉为衡量他人的圭臬。这些评判标准，就是个人的认知边界。比如人与人之间吵架，一般都是这样的逻辑：甲说乙错了，乙不认同，反过来指责甲错了，两个人就为此激烈争吵起来。吵来吵去，无非都是在争个无聊的对错、面子以及内在赢的心理感受。可是，这样吵到最后，就算自己全部没错，能赢得什么呢？一时间的占了上风，貌似颜面有光、感觉很爽，但对方的人与心却离自己越来越远了，赢了所谓的“面子”，却输了实实在在的“里子”。很多夫妻间的吵架就是这样，从开始的内心不悦，到彼此间的大喊大叫，再到逐渐相对无言，最后直接视而不见。两个人虽然近在咫尺，内心却早已万水千山。

一个人有什么样的认知，就有什么样的未来。赚钱一事，亦同此理。我们所赚的每一分钱，都是我们对财富本质认知的呈现；我们所亏的每一分钱，也都是因为我们对财富本质认知的缺陷。人永远赚不到超出自己财富本质认知范围以外的钱。《大学》云:“货悖而入者，亦悖而出。”靠运气赚到的钱，往往还会因为我们的无知而失去。财富的本质从来不是人赚钱，而是钱找人，财富永远都是流向与之最相匹配的人。一旦我们对财富本质的认知，与所得的财富不相匹配，上天就会用N多种方法平衡我们，直到财富和我们完全匹配为止。所以，对于不少人来说，只是赚过钱，而不一定赚到钱。

学透圣贤经典的关键何在

智慧从哪里来？从学习揭示生命真相的圣贤经典中来。

衡量一个人是否学透经典，要看其能否提出好的问题。我们经常夸智慧的人“有学问”，学问的本义是“既要学，更要问”。很多人之所以学不明白经典，原因就是只懂得死记硬背地学，却忘记了深刻思考之后的问。《易》曰：“君子学以聚之，问以辩之。”君子要通过勤学，以累积智慧，更要透过发问交流，以明辨事理。

爱因斯坦说：“提出一个问题，往往比解决一个问题更重要。”一个人只学不问，说明学得不深；学得不深，必然不会认真思考；没有认真思考，就提不出深刻的问题。南宋理学大师朱熹说：“读书无疑者须教有疑，有疑者却要无疑，到这里方是长进。”

放眼世间，所有的大成就者，个个都是提问的顶尖高手。心学集大成者王阳明在十三岁读私塾时就问老师：“何为天下第一等事？”2600年前的古希腊哲学家泰勒斯因为提出“世界的本源是什么”，而被后世尊为西方的“科学和哲学之祖”。问明白，才能想清楚，答案就在问题里。“十年后，我是谁？”是一个极为重要的生命问句。今天的我，是十年前的我决定的；现在的我，正在决定十年后的我。

现代人大多很迷茫，原因就是不知道自己未来要成为什么样的人，只好每日随波逐流，人云亦云，生命的品质自然不会太高。

《了凡四训》第一篇是“立命之学”，通俗地讲，“立命”就是发愿并设定自己的人生目标。我们很多人已经为人父母、甚至祖父母了，如果对自己生命的方向迷茫不清，对自己要成为什么样的人稀里糊涂，对自己要做的生命大事没任何概念，无论回家怎样教育孩子“你要好好学习”，效果都不会太好。

有人说：“我的目标是赚大钱！”赚大钱，不能算大事与目标。在这个世界上，一定有比赚大钱更重要的大事。比如松下公司在新人训时，都会告诉员工：“松下公司是制造人才的地方，也同时制造产品，但在制造产品之前先培育人才。”古往今来的历史中，从没见过哪个大成就者会把赚大钱当作自己的人生大事。即使有些大成就者的财富很大，那也是他在完成生命大事过程中顺便得到的回报而已。

金钱是利他的工具，事业是度人的平台，目的都是为了成就自他生命的喜悦。金钱是有伦理的，本质上它也体现出一个人对自我价值的认知。我们要学会与金钱的和谐相处，要能从开始的执着抗衡，到进而的平等妥协，最后得到彼此间的相互取悦。

《大学》云：“德者本也，财者末也，外本内末，争民施夺，是故财聚则民散，财散则民聚。”因贪财而引发的人间悲剧里，把人引向毁灭的，从来不是金钱本身，而是当事人难以管控的贪欲。

07 一切有形的背后，都是无形在支撑

小时候，我特别喜欢带上家里的小狗，到村西头的水渠边看夕阳，尤其是在油菜花盛开的春天，那湛蓝的天空，殷红的夕阳，金灿灿的油菜花，清脆的鸟叫，小狗时而安静地坐在身旁陪伴我，时而又去调皮地追逐蝴蝶开心嬉戏。我常常会一边发呆一边幻想好多稀奇古怪的事，比如：太阳下山的地方是不是有神仙？人为什么会死？人死后都去了哪里？宇宙到底有多大？宇宙外面究竟是什么地方？天上的月亮为什么不会掉下来？星星上面究竟有什么……

当时想的很多问题，到今天也没有答案。宇宙究竟有多大？目前百度百科上能查到的答案是：估计宇宙的直径为930亿光年。那新的问题马上又来了：930亿光年以外又是什么呢？

很多事情，我们都是在长大后才明白：月亮是地球的卫星，它围绕地球公转；地球是太阳的行星，它围绕着太阳公转；太阳系在银河系里面，太阳又围绕银心运动。这些星球之间的谁围绕谁转，牛顿认为是引力起了决定性作用，且万有引力是所有物质的基本特征。

上学时老师告诉我们：“人眼虽然看不见引力，但看不见不代表不存在。”比如大海潮汐的背后其实是无形的引力在起作用。类似现象揭示了宇宙间一个重要发现：很多东西我们看不见，但并不代表不存在；所有有形的背后，都有无形的在支撑；这种眼睛看不见的无形，现代人称之为“能量”。

《道德经》中亦有与此类似的表述：“道之为物，惟恍惟惚。惚兮恍兮，其

中有象；恍兮惚兮，其中有物；窈兮冥兮，其中有精。其精甚真，其中有信。自古及今，其名不去，以阅众甫。吾何以知众甫之状哉？以此。”老子所说的“道”没有清晰的实体，它恍恍惚惚，若有若无，既有迹象，又有东西。虽然昏暗深远，手不可触、目不可睹，但其中却存在着最小的物质，那最小的物质是真实的、可验证的。从当今上溯到古代，其名永远不能废除，依据它才能观察万物的初始。老子如何知晓万事万物开始情况的？依据“道”认识的。

中国科学院院士、原清华大学副校长、现西湖大学校长施一公先生在一次演讲中说：“我们人类为什么很难、甚至是不可能了解已知世界之外的一些东西，就是因为现在用的手段问题。我告诉大家，我觉得我们现在了解的世界不是客观的。大家一定觉得说施一公怎么在台上胡说八道，那么我来告诉你为什么是这样。我首先说个大家已经知道的事实。我们用眼睛能看到的东西，（所有的）能量存在形式加在一起，只不过是我们这个宇宙空间 4% 的存在形式，也就是说（有）96%（的部分）你既看不到、也感觉不到，但是它客观存在。在 96% 里边，绝大部分是能量的存在形式，其中有 23% 是暗物质（Dark matter）。我说一个不是预测（而）是事实——当我在这儿演讲的时候，你坐在下面听，（有）大量的、成吨重的暗物质（正在）穿过你的身体、穿身而过，你没有听错！你觉得我在瞎说吗？我告诉你是事实！但你（可能会）想这和我们的物理原理是违背的，因为物理说“两个物质不能在同一个空间存在”。怎么可能（有）一堆一堆的暗物质穿过我的脑袋、身体呢？原因非常简单，暗物质和我们人体没有强相互作用，它没有强相互作用，没有电磁力，它只有弱相互作用，（这）还是预测的，它只有万有引力。”

人类对于世界的认识极其不足，科学发展到今天，依然有大量解释不了的问题存在。无论如何，在每一个看得见的现象背后，都有相应的无形能量在支撑，这已经成为科学的基本共识，比如人的信念就是一种眼睛看不见的能量。

心智模式，你到了哪个境界

人要想做成生命大事，就必须有坚定的信念。决定一个人命运的，往往与性格与努力关系不大，我们的心智模式，才是彼此间拉开距离的关键。人要改变命运，得从改变心智模式开始。心智模式改变了，生命的境界才会提升。生命的成长分为七个阶段：

第一阶段，不知不觉。

处于这一阶段的人，对自己的言行毫无觉察，一切言行完全依托本能，往往处于一种集体无意识的自动化运作模式。这个阶段可以称之为：动物本能阶段，对自己完全不自知，“说话做事不过脑子”说的就是这个阶段的人。

第二阶段，觉察反思。

这个阶段的人，开始关注自己行为背后的原因，会反思自己为什么会这么说、这么做，这个阶段可以称之为：自我反思阶段。处在这个阶段的人，开始不再对外抱怨，能逐渐全方位自我反思。列宁说：“当一个人学会反思时，他将步入一个伟大的开始！”

第三阶段，掌控情绪。

这个阶段的人，逐渐接纳了自己，减少了内在能量的对抗与消耗，心态趋于平和稳定，会变得非常理性，专注做好自己。诸如外界的打击、否定、诽谤、干扰、评价、嘲笑、讽刺等，基本不会对他产生影响。

第四阶段，知行合一。

一个人经过长期的自我觉察与反思以后，会变得越来越自律，有着极强的时间管理和心态管理，行动力越来越强，人会变得异常专注，以行动来验证自己的所思所想，执行力超强。

第五阶段，专注忘我。

这个阶段的人，会进入了一种极致专注于生命大事的状态，对自己要达成的目标像得了魔怔一样，工作与生活进入了一种完全忘我的痴迷状态，比如王羲之沾墨水吃馒头、牛顿做实验忘记吃饭皆属此类。进入这个阶段的人，会释放出超强的领袖智慧和魅力。

第六个阶段，无我利他。

这个阶段的人，生命力极度旺盛，创造力无比强大，内心不断生发慈悲。进入这个阶段的人悟到了“诸恶莫作，众善奉行”的真实法义，这个世界上从来没有自己一个人的觉悟，要想觉悟，就得支持更多人觉悟。利众者众人利之，因为无我，外在的大量资源开始源源不断地向他积聚。

第七个阶段，觉悟生命。

到了这个阶段，人才真正认识了生命实相，清楚自己的大愿和使命，开始悟后起修并恒久专注精进。到这个阶段的人，才能叫：了凡成圣。知道了自己是谁？明白了从哪里来？想好了到哪里去。

上述生命成长的七个阶段，稻盛和夫将之称为“提升心性，拓展经营”，值得我们结合自身的实际情况去认真思考、用心领悟。我们课程之所以叫“了凡领导力”，就是支持大家追求“了凡成圣”的生命境界。想要达到这样的生命境界，首先需要领导好自己的心，构建好自己的心智模式。

了凡领导力的五大要素

《了凡四训》里，揭示了一个高能量的领导者必须要具备五大领导能力：

图1-3 了凡领导力五大修炼

第一，目标管理的能力。

《了凡四训》第一章“立命之学”讲的就是“目标管理的能力”。了凡先生通过自己改变命运的亲身体验，为我们详细讲述了如何设定人生目标，以及对应过程管理的方法与工具。

第二，成功不败的能力。

《了凡四训》第四章“谦德之效”讲的是“成功不败的能力”。如何做到成功不败？“谦德之效”中为我们讲授了极为重要的“惟谦受福”法则。

第三，自我管理的能力。

《了凡四训》第二章“改过之法”讲的是“自我管理的能力”。世间的矛盾，十之八九源于一味指责他人，而不能审视自己。子曰：“躬自厚而薄责于人，则远怨矣。”人想远离纷争，必须严于律己。孟子曰：“行有不得，反求诸己。”人最容易犯的毛病就是：错的都是别人，对的只有自己。当我们经常心想事不成，却又认为自己是个好人时，问题就已经严重了。

第四，组织变革的能力。

《了凡四训》第三章“积善之方”讲的是“组织变革的能力”。在本章中，了凡先生把善细分为八种，明确行善的十类大纲，并在开篇列举了十个案例，详细论证行善与人的身份无关——不论贫富、官职、年龄，任何人都可以落实“积善余庆”，任何人都可以主动选择改变自己的命运，进而引领整个家族改变命运，甚至推动国家及民族命运的转变。

第五，辩才无碍的能力。

“辩才无碍”用通俗的话讲就是公众演说能力。前四种能力是一个人日常很重要的修行方式。在现代社会，一个真正有梦想的人，必须还要拥有辩才无碍的能力。

《了凡四训》中“积善之方”借用了唐朝韩愈的一句话：“一时劝人以口，百世劝人以书。”言语劝人，作用只在一时；写书劝人，可以利益百世。相比于古代仅靠书籍的单一传播渠道，我们今天如果能够以公众演说的方式去传播经典，会更加有意义。

古往今来的大成就者，哪个不是公众演说的高手呢？《战国策》云：“一人之辩，重于九鼎之宝；三寸之舌，强于百万雄兵。”苏秦、张仪靠什么实现合纵连横？刘备如何让人知晓“匡扶汉室”的使命？诸葛亮以什么舌战群儒、骂死王朗？曹操败走华容道后用什么激励将士？稻盛和夫凭什么拥有众多“盛和塾”的拥趸？任正非在面临美国全力打压时如何传递出华为不屈的精神？这一切的答案，统统都是“公众演说”。

五福临门

稻盛和夫曾经提出一个生命问题："作为人，何为正确？"后来，他写了《活法》一书，用以回答这个问题，并修正自己生命行进的方向。

我们的生命道路该如何走向呢?《尚书·洪范篇》为我们总结出了五大标准——五福临门：长寿、富贵、康宁、好德、善终。

我国民间经常采用在图画中画五个蝙蝠的方式，用以表达对"五福（蝠）临门"的美好期盼。五福临门不仅是我们个人需要、家族需要，我们的企业、组织、国家、民族全都需要，"五福临门"是我们在人世间的基本追求。

五福的第一福，长寿。

长寿这一福很重要，它分为两个层面。长寿的第一层意思是：寿命要绵长。这是从寿命长短的角度说的，古人将寿命分为上、中、下三寿。《左传·昭公三年》孔颖达疏："上寿百年以上，中寿九十以上，下寿八十以上。"《庄子·盗跖》云："人上寿百岁，中寿八十，下寿六十。"《易经》有六十四卦，每个卦都有六爻，其实我们每个人都有自己的六爻，由下往上，每一爻代表二十年。《道德经》云："天地不仁，以万物为刍狗。"天地对待万物一视同仁，万物变成什么样，完全取决于万物自己。上天给我们每个人的寿命配额都是一百二十岁，能否活到一百二十岁，由每个人自己决定。所谓"安身立命"，是指每个人安自己的身、立自己的命。我们只有真正明白"命由我造"的道理，才能做到"不怨天，不尤人"。可惜的是，现实中不少名人、富豪英年早逝的情况屡屡出现，"有命赚，无福享"说的就是缺少"长寿"一福。

长寿的第二层意思是：被后人铭记。长寿既在于年龄，又不完全在于年龄。有的人活着，他已经死了；有的人死了，他还活着。比如雷锋，他只活了二十二岁，但雷锋是长寿还是短命？长寿。雷锋纪念日是每年的三月五日，当年毛主席曾为他亲笔题词“向雷锋同志学习”。再比如孔子，他活了七十三岁，两千五百年过去了，我们今天见到孔子像还是会很恭敬地行礼鞠躬，为什么？因为“天不生仲尼，万古如长夜”，孔子才是真正的长寿之人。

五福的第二福，富贵。

听到“富贵”，眼睛瞬间放光的人，多数是因为看到了其中的“富”。可是，富只占整个五福的10%而已，现代人太可怜了，捡了芝麻丢了西瓜，我们不能因小失大。贪要会贪，要贪就贪个大的——五福全部都要，一个都不能少。富贵是“富”与“贵”两个字，每个字都有两层意思：

“富”的第一层意思，是指财富的富足。如前所述，学习传统文化的人，有缘和无缘两种幸福都得要。《维摩诘经》云：“先以欲钩牵，后令入佛道。”在当今这个时代，以苦行的方式，引领众生比较难。

“富”的第二层意思，是知足者富。有钱和富有是两码事，生活中很多事情都比金钱重要，但是有太多人不明此理，或者即使明白，依然选择我行我素。当一个人的金钱到达中等水平后，就基本没太大差别了，大家都吃着差不多的食物，穿着上也没太多区别，开的车也没什么不同，所看电视的内容也基本相同，几乎生活中的所有事情都是一样的，唯一区别的，可能只是各自旅行地的差别。一个内心富足的人，才是真正富有的人。知足才能常乐，做人要知足，做事要知不足，做学问要不知足。天下什么人最苦？贪得无厌的人。看那些被查处的贪官，才知道什么叫可怜。电视剧《人民的名义》第一集中被抓的赵德汉，典型的小官巨贪，2.3亿现金赃款既不敢存银行，又不敢花，每天装模作样地骑个自行车上下班，瞒着老婆每月给乡下老母亲寄三百元生活费。贪了满满一屋子的钱，就等着反贪局依法查抄。被查抄时竟然说：“我一分钱都没花，不敢！一分钱都不敢动，全在这！”令人唏嘘不已。

“贵”的第一层意思，是受人尊重。“达官显贵”的“贵”，是指地位尊贵。我们说某某人是自己的贵人，意思是这个人是自己真心尊敬的人。

“贵”的第二层意思，是指有觉知的人贵，贵人才能正确认知自己。我们常说的“人贵有自知之明”，就是源于《道德经》的“知人者智，自知者明”。现实生活中，有些人翻脸比翻书还快，上一秒还笑嘻嘻，下一秒就发脾气，中间连个转换过程都没有。最可笑的是对自己情绪无有觉知，你跟他说：“别发火。”他还大吼：“我没发火！谁发火了？”开车路怒的人也这样，别人的车只要稍微影响他一点，就会暴跳如雷、破口大骂。最搞笑的是这种人吵架时，明知道自己打不过对方，却还不断挑衅：“有种你打我，你要不打我，你就是王八蛋！”说这种话的人，哪里会有觉知力呢？一个有自知之明的人，才“贵”。

五福的第三福，康宁。

康宁是“康”与“宁”两个字，每个字都有两层意思。

“康”的第一层意思，是指身体内在经络与血脉的畅通。《尔雅·释宫》云：“一达谓之道路，二达谓之歧旁，三达谓之剧旁，四达谓之衢，五达谓之康，六达谓之庄，七达谓之剧骖，八达谓之崇期，九达谓之馗。”“康庄大道”的意思，是四通八达、可以数马并驰的宽广大道。身体经络与血脉畅通的人，不容易生病，即使生病了，也能够快速康复。

“康”的第二层意思，是指丰盛安乐。我们常说的“小康”“康养”“康乐”，说的就是这个意思。

“宁”的第一层意思，是指生活的安宁。我们的身体要健康，外在的生活要安宁，不能每天疲于奔命，而要长安、长宁。

“宁”的第二层意思，既指内心宁静，也指对主观选择坚持的意愿——宁愿。我们中国人特别喜欢“宁”字，很多地方的名称中都有“宁”，比如：南宁、辽宁、宁波、西宁、宁夏，南京简称“宁”，上海有长宁区等等。中国人用一个“宁”字，既表示期盼外在生活的安宁，也希求内在心灵的宁静致远。

五福的第四福，好德。

这一福在五福之中最为重要，“好德”是一切快乐与好运的根本，是其他四福的基础。好德可以从两个层面理解：

好德的第一个层面，是指人要好德，而非好色。关于这个问题，孔子在《论语》中说过两次。一次是在《论语·子罕第九》篇里，子曰：“吾未见好德如好色者也。”一次是在《论语·卫灵公第十五》篇里，子曰：“已矣乎！吾未见好德如好色者也。”据《史记·孔子世家》记载，孔子当时居住在卫国，卫灵公和夫人南子坐在一辆类似于玛莎拉蒂般的豪车出行，一路招摇过市，却让孔子坐了一辆类似于夏利的小车跟随于后，孔子因而发出“没希望了，我从未见到喜好德行如同喜好美色者”的感叹。

好德的第二个层面，是告诉了我们究竟什么是“好德”？在《论语》里详述为“温、良、恭、俭、让”五德：

（1）温和柔软可以让人不急不躁；

（2）善良仁慈可以保证长寿善终；

（3）诚恳恭敬可以保持心安宁静；

（4）节俭勤劳促使财富富足、身体健康；

（5）谦逊礼让促进良好关系，并可保有前四种德行不致流失。

古代官员下班刚进家门，夫人往往会跟丫鬟讲：“快扶老爷去书房休息。”为什么不是让老爷去卧室休息呢？因为书房里有很多圣贤书，去书房是让老爷好德，多跟圣贤相处能够提升能量。而现代人下班，不少人是“快扶老爷我去

KTV 房休息”，和古人的好德相比，高下立判。

五福的第五福，善终。

“善”是好，“终”是结束。五福的前四福，说的都是人在世的福，而“善终”则是说人的去世以及去世以后的事。善终可以从三个层面理解：

善终的第一层意思，是寿终正寝。

“寿终”是命里有多少岁，活够了多少岁。刘熙《释名·释丧制》：“老死曰寿终。寿，久也；终，尽也。”颐养天年，无病无灾的自然死亡才能叫“善”。按照古代的礼节，活到八十岁以上寿终正寝的，属于“喜丧”，要把丧事当作喜事办，即“红白喜事”里的“白喜事”，祭奠不用白布，而是用红色的挽联和红色的帐子，跟逢年过节一样。

“正寝”是指在家中的正屋安然逝世，客死他乡不属于正寝。一个老人没有经过任何疾病的折磨，又能在自己家中自然死亡，这是一种福气。人对于死亡或多或少都有恐惧，在自家正屋里去世，一来房间都是自己布置的，整个环境很熟悉，可以减少临终之人的紧张感；二来去世前身边都是自己熟悉的人，在亲人的陪伴下离开，可以减少临终之人的恐惧感。相反，如果人在医院里去世，四周弥漫的都是消毒水的味道，环境也不熟悉，穿着白大褂的人走来走去，左右都是各种病人，心中难免会紧张与恐惧，人死都死得不太安心。

善终的第二层意思，是指支持自己的家族绵延不绝、枝繁叶茂。

2021 年国家放开了自 1982 年开始实施的计划生育政策，允许一对夫妇生育三胎。中国已逐渐进入了老龄化社会，数十年的计划生育制度，导致很多家庭都是“8421”的成员结构，如果两个家庭都是独生子女的话，小夫妻俩结婚后，父母辈就有四个人，如果外公外婆、爷爷奶奶都还健在的话，上面的老人会有八个人。如果小夫妻俩只生一个孩子，这种家庭结构太畸形了。由于子女养育及教育成本的高企，很多夫妻的生育意愿度不高，导致我国新生儿的出生率持续走低。再加上现代社会医疗条件逐渐改善，上了年纪的人也特别注重健康，不仅积极锻炼，还吃各种各样的保健品，活到八九十岁不稀罕。家里老人不生病还好，只要老人一生病，对于每个家庭来说，都是非常大的负担。负担不仅是经济方面的压力，对于生病老人的照顾，才是关键问题。万一家里有两三个老人一起生病，独生子女连个替换的人都没有，会忙疯掉的。

十多年以来，我一直呼吁适龄夫妻尽量多生孩子，很多人听不懂，即使现在国家政策允许生三个，很多人还是不愿意生。如果条件允许，一个家庭最好生四个孩子，这样一来，孩子的兄弟姊妹都齐全了，孩子的下一代会有姑妈、有姨妈、有舅舅、有叔叔。可惜现在很多家庭都是一个孩子，你问孩子："舅舅是谁？"孩子会一脸懵圈地看着你，因为他根本不知道啥叫舅舅。

现代人不太理解"早生贵子"的真正含义。中国很多地方的婚俗中，在结婚之日，要在新人盖的被子四角缝上红枣、花生、桂圆和莲子，寓意"早生贵子"。长辈们光知道往被子里缝东西，并不知道这个行为的真正含义。这个行为的真正用意是告诫新婚夫妇——让一个家族兴旺发达的，不是发大财，而是为家族早生贵子、多生贵子。

有人说"孩子多了养不起"，这种想法实在是没什么智慧。每个降生的孩子都是自带盘缠、自带干粮来的。很多人家是自从生了孩子以后，家庭财运各个方面才开始逐渐变好的。为什么？祖宗开心！要想获得祖宗福荫，就得先让祖宗高兴。举头三尺有神明，祖宗对我们是有期盼的，可实际的情况是，祖宗都急得火烧眉毛了，做子孙的却视若无睹，祖宗连庇护的心情都提不起来，所积之德怎么能荫及子孙呢？

养孩子绝不是开支，而是世间最有回报的投资之一。生孩子是件大事，不是简单地为自己生，而是为家族生，为国家生，为整个中华民族生。不用过分担心孩子养育成本的问题，只需为了家族与民族的枝繁叶茂生孩子就好了，没准家族后代子孙里就能出一个了不起的人。人不能太自私，只考虑自己当下的经济负担。光宗耀祖靠的是子孙，如果家族后代中能出一个了不起的人，我们就赚大发了。有人可能会怀疑："我家怎么可能生出这样的好孩子呢？"相信"积善之家，必有余庆"吗？相信就行！必有余庆，当然也包括必有贵子，贵子也属于余庆之一。只要是"积善之家"，就可以"必有贵子"，"必有"就是百分之百会生出好孩子。能不能生贵子，关键在于我们信不信？我们坚信的事情一定会发生，我们不信的事情永远都不会发生。

善终的第三层意思，是指生命能量的提升。稻盛和夫说："无论你多么富有，多么有权势，当生命结束之时，所有的一切都只能留在世界上，唯有灵魂跟着你走下一段。人生不是一场物质的盛宴，而是一次灵魂的修炼，使它在谢幕之时比开幕之初更为高尚。"一个人谢幕离开时，比当初开幕来的时候，灵魂净化了，能量提升了，这才是善终。千万不能这辈子是两条腿，下辈子再来却成了四条腿，那就不是善终了。善终，决定了我们下辈子再来时的生命状态。我们生而为人，一定要提升能量，净化心灵，如此才不枉来人间走一回。

我们中国人认为一个人有福，就可以拥有自己想要的一切，人的一切都是自己福德的变现，这叫"福报"——是福"报"出来的。古人的价值观与立场跟现代人有很大不同，古人认为"有什么别有过，没什么别没福。"我们现在什么观念？"有什么别有病，没什么别没钱。"境界水平，难以相提并论。

我们需要认识到五福对于生命的价值，要追求五个福的全面发展与均衡，缺一不可。缺任何一个，生命都有残缺，切忌只追求其中10%的“富”，却忽略另外的90%，造成因小失大，最后遗憾终身。更要知晓五福里“好德”一福最为重要，它决定了人活着时的长寿、富贵、康宁与离世时的善终。

我们要积福传家，要做个有福之人。有福之人不用忙，无福之人跑断肠。人生的追求方向不能错误，只有学习圣贤经典，认识生命真相，才能使我们站上更高的生命境界，体悟到“不畏浮云遮望眼，自缘身在最高层”的深意。

有一次，我从南京飞沈阳，那天下着小雨，在机场办行李托运时，我对值机柜台的姑娘说：“今天下雨，请问航班会准点吗？”小姑娘白了我一眼，说：“下面下雨，又不代表上面不能飞。”这句话像闪电一样击中我的脑袋，太对了！那天的飞机准点起飞，没有受到下雨的任何影响。当飞机突破云层的一瞬间，上面晴空万里，一丝云彩都没有，哪里有什么雨呢？

生命的境界不高时，我们在云层下努力地找雨伞、找雨披、找地方，找了N种方法，目的都是为了能更好地在乌云下躲雨。如果我们的生命境界超越了云层，上面艳阳高照，还会有雨吗？之所以我们的生命中有各种雨雪风霜，最根本的原因就是因为我们身处乌云之下，生命的境界太低，人在山谷就是“俗”，站上山顶则成“仙”。高度不够，看到的都是问题；格局太小，纠结的都是鸡毛蒜皮。

我们每个人蕴藏的能量都如同一架航天飞机，圣贤如同中间能量强大的火箭箭体，圣贤经典相当于火箭助推器。

没有圣贤高维能量的引领，没有圣贤经典的助推，我们每个人的航天飞机就不可能起飞。如果没有慧根，就一定要会跟。紧跟圣贤前行，永不止步。

成功的两大关键

成功有两大关键，第一个关键是“蓝图”，第二个关键是“状态”。

图1-4 成功的两大关键

“蓝图”就是我们自己的“立命发愿”，这部分属阴，是别人看不到，却深植于我们内心的信念系统。

“状态”属阳，是别人一眼就能看到的我们的生命状态。状态分为三个重要的方面：改过的状态，积善的状态，谦虚的状态。

你真的准备好改变命运了吗?

《中庸》云：“凡事预则立，不预则废。言前定则不跲，事前定则不困，行前定则不疚，道前定则不穷。”豫者预也，做任何事情，事前有充分准备才能成功，毫无准备就会失败。说话也一样，说话前有准备，就不会理屈词穷；做事前有准备，就不会被困扰；行动前有定夺计划，就不会内疚后悔；行路前有方向，就不会走错路。实行中庸之道有充分准备，就不会陷入绝境。

一个人有了明确的生命蓝图，才是真正准备好出发的人。

《三国演义》描述刘备用“素有大志”四个字，刘备二十八岁时想明白一件事——我是中山靖王刘胜之后，不能一辈子以贩履织席为业，我要把“匡扶汉室”作为伟大梦想。他把这个听起来虚得极不靠谱的梦想卖给两个联合创始人——关羽和张飞，结果这二人居然就信了，关羽也觉得自己不能一辈子打铁，张飞也觉得自己不能一辈子杀猪。在梦想的激励下，三个草根仅用一天时间就确定了伟大的顶层设计——匡扶汉室。于是，一个“疯子”带着两个“傻子”启动了生命的逆袭之旅，起初实力不济，只能四处傍大款，他们投靠过曹操、袁绍、袁术，连看不惯的三姓家奴吕布都去投靠过。他们四处不断地融合资源，诸葛亮的《隆中对》就是逆袭路径规划，诸葛亮只身过江东舌战群儒，在自身资源奇缺的条件下，凭三寸不烂之舌鼓动孙刘结盟，让刘备借到了荆州，进而得益州，最后入川鼎定天下，实现了“匡扶汉室”的梦想。

刘备的案例告诉我们，只要真心立命，准备好生命的逆袭，就会有诸葛亮、五虎上将等人为梦想买单。如果没有人为自己的梦想买单，肯定是自己没准备好。

历史上，刘邦准备好了，萧何、韩信、张良等人就出现了；朱元璋准备好了，汤和、徐达、常遇春、李善长、刘伯温等人就出现了……

我们能够正确立命，就擘画出了自己的生命蓝图。有了蓝图的清晰指引，我们就有了明确的前进方向。方向明确了，我们调整好自己的状态，未来必定就能实现持续不败的成功。稻盛和夫之所以被封为“日本经营之圣”，就是明白了这一点，他把自己的经营哲学总结为“提升心性，拓展经营”，诚哉斯言。

下面，我们开始学习《了凡四训》的第一章“立命之学”。

第二章 立命之学

“立命之学”题解

《立命之学》作为《了凡四训》的总纲，此篇开宗明义，讲述了袁氏家族因受“靖难之役”支持建文帝的重臣黄子澄事件的牵连，家族遭受抄家而进入了生命的寒冬，袁氏祖宗明白家道有四季轮回之理，明确袁家子孙以学医为正道，以求通过行医积善增福，改变整个家族的命运。

“立命”就是发愿，并据此设定自己的生命目标。

了凡先生在本篇之中，结合自己一生的经历与感悟，现身说法，阐述了“命由我作，福自己求”的核心命理，深度剖析了“我命由我不由天”的命运法则，破除了很多人抱持的“死生有命，富贵在天”错误知见。

本篇内容总共分为四个部分：

第一部分，袁了凡讲述自己遵从祖训及母命，中断学业，放弃参加科举考试而改学医术，以善缘得遇邵子《皇极数》正传的孔先生。

第二部分，袁了凡接受了命理大师孔先生对自己一生命运的推算，相信了“命由天定”，澹然无求，选择“躺平”的人生态度。

第三部分，问道栖霞，得遇高僧云谷禅师正解“积善之家，必有余庆”本义，破迷开悟，认清了真正的命理真相是“命由我作，福自己求”。

第四部分，袁了凡知行合一，践行立命学说，通过自己考中举人、中年得子、进士及第的三次改命实践，以及不求而得延寿二十一年的结果，亲身验证了云谷禅师所授“立命之学”是“至精、至邃、至真、至正之理”。

01 顺母学医

【原文】余童年丧父，老母命弃举业[①]学医，谓可以养生[②]，可以济人[③]，且习一艺以成名，尔父夙心[④]也。

【译文】我童年时，父亲就去世了，老母亲让我放弃科举考试，改学医术。她说，学医既可以维持生计、养活家人，也可以悬壶济世、利益众生，而且习得医术高超，同样可以名垂后世，这也是你父亲一直以来的心愿。”

【解读】

从这一节起，《了凡四训》正文部分的学习开始了。

《了凡四训》为何能从众多家训中脱颖而出

“余童年丧父”

《了凡四训》开篇第一个字是“余”，这很有意趣。很多流传至今的著名

① 举业：古代读书人为参加科举考试而准备学业，明代实行“科举必由学校”之制，参加乡试的士人，必须是官办学校的生员；地方学校的优秀生员，可以到京师国子监读书，而国子监生则可直接选授官职。明代各级官学的教科书是“四书五经”等儒家经典，应试者必须学习。洪武十七年（1384年）明朝公布《科举成式》，科举考试分为童试、院试、乡试、会试、殿试五级。明清科举一脉相承，达五百多年。

② 养生：维持生计，养活自己及家人。

③ 济人：帮助他人。

④ 夙(sù)心：夙，旧有的，夙心，平素的心愿，一直以来的心愿。

家训，比如《朱子治家格言》《颜氏家训》等，开篇基本都是以长辈对晚辈居高临下的口吻讲道理，以此强调并规范子孙的言行举止。比如《朱子治家格言》开篇就是："黎明即起，洒扫庭除，要内外整洁；既昏便息，关锁门户，必亲自检点……"

《了凡四训》为何能在众多家训中脱颖而出、成为传播最广、深受大家喜爱的家训呢？其中最为特别的一点就是：袁了凡以第一人称的方式，讲述他自己的经历，寓教于故事之中，开篇即以一种平等、平和的方式与孩子进行交流，这种讲故事的方式，很容易让人快速接受。

开篇第一句"余童年丧父，老母命弃举业学医"，这句话的信息量很大，其中牵涉到袁家的家世传承与时代背景。

了凡学医缘由：高祖袁顺当年被朝廷抄了家

了凡先生祖籍陈州（今河南周口市淮阳区；一说袁氏始祖为袁安，原籍为河南洛阳），袁家先祖当年举家迁徙至浙江桐乡的"语儿溪"（今浙江桐乡崇福镇东南）。袁家传至其八代祖袁富一时，又举家迁至嘉善之净地（陶庄）。袁富一很有民族气节，他所处的年代正是元朝统治时期，其告诫子孙不得仕元。[①] 从了凡高祖袁顺开始，袁了凡的家族传承如下：

（1）高祖袁顺

据《嘉善县志》记载，袁顺，字杞山，"世居陶庄"[②]，为陶庄柳溪袁氏始

---

① 袁仁《怡杏府君行状》记载："余上世，自陈州徙江南，散居吴越间，八代祖富一公，由语儿溪徙居嘉善之净池。历三百余年至吾祖菊泉先生，始入赘吴江之芦墟里。"袁富一的时代当属在南宋。元时，告诫子孙不得仕元。净池，在治西北二十四里陶庄镇，不生杂草。

② ［明］袁黄：《重梓袁氏家训跋》，台北"国家图书馆"藏《袁氏家训丛书》卷之二，第18页b。

祖。袁家传至袁顺时，正值元末，家境殷实，有土地40余顷[①]，据日本学者寺田隆信研究，在洪武三年（1370年），在与嘉善县邻接的苏州，占有2–8顷土地的地主有490户，10–20顷的有56户，20–40顷的有6户，40–76顷的大地主只有2户。在那时，占有40顷土地的地主在所有地主中仅占1%。40顷是什么概念？一顷是100亩，40顷就是4000亩。由此可见，袁氏实属当地大富之家。

袁顺为人豪爽，急公好义，袁颢在《袁氏家训·家难篇》中记载："杞山先生豪侠好义，尚气节，人有急投之，不论寒暑早暮，辄倾身赴之。"[②]袁顺与朝中翰林学士黄子澄等文人志士素有往来，对《易经》《诗经》《尚书》《三礼》《春秋三传》[③]等经典有精深研究，是嘉善当地著名的六经学者。同时，袁顺还致力于用功过格式的方法修身自律，追求德行，"与同邑杨任、胡士高、庄毅、庄衎等订礼仪之社，各置一籍，日书其所行之事，每月轮会，坐不序齿，各较其行义之多寡难易，以为先后。故人皆勇于为善而奔义若赴。"[④]

可就在袁家最为昌盛兴旺之时，袁氏家族遭遇了被朝廷抄家的灭顶之灾。

洪武元年（公元1368年）正月，刚满四十岁的朱元璋在南京登基，开创了大明王朝。朱元璋一生有二十五个儿子。洪武三年（公元1370年）四月初七，为了确保明王朝的长治久安，朱元璋把除太子朱标之外的宗室二十五人（24个儿子和1个孙子）册封为藩王，分驻在北部边境和全国各个战略要地，想通过他们来屏藩皇室。

遗憾的是，朱元璋的皇位还没来得及传给朱标，朱标就在明朝洪武

---

① [明]袁颢：《袁氏家训·家难篇》台北"国家图书馆"藏《袁氏家训丛书》卷之一，第4页ab。

② 同上，第1页ab。

③ 三礼：《仪礼》《周礼》《礼记》三部经典。春秋三传：即《左传》《公羊传》《穀梁传》。

④ 同上，第2页a–第3页a。

二十五年（公元1392年）五月朱标太子因为风寒病逝了。洪武三十一年（公元1398年），朱元璋病逝，他临终前他把皇位传给了皇孙——年仅二十一岁的朱允炆，史称建文帝。

建文帝是一个热血青年，很想成为一代明君，干出一番伟大事业，可他自即位起，每天都在担惊受怕与夜不能寐中度过。为什么？他登基后发现：全国各地的藩王叔叔们个个手下兵强马壮，而且大多数人根本不把他放在眼里。卧榻之下，岂容他人酣鼾睡。刚刚新皇登基的朱允炆政事颇受各地藩王掣肘，在翰林学士黄子澄与兵部尚书齐泰等人的支持下，他决定削藩——把各地藩王们削去兵权并撤职查办，将权力统一集中到自己手里。

朱允炆出手如同快刀斩乱麻，仅仅用了十一个月的时间，就废除掉五个藩王。但是，哪里有压迫，哪里就会有反抗。所有藩王中势力最大且早有反叛之心的燕王朱棣，在1399年8月起兵，以"清君侧，靖国难"为名，发动了著名的"靖难之役"。

燕王朱棣攻破南京后，朝中文武百官分成两派：一派是投降派，建文帝时期的不少大臣都见风转舵，归顺了朱棣。另一派是保皇派，对朱棣这种以暴力推翻侄儿篡夺皇位的行为极为不齿，拒不投降。朱棣对拒不投降的官员大开杀戒，杀了大臣一百二十余人，殉难者众，情形惨烈，史称"壬午殉难"。

在靖难之役（公元1399-公元1402年）时，黄子澄与齐泰是朱棣最为痛恨的关键人物。南京破城时，黄子澄因人在外地，得以逃至苏州，与袁顺、杨任等人相往来，密谋匡复之事。后来黄子澄、齐泰、杨任均被朱棣抓捕处死并株连九族。而袁了凡的高祖袁顺亦因参与了黄子澄密谋匡复之事，致使袁家被朝廷下令抄家。幸运的是，袁顺本人当时因有事外出，不在嘉善家中，得以逃难至苏州吴江苟活下来。

袁顺到了一个新的地方，必然需要寻找新的谋生之路，而此时，仕途之路已与袁家彻底无缘。据袁黄的《刻袁氏丛书引》记载，“余家世居嘉兴之陶庄（今析归嘉善），先高祖缘黄子澄之厄，全家籍没，流离奔窜，生曾祖菊泉先生于吴江，遂赘入芦墟徐氏，占籍为苏人，戒子孙不干禄仕。菊泉生怡杏，怡杏生我父参坡翁，皆以医为业，有所讬而逃也。”[①] 袁顺生一子袁颢。

（2）曾祖父袁颢

袁颢，字菊泉，据袁颢所写的《袁氏家训·家难篇》中记载，永乐十一年（公元 1413 年）太宗文皇帝颁布敕令，“吾父始与相别而归，携吾母同住吴江，以训蒙为业。逾年予始生。”[②] 由此可知，袁颢生于永乐十二年（公元 1414 年）。袁仁在《记先祖菊泉遗事》中记载，甲寅岁是弘治七年（公元 1494 年），袁颢去世，享年 81 岁。[③]

袁颢曾经“冒姓徐氏”：“逾年予始生。吾母以哭泣太多，体羸无乳，时芦墟徐孟彰妻育一女而夭，遂鞠予于其家，冒姓徐氏。”直到“洪熙元年（公元 1425 年）四月，有复还田土之令。吾父始返陶庄，予始复袁姓。”而“徐无子，不听予归，留予作婿，而予遂入籍吴江。”[④]

古代士农工商层级分明，《袁氏家训·民职篇》中袁颢自称“以能操笔为举业，将赴试于县”，表明袁颢虽有科举情节，但作为犯逆之家，已被剥夺了科考资格。同时，古代科举考试的试卷上需要申报父、祖和曾祖三代人的姓名，出于家族避祸的考虑，为了子孙后代的安全，袁颢在《袁氏家训·民职

① [明]袁黄：《刻袁氏丛书引》，台北“国家图书馆”藏《袁氏丛书》卷首，第 4 页 a。

② 同上，第 3 页 b。

③ [明]袁仁：《记先祖菊泉遗事》，台北“国家图书馆”藏《袁氏丛书》卷之十《重梓参坡袁先生一螺集》，第 52 页 ab。

④ [明]袁颢：《袁氏家训·家难篇》，台北“国家图书馆”藏《袁氏家训丛书》卷之一，第 4 页 ab。

篇》中，对子孙作出了“不谋禄仕”的硬性规定：“士农工商，所谓四民也。吾家既不应举，子孙又未必能力耕，而工商皆不可为。所藉以养生者，不可无策也。昔邓禹有十三子，教之各执一艺，最可师法，今择术于诸艺中，惟医近仁。习之可以资生而养家，可以施惠而济众。吾舍举业，而执是艺，六十余年，虽不能无误，而怜贫救患所积阴功无筭，子孙宜世世守之。”①

袁颢认为医生虽为贱业，但可以藏身、晦名，可以济人、善亲，故专攻医术。同时，也要求子孙放弃科举，以医为业。袁颢生三子：袁祯（杏轩）、袁祥（怡杏）、袁禧（杏邻）。

（3）祖父袁祥

袁祥，字文瑞，号怡杏，生于正统十三年（公元 1448 年），袁祥在《嘉善县志》中记载，他少时入赘浙江嘉善殳氏家族，殳氏也是行医世家，“殳珪，字廷肃。精医，治疾有奇验。……珪无子，赘袁祥为婿。祥博洽高旷，不屑为医。”② 袁仁在《怡杏府君行状》中明确记载：“甲子岁八月十五日晨起，觉体不快，遂沐浴更衣，坐正寝以没。”③ 袁祥卒于弘治十七年（公元 1504 年），袁祥从事的具体职业，尚不可知。袁祥生一子袁仁。

（4）父亲袁仁

袁仁，字良贵，号参坡，出生于成化十五年（公元 1479 年），④ 于嘉靖二十五年（公元 1546 年）去世，⑤ 一生以医为业，与沈周、唐伯虎等为诗文好

① [明]袁颢：《袁氏家训·民职篇》，台北“国家图书馆”藏《袁氏家训丛书》卷之一，第 26 页 b—第 32 页 b。

② [清]江峰青纂修：《（光绪壬辰仲春重修）嘉善县志》卷 26《人物志八·艺术》，故宫博物院藏，第 4 页。

③ [明]袁仁：《怡杏府君行状》，台北“国家图书馆”藏《袁氏家训丛书》卷之十《重梓参坡袁先生一螺集》，76 页 a。

④ [明]王畿：《袁参坡小传》，收入《王龙溪先生全集》，台北华文书局 1970 年 5 月。

⑤ [明]袁衷等录，钱晓修订：《庭帏杂录》卷下“袁表录”，《丛书集成新编》第 33 册，新文丰出版公司 1985 年 1 月，第 179—180 页。

友，与王阳明、王心斋[①]、王龙溪[②]在学问上皆有交往，被称为“浙西大儒”。袁黄曾记述袁仁“遗书二万余卷”[③]，涉猎广泛，去世后悉付袁黄。袁仁又以贤能闻名于地方，曾被选为“耆宾”，主持地方的祭典。

袁仁一生娶过两房太太，原配王氏（嘉善王氏孟璿公女）三十八岁时去世，王氏生二子：衷、襄。王氏去世后，袁仁续弦李孺人[④]（嘉善李氏月溪公女），生三子：裳、表（黄）、衮。袁仁还有三个女儿，其中，长女嫁嘉善钱南壬，次女嫁嘉兴张高标，三女嫁嘉善钱晓。袁黄是袁仁五十五岁时所生，在五个兄弟当中排行老四。袁仁与李孺人经常教诲儿子们：“士之品有三：志于道德者为上，志于功名者次之，志于富贵者为下。”李孺人于明万历元年（公元 1573 年）去世。

袁仁不仅道德学问深厚，而且还是一个修行人。他在去世前几天，喊来所有亲友，告知自己即将去世，而后闭门谢客，焚香静坐。临死前一刻喊袁黄拿来纸笔写下了《辞世偈》[⑤]，然后投笔而逝。偈曰：

附赘乾坤七十年，飘然今喜谢尘缘。

须知灵运终成佛，焉知王乔不是仙？

身外幸无轩冕累，世间漫有性真传。

云山千古成长往，那管儿孙俗与贤。

偈子的第一句讲：自己依附于这个累赘肉身在世间活了接近七十年，体

---

① 王艮（1483~1541 年），字汝止，号心斋，明代哲学家，江苏东台人。起初投入王阳明门下，后来转而治学，创立传承阳明心学的泰州学派，初名银，王阳明替他改名为艮。

② 王畿（1498 年—1583 年），字汝中，号龙溪，浙江绍兴人。师事王阳明，为王门七派中“浙中派”创始人。

③ [明] 袁衷等录，钱晓修订：《庭帏杂录》卷下“袁表录”，《丛书集成新编》第 33 册，新文丰出版公司 1985 年 1 月，第 180 页。

④ 孺人：古时称大夫的妻子，明清时为七品官的母亲或妻子的封号，也用对妇人的尊称。

⑤ [明] 袁衷等录，钱晓修订：《庭帏杂录》卷下“袁表录”，《丛书集成新编》第 33 册，新文丰出版公司 1985 年 1 月，第 179—180 页。

验并感受到生命之苦。“飘然”是堕落的反义词，意思是自己出离生死的枷锁向上提升。“今喜”，今天即将欢喜离开，面对死亡内心很是欢喜。为何欢喜？因为知道自己去哪儿，所以才会欢喜。我们为什么害怕死亡？因为不知归处。“谢尘缘”是在这即将辞世的时刻，既满心欢喜，也非常感谢，感谢几十年红尘俗世中所有支持自己修行的善恶诸缘。袁仁面对生死是如此潇洒，而当今很多人在临死时，死得那叫一个痛苦万分、糊里糊涂、不甘不愿。袁仁这首偈子的境界，与稻盛和夫说的“人生不是一场物质的盛宴，而是一次灵魂的修炼，使它在谢幕之时比开幕之初更为高尚”有异曲同工之妙。

（5）袁黄

袁黄，字庆远，号了凡。

嘉靖十二年十二月十一日（公元 1533 年 12 月 26 日），袁黄出生于浙江嘉善县魏塘镇东亭桥浒老宅，万历三十四年（公元 1606 年）七月去世，享年七十四岁。初名表，后改名黄，字庆远、坤仪、仪甫，初号学海，后改了凡，后人常以其号“了凡”称之，晚年被罢官后曾隐居苏州吴江芦墟赵田村，故一作吴江人。

由此，我们可知袁了凡一房的世系传承如下（非袁了凡直系从略）：

八代祖		高祖父	曾祖父	祖父	父亲	自己	儿子
袁富一	……	袁顺（杞山）	袁颢（菊泉）	袁祥（怡杏）	袁仁（参坡）	袁黄（了凡）	袁俨（天启）

表2-1　袁了凡一房的世系传承

“老母命弃兴业学医，谓可以养生，可以济人，且习一艺以成名，尔父夙心也。”

了凡的母亲李孺人让刚刚 14 岁的儿子放弃读书，不要去参加科举求取功名。我们了解了袁家的家世传承，自然就会明白了凡母亲为何要他如此规划未来的人生道路了。

如前所述，袁了凡的高祖袁顺因为反对朱棣篡位，致使袁家遭受抄家灭顶之灾。当家族传承到袁了凡的曾祖父袁颢时，袁颢为了重振家业，写下一部《袁氏家训》留给子孙。在《袁氏家训》里，袁颢主要讲了以下五点：

第一篇是《家难篇》。主要讲述了袁家当年因与黄子澄往来，牵扯党争而致祸，袁顺逃难至苏州吴江，以训蒙为业，记录家道由盛转衰的缘由，让子孙明白生命中并非总是春意盎然，也会有雨雪冰霜。

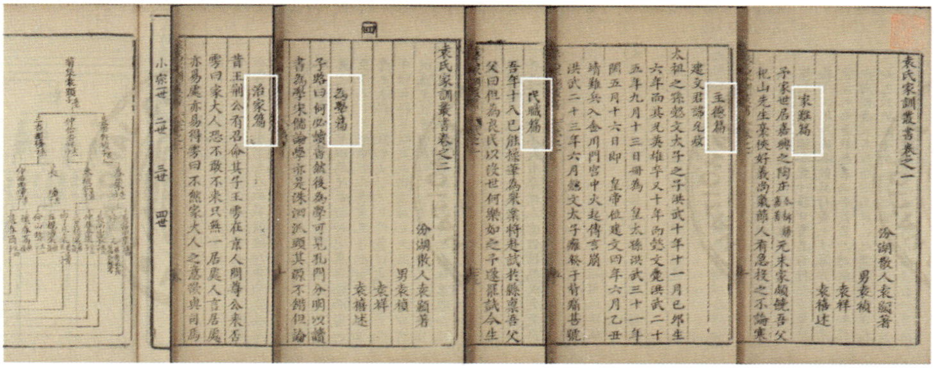

图2-1 袁氏家训

《家难篇》对当下的我们也有着极强的借鉴意义，一年有春夏秋冬四季，人的命运有浮沉起落。一个家族、一个企业同样也有命运，命运也分春夏秋冬四季，即“春生、夏长、秋收、冬藏”。

春季时，大地回春，事业好转，诸多吉事开始冒出苗头，此时最应该强化播种。俗话说，清明前后，点瓜种豆。误了时节，再去播种就失去意义了。

如果处在夏季，此时要“见龙在田，利见大人”，努力开花，绽放自己，凝结花蜜，释放香气，即“我若盛开，蝴蝶自来”，如此才能吸引到生命中的贵人前来，获得必要的帮助与支持。

如果处在秋季，丰收时节，在获得众多外在名利之时，更要注意挑选出收获中最饱满、最有生命力的种子，留种备用。此刻要铭记“顺时多布施，逆时好悟道”，最少拿出收获部分的10%，用以去留种布施、行善积德，如此才能在未来有持续不断的收获。

如果处在冬季，就要选择“猫冬”以积蓄能量，千万不可违逆天时，避免大肆扩张，而导致凄惨的生命结局。

有一次，我和岳父两人在家吃晚饭，电视上正播放一个美食节目，在介绍冬笋炒肉，岳父跟我说：“冬笋比春笋好吃。”我不解：“为什么？”他说：“你看笋子的形状就知道了，冬笋是矮矮胖胖的，春笋是瘦瘦长长的。”我听完就明白了，所谓“道法自然”，冬笋之所以好吃，是因为竹笋知道天时——冬季主藏，万物不宜生发，必须内敛以积蓄能量，所以冬笋的外形是矮矮胖胖的，内在既鲜嫩多汁，又富含营养。

《易》曰：“君子藏器于身，待时而动。”现今频繁出事的名人、企业家、影视明星、贪官、流量网红这些人，皆为不懂这四季运作法则而导致了生命道路的偏差与恶报。

家庭教育，祖宗首先要把家族传承的真实情况告知子孙，以利后世子孙认祖归宗。子孙认祖归宗要从三个方面认识祖宗：

首先，子孙认识祖宗之名并深刻理解祖宗所传家风，这叫：不忘初心。

其次，铭记祖宗过去的经历与艰辛，激发传家之志，这叫：牢记使命。

最后，勉励子孙继续奋斗，为家族创造美好的未来，这叫：砥砺前行。

第二篇《主德篇》，主要介绍了旧主建文皇帝朱允炆的智慧出众与高尚情操，以及即位为君后的仁德之举，虽然旧主被朱棣以“靖难”之名推翻，仍告诫子孙不忘旧主：“人固不能违天之命矣，然忠义之士，赴死如归，九族可捐。

一心匪石，天亦不能夺人之心也。吾子孙慎毋忘吾君之深仁厚泽也哉[①]。”

第三篇《民职篇》，清晰表述了“吾家不谋禄仕，非有所愤而逃也。”进而明确规划袁家子孙职业发展有三不做：不应举，不力耕，不工商。具体做什么？“择术于诸艺中，惟医近仁。习之可以资生而养家，可以施惠而济众[②]。”同时列举习医之“志、学、识、慎、养、术、量、言、行、守”十事，让子孙世世守之。在古人看来，生命处于冬季时，有两大职业最利于快速积累家族的生命能量：一是医生，二是老师。医生救人生命，老师救人慧命，这两个职业虽不能大富大贵，但在古代皆被尊称为“先生”，是可以积德深厚的职业。

时来天地皆同力，运去英雄不自由。袁颢明白生命有四季之理，当前袁家蒙难，正处在生命隆冬时节，振兴家业需要天时，所以他为子孙指出未来的职业道路是行医。并在本篇最后提出了殷切期望：“吾家子孙，不习举业，而能修身成德，安良民之分，尽良民之职，使一言一动皆足以师世而范俗，可以毋忝所生矣。”[③]

第四篇《为学篇》，袁颢讲解自己悟到“举业之累人不浅[④]”，强调人因天资不同，故德性各有所偏，必须以学问补之，才能成为全德之人。他向子孙介绍自己的读书之法：不可以得失之念、有求之心读书，方能触处心融，怡然理解。同时还告诫子孙：外在贪利欲，有事有变衰之祸患；内贪恩情，若不能觉了而求出离，必定入“生死之轮环[⑤]”而不得解脱。继而为子孙介绍佛家“观、炼、薰、修”四项工夫，以及见小人须发“怜悯、警惧、得师”的三心修行之

① [明]袁颢：《袁氏家训·主德篇》，台北“国家图书馆”藏《袁氏家训丛书》卷之一，第23页b。

② [明]袁颢：《袁氏家训·民职篇》，台北“国家图书馆”藏《袁氏家训丛书》卷之一，第26页ab。

③ [明]袁颢：《袁氏家训·民职篇》，台北“国家图书馆”藏《袁氏家训丛书》卷之一，第33页a。

④ [明]袁颢：《袁氏家训·为学篇》，台北“国家图书馆”藏《袁氏家训丛书》卷之二，第3页a。

⑤ [明]袁颢：《袁氏家训·为学篇》，台北“国家图书馆”藏《袁氏家训丛书》卷之二，第6页b。

法。最后提醒子孙，须依子思“素位之行”而修世间的顺逆二境，避免“轮回之中，枉入诸趣”。

第五篇《治家篇》，袁颢先节选宋代司马光所写的《居家杂仪》，教授子孙家长、卑幼、子媳之道，以及御仆妾之法，尤其强调“俭之一字，众妙之门[①]。”同时借讲述范仲淹、范纯仁父子以舟麦助石曼卿的行善义举，提出了行善须“父子一心[②]”，否则“一身行善，只可谓之极善之人，不可谓之积善之家[③]”的独特理解。最后，还为子孙详细讲述了五条“教子之法”。

一个负责任的好祖宗，永远都不会欺骗自己的子孙。袁颢为袁家子孙写下的这本充满智慧的《袁氏家训》，如同是袁氏兴家旺族的根本大法，有了这个基本法的指导，袁氏子孙即可按照祖宗的教诲，坚定落实执行就可以了。

《易》曰：“积善之家，必有余庆；积不善之家，必有余殃。”

我们每个人都有自己的祖宗，如果祖宗曾经为子孙行过大善、积过厚德，福荫我们生活美满，对此当然要心怀无限感恩。

如果祖宗当年没有很好地为家族行善积德，甚至个别祖宗还曾做过错事致使家业不兴，我们作为子孙也无需抱怨。我们未来也终将成为子孙的祖宗，既然之前的祖宗没有为我们做出很好的示范，没有为兴家旺族而行善积德，我们就更不能自私自利地享受，继续忽略行善积德，而致家族难现丰收秋季了。

既然我们未来都会做子孙的祖宗，那就要做个好祖宗。什么是好祖宗？能够为整个家族的发展进行合理规划，能够“续家谱，立家规，传家训，树家风”的祖宗，才是真正的好祖宗。

---

① [明]袁颢：《袁氏家训·治家篇》，台北“国家图书馆”藏《袁氏家训丛书》卷之二，第24页b。

② [明]袁颢：《袁氏家训·治家篇》，台北“国家图书馆”藏《袁氏家训丛书》卷之二，第30页b。

③ [明]袁颢：《袁氏家训·治家篇》，台北“国家图书馆”藏《袁氏家训丛书》卷之二，第30页b，31页a。

“谓可以养生，可以济人，且习一艺以成名，尔父夙心也。”

了凡生母李孺人虽然是袁仁继室，但却是一个非常明理的好女人，她知道自己从嫁入袁家的第一天起，自己就是袁家的媳妇。身为袁家人，自己不但要抚养好亲生的子女，也要照顾好袁仁前妻留下的几个子女，更要坚定落实执行了凡曾祖父袁颢在《袁氏家训·民职篇》中对子孙的就业指导——放弃科举，行医为业。所以，她把了凡曾祖父袁颢对子孙的就业期望进行了精准传达。

首先，行医“可以资生而养家[①]”，养活自己及家人，这叫“养生”。

其次，行医“可以施惠而济众[②]”，可劝人迁善改过，这叫“济人”。

再次，医术精湛可以成为一代名医，比如扁鹊、华佗、张仲景、孙思邈等人都是因医术精湛而青史留名，这叫“且习一艺以成名”。

最后，“尔父夙心也”，这个也是你父亲的心愿。古代如何看一个人是不是好儿孙，《论语》给出了一个标准：“父在，观其志；父没，观其行；三年无改于父之道，可谓孝矣。”古时候，考察一个人是不是孝子，他父亲在世时，要看他立定什么样的志向；他父亲去世后，就要考察他的行为，如果能够将他父亲的优良品德传承下去，就可以说他尽孝了。由此可知，违背父母及祖宗的遗训，在古代是很不孝的行为。袁家子孙孝心深厚，时刻与祖宗保持连根养根的高能量状态，就是立命有根的人。

综上所述，袁家择业有四个基本原则：

第一，承祖宗之志；

---

① [明]袁颢：《袁氏家训·民职篇》，台北“国家图书馆”藏《袁氏家训丛书》卷之一，第26页ab。

② [明]袁颢：《袁氏家训·民职篇》，台北“国家图书馆”藏《袁氏家训丛书》卷之一，第26页ab。

第二，顺父母之愿；

第三，存利他之心；

第四，怀一技之长。

袁氏祖宗对子孙择业原则的选择，体现了家族战略方向规划的明确与清晰，我们既要看懂，更要悟透，如此才能更好地学透《了凡四训》。

02 偶遇孔公

【原文】后余在慈云寺①，遇一老者②，修髯③伟貌④，飘飘若仙，余敬礼之。语余曰："子仕路中人也，明年即进学⑤，何不读书？"余告以故，并叩老者姓氏里居。曰："吾姓孔，云南人也。得邵子⑥皇极数正传，数该传汝。"

【译文】后来我在慈云寺得遇一位老者，老人家相貌非凡，两腮长须，飘然若仙，我恭敬地向他谦让作礼。老人家对我说："你注定是官场中人，明年即可考中秀才，为何不读书呢？"我便把自己的情况如实相告，并请教老者尊姓大名、家乡何处。他答曰："我姓孔，云南人。我得了宋朝易学大师邵康节先生所著《皇极经世》一书的秘术真传，命中注定要传授于你。"

【解读】

悦

---

① 慈云寺，在县治北，三国时，慈云寺是吴太祖孙权的母亲吴国太发愿修建的四大寺之一，原为报恩寺。唐名"保安禅院"，宋治平间改"慈云寺"，为嘉善"邑之首刹"，旧址在今体育南路硕士花苑区域。明万历四十四年（公元1616）春闱前，慈云寺殿柱上长出3棵灵芝。当年科举考试，嘉善出了5位举人，钱士升当年殿试高中状元。至民国时，慈云寺仅余阿育王塔。上世纪70年代修体育路时，阿育王塔被推倒。

② 老者：准确地说孔先生应该是一位道人，明代文学家钱希言（1562–1638）于万历二十八年（1600年）所著《松枢十九山》中有："孔道人胜算，会禅师立命"，说的就是此事。

③ 修髯：修，长。髯（rán）两腮的胡须，泛指胡须，

④ 伟貌：身材魁梧，体貌不凡。

⑤ 进学：明清两代，指童生考取生员，进入府、州、县学读书，又称"中秀才"。

⑥ 邵子：北宋著名思想家、易学家邵雍（公元1011–1077年），字尧夫，谥号康节。相传《皇极经世》与《梅花易数》均为其所著。

善缘已造：了凡得遇生命中第一个贵人

“后余在慈云寺，遇一老者，修髯伟貌，飘飘若仙，余敬礼之。”

了凡十四岁时，在慈云寺遇到了一位老者。电影《了凡四训》是这样演绎的：了凡去山上采药，寺院附近一条狭窄的路上，迎面走来一位拄着拐杖的老者。了凡作为一个十四岁的孩子，这样形容对面来的老人家：“修髯伟貌，飘飘若仙”，“修髯”是说老者两腮长须飘飘，“伟貌”则是相貌非凡。

心存恭敬，目之所及皆佳境；常怀感恩，所遇之人多良善。了凡作为一个孩子，能够如此形容一个长者，可知了凡内在生起了恭敬心，才会赞叹老者宛如神仙一般。

“余敬礼之”，这里的“敬”不是嘴上的，而是心上的。了凡身随意动，见到迎面走过来一位老者，立即主动侧身站到路旁，躬身抱拳礼请老者先行。

我们前面说过，绝大多数人一辈子会有三次机会，抓住其中任何一次，就能改变自己的命运。很多时候，机会可能就是因为自己发了一个善念，多说了一句好话，或顺手帮了一个小忙。袁了凡如此，我亦如此。我和我太太能够认识、成家，原因就是当年我多说了一句话。

1998 年 9 月，公司为我租公寓房，恰好租了我太太同事周老师家的房子。房租本该在 10 月 2 日支付，因为国庆放假七天，房租在假期结束 10 月 8 日上班再付也没问题。我当时分管公司财务，心想房租既然早晚都要给，何必推迟呢？就让出纳电话通知周老师 9 月 29 日到公司来提前取房租。

9 月 29 日上午，周老师的先生蔡老师亲自到公司取房租。能够提前拿到房租，蔡老师的心情很不错，坐下来和我聊了几分钟。临告别前，公司办公大楼竟然跳闸停电了，电梯停运，蔡老师只好走楼梯下楼。就在他的脚刚踏下第一级台阶时，我灵光乍现般地喊住他并说了一句话，而这句话竟然让我得到了一桩婚姻。

我说："蔡老师，你们学校有没有还没有对象的女老师啊？"这句话太有价值了，蔡老师回头看着我惊讶地说："啊？你这么有才华的年轻人，竟然没有对象？我回去让我爱人给你看看。"就这样，我就遇见了我的太太。

对我而言，这句话的价值完全不能用金钱来衡量。仅仅因为提前十天支付房租，我就得到了相伴一生的太太，这个"投资回报率"真的是太高了。

袁了凡也是这样的，他的人生第一次机会在十四岁时就到来了，关键他还迅速抓住了。他的一个恭敬礼让，就让老者开口对他说话了，这老者开口所言可不是简单致谢或寒暄，而是直接对他未来的人生方向给出了明确指向。

语余曰："子仕路中人也，明年即进学，何不读书？"

老先生对了凡说："你注定是个进身为官之人，明年就要中秀才了，为何不去读书呢？"老者望一眼就知晓了凡这孩子未来是干什么的，说明这老者确实不是普通人。

急躁空无物，缘到自然成。好机缘到来时就是这样的，它无需事先的精心筹划，做事过程轻松愉快，最后结果不求自来，皆大欢喜。好的机缘，真的就是因为偶遇了某个人，多说了一句话，命运剧变的刹那，风起千樯，只不过我们误以为这一刻和往常无数沉闷平凡的时刻一样罢了。

我因为提前几天付款而收获了婚姻，了凡因为礼敬谦让而得遇老者指点。若了凡先生当时年少轻狂，对老人家说一句："老头，你得让我先走！"一切就会截然不同了，世间就不会有《了凡四训》这本书，我们也不会因了凡而结缘相遇，您也没可能看到这本《了凡领导力》了。

中国人“天人合一”的环境能量平衡观

余告以故，并叩老者姓氏里居。曰：“吾姓孔，云南人也。得邵子皇极数正传。”

了凡告诉老者自己放弃举业改学医术的具体原因。答完之后，他还很恭敬地请教：“老人家您贵姓？仙居何处啊？”没想到老者下面的回答，更是坦率得令人惊讶。

老者说：“我姓孔，是云南人。我得到了宋朝易学大师邵康节先生（1012年1月21日–1077年7月27日，四柱八字：辛亥、辛丑、甲子、甲戌）所著《皇极经世》一书秘术的正统嫡传。”

宋朝的邵康节先生是易经大家，他有一首《山村咏怀》的小诗很有名：“一去二三里，烟村四五家；亭台六七座，八九十枝花。”邵康节先生也是著名占卜书《梅花易数》的作者，他最厉害的著作名为《皇极经世》。皇者，大也；极者，至也；经者，常也；皇极经世，道之至也。

中国古人极为相信环境能量学说，我们“汉族”的本意就是“银河族”，“汉”的原意是银河，银河在古代被称作天汉、河汉、银汉、星汉、云汉等。《诗经·小雅·大东》“维天有汉，监亦有光”中的“汉”，曹操《观沧海》“星汉灿烂，若出其里”中的“星汉”，李白《月下独酌》“永结无情游，相期邈云汉”中的“云汉”，指的都是银河。所谓“汉族”，是寓意华夏族人如同星汉一样熠熠生辉，像银河一样浩瀚永恒。

长江最长的支流是汉水，因其流经方向与横亘天空的银河走向一致，所以也叫地上银河，故得名“汉水”。古人认为汉水是长江的源头，银河之水天上来，所以把古汉水当年的源头所在地称为“天水”，天水与汉水相呼应，天水也是“三皇之首”伏羲氏的诞生地。汉水中部有个城市叫汉中，刘邦当年在此称“汉中王”。后来刘邦战胜了项羽，统一了中国，萧何上奏“语曰天汉，其称最美”，提到汉就能想到天，汉是一个美称，故刘邦定国号为“大汉”。所以，汉族是“天族”的美称。因为当年汉朝强大的对外影响力，外族均尊称汉为天朝上族、汉族男人为汉子、汉族女人为汉女。汉代乐府诗《迢迢牵牛星》云：“迢迢牵牛星，皎皎河汉女。……河汉清且浅，相去复几许？”诗中的“河汉”指的就是银河，也是牛郎和织女相会之地——汉江。汉江是汉朝的发祥地，历史学家吕思勉和钱穆认为，古民族往往因所居之地而得名，古老华夏民族的主干最早就是生活在汉水流域，是生活在华山以南、夏水两岸的民族，古代的夏水就是今天的汉水，汉水流域是中华民族族源最古老的发祥地。正因如此，汉江是中国唯一一条被远古移民海外的华夏族人完全复制了名称、风俗文化和流域地名的祖先之河。

中国人的基因里，深深镌刻着“天人合一”的执念。但凡在中国历史上做过皇城的城市，比如南京、北京、西安、洛阳等，全都做过环境能量的均衡布局。中国环境能量鼻祖郭璞的衣冠冢“郭璞墩”，就在南京玄武湖的樱洲上。

南京城东主干道名叫龙蟠路（左青龙），西边主干道名为虎踞路（右白虎），南边夫子庙附近有著名的朱雀桥（前朱雀），北边有个大湖叫玄武湖（后玄武）。玄武湖中间四个小岛（翠洲、梁洲、樱洲、菱洲）连起来是北斗七星的勺子部分，从菱洲沿着解放门方向延长出去，是北斗星的勺柄部分。

六朝金粉地，金陵帝王州。南京城的青龙位是紫金山，大小高度还不错，白虎位则是矮小的清凉山，清凉山西侧是水势极大的外秦淮河与长江。环境能量有个术语叫“北有靠，南有照”，玄武湖南岸的覆舟山（小九华）过于矮小，北面的幕府山也不太大，导致了南京城北边没有什么大山环抱可靠。南京虽被称为六朝古都，但每个王朝都很短命，基本几十年就会发生一次更迭。

与南京相比，北京城的环境格局则完全不同，西边是太行山山脉、西山拱卫，北边是太行山、军都山形成一处半圆形的山湾，东北部则是著名的北龙燕山山脉构成的天然屏障。南宋末年赵与时的《宾退录》中，提及著名理学家朱熹和宾客的一段谈话："冀州好一风水：云中诸山，来龙也；岱岳，青龙也；华山，白虎也；嵩山，案也；淮南诸山，案外山也。"从朱熹的分析可以看出，北京的地理形势不仅符合环境能量"左青龙、右白虎"的条件，而且还呈"四方朝觐"态势。北京城上好的环境能量格局，也是当年明成祖朱棣下决心从南京迁都至此的主要原因之一。

中国人讲究的天人合一，本质是看重人与自然的和谐共处。中华传统文化认为，好的环境能量养人，人也要滋养好的环境能量。俗话说，福人居福地，福地福人居。福地，其实就是环境能量均衡的建筑或地势。古人建房时，对于动土、上梁的日子都很慎重，要挑选吉日吉时才能开工。中国古代的建筑没有用钢筋水泥，仅靠卯榫结构，就可以数百年、甚至上千年不倒。

我们中国人最喜欢居住的房子是方正的四合院落，绝大多数四合院一般都是开东南巽门，一进东南门迎面一般有个"福"字照壁，二进院的正门开在正南离位，和东南巽门之间形成巽坎"生气穿宫"的环境能量布局；二进院的正南离门又和正北堂屋开的坎门，形成坎离"延年穿宫"的环境能量布局……

为何现代社会的离婚率高企不下？为何有那么多人精神抑郁、焦虑、睡眠不好？为何各种疾病层出不穷？原因之一就是与环境能量布局失衡有关。我们如果不懂环境能量的平衡之道，也请不要轻易评价为封建迷信。这个世界尚有许多科学都无法解释的事，我们对此要生起敬畏之心。

应了凡所请，孔先生自报了家门，表明自己不仅有皇极数的法脉传承，关键还“得”了正传。孔先生的“得”，是他对于皇极数已经了然于胸，且运用得极为纯熟，与自己完全融为一体。

我们学习圣贤经典，很多时候只是“学”了，并没有“得”到。比如有些同学听了一次《了凡领导力》课程，就也发心要努力改变自己，可回去后就坚持不下去了，这种情况的根本原因，就在于只是“学”了凡，没有“得”了凡。

“数该传汝。”

不可思议的是，孔先生对了凡说了下面一句令人震惊的话：“数该传汝。”这句话太厉害了。为什么？“千里姻缘一线牵”，婚姻如此，萍水相逢亦是如此。相隔千万里的两个人能够相遇，肯定需要因缘具足才行。今天从昆明到嘉善的高速公路里程接近2300公里，在古时候，一没高铁，二没飞机，三没高速公路，孔先生独自从云南一路跋山涉水来到嘉善，目的是什么？为了寻找自己的传承弟子。

《论语·先进篇》中记载，颜回四十岁时就去世了，当时已经七十岁的孔子痛呼：“噫！天丧予！天丧予！”白话文就是“哎呀！上天是要我的命呀！上天是要我的命呀！”为什么孔子会如此痛彻心扉呢？因为颜回一直被孔子视为儒家道统的传人，所以孔子才会发出了“天亡我”的哀叹。

自古及今，每个老师都很清楚，能找到一位优秀弟子作为传人是一件大幸之事。这孔先生在慈云寺的路上，竟然得遇了凡这么一个谦虚恭敬的孩子，当然令孔先生喜出望外，所以才会直接说出“数该传汝”。

人世间所有的相遇，都是久别重逢。

我们在世间能够遇到的好人、好事，并不是求来的，而是因缘具足之后的瓜熟蒂落、水到渠成。可惜世人多不了解，也不想了解，只顾拼了命地向外求，所以佛家才有“有求皆苦”之说。

有些人去寺院，不是为了礼佛，更不是为了听经闻法，而是为了去和佛菩萨做交易。以前有些地方还要花钱抢烧头香，出资百万还不一定有机会。为了求财，有些人烧的香又粗又长，寺院内外烟雾缭绕，把人呛得鼻涕眼泪一大把。这样的日子里，虽然佛菩萨非常慈悲，估计也要暂时外出躲避一下，因为寺院内外的烟尘实在太大了，PM2.5 严重超标。

寺院本是清净之地，佛教讲究众生平等，心诚则灵。佛菩萨如果因为谁花巨款烧香就多保佑谁，谁花钱少就少保佑谁，不花钱就不保佑，这样的佛菩萨不就和贪官无二无别了吗？拜他还有意义吗？我们去寺院亲近法师，是为了听闻正法，是为了礼佛发愿，既要看到佛菩萨愿力的不可思议，也要看到众生业力的不可思议。学佛之人，要把佛菩萨的愿当作自己的愿去行持，如此才是真正地礼佛、学佛。

03 纤悉皆验

【原文】余引之归，告母。母曰：“善待之。”试其数，纤悉[①]皆验。余遂起读书之念，谋之表兄沈称，言：“郁海谷先生，在沈友夫家开馆[②]，我送汝寄学[③]甚便。”余遂礼郁为师。

孔为余起数：“县考童生[④]，当十四名；府考[⑤]七十一名，提学考[⑥]第九名。”明年赴考，三处名数皆合。

【译文】我引请孔先生回到家里，禀告了母亲。母亲说：“好好招待老人家。”母亲试请孔先生为我推算，竟然把我过去经历的细微小事都推算得丝毫不差，非常灵验。我因此萌发了继续读书的念头，找到了表兄沈称商量，表兄说：“郁海谷先生正在沈友夫家开设私塾授学，我送你去那里读书非常方便。"于是，我便礼拜郁海谷先生为师（重新开始读书求学的生涯）。

孔先生为我起卦推算命数：“参加县考童生是第十四名，府考是第七十一名，提学考（省考）秀才是第九名。”等到第二年我去参加考试，三场考试的名次与孔先生推算的结果完全一致。

---

① 纤悉：细致而详尽。

② 开馆：开设私塾教育收徒。

③ 寄学：借住在别人家开设的私塾中读书。

④ 童生：明朝科举制度，凡是习举业的读书人，不管年龄大小，未考取生员（秀才）资格之前，皆称童生或儒童。只有通过了县试、府试两场考核的童生，才有资格参加院试，院试成绩佼佼者才能成为秀才。

⑤ 府考：是明清两朝科举考试程序中“童试”的其中一关，通过县试后的考生才有资格参加府试，府试在管辖本县的府进行，由知府主持，府试通过后方可参加院试。

⑥ 提学考：即“院试”，由各省学政（相当于省教育厅长）主持，因学政又称提督学院，故又名“提学考”，录取者为生员（秀才），札发入府、县学学习称“入学”，提学考是童生试最高阶段的考试。

【解读】

悦

余引之归，告母。母曰："善待之。"

了凡先生把孔先生引请回家，且禀报了母亲。从这里可以看出了凡为人处世内外一致，无论对于外人还是家人，都很恭敬有礼。把外人带回家，首先向父母禀告，这是作为子女需要注意的礼节。今天有些孩子带朋友回家，也不和父母说，直接带到自己房间关起门来玩，用自己手机点外卖吃，家人根本不知道，这样不是太好。

了凡母亲知道了孔先生的身份，说了一句"善待之"，这个"善"字内涵丰富，肯定不是简单地请孔先生好好吃一顿，个中意趣需要我们细品。

试其数，纤悉皆验。

既然家里来了一位易学大师，大师又说自己儿子未来是个官场中人，这个孔先生的水平如何，了凡母亲半信半疑，自然是要测试一下的。于是，就用一些曾经发生过的小事，考验一下孔先生。没想到得"皇极数"正传的孔先生水平确实了得，对于袁家曾经发生过的很多小事，铁口直断，说得一清二楚。如此，了凡和母亲全都信服了。

当代家长希冀孩子"听话"的相爱相杀

余遂起读书之念，谋之表兄沈称，言："郁海谷先生，在沈友夫家开馆，我送汝寄学甚便。"余遂礼郁为师。

人对某一件事做出行动，是基于内在对某人或某事的信任。只要内心相信，早晚都会化作行动。从这里可以看出，了凡刚开始听到孔先生说他“子仕路中人也”，只是耳朵听了，并未入心，心里没怎么相信。但是，在测试完孔先生的推算水平后，了凡相信了孔先生，便动了继续读书求学的念头。

十几年的讲课生涯中，我遇到太多家长跟我抱怨说自家的孩子有多么不听话，希望我在讲课时能多批评一下自己的孩子，让孩子能够听话。

家长一厢情愿地想要统一孩子的思想，是现代教育中可笑的现状之一。亚里士多德说：“吾爱吾师，吾更爱真理！”人类进步的本质与表现之一，就是下一代不怎么听上一代的话，这是人类基因传承与迭代的需要。科学家也是通过证伪，不断颠覆以往的结论，进而构建出新的理论。很多权威之所以成为权威，就是因为他颠覆了之前的权威。

有些家长头脑空空，事业平平，就是一个普普通通的泛泛之辈。他在外根本没有能力去统一别人的思想，可回家以后，竟会乐此不疲地干一件事情——统一儿女的思想。

在我们中国，90% 以上的家长在赞美别人家孩子优秀，或者向别人夸耀自家孩子表现优异时，最喜欢用的一个词就是“听话”。听话，似乎已经成为我们这个民族的一种“美德”了。遇到这种家长，我经常会用反问他们：“听你的话？为啥要听你的话？你是思想家吗？你的智慧很高吗？”

其实，孩子不听话不完全是一件坏事，太听话的孩子反而会因为长期听从父母的安排，导致独立思考能力不足，令其丧失觉察判断与做决定的勇气。

从另一个角度说，父母一味想要压制孩子听自己的话，本身就是一种妄想。从小到大，我们都有过这样的体验，对于有些人说的话，即使很正确，也不爱听，而对于另外一些人说的话，即使很直接，甚至有些刺耳，自己也愿意听。为什么？这涉及信任度的问题。

我们每个人都愿意听自己信任的人说的话。所以，如果孩子不太听话，家长首先要感到高兴，说明孩子长大了，有了自己独立思考与判断事物的能力。同时，家长更要觉知到自己的能量已不足以影响孩子了，要想得到孩子的信任，自己需要更快地成长与进步。

孟子曰："行有不得，反求诸己。"父母要把对孩子提的要求，自己先做到，以身作则，率先垂范，不能"己所不欲，硬施于人"。每个人都有自己的世界观、价值观与人生观，如何提升自身的能量与影响力，获得他人的信任，才是我们应该思考的关键问题。

范仲淹说："不为良相，便为良医"。了凡因为信任孔先生，便心生放弃学医改为读书之念。了凡想去读书以求取功名，首先面临的就是重新上学问题。了凡年龄虽小，但是思路清晰，他找到了自己的二表哥沈称。了凡找沈称的原因有两个：

首先，沈称是了凡亲姑父沈扬（字：心松）的次子，属于直系亲戚。

其次，沈称的大哥，也就是了凡的大表哥沈科在两年前的嘉靖二十三年（公元 1544 年）刚考中进士，了凡的父亲袁仁还曾为此赋五言律诗《沈科登第》，现在父亲袁仁去世了，对于读书找好老师学习这件事请教表哥准没错。

沈称对表弟读书之事很是关心，满口应承下来："郁海谷先生正在沈友夫家的私塾里教书，我送你去那里上学很方便。"沈友夫是嘉善县城人，与了凡父亲袁仁是好友，与表兄沈称又是同族。郁海谷先生，姓郁名钦，家住魏塘熙宁桥，为嘉善当地名士。于是，十四岁的了凡便拜了郁海谷先生为老师。

年仅十四岁的了凡，因为在慈云寺偶遇孔先生，改变了命运轨迹，生起读书之念。如果仅仅只是动念，不去行动是没有意义的。了凡不但动了念，而且主动去找表兄沈称，继而拜郁海谷先生为老师，重新开始求学。从事情的表象上看，似乎都是偶然与巧合，但是，我们要能看到事情内在的必然性。

人生的道路上，能够遇到令自己命运发生转折和改变的贵人，最重要的是基于自己的德行。十四岁的了凡谨遵祖训，孝敬父母，谦逊知礼，诚心待人，他个人所具备的这些良好品德，才是让诸多好事接连发生的关键。

人究竟有没有命运

孔为余起数："县考童生，当十四名；府考七十一名，提学考第九名。"明年赴考，三处名数皆合。

了凡进了私塾，在郁海谷先生的教诲下开始了自己的求学生涯。按照明朝的科举制度，求取功名的读书人，不管年龄大小，在没有考取生员（秀才）资格之前，统称为童生。只有通过了县试、府试两场考核的童生，才有资格参加提学考（院试），提学考试成绩佼佼者才能成为秀才。通过县试后的考生才有资格参加府试，府试由知府主持，通过后方可参加院试。院试由各省的学政（相当于省教育厅厅长）主持，因学政又称提督学院，故又名"提学考"，提学考是童生试的最高阶段，录取者为生员（秀才）。

了凡求学后，将要参加一系列的考试，孔先生便起卦为他推算每次考试的名次。推算的结果是"县考童生当十四名，府考七十一名，提学考第九名。"从推算结果看，了凡考试排名没什么规律可言。县考是第十四名，府考是第七十一名，这很好理解，毕竟府考比县考人多且试卷会难一些。但令人惊讶的是，推算了凡参加省提学考秀才时，竟会取得全省第九名的好成绩。

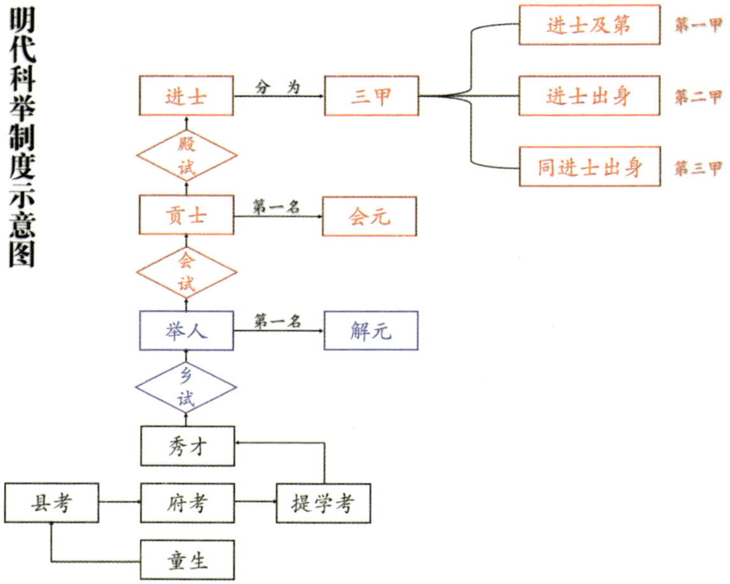

图2-2 明代科举制度

我认识不少讲环境能量课程的老师，但迄今为止，我还没遇到一位能够把人每次考试成绩排名都能算准的老师。仅从这一点看，孔先生确实是个高人，他要是在今天开设课程的话，即使收费再高，肯定都有众多踏破门槛拜师学艺。

我们这一生参加过大大小小各种考试，对孔先生预测名次所缺乏的合理性，肯定难以理解。首先因为考试还没开始，孔先生就提前一年预测出结果。其次，这提学考第九名的好成绩，不能说是因为了凡学习刻苦的原因，因为这一切只是当下的预测而已，结果需待一年后考完试才好验证。可是，奇迹就这么不可思议地发生了：第二年了凡参加完所有考试，三次考试成绩的排名，竟然和孔先生一年前所预测的结果完全相符。

孔先生的推测结果，确实令人深感震惊，甚至让人不得不承认：考试成绩不仅仅是个人考试能力所决定的，更是个人命里的一种定数。

面对孔先生如此精准的推测结果，了凡该如何面对自己以后的人生呢？

04 终身休咎

【原文】复为卜终身休咎①，言：“某年考第几名，某年当补廪②，某年当贡③，贡后某年，当选四川一大尹④，在任三年半，即宜告归。五十三岁八月十四日丑时⑤，当终于正寝⑥，惜无子。”余备录而谨记之。

【译文】孔先生又为我推算一生的吉凶祸福，他说：我某年会考第几名，某年应当补上廪生，某年应当拔为贡生。出贡后某年会出任四川某地知县，在任三年半，就应该告老还乡。并将于五十三岁那年八月十四日丑时寿终正寝，可惜这辈子没有子嗣。我一一予以记录，并谨记于心。

【解读】

悦

孔先生推算出了凡一生的吉凶祸福

① 休咎：吉凶，善恶。休：吉庆、美善；咎（jiù）：过失、罪过。

② 廪：官府储存粮食的仓库。童生经过各级考试的优异者，可升为廪生，由府、州、县给予一定的廪米作为生活补助，故称为“补廪”。

③ 贡：即贡生，科举制度中选拔贡入国子监读书生员的一种；由各省学政选拔文行兼优的生员（秀才），贡入京师，称为拔贡生，简称拔贡，意谓以人才贡献给皇帝；经朝考合格入选者：一等任七品京官，二等任知县，三等任教职；更下者罢归，谓之废贡。

④ 尹：旧时的知县。

⑤ 丑时：十二时辰中的第二个时辰，凌晨一点至三点。

⑥ 正寝：房屋的正屋。终于正寝：即寿终正寝之意，指到了一定的年龄自然正常死亡。

了凡三次考试的结果均被孔先生精准预测，了凡与母亲更加信任孔先生，了凡母亲复请孔先生为了凡推算一生的吉凶祸福。孔先生再次出手，预测了凡一生的结果主要分为以下五个方面：

第一，最高功名为秀才贡生；

第二，担任最高官职为县令；

第三，为官所在地远在四川；

第四，做官时长仅为三年半；

第五，了凡这一生没有子嗣。

从孔先生推算的结果看，了凡一生的命运并不太好：一生的最高功名只是个秀才，当官也只能做个七品知县，为官之地还是在“蜀道之难，难于上青天”的四川。古代交通不便，出行极不容易。了凡赴任四川，如果先到北京面见皇上谢主隆恩，然后再去赴任，即便是骑马前往蜀地，翻山越岭估计也要走上好几个月。好不容易走马上任了，也只能为官三年半，就要赶紧告老还乡，因为他此生的寿命只有五十三岁，在那年农历八月十四日凌晨丑时寿终正寝，第二天是八月十五，连中秋的月饼都吃不上。最关键的是命中没有子嗣，无法传家，用大白话讲就是“断子绝孙”了。这样的结果，即使在今天，也不是为多数人能够接受的。

孔子说“不知命，无以为君子”的深意

《论语》二十章的最后一句话，孔子提出成为君子的三大基本要素，即“知命、知礼、知言”。其中最难理解的是第一句“不知命，无以为君子”，很

多白话文的翻译都是“不懂得天命，就没有可能成为君子”。

究竟什么是“知命”？朱熹在《论语集注》中引用其师程颐的注释：“知命者，知有命而信之也。人不知命，则见害必避，见利必趋，何以为君子？”意思为知命者都是知道并相信人有天命的。人不知天命，则见到灾祸就会躲避，见到利益就去争夺，这样的人是不可能成为君子的。

还有不少学者将“天命”解释为命运，如孔安国注解：“命，谓穷达之分也。”意思是人的一生无论贫穷还是富贵，都是命中注定的，这叫命。皇侃在《论语义疏》中说：“命为穷通夭寿也。”意思是命是贫富与寿命的定数。

其实，把“知命”的“命”理解为使命似乎更加合理，更加清晰。生而为人，每个人都有自己与生俱来的使命。

知命，是义无反顾的勇敢担当，是无怨无悔的决心坚守，是心甘情愿的热忱奉献。孔子之所以“知其不可而为之”，孟子“虽千万人吾往矣”，就是因为在他们心中有明确的使命与坚定的信念。清楚知晓自己的人生使命，并愿意为此奋斗终身，这才是一个君子的生命要义。

什么是使命？通俗地讲，就是我们找到一件事情，有钱愿意做，没钱也愿意做；轻松愿意做，辛苦也愿意做；开心愿意做，痛苦也愿意做。那么，这件事就是我们使命中的事。《格言联璧·学问篇》云：志之所趋，无远弗届，穷山距海，不能限也。

知命的目的，不是让我们消极地度过一生，而是以更积极的心态去面对人生。因为知命，我们知道一切事情都会有天命的结果，就不用为结果而烦恼，只需重视在做事的过程中，自己是否有竭尽全力，如果尽到了本分，无论结果如何，都可以坦然面对无怨无悔。比如自身的健康，只要我们尽力做到规律生活，心情舒畅，适当锻炼，劳逸结合，即使最后生病了，我们也不后悔。

庄子云："知其不可奈何而安之若命，德之至也。"如果注定无法拥有，切莫强求，转身放下，人生才能自在从容。知命若此，我们就可以生顺死安，内心欢喜地对待一切人、事、物，如此才能成为一个真正的君子。

袁了凡把孔先生对自己一生吉凶祸福的推算结果，全部详细地记录下来，并谨记于心。接下来，又到了验证孔先生推算是否灵验的时候了。

05 不出悬定

【原文】自此以后，凡遇考校[①]，其名数先后，皆不出孔公所悬定[②]者。独算余食廪米九十一石[③]五斗当出贡；及食米七十余石，屠宗师[④]即批准补贡，余窃疑之，后果为署印[⑤]杨公所驳。

直至丁卯年，殷秋溟宗师见余场中备卷[⑥]，叹曰："五策[⑦]，即五篇奏议也，岂可使博洽淹贯[⑧]之儒老于窗下乎？"遂依县申文[⑨]准贡。连前食米计之，实九十一石五斗也。

余因此益信进退有命，迟速有时，澹然[⑩]无求矣。

【译文】从此以后，凡是遇到考试，所考名次先后，都不出孔先生算定的结果。唯独推算我领足廪生米粮至九十一石五斗时才能出贡。可是，当我领廪米至七十余石时，学政屠宗师就批准我拔为贡生，我不禁暗自怀疑。后来，我的补贡申请，果然被代理提学职务的杨公所驳回。

直至丁卯年（1567年），新上任的殷秋溟宗师看到我考场中未被录取的

① 考校（jiào）：考试、考核。
② 悬定：预先算定。
③ 石：古代容量单位，音"dàn"，明代一石等于十斗，一斗等于十升，一石为一百五十三斤半。《中国历代粮食亩产研究》认为明代一石重153.5斤，一斤重594.6克。
④ 宗师：明清时对提督学政、提督学道的尊称。
⑤ 署印：代理职务，此处为代理提学使的职务。
⑥ 备卷：考试中预备推荐，而未被录取的考卷。
⑦ 策：策论，是古代议论时政，向朝廷建言献策的文章。
⑧ 博洽淹贯：博，学识渊博；洽，说理通达；淹，文义透彻；贯，思想融贯。
⑨ 申文：向上级行文申报。
⑩ 澹然：即"淡然"，淡泊，不趋名利之意。

考卷之后，不禁感叹道：“这五篇策论，写得如同上呈给皇上的五篇奏折一样，怎么可以让这样一个学识渊博、文理通达、思想融贯的读书人，终老于寒窗之下呢？”惜才的殷宗师即按照县里的申文批准我拔为贡生。这段时间我所领的廪米，连同之前领的七十余石廪米，加起来正好是九十一石五斗。

经过廪米事件的波折，让我更加相信：人生一切的进退起落，都是命中安排好的；运势到来的早晚快慢，也有它具体发生的时间。因此，我对一切看淡起来，再也不去刻意追求什么了。

【解读】

“一饮一啄，莫非前定”的凡夫生命观

自此以后，凡遇考校，其名数先后，皆不出孔公所悬定者。

《庄子·养生主》中有一句名言：“泽雉十步一啄，百步一饮，不蕲畜乎樊中。”沼泽边的野鸡走上十步才能啄到一口食物，走上百步才能喝到一口水，但是它丝毫不会祈求被畜养在笼子里。这句话后来被演化成一句典型的宿命论用语叫“一饮一啄，莫非前定”了，且被很多人广泛使用，奉为至理。

随着每次考试名次都与孔先生的推算结果完全吻合，袁了凡也逐渐相信了“一饮一啄，莫非前定”的凡夫生命观，对孔先生的信任度也直线上升。

独算余食廪米九十一石五斗当出贡；及食米七十余石，屠宗师即批准补贡，余窃疑之，后果为署印杨公所驳。

就在此时，发生了一件似乎与孔先生预测结果不一样的“廪米事件”。

“廪米”，是指官府按月发给在读生员的口粮。

这孔先生确实是“得”了皇极数，他的推算预测出神入化，连了凡获得廪生资格之后，应该吃九十一石五斗廪米都精准预测出来。

令了凡没想到的是，在他领取廪米至七十余石时，学政屠宗师就批准其提前拔贡了，这可是一件大好事。如果我们有了提前拔贡的好事，会怎么做？绝大多数的人一定非常高兴，赶紧通知亲朋好友到高档饭店摆酒庆贺。但是，了凡的内心波澜不起，而是暗自惊疑孔先生对此事的推算为何会不准。

果不其然，事情的进展还是回到了孔先生所推测的轨迹，当学政由屠宗师更换为代理学政杨公时，了凡补贡的申请果然被驳回了。

“澹然无求”是标准凡夫的生命状态

直至丁卯年，殷秋溟宗师见余场中备卷，叹曰：“五策，即五篇奏议也，岂可使博洽淹贯之儒，老于窗下乎！”遂依县申文准贡，连前食米计之，实九十一石五斗也。余因此益信进退有命，迟速有时，澹然①无求矣。

到了丁卯年（公元1567年），补贡一事再次发生转机，新上任的学政殷秋溟宗师在一个偶然的机会中，读到了了凡的五篇策论，赞叹他是一个学识渊博的读书人，殷宗师复准了凡补贡。到这个时候，了凡之前所领的七十余石廪米，再加上杨公驳回以后所领的廪米，两者之和正好是孔先生推算的九十一石五斗。

前后波折的“廪米事件”，让了凡的内心产生了极大震动，“益信”在这里

① 澹然：即“淡然”，淡泊，不趋名利之意。

不仅仅是更加相信，而是100%相信。了凡此时既彻底相信了孔先生这个人，也彻底相信了自己一生的进退、得失以及发生时间的早晚都是命有定数的，是不以个人意志为转移的。此时，了凡成为了一个完全认命且彻底听命的凡夫。但是，了凡此时的凡夫生命状态，和我们身为凡夫的生命状态，有着根本的不同。了凡是对世俗欲望“澹然无求”的凡夫状态，即对世间之事全都看淡且不再刻意追求，对一切结果都能顺其自然地接受，他的心中已经没有任何一丝幻想，彻底认命、听命到了一种心服口服、没有怨气的生命状态。

我们也是凡夫，但不是了凡那样“澹然无求”的凡夫，我们的凡夫生命状态是——该得到的要得到，不该得到的也要得到。与了凡相比，我们是“一不知命，二不认命，三要抗命”。我们的世俗欲望太大了，连个正经凡夫都算不上。“欲”字的左边，是个山谷的“谷”，右边是个亏欠的“欠”，“欲”字就在说，我们内心的凡夫世俗欲望，大到如同一个无法满足的巨大山谷。

了凡“澹然无求”的生命状态，在今天反而是值得我们很多人学习的基础心态。用一句话概括就是：改变所能改变的，接受不能改变的。

06 问道栖霞

【原文】贡入燕都，留京一年，终日静坐，不阅文字。己巳归，游南雍[①]，未入监，先访云谷会禅师[②]于栖霞山[③]中，对坐一室，凡三昼夜不瞑目。

云谷问曰："凡人所以不得作圣者，只为妄念相缠耳。汝坐三日，不见起一妄念，何也？"余曰："吾为孔先生算定，荣辱死生，皆有定数，即要妄想，亦无可妄想。

【译文】成为贡生后，我到燕京国子监学习一年。每天坐不妄求，阅不动心。己巳年（1569年），我转学至南京国子监，报到之前，先去栖霞山拜访云谷法会禅师，与他在禅室中对坐观想，三天三夜未曾合眼。

云谷问我："凡夫之所以不能成圣，是因为被虚妄分别的杂念缠缚。你静

---

① 南雍：南京的国子监。雍，即辟雍：国子监外面环绕的圆形水沟，环水为雍（意为圆满无缺），圆形为辟（辟即璧，皇帝专用的玉制礼器），象征王道教化圆满不绝。明朝朱棣迁都北京后，在南京和北京分别都设有国子监，设在南京的国子监称为"南雍"或"南监"，设在北京的称为"北雍"或"北监"。

② 云谷会禅师：法会禅师，号云谷，浙江省嘉善籍，与袁了凡同乡，俗姓怀。明弘治十三年（1500年）出生，幼年即有出世之志，后在本乡大云寺出家，起初在寺中随众做些经忏佛事。后来觉悟到出家人只做这些事情，与了生死、出三界不相干，十九岁时决心走上修行的正轨，受具足戒。

③ 栖霞山：位于金陵城东北角的栖霞区，因古时候山上盛产中草药，有滋养摄生之效，故名"摄山"。南朝齐永明二年（484年），平原居士明僧绍隐居江乘摄山（即栖霞山），因舍宅为栖霞精舍以居之，是为栖霞寺之始。南梁僧朗于此大弘三论教义，被称为江南三论宗初祖；隋朝高祖时期于八十三州造舍利塔，其立舍利塔诏以蒋州栖霞寺为首；唐朝高祖时期时称功德寺，规模宏大，与山东灵岩寺、湖北玉泉寺、浙江国清寺并称天下四大丛林，高宗时期御制明徵君碑，因敕改功德寺为隐君栖霞寺；明朝洪武二十五年（1392年）重建，赐额称栖霞寺；清乾隆年间乾隆皇帝南巡，五次均驻跸栖霞寺，拨帀增建法幢，达二千余间，殿阁宏丽，冠绝东南。栖霞寺为佛教三论宗祖庭，又称栖霞古寺，摄山因寺得名"栖霞山"。栖霞古寺现任方丈是隆相大和尚，大和尚1982年在武汉归元寺于上昌下明大和尚座下剃度出家，同年十月到南京栖霞寺僧伽培训班学习，依上茗下山大和尚求受具足戒，2006年升座为栖霞古寺方丈。隆相大和尚现任中国佛教协会副秘书长、江苏省政协常委、中国佛学院栖霞山分院院长、江苏省佛教协会副会长、南京市佛教协会会长。

坐三日，没见你起一个妄念，为什么呢？”我回复说：“我的命运早被孔先生算定了，荣辱生死，皆有定数，我即使想要妄想，也没什么可妄想的。”

【解读】

贡入燕都，留京一年，终日静坐，不阅文字。

了凡出贡以后，先到了当时位于燕京的国家大学——国子监上学。国子监，始于晋武帝司马炎设国子学，至隋炀帝时改为国子监。明清两代，国子监兼有国家教育管理机构和最高学府的双重性质。明代国子监规模宏大，自明成祖朱棣迁都北京之后，就形成了一个比较特殊的格局，即在今天的南京与北京，分别设有国子监。南京的称为南监，原址位于鸡鸣山下的南京市政府所在地（今北京东路 41、43 号），正对面有条成贤街。北京的称为北监，位于雍和宫附近的国子监街，旁边也有一条成贤街。在国子监读书的学生称为“监生”。

了凡到北监学习了一年，此处的“终日静坐”，并不是指每天都在打坐，而是内在不妄求，与上一段中对世俗欲望的“澹然无求”相对应，是了凡认命、听命，顺逆随缘的一种生命状态。宋代无门慧开禅师有一首偈子：

春有百花秋有月，夏有凉风冬有雪。

若无闲事挂心头，便是人间好时节。

一年有四季，生命亦有四季，每个季节都有各自的美景。自然的四季里，春有百花，秋有明月，夏有凉风，冬有白雪。生命的四季中，春修布施播种，夏修持戒利他，秋修般若精进，冬修忍辱蛰伏。如果能修到凡情俗事无法染污清净的心念，那一年四季的每时每刻都是人间最美的时节。

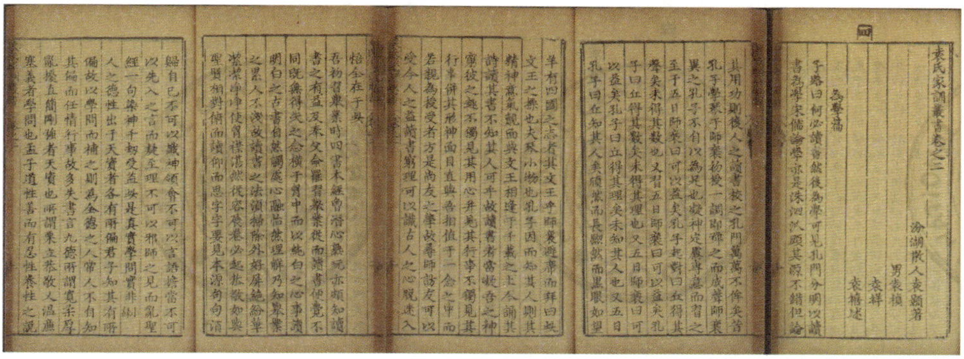

图2-3 袁氏家训

“不阅文字”，并不是说连书都不看，而是指不带功利之心去读书。在《袁氏家训·为学篇》中，袁颢对此有所论述：“故读书之法，须扫除外好，屏绝纷华，洁洁净净，使胸襟湛然，从容展卷，必起恭敬，如与圣贤相对，俯而读，仰而思，字字要见本源，句句须归自己。不可以识神领会，不可以言语担当，不可以先入之言而疑至理，不可以邪师之见而乱圣经。一句染神，千劫受益，此是真实学问，实非小缘。”了凡读书既有祖宗家训指导，又有孔先生推测结果的框定，既然是该来的不求也来，不该来的求也无用，与其执着强求，不如转身放下。

立命之旅：了凡得遇生命中第二个贵人

己巳归，游南雍，未入监，先访云谷会禅师于栖霞山中，对坐一室，凡三昼夜不瞑目。

己巳岁，即公元1569年，了凡时年虚岁三十七岁。环境能量中有四组绝命数字组合，分别是：12，37，48，69。民间流传的“七十三,八十四，阎王不请自己去”，意思是人活到这几个数字正反组合的年龄时，往往会有坎。比如孔子73岁去世，孟子84岁去世。

孔子讲“四十不惑”，神奇的是，有不少人会在37岁左右，对自己未来的人生方向做出重大调整，了凡就是如此，他决定从北监转到南监学习。

南雍，是指南京国子监的“辟雍”，此处代指南监。辟雍古制曰“天子之学”，是国子监里面的中心建筑。

了凡转学到南监，尚未至南监报到，他先前往南京城东北角的栖霞山，去拜访一位禅宗高僧。这位禅师与他是嘉善同乡，法名“法会”，别号“云谷”，故文中尊称其为“云谷会禅师”。

古人讲究礼节，一般不会直接称呼人的姓名。古人一般都有字号，用作彼此称呼之用，比如苏东坡，姓苏名轼，字子瞻，号东坡居士。古人写文章涉及某人时，会将字嵌入姓名之中，以示尊重。比如我姓葛名升，字书竹，在古代若要把我写入文章中，就要写“葛书竹升”，不会直接写姓名。

了凡十四岁时，慈云寺之行是他的“知命”之旅，他把握住了人生的第一个机遇，得遇生命中的第一个贵人孔先生。孔先生让他知道了每个人都是“有命”的，且人在了知自己一生的吉凶祸福之后，应该进入“认命”的生命状态。

了凡三十七岁时，这次的栖霞山之行，则是他生命中重要的“立命”之旅，他再次把握住了机遇，即将遇到他生命中的第二个贵人——云谷禅师。云谷禅师将传授给他一个重大的生命法则——人不仅要知命、认命、听命，更关键的是人还可以造命、改命。

这位云谷禅师，亦为明末四大高僧憨山[①]大师的师父，祖籍浙江省嘉善县

① 憨山（1546年—1623年），号憨山，法号德清，明末四大高僧之一。其恢复了六祖惠能大师真身所在的韶关曹溪南华寺，被称为曹溪中兴祖师。云谷禅师门下，憨山大师与袁了凡，一僧一俗，名垂后世。

胥山镇，俗姓怀，出生于公元1500年（明孝宗弘治十三年）。其幼年即看破红尘并立志出家，后在嘉善县大云寺剃度为僧。起初，他只是在寺中学习赶经忏、放焰口等事务。后来，他思考了一个重要问题“出家以生死大事为切，何以碌碌衣食计为？”即我既然选择出家，应以了生死大事为重，怎么能为了一日三餐而赶经忏呢？云谷禅师的这个想法和《六祖坛经》“行由品”中的一段经文很相似：“祖一日唤诸门人总来。吾向汝说：世人生死事大。汝等终日只求福田，不求出离生死苦海。自性若迷，福何可救？”云谷禅师思考的问题值得今天很多学佛人去深思。

于是，云谷禅师十九岁时便开始四处参访善知识。他得到了承袭宋代大慧宗杲禅师遗风的法舟禅师指教，明白了“学道必以悟心为主”，即学佛之人必定要以明心见性为主。法舟禅师教他切实去参“念佛者是谁”？云谷禅师依指示，不分昼夜、废寝忘食地参究。

有一天，云谷禅师边吃饭边参悟，未意识到碗中早已没有饭了，仍然对着空碗不停地扒饭。突然，手里的空碗摔到了地上，清脆的碎碗之声如当头棒喝般令其猛然顿悟，他的开悟境界得到了法舟禅师的印证。此后，云谷禅师研读禅宗《宗镜录》一书，对“三界唯心”之理彻底觉悟，对所有佛法真义以及历代禅宗祖师的公案，皆熟如旧识，后世推崇其为中兴禅宗之祖。

云谷禅师开悟后，他来到金陵东北角长江边的摄山（现名栖霞山），当时摄山栖霞寺因战乱已荒废很久，大殿也变成了野兽的巢穴。云谷禅师铲除乱草，在千佛岭下盖了一间茅蓬便住了下来。后任太宰的陆五台先生游览栖霞，非常仰慕云谷禅师，欲重修栖霞寺并礼请云谷禅师为方丈，云谷禅师辞谢并推荐嵩山少林寺的善老和尚为方丈。善老和尚来到南京后，驱走占据寺院房舍的劣民，修复了栖霞寺，重建禅堂，大开弘扬佛法的讲席，创立了长江以南的丛林制度。

栖霞道场重开以后，因来往人员太多，云谷禅师又独自移居至栖霞寺后山幽深处的“天开岩”独自修行。因为陆五台先生的推崇与宣扬，许多人听闻禅师大名，前往栖霞后山问道云谷。云谷接待来者，不论贫贱富贵，无论出家在家，进入他的禅房，他都会把一个蒲团掷于地上，让来者盘膝正坐，反观自己的“本来面目”，甚至于整天整夜不说一句话。

37 岁的了凡问道栖霞，参见 70 岁的云谷禅师，云谷禅师也是同样掷一蒲团于地上，让了凡盘膝正坐并反观自己的“本来面目”，两个人同室对坐观想入定，三天三夜连眼皮都没合过①。

圣人与凡夫的最大区别是什么

云谷问曰：“凡人所以不得作圣者，只为妄念相缠耳。汝坐三日，不见起一妄念，何也？”

能够静坐入定三天一动不动，这不是一般人所能做到的。由此可见，了凡先生的禅定功夫非常不错。云谷禅师真乃一代高僧，他不但与了凡同样静坐三天三夜，在定中还能了知与他对坐的年轻人没有生起一个妄念。

云谷禅师对眼前这个年轻的嘉善同乡产生了兴趣，便问了他一个非常重要的问题：“凡夫之所以不能成为圣人，是因为整天被虚妄分别的杂念所缠缚。你和我对坐三日，竟然没有起过一个妄念，你是怎么做到的？”

在这句话里，云谷禅师透露出一个秘密，一个关于圣人与凡夫的最大区别：凡夫虚妄分别，无有觉知，以妄为真；圣人无分别，了境如幻，自心所现。

---

① 《憨山大师梦游集》卷三十〈云谷先大师传〉中亦有：“了凡袁公未第时，参师于山中，相对默坐三日夜，师示之以唯心立命之旨。公奉教事，详《省身录》。”

这里的“分别”不是指凡夫的判断，而是指凡夫“能所分离”的认知模式。只要认为心外有物的存在，就已经是分别了，已经是能所分离了。这个“分别”是凡夫无明误以为心外有物，因而进入了“能所分离”的认知模式，这是凡夫的迷惑与糊涂造成的。因此，我们在说凡夫“分别”时，往往还要在前面加上定语“虚妄”，叫“虚妄分别”。其实，分别就是虚妄，虚妄就是错觉——把心外没有事物，非误以为心外有事物的错觉，而且感觉心外有事物的错觉很真实。

云谷禅师这句“凡人所以不得作圣者，只为妄念相缠耳”直接说出了修行的真相——凡夫境界的所谓真实存在，其实都是凡夫妄念的虚妄分别境界。凡夫认知模式的特点就是认为心外有物，能所分离。我们将之总结为一句话：“只要是凡夫，就一定分别；只要分别，就一定是凡夫。”修行的目的只有一个，就是远离凡夫的虚妄分别。

凡夫虚妄分别，那圣者呢？圣者是“无分别”。“无分别”并不是对心外事物不做判断，而是“能所不分离”，圣者明白一切皆是“境界自心现”。明白了这些，我们就可以深入探讨“冥冥之中究竟是什么在决定命运”的话题了。

“了凡领导力”第一个关键词：种子

一棵苹果树上结了很多红苹果。是什么决定了这棵苹果树上结红苹果？答案是：种子。“种子”是“了凡领导力”的首个关键词，后续还会有第二与第三个关键词。

我们想要收获红苹果，就必须种红苹果的种子，而不能种绿苹果的种子。这个是大自然的“种子法则”，不可违背。我们生命中的一切结果是怎么来的？答案同样是：遵循“种子法则”。

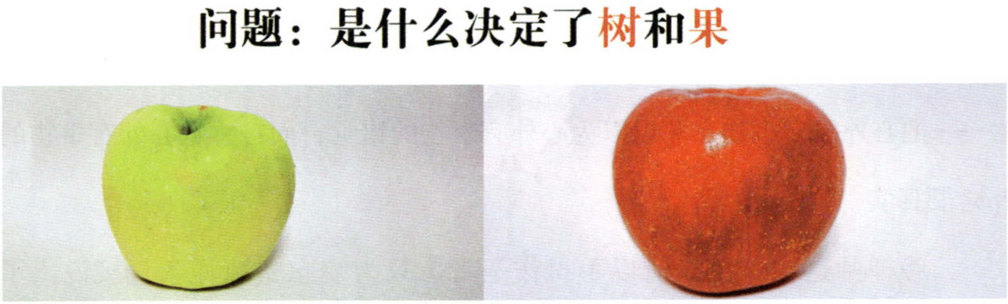

图2-4 问题：是什么决定了树和果

在世尊的三时了义教法中讲得很明白，种子对应的梵文是“bīja”，我们种下的所有种子都储藏在“阿赖耶识”中。

“阿赖耶识”对应的梵文是“ālayavijñāna”，其中“ālaya”音译成“阿赖耶”，其基本的含义是房间，引申义是一个能储藏东西的空间。

种子是如何种下去的？

种子是通过“身、口、意”三种方式（以下简称“身口意三门”）种下去的，“身”是我们的行为，“口”是我们的表达，“意”是我们的思维。

我们每时每刻的言谈、举止与动念都会不断地种下种子。通过身口意三门种下的所有种子，全都储藏在“阿赖耶识”的仓库里。等到缘分具足时，阿赖耶识种子就会现行，显现出本来心外无事物可我们非误以为心外有事物的错觉，这个错觉经过多生累劫的强化，就使得我们以为真有心外事物的存在了。

图2-5 泰山万法唯识石刻

五岳之首的泰山玉皇顶上，在著名的“五岳独尊”石刻的右侧面，刻有“万法唯识”四个大字，绝大多数的游客对此视若无睹，都是直接从这四字石刻的边上匆匆路过，即使个别看到的人，也不会探究这四个字的甚深法义。

“万法唯识”四个字是世尊三时了义教法的核心词汇，玄奘大师当年西行五万里，往返历时十九年，到印度的Nālandā求取弥勒讲授的《瑜伽师地论》。玄奘返回大唐后，创立了“法相唯识宗”，其弘扬的核心法义之一就是“万法唯识”。

“万法”指凡夫境界的一切，包括“眼耳鼻舌身”能够感受到的一切事物，以及“意识”能够想象到的一切事物。“唯”是唯一、只有的意思。“识”就是种子。“万法唯识”的基本意思就是“境界自心现”，从凡夫心的角度而言，可以解读为：凡夫境界的一切事物，都只是心中的影，是众生把心中的影，误以为心外有物的错觉。

“万法唯识”有两重法义：

第一重法义，是“唯识无境”。即：只有内在的心识，没有心识之外的事物。将之浓缩成两个字来表达，便是“唯识”，对应的梵文是“vijñānamātra”。

第二重法义，世尊安立阿赖耶识这个名言的目的，是为了解构我们凡夫的虚妄分别与自以为的真实世界。凡夫自以为的心外事物是根本不存在的，存在的只是凡夫误以为心外有事物存在的错觉，这个错觉就是“虚妄分别”。六祖惠能偈子中的“本来无一物”就是此意。凡夫境界除了是一场虚妄分别之外，其他什么都没有，这个道理可以用“唯分别”来表达，对应的梵文是“vijñaptimātra”。

凡夫境界的一切事物只是一场彻头彻尾虚妄分别的错觉。既然是错觉，那就得转——转识成智，把错觉转为正觉，即可解脱。从世尊三时了义教法来讲，修行的核心就是“转识成智”。在过去千百年的历史中，“转识成智”四个字难倒了许多英雄好汉，很多人皓首穷经一辈子也没搞明白什么意思。从梵文角度看极其简单，“转识成智”就是从“vijñāna”转变成“jñāna”，即去掉“vijñāna”的词头“vi”。“vi”表示“能所分离”，去掉“vi”就表示从“能所分离”的认知模式转变为“能所不分离”的认知模式。

分别就是杂染，无分别就是清净。即由依他起自性杂染部分分别的“识”，转为依他起自性清净部分无分别的“智”——转识成智。以此正智，亲证真如，真如就是圣者证悟的真实性，也叫“圆成实自性”。

修行就是远离凡夫的虚妄分别，转染成净的过程。往昔虚妄分别熏习下的杂染种子，不断被清净种子替换，以至于最后杂染种子全部消失，这就是经中所说“阿赖耶识相续生、住、灭”的消失，证得了无生法忍，这才是真正的了凡成圣。涉及三时了义教法的甚深法义，不再展开详述。下面我们继续讲述“种子法则”。

如前所述，我们想要得到红苹果，必须种红苹果的种子才行。如果种了绿苹果的种子，就只能收获绿苹果。绿苹果和红苹果的种子从外观上看几乎没有差别，那为什么绿苹果的种子种下去只会结出绿苹果，而红苹果的种子种下去只会结出红苹果呢？这又是什么在起决定作用呢？答案是：种子的基因。

自然界的种子都有基因，生命的种子通过身口意三门播种，也是有基因的。生命种子的基因是什么呢？答案就是：我们播种时的“起心动念”。

图2-6 利己利他

为什么看起来有的人做了好事，却没有好的结果呢？有的人好像做了恶事，却能喜事连连呢？

在《了凡四训》“积善之方”中清晰区分了“真善与假善”。凡是内心带着索取的目的去做好事，无论表面上看起来多么利他，对人多么恭敬有礼，种下去的都不是好种子。凡是真心利益他人而去做好事，即使采用骂人、打人的方式，种下去的依然是善的种子。

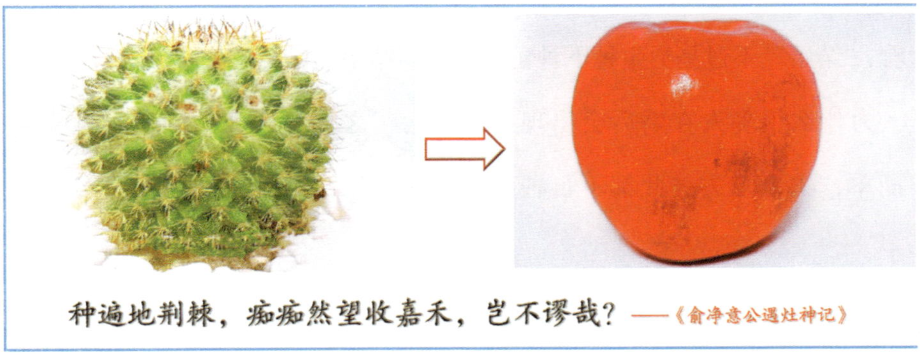

图2-7 仙人球-苹果

“种子法则”重要的秘密之一就是，每一颗种下去的种子，都与播种者内心深处的动机（起心动念）是一致的，好人好自己，坏人坏自己。我们想要得到红苹果，可不可以去种仙人球的种子？答案肯定是不能。

课程里常有女同学抱怨先生不如以前那样爱自己。我会问她们一个问题：“你有因此责骂自己的先生吗？”几乎所有抱怨的女人都理直气壮地回答：“有”。什么样的种子开什么样的花，结什么样的果。《俞净意公遇灶神记》中有句话讲得非常妙：“种遍地荆棘，痴痴然望收嘉禾，岂不谬哉？”说的就是这种人。

为什么女人会觉得恋爱时幸福甜蜜呢？那是因为大多数男生在恋爱时：

第一，都特别会说话，经常用甜言蜜语哄女友开心。女生感到心花怒放时，并不知道，男生已经通过“口”的表达种下了种子。

第二，经常陪女友逛街、看电影、买礼物。女生感到被疼爱时，并不知道，男生已经通过“身”的行为种下了种子。

第三，会经常思念女友，甚至还会写情书倾诉衷肠，女生感到幸福甜蜜时，并不知道，男生已经通过“意”的思维种下了种子。

当身口意三门种下的种子发芽、长大、开花、结果时，女生就会想要嫁给男生。从表面上看，嫁给男生好像是女生的自主选择，从“种子法则”的角度看，“结婚”不过是男生种下种子的开花与结果而已。

为什么很多人在婚后会出现诸如“七年之痒”之类的问题呢？答案也很简单，夫妻双方彼此都不再种爱的种子了，甚至早已种下了很多分手的种子。

经中说凡夫颠倒梦想，很多人不理解。不少女人内心明明渴望得到丈夫的宠爱，可实际表现得却经常在怨恨自己的先生，甚至辱骂他不如隔壁老王。这是种什么种子呢？种怨恨的种子、背叛的种子。《大学》云：“言悖而出者亦悖而入。”出口伤人的人，总有一天会被别人骂回来。同理，一个持续不断种下怨恨、背叛恶种子的女人，却希望丈夫能宠爱自己，这不就是天天在种仙人球的种子，却渴望收获红苹果吗？真是太荒谬了！

要想得宠爱，必须先崇拜。

每天怨恨、贬低、找自己丈夫缺点的女人，怎么可能得到自己想要的宠爱呢？前面我们讲“方向不对，努力白费”，可即使方向对了，如果种子种错的话，“种子不对，努力更白费”。

人在意什么，什么就会折磨自己。在婚姻中，很多人觉得自己付出太多而感到委屈。其实，委屈来源于付出背后隐藏的期待。只要对付出期待回报，在没有得到时，必然就会觉得委屈，甚至心生怨恨。

比如女人在家打扫卫生，辛苦忙活了一天，希望男人回来时能夸赞一下自己。可是有求即苦，男人回家刚进门，女人便开始求夸：“老公，你看今天家里有什么变化吗？”可很多男人却像眼瞎了一样，说：“没有啊！”女人一听就气到不行。如果男人能温存地说一句：“宝贝，你辛苦啦！”女人就会立刻笑靥如花，感觉幸福得不要不要的。这就是典型的“心随境转”，一个把自己情绪完全交由他人掌控的人，生命的品质怎么可能高呢？

很多人经常用“我还不是为你好”去隐藏背后的索取之心。内有索取才会心生期待，期待就会有不能满足的时候，不能满足时就会感到失望，有了失望就会抱怨，经常抱怨就会心生怨恨，怨恨多了便不愿再付出，停止付出后期待更不会被满足，因此就会更加怨恨，如汲水轮一样恶性循环。到了忍无可忍时，便会对某人彻底死心。然后继续找到下一个人，开始自己的所谓“付出”，如此往复痛苦折腾，是很多人难以活出欢喜自在的根本原因。

我们清楚地了知“种子法则”，也就了知了命运的秘密：想要得到什么，就先去种什么。在种种子时，尤其要观照自己的起心动念：以有求之心去种，就是动妄念种恶的种子；以无求之心去种，就是清净心种善的种子。

云谷禅师以为与他对坐三天三夜的了凡是个修行高人，因而才会问他："凡人所以不得作圣者，只为妄念相缠耳。汝坐三日，不见起一妄念，何也？"凡夫之所以成不了圣贤，就是因为整日胡思乱想、妄念纷飞。你和我一起对坐三日，却不见你生起一个妄念，为什么呢？

余曰："吾为孔先生算定，荣辱死生，皆有定数，即要妄想，亦无可妄想。

没想到，了凡的回答让云谷禅师大失所望。了凡说："我的命已经被孔先生算得死死的，荣辱有明确的定数，生死有固定的时间，妄想没有任何意义，妄想也是白想。"用今天的大白话讲就是：我躺平了。

了凡此时对命运的态度，是宿命论的典型表现，也是典型的凡夫之见，且看下面云谷禅师如何回应他。

07 凡人有数

【原文】云谷笑曰："我待汝是豪杰，原来只是凡夫。"

问其故？曰："人未能无心，终为阴阳所缚，安得无数？但惟凡人有数，极善之人，数固拘他不定；极恶之人，数亦拘他不定。汝二十年来，被他算定，不曾转动一毫，岂非是凡夫？"

【译文】云谷禅师笑着说："我以为你是个了不起的豪杰，原来只是一介凡夫罢了。"

我问他为何这样说。他说："人如果做不到没有妄念，就会随波逐流而难逃生死轮转的定数，怎么能超越命运呢？但是只有凡夫才有命运定数；极善之人，因其时时行善，其福日日增长，命数难以拘定他；而极恶之人，因其常常作恶，其福日日削减，命数也难以框住他。这些都是因其行善与作恶时所种下种子的不同，让命运难以确定。

你二十年来，命运竟然被一个算命先生算定，不曾转动一丝一毫，难道还不是个平庸凡夫吗？"

【解读】

英雄征服别人，圣贤征服自己

云谷笑曰："我待汝是豪杰，原来只是凡夫。"

云谷禅师一听了凡的回答就笑了，为什么笑？禅师误把一个凡夫当作圣贤之人了。这里的豪杰，就是大英雄、圣贤的意思。很多寺院里都有一座“大雄宝殿”，什么样的人才能叫“大雄”，什么样的人才有资格被供奉在“大雄宝殿”中呢？圣人。《道德经》云：“胜人者有力，自胜者强。”能够战胜自己的人，才是真正的大英雄。英雄能够征服天下，却难以征服自己，一将功成万骨枯，多少英雄人物为成就一番事业牺牲众人，却自认为很了不起。圣人之道，重在征服自己。征服天下易，征服自己难，圣人不会把自己的烦恼与痛苦加诸他人，而是选择承担天下人的烦恼和痛苦。这就是英雄与大雄的区别。

俗话说，跳出三界外，不在五行中。三界指欲界、色界和无色界。凡夫的欲望是无限的，我们处在欲界，欲界众生一出生就自带食欲和性欲两种欲望。小孩子刚生下来不用教就会自动找乳头吃奶，90%被抓贪官都存在权色交易。为什么？欲望所致。欲望与凡夫如影随形，只要是人，就会有财欲、物欲、色欲、权欲等各种各样的欲,《大学》云：“格物致知。”凡夫很多欲望需要节制或予以格除，欲望太过必然导致欲壑难填，攫求不已必然纵欲成灾。

此时的了凡是一个真正的凡夫，而我们却和了凡此时的境界相差甚远，我们还是欲望充满的凡夫。生在欲界，人的欲望都是很大的，千万不要自认为简单修行几年，就能做到清心寡欲了。

有两种人的命运算不准

问其故？曰：“人未能无心，终为阴阳所缚，安得无数？但惟凡人有数；

极善之人，数固拘他不定；极恶之人，数亦拘他不定。汝二十年来，被他算定，不曾转动一毫，岂非是凡夫？

云谷禅师一笑，把了凡给笑糊涂了。不明就里的了凡请教云谷禅师笑他的缘故。云谷回答他："人未能无心，终为阴阳所缚，安得无数？"这个"心"是指凡夫心的虚妄分别。我执深重的凡夫不仅自私自利，而且心神散乱邪念不断，所以起心动念种下的种子真没多少是善的种子。随波逐流的凡夫俗子，能有多少人可以轻易超越固定命数而不为生死轮回所束缚呢？只要上一段关系没有圆满，则下一段关系就会轮回。一如春夏秋冬是四季的轮回，阴晴圆缺是月亮的轮回，成住坏空是世界的轮回，喜怒哀乐是情绪的轮回，生老病死自然就是我们众生的轮回了。

但是，有两种人的命运是算不准的：一种是极善之人，一种是极恶之人。"极"是对种子法则的相信程度而言，"极善"就是百分百相信种子法则，"极恶"就是百分百不信。

学习圣贤经典最难之处，不是难懂，而是难信。《道德经》云："吾言甚易知，甚易行，天下莫能知，莫能行。"老子的话很容易理解，极易施行，但天下却少有人理解，没几人践行。极善之人百分百相信种子法则，相信命运可以改变，自然举止动念皆是善，天天行善，其福日日增长，所以，极善之人没有固定的命数。极恶之人狐疑不信，天天作恶，其福日日削减，所以，极恶之人也没有不变的命数。

了凡二十年来，通过孔先生为他预测吉凶祸福，他知了命，也认了命，但是他并不知道命运是由种子决定的。改命只有一条正道——替换种子。除此之外，别无他途。如果不能改变种子，命运就不会改变，这也是很多人一生平凡的根本原因。

08 命由我作

【原文】余问曰："然则数可逃乎？"

曰："'命由我作，福自己求。'《诗》《书》所称[①]，的为明训。我教典中说：'求富贵得富贵，求男女得男女，求长寿得长寿[②]。'夫妄语[③]乃释迦大戒，诸佛菩萨岂诳语[④]欺人？"

【译文】我问道："难道命运的定数可以逃脱吗？"

云谷所："命运是由自己所造，福气来于自身追求。《诗经·大雅·文王》中的'无念尔祖，聿修厥德。永言配命，自求多福'以及《尚书·吕刑》中的'惟克天德，自作元命，配享在下'，的确都是智慧的教导。佛教经典亦说：'求富贵就能得到富贵，求生儿女就能生儿女，求长寿就能得到长寿。'说谎是佛门大戒，诸佛菩萨怎会说谎骗人呢？"

【解读】

悦

余问曰："然则数可逃乎？"

了凡先生第一次听到这样的道理，自然非常地惊讶与好奇，便诚挚请教

① 《诗》《书》所称：《诗》是指《诗经·大雅·文王》中的"无念尔祖，聿修厥德。永言配命，自求多福。"《书》是指《尚书·吕刑》中的"典狱非讫于威，惟讫于富，敬忌，罔有斁言在身。惟克天德，自作元命，配享在下。"

② "求富贵得富贵，求男女得男女，求长寿得长寿"这三句系摘集于《药师经》与《妙法莲华经》。

③ 妄语：谎话、假话，为佛家五戒之一；分为：大妄语、方便妄语、小妄语（两舌、恶口、绮语）。

④ 诳语：骗人的话。

云谷禅师:“命运可以改变?难道我这不太好的命运也能逃脱定数吗?”

俗话说，法不轻传，道不贱卖，医不叩门，师不顺路。当学生诚心请教时，老师才能传授智慧，否则不会得到珍惜。《圣经》中有“不要把珍珠扔给猪，它们会把珍珠践踏在脚底下”一说，亦同此理。《扁鹊见蔡桓公》中，扁鹊几次主动好意提醒蔡桓公“有病”，不治会很危险，可蔡桓公每次都没好气地说“寡人没病”。扁鹊这样的神医，在对方无症状时“主动出诊”尚且碰了一鼻子灰，何况我们呢?切忌对方还未诚心请教，就主动去“传道、授业、解惑”。

了凡诚心请教之后，本章最重要的时刻也就到来了。下面，云谷禅师即将向了凡传授“立命之学”。

“立命之学”的八字纲要

曰:“命由我作，福自己求。”

云谷禅师说:“命由我作，福自己求。”这八个字，是“立命之学”的核心纲要。

“命由我作”，从表象上看，好像每个人都有自己命运的定数，殊不知这只是一种幻相，人的命运其实都是自己阿赖耶识杂染种子现行的显现与分别而已，种子的核心法则是“自作自受”。什么样的种子，结什么样的果，且结果好坏在起心动念的刹那间就已确定了。只有改变种子，才能改变命运。

“福自己求”，五福中的“长寿、富贵、康宁、善终”从哪里来?从“好德”来。《中庸》说:“故大德，必得其位，必得其禄，必得其名，必得其寿。”

很多人遇到困难时，特别习惯向外求，却不知生命中最大的贵人就是自己。这世界上有两大难事，一为登天，二是求人。

有个人在屋檐下躲雨，看见观音撑伞走过，便说："观音菩萨，普度一下众生，带我一段如何？"观音说："我在雨里，你在檐下，檐下无雨，无需我度。"这人一听，立刻跳出檐下，站在雨中："现在我也在雨中了，你该度我了吧？"观音说："你在雨中，我亦如是。我不被淋，因我有伞；你被雨淋，因在无伞。非我自度，是伞度我；你若想度，不必找我，自找伞去！"说完便走了。

第二天，这人遇到了难事，便去寺院里求观音菩萨。走进寺院，发现观音菩萨像前早有一个人在那礼拜，而且长得和观音菩萨一模一样。这人问："你是观音菩萨吗？""正是。"这人又问："你为何还拜自己呢？"观音笑答："我也遇到难事了，但我知道，求人不如求己。"

故事虽短，意趣很深。我们人总想追求一种确定性，希望自己逢凶化吉，事事顺利，却不知生命中最有意义与价值的事情，就是对未来结果的不可知。正因为不可知，我们才有机会创造更多的可能性，如果一切都是一成不变的，这样的生命状态还有什么意思呢？顺顺利利到头的不叫人生，那是滑滑梯。

人唯有自求、自助，知道自己是命运的主宰者，是改变命运的首要关键。认为别人可以改变自己命运，可以给予自己想要的幸福生活、甜蜜爱情、舒心工作等等，这些都是自己的错觉。《道德经》云："反者道之动。"问题的答案从来不在外面，外面什么也没有，要向内找寻。

永言配命，自求多福；惟德动天，无远弗届

《诗》《书》所称，的为明训。

“《诗》《书》所称，的为明训”，这里的《诗》，是指《诗经·大雅·文王》中的一名名言“无念尔祖，聿修厥德；永言配命，自求多福。”即要感念你祖宗的意旨，努力修养自身的德行，长久地顺应天命，自求才能得到更多的福报。《书》是指《尚书·吕刑》中的“典狱非讫于威，惟讫于富，敬忌，罔有斁言在身。惟克天德，自作元命，配享在下。”即主管刑罚的官员，不是终于作威，而是终于仁厚，又敬、又戒，自身不说坏话。他们肩负上天仁爱的美德，自己造就了好命，所以配天在下享有禄位。

《道德经》云：“天道无亲，常与善人。”天道对任何人都没有偏爱，上天从来不会承诺对谁好，也不会去同情谁，上天只会扶助祂应该扶助的人。什么样的人才能得到上天的扶助呢？善人。善人即有德之人，人有多大德，上天就会给予多大扶助。从本质上说，最可靠的修行就是修德，厚德才能载厚物。《尚书·大禹谟》云：“惟德动天，无远弗届。”惟有修德，才能感动天地，即使再远，也能到达。

我教典中说：“求富贵得富贵，求男女得男女，求长寿得长寿。”

云谷禅师是佛门中人，“我教典”指的是佛经，意思是佛经中也是这么说的，只要诚心祈求，佛门之中有求必应，求什么得什么。比如《妙法莲华经·观世音菩萨普门品》中有：“若有女人，设欲求男，礼拜供养观世音菩萨，便生福德智慧之男，设欲求女，便生端正有相之女。”

夫妄语乃释迦大戒，诸佛菩萨岂诳语欺人？

佛教徒有五个根本戒，分别是不杀生、不偷盗、不邪淫、不妄语和不饮

酒。俗话说，出家人不打诳语。一个修行人不可以说谎话、大话、吹牛的话。从种子法则的角度看，说谎话就是在种恶的种子。《金刚经》云："如来是真语者，实语者，如语者，不诳语者，不异语者。"如来是说真实话语的人、说真正道理的人、说如实言语的人、不说欺骗虚妄话的人、不说怪异荒谬话的人。即佛菩萨永远都不会说假话，永远都不会欺骗众生。

听完云谷禅师所传的"立命之学"，了凡先生会如何反应呢？

09 福自己求

【原文】余进曰："孟子言：'求则得之，是求在我者也。'[①]道德仁义，可以力求；功名富贵，如何求得？"

云谷曰："孟子之言不错，汝自错解了。汝不见六祖[②]说：'一切福田[③]，不离方寸[④]；从心而觅，感[⑤]无不通。''求在我'，不独得道德仁义，亦得功名富贵，内外双得，'是求有益于得也'。若不反躬内省，而徒向外驰求，则'求之有道'，而'得之有命'矣，内外双失，故无益。"

【译文】我进一步追问："孟子说'求就能得到，是指向自己内在求。'内在的道德仁义，可以努力修为而得；身外的功名富贵，怎么能求得到呢？"

云谷说："孟子的话没错，你自己理解错了。你没听六祖说：'命运好坏，离不开心；从心上去寻求，感应无有不通。''向内心自求'，不仅能成就自身的道德仁义，还能得到外在的功名富贵。内外双得，'此种求法有益于得'。若不反躬内省，而是一味向外追求，即使'有再好的求法'，而'得到的也是命里本有的'。内（道德仁义）外（功名富贵）双失，故毫无益处。"

---

① 求则得之：指《孟子·尽心上》中的一段名言。孟子曰："求则得之，舍则失之；是求有益于得也，求在我者也。求之有道，得之有命，是求无益于得也，求在外者也。"意思是：如果寻求就能得到它，舍弃就会失去它，这样的寻求有益于得到，是因为所求在自身之故。如果寻求它有方法，得到它全靠听天由命，这样的寻求无益于得到，是因为在向身外寻求之故。"

② 六祖：指中国禅宗第六代祖师——惠能大师（638–713年），其思想集中体现于《六祖法宝坛经》。

③ 福田：佛教中所说的培福之地，主要是三宝的"敬田"，父母的"恩田"，一切苦难众生的"悲田"。

④ 方寸：心。指一寸见方的心地，又作寸心。语出《列子·仲尼》"吾见子之心矣：方寸之地虚矣。"

⑤ 感：心、意识的反应。感通：一方的心念或行为感动对方，从而引起对方相应的反应。

【解读】

余进曰："孟子言：'求则得之，是求在我者也。'道德仁义，可以力求；功名富贵，如何求得？"

听完云谷禅师所传"立命之学"，了凡先生既心动又疑惑。学习不怕有疑问，就怕学习从来不懂得提问。学问，就是在学中问，在问中学。明代心学奠基人陈献章说："学贵有疑，小疑则小进，大疑则大进。疑者，觉悟之机也，一番觉悟，一番长进。"

了凡再次虚心请教云谷禅师。这次他引用了《孟子·尽心上》中的一段话："求则得之，舍则失之；是求有益于得也，求在我者也。求之有道，得之有命，是求无益于得也，求在外者也。"即如果想要就能得到，不想要就能舍弃，这种求有益于得到，是因为所求的是我自身的德行。如果用尽方法去求，最后得到的是命里本来就有的，这样的求无益于得到，因为所求的是身外之物。

了凡能够十六岁时就考上秀才，必然已经熟读了很多经典。但是，比熟读更为重要的是对经典本义的理解与通达。了凡认为，孟子所说的求就能得到，是指向自己内在追求道德仁义。同时他也提出了疑问，内在的道德仁义，可以通过自己的修为求得，而身外的功名富贵，怎么也能求得到呢？

通过了凡的问题，我们可以知晓他当下对命运的认知是：死生有命，富贵在天，只能认命，不能改命。其实，了凡先生也是代我们提出了一个极其重要的问题：内在的"道德仁义"与外在的"功名富贵"之间，有着什么样的关系？

“道德仁义”与“功名富贵”之间的关系

《大学》对此有清晰讲述:“是故君子先慎乎德。有德此有人，有人此有土，有土此有财，有财此有用。德者本也，财者末也。”内在的“道德仁义”与外在的“功名富贵”之间是本末关系，内在的“道德仁义”如同大树的树根，外在的“功名富贵”如同枝叶花果，两者间的本末关系决定了：惟有根深，才能叶茂。

道理明白了，该如何让内在的“道德仁义”转化为外在的“功名富贵”呢?

《大学》把财富逻辑讲得很清楚，首先得有德。儒家讲的五常，说的是一个人应该拥有的五种品德——仁、义、礼、智、信。有德之人高能量、信心强、信用高、讲信义，自然会得到众人拥护，人气居高不下。有了超高人气与流量，自然就可获得大的市场占有率；有了市场占有率，必然合理赚取很多吉财；赚取财富之后，继续“仁者以财发身”，仗义疏财以修养自身的德行。如此，便形成了一种良性循环，财富如同源头活水，滚滚而来，取之不尽，用之不竭。

西方人际关系学大师戴尔·卡耐基（Dale Carnegie）同样揭示了这个秘密，他说:“一个人的成功，只有15%靠他的专业知识，而85%要靠他良好的人际关系和处世能力。”卡耐基发现了人的成功需要两大关键因素：第一，有才华，即强大的专业知识，不过这个因素只占成功比例的15%；第二，人际关系好，信任支持的人多，这个因素最关键，占了成功比例的85%。这与《大学》所讲的财富逻辑是一致的，有德之人必定聚积超高人气，有人气必然会有财气。

了凡先生对“道德仁义”与“功名富贵”之间如何转换的问题，理解出现了偏差。

云谷曰："孟子之言不错，汝自错解了。"

云谷禅师明白了凡的障碍所在，便借孟子之言直接引导他：孟子说的话没有错，是你自己理解错了。

学习圣贤经典，最危险的事情就是错解经典，误会圣贤。明明是自己理解错了却不自知，反而诬陷圣贤经典有问题。有些人经常大言不惭地说，学习圣贤经典，我们要取其精华去其糟粕。圣人之所以是圣人，是因为他洞悉了宇宙和生命的实相，我们万万不能以凡人之心去度圣人之腹。

学习圣贤经典，容易出现两种危险：

第一种危险，是主动曲解。

比如一部完整的佛经，都是以"如是我闻"四个字开头。如是我闻的梵文是"evaṃ mayā śrutam"，翻译成现代汉语白话就是"我是这样听说的"。

为何每部完整佛经都以这四个字开头呢？因为这是世尊的教诲。世尊告诉阿难，等我涅槃以后，你们在结集我言教时有个原则，就是在每部佛经之前加上"如是我闻"四个字。什么意思？就是你们怎么听的就怎么结集，我没授权你们可以自作主张地对我的言教进行修改，这种事情是不允许做的。为什么？原因很简单，世尊是圆满的觉者，阿难这些弟子们尚未圆满。

但有些人讲法时往往会对此"过度诠释"。经典中本来没有的意思，非给过度解读出好多额外的意思。历史上就有人把"如是我闻"这四个字讲了好几个月，先把一个"如"字，讲上个把月，什么如如不动、这个如、那个如地说了一大堆。然后又说"我"，为何世尊说"无我"，这里怎么会是"我闻"呢？一个"我"字又给说上大半个月。最后讲"闻"字，解释这是"闻"字为什么不用"听"呢？什么"反闻闻自性，性成无上道"又进行了冗长的解释，把一个“闻”字又说上半个多月。

“如是我闻”的梵文“evaṃ mayā śrutam”由三个词组成：evaṃ 是“就是这样的”，mayā 是“被我如何的”，śrutam 是“被曾经听”，其动词词根 śru 的本意就是“听”，古人雅译成“闻”，根本没有其他意思。evaṃ mayā śrutam 的现代汉语意思就是“我是这样听说的”，古人翻译讲究“信、达、雅”三原则，将其很好地雅译为“如是我闻”，译得很妙。

佛经是从梵文翻译过来的，我们对某句经文法义的准确理解以及其所覆盖的范围，要严格依照梵文本义理解，绝不能拿着汉译本与《说文解字》去肆意发挥，当我们在没有法义的经文上过度诠释时，反而会丢失掉经文原本的重要法义。

我们打开经典看到“如是我闻”四个字时，心里就要明白：第一，经中是对世尊当年讲课内容的如实记载。第二，对世尊言教的学习应该秉持“如是我闻”的基本精神，不要加上自己的各种妄见。

第二种危险，是因为不明而误解。

对经典认识不够通达，会出现理解偏差，甚至错误。比如“人不为己，天诛地灭”，在千百年的流传中，被很多人误解为：人如果不为自己（谋私利），天地不容。这句话的关键字是“为”字，原本应念第二声的“wéi”，被误读成第四声的“wèi”，“为己”本义是“修为、修养自己”，“人不为己，天诛地灭”的意思是，人如果不修养自己的德性，天理难容。可是很多人错解成完全相反之意，忘却了在中华传统文化中，上天是公平与公正的化身，真是太可惜了。

了凡对于孟子之言的理解，就属于因为不明而产生的错解。下面，我们看云谷禅师如何继续引导了凡。

汝不见六祖说：“一切福田，不离方寸；从心而觅，感无不通。”

云谷禅师引用了中国禅宗第六代祖师惠能大师针对“有求必应”的开示。“一切福田”就是五福——长寿、富贵、康宁、好德、善终。五福是怎么来的呢？不离方寸。“方寸”就是我们的心，古人说心乱，会说“乱了方寸”。福至心灵，福田心耕，从心上寻求，内有所感，外有所应。生命中的一切境界，都是起心动念后种下种子的显现与强化。动什么念，就种什么种子，什么样的种子结出什么样的果实，种子的力量一定灵。

财富有“吉财”与“凶财”之分

“求在我”，不独得道德仁义，亦得功名富贵，内外双得，“是求有益于得也”。

专注从自己的心地上内求，不仅可以成就自身的道德仁义，还可得到外在的功名富贵，内外双得，这才是正确的追求方式。如同我们很多企业开发市场、销售产品，表面上是在给客户提供产品或服务，满足了客户需求，实际是通过销售产品或提供服务广结善缘，产品与服务只是工具与手段。生意，生意，生生不息的情意。销售产品、提供服务既要赚钱，更要建立彼此的信任与连接，这就是一种内外双得。

生意中赚取的财富分为两种：一种是吉财，一种是凶财。

吉财自不必说，当然越多越好。我们需要警惕的是凶财，从表象上看，凶财也是当下赚到的金钱，殊不知在得到凶财的同时，也种下了恶的种子。种子小，果实大，未来定会结出很多恶的果实。《大学》中“货悖而入者亦悖而出”说的就是这个道理。

得到的凶财，想要守住是很难的。古人对此有“五家共有”之说：一是王者所有，即皇粮国税，不以平民意志为转移；二是盗贼所有，贫富过于悬殊，必然会引发非理性分配；三是疾病开支，人的生老病死，终有一用；四是灾害摧毁，水火之灾，天塌地陷，财富瞬间付之东流；五是恶子挥霍，吃喝嫖赌，败企败家，不能一以贯之，终致散失。

若不反躬内省，而徒向外驰求，则“求之有道”，而“得之有命”矣，内外双失，故无益。

如果我们不能反躬内省，每天只知向外追求功名富贵，即使再努力，即使有再好的方法与手段，最终能得到的，也只是自己命中本来就有的东西。

2012 年初，某市曾经发生一起刑事案件，一个犯罪分子为了抢劫二十万元现金，竟然在银行门口枪杀取款人，凶手最终被抓并被判处死刑。表象上看，凶手实施抢劫得到了二十万现金。其实，这二十万元只是他命中财富的部分额度而已，凶手不以正当途径去赚取，而以伤天害理的方式迅速获得，在抢钱的同时种下了害人性命的恶种子，最终让自己得到了死刑的结果。这种以缩短生命为代价快速获取财富的做法，真是愚蠢至极。更悲催的是，有些犯罪分子实施抢劫，抢劫到手的却是个空包，最终因抢劫被抓判刑，这就是命中没有财富额度的人，即使去犯罪抢劫，也抢不到什么钱财。

经营企业也好，做生意也罢，都要记住“流水不争先，争得是滔滔不绝”这句话，风物长宜放眼量，想要持续长久地赚钱，做百年品牌的企业，就不能着急，谨记“贪者必贫”的道理，不可过度贪婪。急功近利之人，拔苗助长、寅吃卯粮，最终必然内外双失。

《孙子兵法·虚实篇》云:“故其战胜不复，而应形于无穷。”自己曾经打胜仗的方法，不一定能够重复，重复过去，不一定就有未来。企业家要把自己当年的成功因素认真梳理一下，区分哪些是环境的因素、机会的因素以及个人的因素，避免大环境与政策一变，机会就没有了。任正非说：“成功不是未来前进的可靠向导。”之前获得成功的手段，不代表可以持续运用。

近些年很多商场折戟的企业家，基本都是贪功冒进，顺利时盲目自信，丧失对市场及政策调控的敏感性，甚至在国内巨额举债到国外收购不该收购的资产，犯了企业经营的几大禁忌：

第一，能力与机会不匹配，三岁小男孩看上二十岁美女，是不行的。

第二，牺牲主业，用主业资金链去扶植一个或多个未来见效的产业。

第三，短融长投，用大量短期借款去扶植三五年后才见效的新项目。

资金链之于企业的重要性，相当于人的血液。很多企业的资金链状况，如同十个马桶九个盖，整天拆了东墙补西墙，当宏观环境发生变化，原先产生现金流的行业出现周期性衰退，或者银行改变信贷政策紧缩银根，只要资金链断裂，再大的商业帝国也会如土委地，瞬间崩塌，凄惨的结局令人扼腕叹息。

在《增广贤文》中，有个偈子说得非常好：

竹篱茅舍风光好，道院僧堂终不如。

命里有时终须有，命里无时莫强求。

细细品读，回味无穷。

10 千古一问

【原文】因问："孔公算汝终身若何？"余以实告。云谷曰："汝自揣[1]应得科第否？应生子否？"

余追省良久，曰："不应也。科第中人，类有福相，余福薄，又不能积功累行，以基厚福；兼不耐烦剧[2]，不能容人；时或以才智盖人，直心直行，轻言妄谈。凡此皆薄福之相也，岂宜科第哉？"

【译文】云谷问："孔先生算你终身命运如何？"我如实相告。云谷又问："你自我反省一下，你觉得自己应该考中科举吗？应该生儿子吗？"

我反省良久，回答说："不应该。考中科举的人都是有福之相，我的福薄，又不能累积功德善行，培厚福德之基；而且我做事缺乏耐心，心胸狭隘不能容人；经常恃才傲物压制他人，为人任性怎么想就怎么做，言谈轻率妄论他人。凡此种种，都是福德浅薄之相，怎么能考取功名呢？"

【解读】

因问："孔公算汝终身若何？"余以实告。云谷曰："汝自揣应得科第否？应生子否？"

云谷禅师引导了凡反躬自省。他问了凡："孔先生算你终身命运如何？"

① 揣：思量、考虑。
② 烦剧：繁重的事务。

了凡如实相告。云谷禅师真乃得道高僧，一番循循善诱之后，将了凡引导至当下境界时，突然当头棒喝地提出一个“千古一问”:“汝自揣应得……？”

云谷禅师这个“揣”字用得妙,“揣”是形声字，手（扌）表意，篆书形状像手,“耑”像植物的幼苗，揣的本义指：度量、测量，引申义为：思量、估量。“自揣”的意思就是自我反思。

“汝自揣应得科第否？应生子否？”你认真反思一下自己，你有考中科举做高官的德行吗？你此生配有儿子吗？云谷禅师这句话一针见血，直指了凡内心最痛处。

“千古一问”尤其适合自我自省。

现实生活中，我们有很多美好期待，比如婚姻幸福、地位尊贵、待遇优厚、事业顺利、财富丰盈、健康长寿等等。期待本身不是问题，问题是很少有人能理智地反问自己:“我的德行与期待的美好事物匹配吗？”

有不少人把自己的一生，活成了一种持续不变的重复，今天重复昨天，明天重复今天，却总渴望用一张昨日的旧船票，去登上明日的客船，自身一成不变，却希望好运连连。何为荒谬？爱因斯坦说:“持续不断地用同样的方法做同一件事情，却期望获得不同的结果，这就是荒谬。”

这句“千古一问”太有能量了，瞬间击穿了凡的心灵，让他冷静地自我反思起来。

余追省良久，曰:“不应也。科第中人，类有福相，余福薄，又不能积功累行，以基厚福；”

了凡先生还是一个了不起的人,“追省”说明他自我反省非常迅速,“良久”说明他反省自己非常深刻。人能反省自己，就是进步的开始。老百姓常说“撒泡尿照照自己”，说的就是人要自我反省，不要整天胡思乱想，要多看看自己与美好事物之间是否匹配。

当年霍启刚娶郭晶晶时，有女生在课堂上问我：“我比郭晶晶漂亮多了，凭啥我不能嫁入豪门？”我很客气地回复她：“您说的没错，从相貌上看您确实更好看一些，可人家霍启刚娶的是一个世界冠军，跳水皇后的身份匹配上豪门，霍郭两家是门当户对的平等关系，娶您是娶什么呢？”

古人都知道一件事，考中科举得有大福报才行。了凡自我反省之后，深刻意识到了自己当下福报太薄，与考中科举做高官之间根本不相匹配。

古代的科考，比今天考上清华、北大难太多。明朝历 16 位皇帝，国祚 277 年，除了洪武六年（公元 1373 年）至洪武十五年（公元 1382 年）停考十年以外，科考皆按“三年大比”制进行，开科 92 次，总共考取进士 24636 人，平均每次录取进士不到 268 人。

评判世间的很多事情，多数人只是依据自己当下的得失，去贴对应好与坏的标签。“不识庐山真面目”时，往往会心生委屈，感觉领导总给自己穿小鞋，明明同事水平不如自己却得到了升职加薪，自己努力付出却总得不到想要的结果……

事实真的如此吗？答案是：不一定的。

从传统文化的角度看，一个人的成就永远不会突破自己的福报。障碍人向上的天花板，是当事人自己的福报大小。人想要扩大自己的成就，就要打破生命禁锢，提升自己的福报是最好的解决之道。

每个人的福报都是有限的，应该平均分配给五福。很多人不懂这个道理，拼命把福报尽可能多地倒入“富”的杯子里，如此必然导致其他杯子中得到的太少，甚至根本没有。因此，就能理解为什么很多人发财以后，会出现各种各样的问题——牢狱之灾、家庭不和、身患绝症、婚姻出事、突然离世……

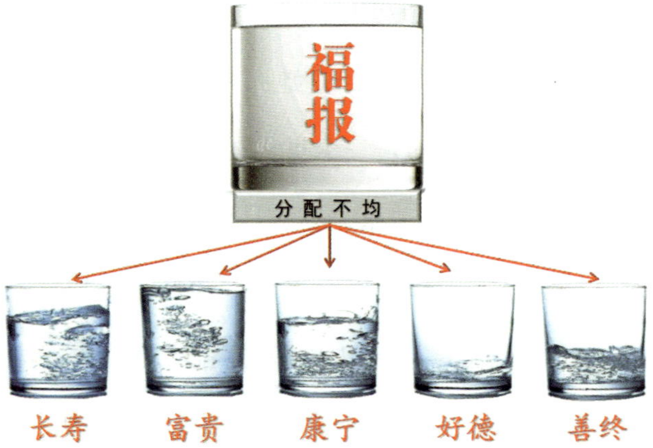

图2-8 五福分配

福报太小的人该怎么办？主动行善积德，去修福、培福、添福，往福报的杯子里加水。

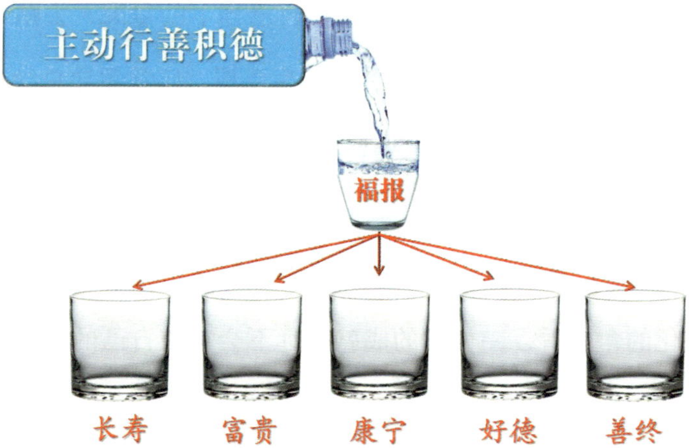

图2-9 行善积德

有一次，朱元璋决定去国子监视察，国子监里有很多在读的监生，监生们听说皇上要来，都很兴奋。国子监的大厨却很冷静，他听说皇上要来视察，就开始思考：万一皇上视察过程中饿了、渴了，我应该提前做好相关准备。于是，大厨就提前做了很多准备。果然，朱元璋视察过程中觉得有点饿了，刚说自己有点饿，大厨就端出了一份精心制作的“珍珠翡翠白玉汤”，其实就是豆腐羹，据说是朱元璋当年讨饭时最喜欢吃的杂烩。朱元璋没想到在国子监还能吃到自己喜欢的汤羹，心中很是高兴。汤羹才刚吃完，大厨又端上一杯朱元璋最喜欢喝的雨花茶，皇上龙颜大悦，马上金口一开，就给这个厨师升了官。

这件事在整个国子监里传得沸沸扬扬。有个老监生听了以后，愤懑不平，脱口说出一句：“十载寒窗下，不如一盏茶。”自己十年寒窗苦读，却不如厨师御前奉上一碗汤茶。老监生的话，恰好被微服私访的朱元璋听到了，当即回他一句：“他才不如你，你福不如他。”论才华厨师确实不如你，但是论福报，你确实比厨师差远了。

这个故事里，我们可以看到两类人的影子：

第一类，是积极提升自己，主动去修福、培福的人。如同那个大厨，表面上看“得来全不费功夫”，实际是自己提前修福、培福的结果。

第二类，是遇到问题只会抱怨，不懂反省自己的人。如同那个老监生，明明是自己的福报不够，眼睛却总向外看，越是嫉妒他人，就越得不到自己想要的，内心就越痛苦。

慧律法师是台北高雄文殊讲堂创建人，26 岁时在凤山佛教莲社出家，出家后到台中南普陀佛学院学习。佛学院厨房每天上午九点一刻就把饭菜做好了，可是院长却坚持中午十一点一刻才允许吃饭。冬季寒冷，到了中午，饭菜就冷掉了。法师们吃了冷饭冷菜后，很多人腹泻不止。有人想去把饭菜热一下再吃，又被院长骂回来。因此，慧律法师对院长意见很大，他实在想不通为什么院长每天让大家吃冷饭，内心一直耿耿于怀。

有一天，慧律法师去拜访广钦老和尚，就把这个事对老和尚说了：“佛学院每天上午九点一刻就把饭菜煮好了，可院长非要十一点一刻让我们吃冷饭，吃得大家统统腹泻，尤其我泻得特别严重。”刚讲到这里，广钦老和尚突然呵斥他：“住口！不要讲别人用冷饭给你吃，你要说你没有福报吃热饭。”慧律法师瞬间明白了。对此，慧律法师总结说：“一切都是心的问题，我现在任何事情都用老和尚这句话，真的挺好用的。”

命运的好坏藏在哪里？就在每个人的人生态度里。有什么样的人生态度，就有什么样的命运与结局。了凡认真反省自己，深刻意识到自己当下的福报太薄、太小。

了凡总结自己薄福的五种表现，也是很多人缺乏领导力，不适合做领导的五个根本原因，现详述如下。

为官：了凡不能中举的五大反省（领导力）

兼不耐烦剧

第一个原因，缺乏耐心。

“不耐烦剧”就是做事没有耐心。遇事缺乏耐心的人，不适合做领导。

有个年轻小伙，与情人到公园里约会。小伙性子急，早早就来到了约会地点，可又没有耐心等待，也无心欣赏风景，便躺在一棵大树下唉声叹气。就在这时，一个巫师出现在他面前，巫师对他说：“我知道你为啥不开心。”巫师拿出一个小钟送给他，“拿着这个小钟，当你遇上难以等待的事情时，只需将小钟的发条向右一拧，就能跳过等待的时间，要多快有多快。”说完就走了。

小伙很高兴，他拿着小钟试着一转，情人果真瞬间就来到了面前，正看着他微笑呢。真是太棒了！小伙子心想，要是能立即举行婚礼就更棒了。他又转了一下小钟，隆重的婚礼，丰盛的宴席，他和情人并肩站立，周围管乐齐鸣，好多亲戚在祝福他们。他抬起头，盯着新娘美丽的双眸，心里又想，要是现在只有我俩该多好啊。他悄悄地转了一下小钟，立刻夜阑人静……

小伙心中的欲望层出不穷，我们应有座房子，他转动小钟，宽敞明亮的别墅马上出现在他面前。我们还缺几个孩子，他又迫不及待地转了一下小钟，岁月如梭，他的面前顿时儿女成群。他就这样不停地转动小钟，时光如同高铁一样从他身边疾驰而过……

还没来得及思考后果，他已经老态龙钟、衰卧病榻了。至此，他再也没有难以等待需要转动小钟的事情了。回首往事时，他追悔自己的性急，我不愿等待，一味追求欲望的满足。风烛残年时才幡然醒悟，每个被自己抱怨的今天，都是昨天死去的人永远看不到的明天，等待，也是生命中很有意义的事情。可是后悔有什么用呢？他多想把时间往回转一点啊！他握着小钟，双手颤抖，试着向左一转，小钟猛地铃声大作，他突然惊醒。原来，刚才经历的只是一场梦，他在树下等睡着了。不过，此时的他，一切的焦躁不安都已烟消云散，他心平气和地看着蔚蓝的天空，感受着身边的鸟语花香，此时他以等待为乐。

通过这个故事，我们可以看出，不耐烦剧的人，往往都是内在欲望太大，希望快速得到想要的结果。殊不知经过努力实现的愿望，才会令人更加珍惜。生命不是百米冲刺的短跑，而是一场百年的马拉松，惟有耐心之人，才能尽情欣赏到路上的各种风景。

不能容人

第二个原因，缺乏包容心。

汉传佛教寺院的天王殿中，一般都会供一尊弥勒菩萨，造像笑容可掬，大腹便便，表法“量大福大”。两边往往有一副对联，提醒世人学会包容：大肚能容，容天下难容之事；开口便笑，笑世间可笑之人。谁是可笑之人？缺乏包容心的人。

《史记·淮阴侯列传》记载，刘邦有一次和韩信闲聊将领的才能，认为他们各有高下。刘邦问韩信：“我能带多少兵？”韩信说：“陛下最多能带十万人。”刘邦说：“那你呢？”韩信回答：“我是越多越好。”刘邦笑道：“统帅的士兵越多越好，那你为什么被我擒住？”韩信说：“陛下不善于带兵，但善于统帅将领，这是我韩信被陛下擒住的原因。而且陛下的能力是天生的，不是努力所能达到的。”

越是无能之人，越不能容人，做事怕担责，有错旁边推。能量越大的人，肚量越大。宰相肚里能撑船，心里装的人越多，心量就越大，福气也越大。

时或以才智盖人

第三个原因，争强好胜，爱显摆自己。

“以才智盖人”，是因为内在的傲慢或自卑，经常用自己的权力、地位、能力、知识去“盖人”，像个锅盖一样，把身边人给盖住。经常自觉不自觉地批评、打击他人，把团队的士气与能量给封压下去。有些人为了显摆自己，在名片上印上自己的学位、取得的津贴等。这些都是内心不够强大的表现，所以要用外在的东西给自己贴金。

凡夫总是在自卑与自傲之间徘徊，自卑与自傲其实是一体两面，自卑的人，习惯以自傲清高保护自己；自傲的人，看到他人优秀时更容易自卑。自卑与自傲，都是因为内心不够强大，所以才会在意别人的目光。

汉高祖刘邦通达此理，他开创的西汉王朝，经历12帝，享国210年。实际上，刘邦本身并无太突出的才能，《史记·高祖本纪》开篇即说他好酒色，甚至像个无赖[1]，可就是这样的一个人，最终却战胜了项羽，登上了皇帝宝座，开创了大汉王朝。刘邦成功的关键原因何在？

平定天下之后，刘邦置酒洛阳南宫，召集群臣饮酒娱乐。酒过三巡，大家喝得面红耳赤，刘邦也有了些酒意，他借着酒意说："大家辅佐我得到天下，今天我问一个问题，我为何能得到天下？项羽为何会失去天下？各位大可直言，不必忌讳。"

高起、王陵二人起身回答："陛下派人攻城略地，得到的都封赏给有功之臣，说明陛下能与天下同利，因此人人归心，以死相效，所以能得天下。而项羽妒贤嫉能，有功的嫉妒，有能的怀疑，获胜不赏，得地不封，失去了人心，所以他得不到天下。"

高、王二人的回答似乎很有道理，但刘邦却说："公知其一，不知其二。夫运筹策帷幄之中，决胜于千里之外，吾不如子房。镇国家，抚百姓，给馈饷，不绝粮道，吾不如萧何。连百万之军，战必胜，攻必取，吾不如韩信。此三者，皆人杰也，吾能用之，此吾所以取天下也。项羽有一范增而不能用，此其所以为我擒也。"

刘邦的话虽然带些酒后的沾沾自喜，但却不失偏颇。他坦率承认自己打仗不如韩信，治国不如萧何，出谋不如张良，但是他能放手任用这三位豪杰，刘邦作为大汉军事集团的"董事长"，确实非常"懂事"。

直心直行

第四个原因，性格过于直率，言行随意，由着性子来。

---

① 《史记·十二本纪·高祖本纪》：高祖，沛丰邑中阳里人，姓刘氏，字季。父曰太公，母曰刘媪。其先刘媪尝息大泽之陂，梦与神遇。是时雷电晦冥，太公往视，则见蛟龙於其上。已而有身，遂产高祖。高祖为人，隆准而龙颜，美须髯，左股有七十二黑子。仁而爱人，喜施，意豁如也。常有大度，不事家人生产作业。及壮，试为吏，为泗水亭长，廷中吏无所不狎侮。好酒及色。常从王媪、武负贳酒，醉卧，武负、王媪见其上常有龙，怪之。高祖每酤留饮，酒雠数倍。及见怪，岁竟，此两家常折券弃责。

“直心直行”的人，往往认为这是自己的优点。这种人说话前往往先说一句:“我这个人比较直，你别介意啊！”潜台词是我接下来说的话可能会伤到你，提前给你打个预防针，你要做好心理准备，我的优点就是说话很直接。然后大嘴一张，哇啦哇啦一大通，直接说出对方的缺点与过失，让对方感觉很没面子而与他争吵，他还觉得人家是“狗咬吕洞宾，不识好人心。”

有些领导开会时，喜欢自己先说话，逐一指出各部门的问题，批评完之后，才让下属发言，把会议搞成一言堂，大家一起敷衍了事。

打造团队靠士气，士气是整个团队能量状态的集中呈现。今天的年轻人普遍吃苦少，受过的挫折也小，情绪敏感，自尊心强，别人说话语气稍重一点就会难以接受，甚至会用负面情绪对抗。领导者如果忽略这些，以才智盖人，直心直行放飞自我，只顾把自己的价值感、成就感拉得满满，团队士气就会呈现出一种失败感与无力感。

《三国演义》里的刘备为何能当老大，从他的表字就能看出来，刘备字玄德。“玄德”出自《道德经》的“生而不有，为而不恃，长而不宰，是谓玄德”，玄德是一种潜蓄不著于外的德性，它生化万物却从不禁锢，生养万物却从不居功，生长万物却不主宰。

人低为王，水低成海。领导者学会示弱，下属才能活出成就感与价值感。刘备在称帝前几乎处处示弱，他一生唯一一次示强，是在章武元年（221 年）七月，为报荆州被夺、关羽被杀之仇，不顾诸葛亮、赵云等人的劝谏，怒而兴师，亲率大军攻打东吴。孙权求和不成，一面向曹魏称臣，一面任命陆逊为大都督率军应战，最后，在湖北夷陵火烧蜀军连营七百里，导致刘备遭受重创，一病不起，次年四月亡故于白帝城。

轻言妄谈

第五个原因，言语轻率，夸夸其谈。

鬼谷子曰：“口者，心之门户也。”言为心声，语言是心灵的声音，通过说话，我们就能大概辨别出一个人的智慧、情操、思想与境界。

《论语》最后一句话说的正是“知言”问题。子曰：“不知命，无以为君子；不知礼，无以立也；不知言，无以知人也。”孔子在这段话中，提出君子立身处世的“三知”原则，即“知命”“知礼”与“知言”。能知命者，可安贫乐道；能知礼者，能立身做人；能知言者，则善与人交。孔子把“知言”放在整部《论语》的最后一句说，可见“知言”的重要性。《论语》开篇第一句是“学而时习之”，具体学什么？《论语》最后一句首尾呼应直接点明，学知命、学知礼、学知言，如此才能拥有“悦”的高能量生命状态。

《论语·季氏篇》中，孔子对于说话有一段非常重要的论述。子曰：“侍于君子有三愆：言未及之而言，谓之躁；言及之而不言，谓之隐；未见颜色而言，谓之瞽。”孔子指出与人交流容易犯的三种过失。

第一，急躁，不该自己讲话时，抢话讲；

第二，隐瞒，该自己说话时，却不说话；

第三，盲目，不看别人脸色，贸然说话。

领导者说话叫一言九鼎、金口玉言，切忌轻言妄谈。说话是一门艺术，想要把话说好，我们可以遵照孔子的教诲，择时、择人、看具体情况。

凡此皆薄福之相也，岂宜科第哉？”

了凡先生反省自己福薄的根本原因，总结出自己不能中举为官，缺乏领导力的五大“薄福之相”：不耐烦剧、不能容人、以才智盖人、直心直行、轻言妄谈。如果我们子女想要考上好的大学，想要未来有高官厚禄，就要反其道而行之：耐烦剧、能容人、不以才智盖人、不直心直行、不轻言妄谈。

接下来，了凡先生还将从六个方面继续反省自己命中无子的原因。

11 反躬内省

【原文】“地之秽[①]者多生物，水之清者常无鱼。余好洁，宜无子者一；和气能育万物，余善怒，宜无子者二；爱为生生之本，忍[②]为不育之根，余矜惜[③]名节，常不能舍己救人，宜无子者三；多言耗气，宜无子者四；喜饮铄精[④]，宜无子者五；好彻夜长坐，而不知葆元毓神[⑤]，宜无子者六。其余过恶尚多，不能悉数。”

【译文】“大地藏污纳垢却能生养万物，池水清澈见底反而难以养鱼。我性情孤洁，偏执难处，应是无子原因之一。和气能化育万物，我却性情易怒，应是无子原因之二。慈爱是生生不息之本，残忍是不孕不育之根，我过于爱惜自己名节，常因放不下自我而耽误救人，应是无子原因之三。说话太多损耗气血，应是无子原因之四。喜好饮酒缺乏节制消损精元，应是无子原因之五。喜欢熬夜久坐，不懂得保养元气精神，应是无子原因之六。其他过恶还有很多，无法详细列举。”

【解读】

中国人历来重视血脉传承，《孟子·离娄上》曰：“不孝有三，无后为

① 秽：肮脏。
② 忍：残忍。
③ 矜惜：过于爱惜。
④ 铄（shuò）：熔化。铄精：消耗精力，耗费精神。
⑤ 葆：保养；元：元气，人的精气；毓（yù）：养育、培育；神：精神。葆元毓神：保养元气和精神。

大。”“无后”被认为是大不孝。三不孝的具体内容，在《十三经注疏》中有注：“于礼有不孝者三，事谓阿意曲从，陷亲不义，一不孝也；家贫亲老，不为禄仕，二不孝也；不娶无子，绝先祖祀，三不孝也。三者之中无后为大。”

五千年以来，我们中国人看重生儿育女，渴望家族人丁兴旺，所以才有了今天的十四亿人口。了凡先生反省自己命中无子嗣有六大基本原因：

生子：了凡对命中无子的六大反省

地之秽者多生物，水之清者常无鱼；余好洁，宜无子者一。

第一个原因，好洁。

“好洁”不是指喜好洁净，而是指“性情孤洁”，即性格孤傲，比较偏执，总爱看人缺点与不足，缺少和气，不易相处。陈抟在《心相篇》中总结为：“如何老后无嗣？性情孤洁。”

有一次线下开课时，一个女同学对我说：“老师，我婆婆不讲卫生。”我问：“怎么不讲卫生了？”“她用嘴巴嚼东西喂我儿子。”从小在农村长大的孩子，小时候大都被老人用嘴巴喂过，这没什么稀奇的。

我问：“为什么奶奶用嘴巴喂是不讲卫生呢？”女同学很激动地说：“婆婆她从来不刷牙，嘴巴里有细菌。”我很客气地对她说：“哪里有细菌？你才是最大的细菌，那是孩子跟奶奶连根养根呢，奶奶嘴巴喂的全是益生菌。”

我们人之所以属于“哺乳动物”，就是既要“哺”，也要“乳”。给孩子喂奶叫“乳”，长辈用嘴巴咀嚼食物喂到孩子口中叫“哺”。孩子小，脾胃消化功能不健全，长辈用嘴巴咀嚼过的食物中，富含帮助消化的酶，经过哺育的孩子身体往往会很好。自然界中也是这样，比如亲鸽在吐食喂养幼鸽时，它们的嗉囊腺会分泌一种鸽乳，幼鸽吃了能很好地帮助消化。哺乳动物喂养幼崽时，基本都是用“哺＋乳”两种方式哺育后代，经过哺乳长大的幼崽容易身体健康。我们今天之所以有很多孩子身体不够强壮，重要原因之一就是既没有长辈的哺，也没有母亲的乳，很多都是喝牛奶的长大的。

哺乳是养育孩子最为正常的方式，这种方式养育了中华民族几千年，近代却被视为愚昧、落后、不讲卫生，真是令人深感遗憾。而且，经常和老人在一起的孩子，与老人之间正好阴阳互补，有利于彼此的身体健康。小孩阳气足，老人阴气旺，老人喜欢孩子，孩子也喜欢老人，一老一小，挺好的匹配。

《菜根谭》云：“地之秽者多生物，水之清者常无鱼；故君子当存含垢纳污之量，不可持好洁独行之操。”没有大粪臭，哪来五谷香？庄稼一枝花，全靠肥当家。要想庄稼长得好，人们就得给土地撒上屎尿堆肥、埋入烂草腐叶。大地有一种非常了不起的能力——化，它能将臭秽的屎尿堆肥、烂草腐叶转化为肥料输送给庄稼，让庄稼获得充足的养分，保障丰收。清澈见底的河流看起来很美，却少有大鱼繁衍生息，因在缺乏生气；而看起来浑浊不净的大海，却有成千上万的大鱼生活其中。

世间万物，孤阴则不长，独阳则不生，故天地配以阴阳，一切都是相辅相成的。物如此，人亦如此。性情孤洁之人如果不改变心性，会不易生养。我们想要生养出好的子孙，就应修炼宽广的心胸，清浊并包，善恶兼容，如此才能诸事遂愿，生生不息。

和气能育万物，余善怒，宜无子者二。

第二个原因，爱发脾气，和气不足。

对于人来讲，“和”非常重要。家和才能万事兴，和气才能生财。人的外在有和颜悦色，是因为内心藏有深爱。一个人之所以没有和气，爱发脾气，原因就是内在有傲气。自命清高之人，才会经常看人的缺点与不足。

对于大自然来讲，“和”亦很重要。天气风和日丽，有利于万物生长，若是暴风骤雨，再好的庄稼也难以栽培。土地没有和气就是死地，无法生养万物。水中没有和气就是死水，不能生养鱼虾。人没有和气，心地就会像冻土一样，不易生养子孙。

爱为生生之本，忍为不育之根，余矜惜名节，常不能舍己救人，宜无子者三。

第三个原因，矜惜名节，常不能舍己救人。

“爱”是仁爱，“忍”是残忍。个别人虐待动物还拍摄视频发到网上，真的非常残忍。中医有“戾气”一说，戾气与邪气相应，与正气相反。残忍之人戾气重、杀气大，内在正气不足，自然难以生养。

残忍并不完全是对动物的杀戮与残害，有些人脾气不好，动不动就怒气冲天，这也是一种残忍。我们人体有超过六十万亿的细胞，有的细胞只有一周左右的生命，如果自己脾气大、爱发火，让细胞生活在充满负能量的环境中，这也属于杀生，而且杀生的数量极大。每天保持喜悦开心的情绪，就是放生。

“矜惜名节”是指爱面子，总是在意别人对自己的评价。爱面子的人，大都因为肾气不足，外在表现胆小敏感，所以“常不能舍己救人”，这种人心思太重，很多事情还没去做，自己思想先斗争半天。再加上在意别人的评价，内心更加纠结，往往耽误了助人、救人的最佳时机。

生子的关键不在生理，而在能量。经常自我反省，能主动改过的人能量大，主动积善的人能量高，正能量足的夫妇精气神好，自然容易受孕。

《了凡四训》中的“改过之法”和“积善之方”，是了凡先生《祈嗣真诠》

一书的第一篇与第二篇。《祈嗣真诠》共十篇，讲述生贵子的十大步骤。《祈嗣真诠》的第一篇叫“改过第一”，第二篇叫“积善第二”，了凡先生在他六十九岁时，把这两篇单独抽出来，加上“立命之学”和“谦德之效”，汇编成了《了凡四训》。

多言耗气，宜无子者四。

第四个原因，多言耗气。

口为祸福之门，张口就是种种子，语言的能量影响自己的吉凶祸福。领导者尤其要注意“多言”问题，领导者是“金口”，说出的话是“玉言”，要想命运好，修“止语”很重要。《系辞》曰：“吉人之辞寡，躁人之辞多。”有福的人话少，浮躁的人话多。谨言慎行的人内在欲望小，消耗的能量就少，时时都在养精蓄锐。相反，如果人心浮躁，就会特别爱讲话，希望通过讲话吸引别人的关注。多言者，大多是被欲望扰乱了清净心，心动言出，言出心随，不合礼的话就容易脱口而出，所以古人说“言多必失”。

《格言联璧》云：“静坐常思己过，闲谈莫论人非。”我们平常说的话，绝大多数没什么意义。很多朋友聚会，只是一群人表面上聚在一起罢了，实际上没什么高品质的生命交流。彼此之间聊天，也大都围绕一些明星八卦、社会现象、生活牢骚而已，聊不出什么深度话题。没有品质的废话说多了，浪费时间不说，更亏了自身的气血。今天很多咽炎方面的毛病，原因就在于此。

建议大家有时间多诵读经典，多与圣贤能量连接，欲望就会变小，减少参加低品质的聚会，正气就会提升。经常诵读经典，人也不易生病。《黄帝内经》云：“恬淡虚无，真气从之，精神内守，病安从来？”读经典，通经络。汉字“活”是由“氵”与“舌”构成，“氵”表示水，“舌”指舌头。舌头上有水，人就活着，舌头上没水，人就出问题了。舌上有水没水表征一个人肾阳的强弱。中医把人体能量循环比作炉灶烧水，底下是个火炉，上面有一盆水，水烧开后就会气化，水蒸气升腾滋养上焦，口腔里就会有很多津液。经常口干、咽干的人，是因为肾阳不足，底下炉火不旺，水足够但烧不开，无法气化滋养上焦，造成各种痰湿瘀堵，就会口干、咽干。经常口干舌燥的人，表征肾阳虚，肾阳虚是生命能量不高的表现。坚持诵读经典的人，都有切身体会，经典越读越欢喜，不仅内心欢喜，口腔津液还多，整个人很轻松。长期诵读经典，有利于身体健康。

喜饮铄精，宜无子者五。

第五个原因，喜欢饮酒。

“铄”的本义是熔化，这里指消损。“铄精”即消损精元。中国人喜好饮酒，自古就有“酒文化”，古代国子监校长的官职亦称“祭酒”。中国人认为“无酒不成席”，饮酒确实可以创造一种人与人交往的良好氛围，不过饮酒需要适度。为了让人们有品质地饮酒，周朝时就提出了“酒礼”与“酒德”。

古人喝酒大都与文化密切相关，古人有八大雅事，分别是：琴、棋、书、画、诗、酒、茶、花。一部中国文学史，几乎页页都散发着酒的醇香。很多杰出文人代表，如王羲之、陶渊明、李白、杜甫、白居易、苏轼等人，都是好饮之辈，不过他们并不是简单饮酒，而是以酒为媒介，帮助自己进入物我两忘的创作境界。魏晋风骨，唐诗宋词，纵使相隔千年，今天我们去用心品读时，仍然可以感受古人当时的高能量生命状态。比如王羲之在微醺后挥毫写出天下第一行书《兰亭序》时对“死生亦大”的感慨，陶渊明“采菊东篱下，悠然见南山”的怡然自得，李白“古来圣贤皆寂寞，惟有饮者留其名”的旷达，杜甫“李白斗酒诗百篇，长安市上酒家眠”的惊叹，王翰“醉卧沙场君莫笑，古来征战几人回”的豪情，白居易“晚来天欲雪，能饮一杯无”的欢快，杜牧“借问酒家何处有，牧童遥指杏花村”的欣喜，苏轼“明月几时有，把酒问青天”的思念……

“酒品”是指“酒”需要“品”，品酒不是简单地把酒灌入腹中，品酒如品茶，若心无风月，不识经道，则如耕牛饮渠而不知其味。酒喝过了，不仅容易伤身，还易乱性，故饮酒时的“一道白光”看似豪爽，实则不值提倡。开车的人如果应酬，则要坚持“开车不喝酒，喝酒不开车”的基本原则，以免悔恨终身。想要孩子的人，则最少在准备要孩子的半年前即须戒酒。

好彻夜长坐，而不知葆元毓神，宜无子者六。其余过恶尚多，不能悉数。

第六个原因，熬夜久坐。

了凡先生对自己不良生活习惯的反省，值得我们警醒。今天很多人习惯熬夜晚睡，躺在床上玩游戏、刷短视频，长此以往，必然会损伤自己的元气与精神，肯定不利于子嗣的生养。

古人有“药补不如食补，食补不如天补”之说,《黄帝内经》对我们何时起床给出了明确建议：春三月，要夜卧早起，广步于庭；夏三月，要夜卧早起，无厌于日；秋三月，要早卧早起，与鸡俱兴；冬三月，要早卧晚起，必待日光。

中医认为，精气神是人的三宝。人的生命起源是“精”，维持生命动力的是“气”，生命的体现是“神”的活动。精充、气足、神全是人体健康的标志，而精亏、气虚、神怯则是疾病与衰老的先兆。尤其对于男性来说，精气神是否充足直接关系到性功能的强弱。药王孙思邈指出：“精气神不可损也，损之则伤生。”因此，保养好精气神是健康的重要保障。古人为此还提出了“三寡”养生法：

第一，寡欲以养精。

养精重在养肾，肾主藏精，是生命之源，为先天之本；

第二，寡言以养气。

养气重在养脾胃，脾主运化，是气血生化之源，为后天之本。

第三，寡思以养神。

养神重在养心脑，心主藏神，脑为元神之府、精髓之海。

其余过恶尚多，不能悉数。

了凡先生把自己不能生子的原因，从上述六个方面进行了深刻反省。人不反省不知道，反省清楚吓一跳。了凡一反省就明白了，难怪自己命中无子，原来问题都在自己身上。了凡先生何尝只是自我反省，他同时也是替我们做了反省。这六点值得我们对照自己，有则改之，无则加勉。

最后，了凡说自己还有很多过恶，无法详细列举。在这里，他也是给我们留下一道生命的填空题，让我们在学习之后反躬内省，把自己生命中的诸多过失一一详列出来，进而可以通过忏悔、改过、行善，用全新的善种子去替换掉旧有的恶种子，转恶为善之后，我们的命运必然会发生巨大转变。

下一段，云谷禅师将进一步延展，讲述发财的根本原因。

12 厚德载物

【原文】云谷曰:“岂惟科第哉!世间享千金之产者，定是千金人物；享百金之产者，定是百金人物；应饿死者，定是饿死人物。天不过因材[①]而笃[②]，几曾加纤毫意思[③]?

即如生子，有百世之德者，定有百世子孙保之；有十世之德者，定有十世子孙保之；有三世二世之德者，定有三世二世子孙保之；其斩焉无后者，德至薄也。”

【译文】云谷禅师说:“岂止科举功名是这样!世间享有千金大富者，定先成为与千金之产相匹配的大福之人；世间享有百金中富者，定先成为与百金之产相匹配的中福之人；那些饿死者，必是福德耗尽而命中注定应该饿死之人。上天不过是依据人的福德大小分别如实对待而已，何曾有加上丝毫自己的意思呢?”

就像生子这件事，积有百世之厚福德的人，定会有百世的子孙传承家道；积有十世之厚福德的人，定会有十世的子孙传承家道；积有三世二世福德的人，定会有三世二世的子孙传承家道；至于那些断绝传承、后继无人的家族，都是因为福德太薄的缘故。”

---

① 材：资质、材质；

② 笃：忠实。

③ 天不过因材而笃，几曾加纤毫意思：本句是袁了凡对《中庸》里“故天之生物，必因其材而笃焉。故栽者培之，倾者覆之”一句的化用。意为：上天生养万物，必定根据万物自身的材质而如实对待之，能成材的培育之，不能成材的淘汰之。

【解读】

讲完做官，云谷禅师现在讲发财。

云谷曰：岂惟科第哉。世间享千金之产者，定是千金人物；享百金之产者，定是百金人物；应饿死者，定是饿死人物。天不过因材而笃，几曾加纤毫意思？

发财：导致贫富的根本原因是什么

德不配位，必有灾殃，一个人想要拥有什么样的财富，首先得要成为什么样的人。云谷禅师借用《中庸》里“天之生物，必因其材而笃焉。故栽者培之，倾者覆之”进一步启发了凡。命运的区别，因每个人福德大小而不同，如同上天生养万物一样，都是根据万物自身的材质分别如实对待而已。能成材的就培育其成材，不能成材的就坚决淘汰，上天从来没有加上过自己丝毫的喜好与厌恶。

《孟子·告子章句上》中，关于“天爵”与“人爵”的论述非常精彩。孟子曰:“有天爵者，有人爵者。仁义忠信，乐善不倦，此天爵也；公卿大夫，此人爵也。古之人修其天爵，而人爵从之。今之人修其天爵，以要人爵，既得人爵，而弃其天爵，则惑之甚者也，终亦必亡而已矣。”有天赐的爵位，也有人授的爵位。内在的仁义忠信，不厌疲倦地乐于行善，这都是上天赐予的爵位。世间的公卿大夫各种官职，这是人授予的爵位。古人修养好自身的天爵，最终必然水到渠成地获得人爵。可惜现在很多人修养天爵，目的只是想得到人爵而已，这些人一旦得到人爵，便会放弃继续修养天爵，这真是太糊涂了，最终必定连人爵也会失去的。

加拿大著名作家格拉德威尔在《异类》一书中写道："人们眼中的天才之所以卓越非凡，并非天资超人一等，而是付出了持续不断的努力。只要经过一万小时的锤炼，任何人都能从平凡变成超凡。"他将此称为"一万小时定律"。台上一分钟，台下十年功。普通人往往只看到成功人士取得成就时的耀眼光芒，却很少去看光芒背后长年累月的自律、努力与坚持。

一个人生命中最重要的比赛，不在于外部和他人的竞争，而是先打赢自己内在的比赛。面对人生，我们不是要打赢某一场比赛获得冠军，而是要带着冠军的心态去打赢每一场比赛。所以，不管我们当下处于人生的哪个阶段，无论自己当下有多少财富，都应该大胆地去寻找一件自己热爱且愿意倾尽一生做好的事情，然后用"一万小时定律"去磨炼自己、超越自己。只有当自己真正准备好的时候，世界上的众多美好，才会像春风一样向我们扑面而来。

传家：是什么成就家族的枝繁叶茂

即如生子，有百世之德者，定有百世子孙保之；有十世之德者，定有十世子孙保之；有三世二世之德者，定有三世二世子孙保之；其斩焉无后者，德至薄也。

人要发多大财，首先要成为多大福德的人，传家亦是如此，有多少福德，就会匹配多少子孙，人有百世福德，就有百世子孙传家。

孔子的祖上是宋国栗邑（今河南省夏邑县）的贵族，先祖是商朝开国君主商汤。孔子的父亲叫叔梁纥。叔梁纥的正妻施氏，接连生了九个女儿，后来纳了孔子大哥孟皮的母亲为妾，生了长子孟皮，可惜孟皮脚有残疾，按照当时宗法制度，身有残疾的儿子不能继嗣。因此，六十六岁的叔梁纥又纳了十八岁的颜徵在为妾，终于生出了孔子。

孔子所代表的儒家学派影响了中国整整两千年，甚至远播东亚形成儒家文化圈。孔子在世时就被尊奉为“天纵之圣”“天之木铎”，更被后世统治者尊为“大成至圣文宣王先师”“万世师表”。朱熹的《朱子语类》卷九十三中更直接评价孔子的出生是“天不生仲尼，万古如长夜”。即上天不造就孔子这样一个伟大人物，那么千年万载都会如漫漫长夜般黯淡无光。由此可见，儒家知识分子对孔子及其思想学说的无限崇拜与敬仰。

孔子一生只活了七十三岁，孔子一脉最初连续七代单传：孔子只有孔鲤一个儿子，孔鲤比孔子还早去世四年，四十九岁时就死了。孔鲤只有孔伋一个儿子，即《中庸》的作者述圣子思。子思往下又是五代单传，到了第八代时终于生出了三个儿子，孔子一脉从此开枝散叶，至今整个家族人丁兴旺，目前已传承了八十几代，直系子孙有数十万人，有血脉关系的子孙达到数百万人。

孔子家族为何能从最初惊险的七代单传，到 2500 年后的今天依然人丁兴旺呢？原因是孔子当年做了一件伟大的事业——教育。孔子打破了教育垄断，创办私学，倡导仁义礼智信，有弟子三千，贤人七十二。晚年“删诗书，定礼乐，赞周易，修春秋[①]”。孔子传曾子《孝经》，教人孝道，助人连根养根，这些都属于“百世之德”。正是因为孔子“有百世之德”，所以家族“定有百世子孙保之”。

今天治疗“不孕不育”的广告特别多，说明正常孕育生子已经成为一个比较大的难题了。“不孕症”细分为“不孕”和“不育”两种：“不孕”是指不

---

① 朱熹《论语集注》云：“孔子删诗书，定礼乐，赞周易，修春秋，皆传先王之旧，而未尝有所作也。”

能受精成胎，这可以通过人工授精解决。“不育”是指受精卵不能生长，即使强行植入子宫着床也没用。关于不孕不育的根本原因，西医搞不明白，陈抟在《心相篇》中讲得很清楚：“欺蔽阴私，纵有荣华儿不享。”“欺蔽阴私”是指祖宗曾经要过阴谋，暗地里干过不可告人的坏事伤及了阴德，所以报在子孙，要么是子孙不好，要么干脆断子绝孙。

生命传承是个很神奇的系统，佛家常说“人身难得”，究竟有多难呢？《杂阿含经》中用“盲龟浮木”“爪上尘土”等比喻说明得到人身的艰难，下面这张“家族传承倒金字塔图”可以帮助我们理解。

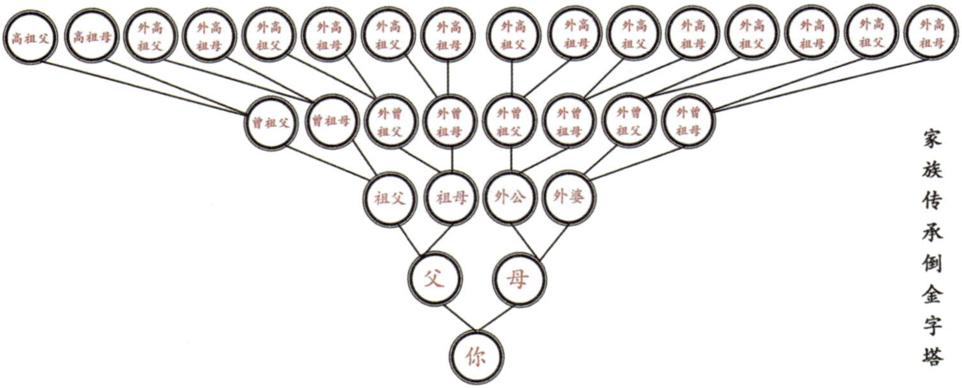

图2-10 家族传承的倒金字塔

从图中可以看出，从自己往上的每一代人，都是双倍的数量不断往上增加。可见我们来到人间的难度之大与概率之小，只要上面的生命链条中有一个祖宗出现问题，都不会有我们。正是因为有了无量无边的祖宗护佑，才有了当下的我们每一个人。

生命的第一要义，就是“传承”。

做个好祖宗，养出好儿孙。我们一定要接过并传好祖宗生命传承的接力棒，让我们的家族枝繁叶茂，绵远昌盛。

13 改过向善

【原文】“汝今既知非，将向来不发[①]科第及不生子之相，尽情改刷。务要积德，务要包荒[②]，务要和爱，务要惜精神。从前种种譬如昨日死，从后种种譬如今日生，此义理[③]再生之身也。

夫血肉之身，尚然有数；义理之身，岂不能格天[④]?《太甲》曰:‘天作孽，犹可违；自作孽，不可活。’《诗》云:‘永言配命，自求多福。’孔先生算汝不登科第、不生子者，此天作之孽，犹可得而违。汝今扩充德性，力行善事，多积阴德，此自己所作之福也，安得而不受享乎?”

【译文】“你现在既然知道错了，那就将先前无法考中科举，以及不能生子的种种薄福之相，彻底改尽。务必要积功累德，务必要宽容待人，务必要和气慈爱，务必要爱惜精神。从前的一切如同昨日旧我已死，今后的一切如同今日新我重生。此时遵循天理再生的就是能够超越凡夫固有命数的义理之身。

凡夫的血肉之身，固有命数；义理之身，怎能不感通上天呢?《尚书·太甲》篇说:‘上天所降的灾祸，可以躲避；自己所造的罪孽，无法逃脱。’《诗经》也说:‘人应经常反思自己的所作所为是否符合天道，自求才能获得更多的福报。’孔先生算你考不中科举、命中无子，这些都是上天所降的灾祸，是可以改变的。你从现在开始，不断扩充德行，努力广做善事，多多积累阴德，

---

① 发：考中、获得，古代科考应试得中称为发甲或发科。
② 包荒：包容荒秽，即宽宏大量的意思。
③ 义理：真理正义。血肉之身：凡夫血肉之躯，身体是主体。义理之身：身体是工具，精神是主体。
④ 格天：感通上天。

这些都是你自己所修之福，哪有享受不了的道理呢？

【解读】

云谷禅师就中举为官、生子、发财、传家四个方面，已为了凡做了详细开示，现在进一步讲该如何去落实。

汝今既知非，将向来不发科第，及不生子之相，尽情改刷。

“尽情”，就是彻底；“改刷”，就是替换种子，相信种子的力量一定灵，知道自己原来命中没有中举为官、生子、发财、传家的种子，现在开始就去种对应的善种子，停止种恶种子，未来命运一定会发生改变。

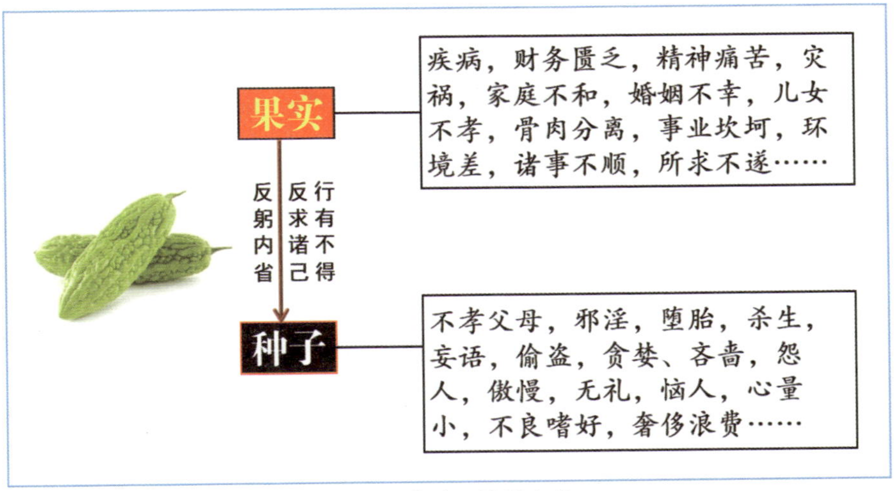

图2-11 种子，反躬内省

看见外在生是非，洞见内在生智慧。如果我们只看事物的表象，就会把自己当下的诸多不顺怪罪于外在的人事物。长此以往，自己的身体与心理的健康就容易出现诸多问题，甚至会导致自己的生活、婚姻、事业等诸多方面出现挑战。如果我们能够透过现象洞悉原因，反躬内省，找出自己内在的问题根源，就可以生发阳气、正气，化解怒气、怨气。《黄帝内经》有“阳化气，阴成形”之说，当人内在的阳气充足时，很多疾病的阴性能量就可以逐渐气化掉，甚至出现身体完全康复的奇迹。

“喜悦人生”系列国学经典课程自举办以来，各种案例早已屡见不鲜。比如大连有位曾经身患肠癌、肾癌两种病症的张学长，其在课程中自我反省，发心改正自己的过错。他在参加课程期间，身体竟然主动出现数天持续拉肚子排毒的现象，当其身体排泄完内在的毒素之后，不到半年时间，张学长身上的两种癌症竟然全部消失，恢复了健康。

对治不能中举与生子的“四务”药方

务要积德，务要包荒，务要和爱，务要惜精神。

心病还须心药医，该如何去种善种子？云谷禅师慈悲地为了凡开出四副“四务要”的药方：

第一副药方，务要积德。

每每谈到积德，很多人首先想到的就是用财布施去积累福报。当然，对于任何人做财布施，我们都要真诚赞叹随喜。但是，我们更应该了解布施的本质是什么，既要知其然，更要知其所以然。

布施的根本目的，是为了通过布施祛除我们内心的贪吝，破除我执。有很多人在具体实操中，总在具体方法上纠结，想要快速地破掉“我执”。越是这样想，就越不可能，因为在“破除我执”的前面还有一个“我想要”。

没有人能拽着自己的头发而飞上天，凡是以“我要如何”为出发点，希望以此来积累福报、消除我执的行为，不但无效，反而会强化我执。

唯一有效的方法就是“公”，先别管这个“我”，做一切事情，都以公心去应对。大公才能无私，只要我们越来越“大公”，自然就越来越“无私”，也就自然而然地修入“无我”的境界了。

以“积福报”的有求之心去积德，往往是强化我执的操作方法。积德的最终目的是要祛除私心、破除我执，若能不想福报之事而去行布施，最后把“我”也给布施出去，这才是真正意义上的积德与圆满布施的境界。

第二副药方，务要包荒。

包荒是包容的意思。《六祖坛经》云：“若真修行者，不见世间过。”务要包容，包容什么？包容世间的各种不足。一个真正修行的人，修的是自己，不是修别人。即使看到世间的各种是非，也不会心随境转，让他人的过错污染自己的心。如果没有包容之心，就会把别人过失放在自己的心上，经常去说他人的是非长短，自然就会种下更多的恶种子。

那遇到坏人作恶，是不是也去包容而不闻不问呢？当然不是。包容的目的是修己达人，碰到坏人作恶，必须要善巧地尽力阻止，但不要着相而心生烦恼，成为烦恼的奴隶。

第三副药方，务要和爱。

和是和气，爱是仁爱。《礼记·祭义》云：“有深爱者，必有和气。”世人所说的爱，多是为了占有或控制对方的贪爱，甚至是彼此间的一种交易，得到回报就高兴，感觉吃亏就生气。种子是颠倒播种的，对人和爱，就是对自己和爱。在中华文化中，人与人相处不谈权利义务，而是讲“尽责任”，即每个人都善尽自己的责任，做好自己应该做的，要的是问心无愧。有些人受外来价值观的影响，张嘴权利，闭口义务，处处要求对等平衡，持这种观念的人，是很难幸福的。

第四副药方，务要惜精神。

惜精神，就是爱惜自己的精气神。精气神足的人正气足、能量高，不仅自己身心健康，还能关爱他人。中医讲“精足不思淫，气足不思食，神足不思睡”，人需要注意“淫、食、思”三个方面的消耗。我们学习中华优秀传统文化，择其善者而从之，吐故纳新，化解掉内心的各种邪气，就能保持精满、气足、神旺。

气对于人很重要，有气就是人，无气就是尸，所以说：人活一口气。2016年，我们两次赴西藏游学，当到达海拔5380米的拉姆拉措时，大家每走五步左右就要休息一下，个别人还有高原反应。我问大家：“一边是氧气袋，一边是一千万人民币，你选哪一个？”大家都说选氧气袋。为什么？长时间缺氧气不足的人，会有一种生不如死的感受。

气也指人的精气神状态，我们一生都辗转在不同的“气场”里，芸芸众生因为各自精气神的不同，会呈现出不同的生命气场：健康的人满面红光，清净的人白净透亮，走运的人意气风发，成功的人喜气洋洋，倒霉的人一身晦气，生病的人满脸黑气，挫败的人垂头丧气，求人的人低声下气……

文天祥在《正气歌》的序言中说，他被关在北京土牢期间，遭受了各种严刑拷打，虽然身体虚弱，而且囚牢里还有水、土、日、火、米、人、秽七种恶气，但他却能以自身的浩然正气“以一敌七”，两年牢狱生活竟然没有生病。

许哲女士是新加坡的传奇人物，她一生创办了九所养老院，除了关怀老人，她还收养了不少孤儿，供给这些孩子食宿与读书。

1897年，许哲出生于中国汕头，她27岁上小学，47岁学护理，67岁创办养老院，69岁学瑜伽，90岁学佛，100岁学中文，101岁皈依佛门，106岁时出版《有爱不老》一书，还坚持做义工去照顾许多比她小二三十岁的孤苦老人，被新加坡人视为“国宝”。许哲于 2011 年 12 月 7 日在家中安然离世，享年 113 岁。

在许哲生前，很多见过她的人都说，她比实际年龄至少年轻三十岁，健康状态远胜过许多年轻人。即使到了 110 岁时，她仍然神采奕奕，丝毫未见老态，令人称奇。许哲说：“保持健康，是因为不想生病，麻烦别人；关于长寿，那不是我求来的，是上天要我做事情；至于年轻，因为我不想老，所以年轻。”

爱惜自己的精气神，对于我们每个人来说都非常重要。无论外在的环境气场如何，我们都应该保持自己内在的正气充满，正气内存，邪不可干。

云谷禅师为了凡开出这四副药方，都是法药，是从心上下的药。一个人心上的能量提起来，自然正气就会足，身口意三门才能种下更多的善种子，无论是做官和生子，还是发财与传家，各个方面都会因此结出好的果实。

了凡成圣：影响曾国藩命运的两句话

从前种种譬如昨日死，从后种种譬如今日生，此义理再生之身也。夫血肉之身，尚然有数；义理之身，岂不能格天？

曾国藩深受这段话的影响。“从前种种譬如昨日死”，即从前的一切都消逝在昨天，翻篇了。“从后种种譬如今日生”，即往后的一切如同在今天刚刚新生，重生了。

最笨的人，持续用过去的错误惩罚今天的自己。唯有智者，才会深谙“活在当下”的真意。

有人用“立德立功立言三不朽，为师为将为相一完人”评价曾国藩，他成为了湖湘文化的代表性人物，影响深远。

曾国藩的天资并不聪明，仅秀才就考了七次，直到二十三岁时才以全县倒数第二的成绩考取。而他的下属左宗棠十五岁时参加长沙府试，就取得第二名的优异成绩，二十岁时就中了举人。由此可见，两人天赋的差距非常明显。

曾国藩初期率领湘军与太平军作战时，经常惨败，他因战败之耻曾三次跳水自杀。最后一次被人救起时，屡战屡败的曾国藩猛然想起“从前种种譬如昨日死，从后种种譬如今日生”这两句话，在向朝廷禀报战况时，他把自己“屡战屡败”修正为“屡败屡战”，以示决心。

人的心念改变，言行就会改变，就会种下全新的种子。从此以后，曾国藩的命运发生了颠覆性转变，打仗开始屡战屡胜，并迎来生命中的高光时刻。在道光年间，曾国藩被连续提拔，十年七迁，连升十级，创造了中国官场罕见的升迁记录。

读书要会读，迷时千卷少，悟后半句多。读书再多，不能正解也没用。就像很多努力学佛的人，每天诵读很多佛经，可学了几十年，依然不得门径，重要原因之一就是不懂得判教，不了解世尊依据众生根性的差别而分别讲法这件事，对教理体系内部存在的不同名言系统搞不清楚。这样学佛，不仅无法读懂佛经，甚至会产生误解，整天强调所谓“实修”，自以为盘腿打坐、念佛持咒、供灯放生、舍财超度就是究竟的修行，这真是一件很遗憾的事。

“从后种种譬如今日生”是指生命的重生，此时重生的并不是凡夫的血肉之身，而是遵循天理再生的全新之身，是能够超越凡夫固有命数的义理之身。

血肉之身，是充满凡夫七情六欲的“情欲之身”，对“财色名食睡”各种欲望充满贪婪，是高能耗的生命状态。德国著名哲学家叔本华对血肉之身的生命状态总结得非常好，他说：“生命是一团欲望，欲望不能满足便痛苦，满足便无聊，人生就在痛苦和无聊之间摇摆。”

义理之身，则是大公无私、大人无己的“道义之身”，这样的人，是为了让更多人获得幸福而活，是为了天下苍生的福祉而活。

2018年12月，我在南宁讲完第43期《了凡领导力》课程，从赣州转机，赣州的女企业家邱桂兰学长安排我们到革命圣地瑞金游学。在瑞金叶坪毛主席旧居后面，有一棵巨大的香樟古树，在树上竟然卡着一颗炸弹，正不太明白的时候，看到了树下的告示牌上写着这样的讲解词：

在1933年的春天，毛主席正在旁边的住房内办公，国民党军飞机对叶坪进行轰炸，这颗炸弹掉下来时正好卡在这棵古樟树上，没有落地爆炸，毛主席安然无恙。

图2-12　瑞金毛主席故居后面樟树上的炸弹

线下课程中，我曾多次问过同学们：“如果当时在房子里的人是我们，这个炸弹会不会爆炸？”同学们异口同声地回答：“会，必须炸！”从同学们略带戏谑的回答中，我们就可以体会到“义理之身”与“血肉之身”的大不同。只要是血肉之身，就是自私自利的凡夫，必然落在固有的命数里，命运自然可以推算。但是，拥有义理之身的人不一样，明末清初著名散文家魏禧在《魏叔子日录》中说：“能不贪生者，天不能死；能以身任天下后世者，天不能绝。”这就是所谓的“格天”。

人的命运从何时开始真正转变？当他不再为自己个人活着的时候。

凤凰是传说中的一种神鸟，雄为凤，雌为凰。据说凤凰活满五百岁时，它们便要背负世上所有的恩怨痛苦，以主动终结自己生命的方式去换取人间的幸福与吉祥。当五百岁的生命即将结束时，它们便会集香木燃成大火，主动投身于熊熊烈焰之中自焚，在经历大火无比痛苦的焚烧之后，它们将会重生重现。浴火重生后的凤凰，凤鸣凰和，神采焕发，羽翼鲜亮，不会再死，一直永生，世人便将此称之为“凤凰涅槃”。后来，人们又将此引申为：一个人想要止于至善，就必须要接受常人难以忍受的磨难与洗礼。

自在不成人，成人不自在。

我们学习《了凡领导力》的目的是“了凡成圣”，了凡成圣就是浴火重生，就是凤凰涅槃。“了凡”就是“从前种种譬如昨日死”，结束固有命数的高能耗生命状态——血肉之身；“成圣”就是“从后种种譬如今日生”，开启超越命数的高能量生命状态——义理之身。

《太甲》曰：“‘天作孽，犹可违；自作孽，不可活。’《诗》云：‘永言配命，自求多福。’孔先生算汝不登科第、不生子者，此天作之孽，犹可得而违。汝今扩充德性，力行善事，多积阴德，此自己所作之福也，安得而不受享乎？”

云谷禅师以《尚书·太甲篇》的话予以佐证，“天作孽，犹可违”，上天所降的灾祸，是有可能转变的。“自作孽，不可活”，自己造作出来的灾祸，则无法逃避，种子的法则是“自作自受”。有些人以为用自己昧着良心所赚的钱去寺庙烧高香，能够善恶相抵，这是对种子法则极其错误的理解。善恶的种子之间“功过不相抵”，要想让曾经种下的恶种子不开花结果，我们只能通过忏悔或从断恶缘上解决问题。

《诗经》中有“永言配命，自求多福”的说法，人要经常反省自己的起心动念与所作所为是否符合天道，唯有自求才能获得更多的福报。《太上感应篇》中亦有类似的表达：“夫心起于善，善虽未为。而吉神已随之。或心起于恶，恶虽未为，而凶神已随之。其有曾行恶事，后自改悔，诸恶莫作，众善奉行，久久必获吉庆，所谓转祸为福也。”

云谷禅师借儒释道三家经典讲完道理，又把话题拉回到了凡身上，告诉了凡：虽然孔先生推算你此生命中不能中举、无有子嗣，但只要按照四副法药去“扩充德性、力行善事、多积阴德”，种下全新的善种子，未来就一定会结出全新的好果实，彻底改变自己不好的命运。什么样的种子，结什么样的果实。

14 敬信教言

【原文】《易》为君子谋，趋吉避凶，若言天命[①]有常，吉何可趋，凶何可避？开章第一义便说：‘积善之家，必有余庆。’汝信得及[②]否？

余信其言，拜而受教。因将往日之罪，佛前尽情发露[③]，为疏[④]一通，先求登科，誓行善事三千条，以报天地祖宗之德。

云谷出“功过格”示余，令所行之事，逐日登记。善则记数，恶则退除，且教持“准提咒”[⑤]，以期必验。

【译文】“《易经》为高尚君子筹谋生命成长的大道，助其趋吉避凶。如果命运固定无法改变，那吉祥怎么得，凶险如何避呢？《易经》开篇就说：‘行善积德的家族，必定后福无穷。’你能足够相信这个道理吗？”

我相信云谷禅师所言，恭敬拜谢，领受立命之教。因而把从前所犯的种种过错，在佛前毫无保留地忏悔坦白出来，并写下疏文一篇，我先祈求能够中举，发愿净行善事三千件，以报答天地祖宗的深恩厚德。

云谷拿出一本“功过格”给我看，让我把每日所行之事逐一记录下来，善念善言善行记为“功”，恶念恶言恶行记为“过”，功过相抵即是我当日行善的净数。又教我持念“准提咒”，以助我所求之事尽快应验。

---

① 天命：上天的意志，延伸为天道主宰众生命运。语出《书·盘庚上》：“先王有服，恪谨天命。”
② 汝信得及否：得，用于动词之后的助词，表示能够或可以。及，相当于“极”，表示程度，足够。
③ 发露：揭露，指显露坦白所犯的过失而毫无隐藏。
④ 疏：佛教与道教中拜忏时所焚化的祝告文。
⑤ 准提咒：Namaḥ saptānām samyaksaṃbuddha koṭīnāṃ tadyathā Oṃ cale cule cunde Svāhā。

【解读】

“《易》为君子谋，趋吉避凶，若言天命有常，吉何可趋，凶何可避？开章第一义便说：‘积善之家，必有余庆。’”

《易经》是中华文化的源头，《易经》所讲的是“君子”的为人处世与趋吉避凶的大道，不是为“小人”讲，明白这一点很重要。在《易经》中，无论乾男坤女，《象传》皆称之为“君子”。《易经》讲天地间的所有事情，只有吉、凶两种结果，没有不好不坏，因为不好就是坏，不坏就是好。

《了凡四训》第一到第三个核心关键字

古人云：“知易者不占，善易者不卜。”如果命运的吉凶真的无法更改，修行就失去了意义。“开章第一义”是指《易经》的核心思想，学《易经》如果对“第一义”没有通达，等于没学明白。通达《易经》的目的，不是让我们去给人算命赚钱，而是知命、认命，进而改命、造命。《易经》开章第一义就是命运的核心纲领：“积善之家，必有余庆。”这句话也直接点明《了凡四训》的首个核心关键字——“必”。

云谷禅师把前面对了凡说过的道理，用“积善之家，必有余庆”一句话进行了归纳总结。同时，他追问了凡一句极其重要的话：

“汝信得及否？”

“及”相当于“极”，表示程度，意思是足够、彻底。“汝信得及否？”就是你能足够相信“积善之家，必有余庆”这句话吗？这句话又点明了《了凡四训》的第二个核心关键字——“信”。

佛经的最后一句基本都是“信受奉行”四个字，意思是接受教诲，虔敬奉行。比喻对圣人的教诲坚信不疑，奉行不悖。

学习经典最难的事情不是经典的难懂与难遇，而是难信。佛教所说的末法时期，并不是没有正法的传承，而是遇到正法的人难信正法。

圣人早就为我们指出了光明正确的修行大道，可悲的是，很多凡夫死活都不信，非要跟圣人较劲，觉得自己才是正确的。有些人头撞南墙，发现自己那套不行时，才愿意听几句圣人的话。还有不少“勇士”，倔强到即使头撞了南墙，撞得头破血流，还是不愿相信。《道德经》云：“上士闻道，勤而行之；中士闻道，若存若亡；下士闻道，大笑之。不笑不足以为道。”中士、下士之所以听闻大道后会将信将疑或大声嘲笑，原因就出在这个“信”字上面。

“汝信得及否”的“信”有三个层次，同时也是对我们提出的三个问题：

第一，每个人都是有命运的，即所谓的“命里有时终须有，命里无时莫强求”，关于这一点，我们足够相信吗？

第二，虽然每个人都有命运，但命运又是可以改变的，我们足够相信吗？

第三，命运既然能改变，对“积善之家，必有余庆”，我们足够相信吗？

上述三个问句，如果我们全部予以真诚肯定地回答，才是真正相信了“积善之家，必有余庆”。我们都是凡夫，基本都是中士、下士的根性，虽然一起共同学习《了凡四训》，但是每个人得到的利益却不会相同。个人能够得到多少利益，不取决于《了凡四训》本身，而是取决于每个人“信”的程度。

草蛇灰线，伏脉千里，一个“信”字贯穿于《了凡四训》全书。《华严经》云：“信为道元功德母，长养一切诸善根。”信是道之本元及所有功德之母，可以哺育一切善根。学习任何的经典与法门，无不是从“信”而入。我们每个人都像一台笔记本电脑，而圣人相当于主服务器，我们要想学好经典，必须要与主服务器联网，才能得到智慧的数据传输。圣人始终是在线的，如果我们自己把网断掉，圣人智慧再高也只能干瞪眼。能够联网的唯一方法，就是这个“信”字。信了，电脑就联上网了。因为我们的根器不同，与圣人之间的联网方式有两种：

第一种，随信行。完全相信圣人教诲，听闻正法，如理思维，如法修行。

第二种，随法行。听闻圣人教诲，不能马上全信，先选择信一点试试，等受益之后，经过分析建立信心，再逐步相信。

信什么，得什么；没有信，什么都得不到。

了凡最初相信祖宗，按照《袁氏家训》被动择业学医；继而相信孔先生，按照《皇极数》的推算结果活在凡夫窠臼之中；现在相信云谷禅师，决定遵照圣人教诲主动掌握自己的命运。

余信其言，拜而受教。因将往日之罪，佛前尽情发露，为疏一通，先求登科，誓行善事三千条，以报天地祖宗之德。

了凡相信云谷禅师所传的“立命之学”，恭敬拜谢，领受教诲。不过，了凡此时“信”的程度并不彻底，从《了凡四训》后面的内容可以看出，对于“积善之家，必有余庆”的相信，了凡是随着自己践行的不断深入，信的程度有一个渐进提升的过程。

“因将往日之罪，佛前尽情发露”，“尽情发露”就是毫无保留地自我揭露曾经所犯的过错。了凡是个好学生，云谷禅师教导他要“尽情改刷”，随即他就“尽情发露”了。了凡是个学佛之人，因此他在佛前把自己曾经所犯的过错，真诚地坦白并忏悔。我们如果有其他的信仰，也可以按照自己信仰的相关仪轨发露忏悔。

我们每个人这一生都或多或少地做过错事,《论语·述而》中，孔子也不避讳自己曾经犯过错误。子曰:“加我数年，五十以学《易》，可以无大过矣。”孔子说如果给予我多增加几年寿命，让我能在五十岁时学习《易经》，就可以没大过了。电影《非诚勿扰》里有一幕很好笑，葛优扮演的男主角秦奋在一个小教堂里忏悔，因为罪过太多，忏悔时间太长，最后被教堂里的神父赶了出去，说我们的教堂太小，装不下你这么多的罪过，让他去找一个大教堂。在感到好笑的同时，我们更要明白，因为无知与无畏，我们曾经都有种下很多恶种子，虽然时间久了自己会忘记，但是种子还有“未造不遇，已造不坏”的法则，只要因缘具足，种子就会开花结果。要想改变命运扭转乾坤，我们必须要学习了凡先生，也要尽情发露，真诚忏悔自己的往昔之罪。

了凡先生尽情发露之后，又“为疏一通”，写下一篇疏文。“疏”是了凡对上天及自己的目标承诺书。在这份承诺书中,“求登科”是了凡希冀的成果，而“誓行善事三千条”则是了凡承诺要达成的目标。这句话的关键在于“誓行”，由此直接点明《了凡四训》的第三个核心关键字——“行”。

南宋诗人陆游写过一首教子诗，诗名叫《冬夜读书示子聿》，诗云:“古人学问无遗力，少壮工夫老始成。纸上得来终觉浅，绝知此事要躬行。”古人做学问都是不遗余力地终身为之奋斗，往往是年轻时开始努力，到了老年才能取得成功；从书本上直接得到的知识终归是浅薄的，并不能理解其中的真谛，要想真正理解书中的深刻道理，必须自己亲身去躬行实践。

至此，我们已经讲了《了凡四训》的三个核心关键词：必、信、行。为了深入理解这三个字，需要从“种子法则”的角度清晰区分两个极其重要的概念：什么叫“目标”？什么是“成果”？

南辕北辙：很多人过得颠倒却毫无觉知

在 2021 年底的一次课程中，我问了大家一个问题：“2022 年的财富目标是什么？”现场的回答几乎全是赚两百万、五百万、两千万……，这样的回答让人哑然失笑，同时也说明很多人对于“目标”与“成果”的概念混淆不清。

“目标”，就是“目”之所及的“标”准，是自己说了算的事情。

“成果”，就是“成”功收获的“果”实，是上天说了算的事情。

农民在春天播种之前，绝对不会先对外承诺说：“我种的这十亩地，秋天必须要收获一万斤粮食。”为什么？农民们都清楚一件事，一万斤粮食是种地的成果，自己说了不算，具体能不能达成还得看老天爷同不同意。如果风调雨顺的话，成果有可能达成；如果老天爷下冰雹、刮台风、发洪水的话，成果可能就无法达成。

曾国藩有一句名言，叫作“莫问收获，但问耕耘”，这句话讲得太好了。自己能够说了算的部分，是“耕耘”、是“舍”，我们每天要多问自己可以耕耘多少、舍多少？最终具体的“收获”多少、“得”多少，交给老天爷就好了，不要问也不要惦记，成果不会因为我们整天惦记就提前到来的，这也叫作“尽人事，听天命”，或者“谋事在人，成事在天”。

渔民出海，并不知道鱼在哪里，猎人打猎，也不知道猎物在哪里，但是他们都会选择主动出发。有人说，他们出发是因为相信自己可以满载而归。这样的说法有很大瑕疵，因为无论打渔还是捕猎，都有可能空手而归。与农民种地“莫问收获，但问耕耘”的道理完全相同，渔夫和猎人都知道，最重要的是去做好自己说了算的事——出发。出发不一定有成果，但不出发肯定没成果。歌德说：“光是拥有知识是不够的，还必须应用知识；光有意志是不够的，还必须付诸行动。”行动是我们自己可以计划并控制的，而成果是自己不可控的，是由老天爷决定的。

“目标”是阶段性的过程管理与目标达成，是自己可以具体操作到细节的标准。目标可以被计划，目标的特点是付出，是舍，是种子，是耕耘。

“成果”则属于达成目标前后自然而然得到的具体回报，是自己无法具体操作的结果。成果只能被预测，成果的特点是回报，是得，是果实，是收获。

如果领导者不能清晰区分“目标”与“成果”，总是把焦点放在成果上，在日常的企业经营中，企业就会深陷“四拍”的痛苦轮回之中而无法自拔：

年度预算时，老板一拍脑袋，有了，就这么定！

部门承诺时，总监一拍胸脯，干了，没有问题！

过程管理时，经理一拍大腿，坏了，没想到啊！

年度总结时，员工一拍屁股，走了，能怪我吗？

由此可见，把“成果”当作“目标”的话，大家就会盲目吹牛。不懂得目标的过程管理，大家就会空有幻想说大话，说出大话心中没底就会迷茫，成果无法实现就会打击团队士气，长此以往，团队就会变成急功近利的团伙。

目标与成果之间的关系既对立又统一，目标是自己努力达成的，而成果往往与外在环境及整体形势有关。在企业的经营中，有时目标达成了，但成果不太好；有时目标未达成，但成果却非常好。这很好理解，每个人种下的种子不同，有的种子开花结果早一点，有的种子开花结果慢一点。厘清目标与成果的关系，企业在设定 KPI 考核指标时，应该考核目标的达成率为主，成果的达成率为辅，只要目标达成了，即使当下的成果不太满意，该表彰的还是要表彰。

农民懂得并遵循“种子法则”，只要计划并完成好自己的目标，做好自己该做且能做的诸如犁地、播种、浇水、施肥、除草这些事，收获该来的时候一定会来。成果只能被预测，无法去计划。秋天能够收获多少成果，农民从来不去问，也从不惦记。他们明白，犁地、播种、浇水、施肥、除草这些是自己应该达成的目标，是自己能够说了算的，并且可以去操作执行的事情。而秋天的收成，那是成果，是自己说了不算的，是老天爷决定的事情。

在实际生活中，很多人却活得颠倒，虽然常把“舍得”挂在嘴上，说“先舍后得”，但一到具体操作就变成了“得舍”——先得后舍，整天只想成果，不问耕耘。

为何很多企业学不会海底捞？重要原因之一就是混淆了成果与目标。每家海底捞的门口都设有等待区，客人在休息等待的同时，可以得到海底捞免费提供的小吃、饮料、擦鞋、美甲等多种服务。点菜时，如果客人点得太多，服务员会主动建议不要再点或只点半份。他们为什么要这样做呢？难道客人多点菜增加营业额不好吗？仔细分析就会发现，海底捞关注的是目标，关注自己的可控部分，海底捞在乎不是钱而是人，在乎自己能不能为客人提供卓越的服务。海底捞的焦点不在成果，它不在乎客人的单次消费金额。海底捞清楚地知道，生意的好坏，不仅在于餐厅的就餐环境与饭菜的口味，更重要的是客户的感受与体验，只要客户满意度高，赚钱就属于“搂草打兔子——顺带捎的事”。

海底捞只看目标，不问成果，这种“莫问收获，但问耕耘”的做法，最终必然会得到更多的回头客。体验过它服务的客户，大都会主动为它转介绍，比如，我此刻正在真诚地替海底捞做免费宣传。

“以报天地祖宗之德”，即以此报答天地祖宗的恩德。2013年第五期《了凡领导力》课程中，有个号称培训界成交女神的老师来参加课程，她在听完了凡“先求登科”的内容后，不太服气地问了我一个问题：“老师，您说求不要为自己求，要为更多人求，可是袁了凡求中举还不是为自己求吗？”

这句“以报天地祖宗之德”说得很明白，了凡先生求登科不是为自己求，而是为天地祖宗求。想法决定活法，动机决定动力，为谁求就会得到谁的能量加持。在古代，登科中举之后，自然会比秀才有更多的做官机会。俗话说，为官一任，造福一方。当官才有机会为更多的百姓造福，也容易广播善种。当官是需要大福报的，也是最易造福的四大职业之一。

《朱子治家格言》云:“读书志在圣贤，非徒科第；为官心存君国，岂计身家？”为自己求的人心量小，为天地祖宗求的人心量大。

云谷出“功过格”示余，令所行之事，逐日登记。善则记数，恶则退除，且教持“准提咒”，以期必验。

如同治病救人一样，一个病人能够遇上好医生是一种福报。同理，一个好医生能遇上好病人也是一种福报。疾病能不能痊愈，既要有医生的妙手回春之术，也要有病人信任后的积极配合。在《了凡四训》中，云谷禅师就如同一个好医生，他传授“立命之学”之后，为了支持了凡落地践行，又慈悲地教给了凡两个行之有效的方法：一是“记功过格”，二是“持准提咒”。

第一，记功过格。

“功过格”相当于一张资产负债表，左边是行善的正数（资产），右边是作恶的负数（负债），正负相抵后的余额，就是净行善数。了凡学会记“功过格”之后，无论工作与生活，一直保持着这个良好的修行习惯。

2016 年去西藏游学时，我了解到藏民有一种“黑白业法”的修行方式，和云谷禅师教授的“记功过格”方法类似。藏民每天出门时，在左右两边的口袋里，分别装上黑白两色的小石子。做一件善事，就往中间的口袋放一颗白石子，做一件恶事，就放一颗黑石子。晚上回到家，把中间口袋的两种石子倒出来，黑白相抵后多余的部分，就是当天行善或作恶的数量。

我们可能会觉得这样的修行方法很简单，其实不然。有兴趣的人，可以试一下，每天在裤子左右口袋中各装 100 颗红豆与黑豆，只要动一善念、说一善言、做一善事，就往上衣口袋中放一颗红豆，反之就放一颗黑豆。都不用到晚上，你就会发现，黑豆根本不够用，而红豆却没用几颗。

第二，持准提咒。

佛教咒语来自于梵文的音译，“咒”这个字是梵文“mantra”一词的意译，“mantra”一词由“mans”和“trā”两个词根组成，前者意为“冥想”（to think），后者意为“救护”（rescue）。故“mantra”一词可解释为“依之冥想（meditate）可得救护”。

准提咒是佛门十小咒之一，因其短小易持而受很多人喜爱，此咒不分信仰，无论出家在家，都可以持诵。如果有条件的话，建议大家按照梵文的读音持诵，避免音声偏差太大。

准提咒的梵文是：Namaḥ saptānāṃ samyaksaṃbuddha koṭīnāṃ tadyathā Oṃ cale cule cunde Svāhā。

汉地注音为：南无飒哆喃（nā mó sà duō nán），三藐三菩陀（sān miǎo sān pú tuó），俱胝喃（jù zhī nán)，怛侄他 (dá zhí tuō），唵折戾主戾（ōng, zhé lì zhǔ lì），准提娑婆诃（zhǔn tí suō pó hē）。

如果我们平常妄念纷飞，精神容易散乱，可以用持咒、数息等方法调心。随着精进地持咒或数息的纯熟，内在生起的烦恼与妄想就会慢慢减少，心境如同无风的湖面一样澄静下来，如此才能照见五蕴皆空，度一切苦厄。我们人的身体，好像一个大别墅，管理别墅的主人不是眼睛、耳朵、鼻子这些佣人，而是我们的心。生命中一切外在幻相的呈现，不是风动，不是幡动，只是自己的心在妄动。只要心一妄动，眼睛就会乱看，耳朵就会乱听，鼻子就会乱嗅，它们会一起合伙蒙蔽心，并撺掇心去更加妄动。

妄动的心好像一只上蹿下跳的猴子，持咒、静坐等方法好比用一根柱子，把上蹿下跳的猴子给拴住，猴子一开始肯定会不听话，会不停地活蹦乱跳，但随着持咒、数息后觉知力越来越强，猴子就会逐渐安定下来。当心不再妄动时，自然也就不会妄念纷飞了。

快节奏的现代生活，让很多人开始找寻适合自己的修行方式，对此我们要赞叹随喜。同时，我们也要了知修行究竟修什么？

当年跟释迦牟尼在树林里一起打坐的沙门有很多，很多人的禅坐水平未必就比释迦牟尼低，但为何只有释迦牟尼成就了呢？而且，佛教的所有修行方法，每一种方法外道都有，包括布施、持戒、禅定、苦行、念咒、持名、手印、护摩等方法在内，婆罗门教里全套都有。

修行的关键，不在于持咒与打坐的具体方式方法，持咒与打坐只是为了把我们的心给拽住不妄动而已，而拽住以后干什么才是最要紧的事。佛法与外道法的不共之处，才我们修行最紧要、最需用功的地方。

华山自古一条道，我们每个人能修的只有心。行为来自于心的驱动，我们所有的行持，最后都要作用于心才能算数。修到究竟处，连持咒本身也是要舍弃掉的。

15 一心不乱

【原文】语余曰："符箓[1]家有云：'不会书符，被鬼神笑。'此有秘传，只是不动念也。执笔书符，先把万缘放下，一尘不起。从此念头不动处，下一点，谓之混沌开基。由此而一笔挥成，更无思虑，此符便灵。凡祈天立命，都要从无思无虑处感格[2]。

【译文】云谷禅师对我说："道家符箓派有种说法：'不会画符，会被鬼神耻笑。'这里有个秘诀，只是心不妄动而已。执笔画符时，屏息诸缘，一念不生。就在念头不起之际，点下一笔，谓之开天辟地。由此一点开始，在物我两忘的境界中一笔挥成，就能画出一张灵验的符。凡是向上天祈愿或立命，都要止息妄念以真诚心求感应。

【解读】

语余曰："符箓家有云：'不会书符，被鬼神笑。'"

符箓家即道教符箓派，主要用符箓祈禳，以消灾弭祸、治病除瘟、济生度死。在这里，云谷禅师用道家符箓派画符的道理指导了凡如何立命，也为我

① 符箓：符和箓是道家术士用来驱鬼辟邪的特殊文体，以朱墨作书缭绕成文，亦称"符字""墨箓""丹书"，或烧化和水吞服治病。"箓"意思是"记录"，记录两类名录：一类记录受箓道士的姓名、道号、师承等；另一类是天神名录，通晓此法箓，才能召神遣将，除妖镇邪。"符"也被称为"云篆天书"，是画符者将神力以"符号"的形式附着在规定的文字图形上，并书写在特定的物品上，作为天神的指令，用以镇魔压邪，治病求福。由于"符"和"箓"在功能上有许多相通之处，故统称为"符箓"。

② 感格：感应。

们的立命提供了参考。

云谷禅师揭示道教符箓派画灵符的秘密

不少人到寺、庙、观等地去求事时，都会有意无意地带着一种给神灵“安排工作”的交易心理，捐一些钱，再给神灵上个香、供些花果，然后就开始向神灵提要求，要求神灵保佑自己的欲望达成。如果事成了，就会给个五星好评，称赞一句“灵”，反之就给差评，抱怨说“不灵”。

符箓派道士画符必须要灵，画得符灵的话就叫“灵符”。一个符箓派的道士如果不会画符祈禳，就会被鬼神所耻笑。

此有秘传，只是不动念也。执笔书符，先把万缘放下，一尘不起。从此念头不动处，下一点，谓之混沌开基。由此而一笔挥成，更无思虑，此符便灵。凡祈天立命，都要从无思无虑处感格。

如何能够画出一道灵符呢？云谷禅师说出了符箓派道士画灵符的秘法，在提笔画符时，先排除内外所有干扰，不起任何念头，在不动念的瞬间下笔，如同开天辟地般，然后一气呵成。如果在整个画符的过程中没起念头，那这道符就必定灵验。凡是向上天祈祷或者立命，都须止息妄念方可求得感应。

世间的“秘传”有两种：第一种，是圣人没说的部分。第二种，是圣人说了但我们不信或理解不了的部分。对于凡夫来讲，主要是后者。

人在万缘放下时，才能一尘不起。“万缘”即佛家所说的眼缘色、耳缘声、鼻缘香、舌缘味、身缘触、意缘法，以万缘代表凡夫境界。《六祖坛经》

云:“外离相为禅，内不乱为定。”通过禅定、持咒等具体修行方法，修到心如止水时，即是万缘放下。“一尘不起”就是一念不生，曾国藩的读书笔记中有“一念不生是为诚”。

16 不二无别

【原文】"孟子论立命[①]之学，而曰：'夭寿不二。'夫夭与寿，至二者也。当其不动念时，孰为夭？孰为寿？细分之，丰歉不二，然后可立贫富之命；穷通不二，然后可立贵贱之命；夭寿不二，然后可立生死之命。人生世间，惟死生为重，夭寿，则一切顺逆皆该之矣。

【译文】"孟子论及立命的学问时，说：'短命与长寿，无二无别。'表象上看，短命与长寿完全不同，当人不动妄念时，何为短命，何为长寿？以此细分，了知丰足与短缺无二无别，就能在面对贫富时不悲不喜，乐天知命；了知潦倒与成功无二无别，就能在面对贵贱时心安理得，顺应天命；了知短命与长寿无二无别，就能在面对生死时心无挂碍，生顺死安。人生世间，惟有生死才是大事。如能堪破夭寿不二之理，则生命中的一切顺逆之境就能安之若素、平等相待了。

【解读】

悦

① 立命：所谓"立命"，简单讲就是"我要创造命运，而不是让命运来束缚我。"《孟子@尽心上》中有"夭寿不二，修身以俟之，所以立命也。"赵岐注："修正其身，以待天命，此所以立命之本也。"

凡夫的“二”与圣人的“不二”

“孟子论立命之学，而曰：‘夭寿不二。’夫夭与寿，至贰者也。当其不动念时，孰为夭：孰为寿？细分之，丰歉不二，然后可立贫富之命；穷通不二，然后可立贵贱之命；夭寿不二，然后可立生死之命。

此处云谷禅师用了凡熟悉的《孟子》，进一步开示。《孟子·尽心篇》中有“夭寿不二”之说，意思是要“一心不二”地看世界，而不是整天生活在“夭寿”“好坏”“善恶”“对错”等二元对立之中。

有些地方评价一个人过于莽撞时，会说“这人真二”。不二就是一，《维摩诘经》里有一品的品名就叫“入不二法门品”，不少寺院进门处高悬“不二法门”四个字，意思是入了佛门就是入不二法门。“二”是凡夫的标配，只要是凡夫就一定二，只要二就一定是凡夫。凡夫境界都是一对一对相待的名言，凡夫心时刻都被束缚在“二”中不能出离，因而无法获得生命的解放。

对于世间的所有事情，凡夫都是按照自己的标准去评价好与坏。因而，就有人讲“人生不如意事，十之八九，要常想一二”之类的话，听起来很有道理，也容易引发人的心理共鸣，但这句话真的没有瑕疵吗？

所谓的“如意”与“不如意”，不过是凡夫心的虚妄分别而已。这个世界上真的有对错、好坏之分吗？一枝盛开的玫瑰，在恋爱的人看来，代表幸福甜蜜的爱情；在小狗看来，却是叼在嘴里的玩具；在蜜蜂看来，则是可以吃的蜜饭。三个观察者，产生了三个结果，谁对谁错呢？同样的事物，因为观察者的不同而产生不同的结果。事情的好坏，不取决于事情本身，而取决于观察者自己。世上本无事，庸人自扰之。所谓的对错，无非是因为每个人的位置不同，屁股决定脑袋，各说各话罢了。

生活中，有些人特别容易发脾气，究其深层原因，是这些人的身上有各种各样的情绪按钮，自己的情绪不能自己作主，别人只要触碰到他们的情绪按钮，马上就会启动无意识的自动化运作模式。

我儿子小的时候，亲戚送给他一个会跳舞的玩具小毛驴，小毛驴的肚子上有一个按钮，只要用手按一下，小毛驴就会扭屁股唱歌跳舞，如果按两下按钮，小毛驴就会生气摇头乱叫。

凡夫就如同这个玩具小毛驴一样，每天都生活在“好坏”“美丑”“善恶”“对错”“顺逆”等各种各样的二元对立之中。被别人赞美时，就高兴得屁颠屁颠的；被人批评时，便如同鼓着嘴生气的大青蛙。还时不时地高呼要把命运掌握在自己手中，真是太有趣了。

《道德经》云：“祸兮，福之所倚；福兮，祸之所伏。”祸就是福，福就是祸，关键在于怎么理解。真诚的赞美也好，恶毒的脏话也罢，好与坏都是自己评判后贴上去的标签而已。心若不动，能奈我何？可是凡夫缺乏觉知，往往被外境操控了自身的情绪按钮，在非黑即白的二元世界中横冲直撞，落得遍体鳞伤，可悲又可怜。二元对立是产生烦恼的重要原因，凡是让内心不舒服的人与事，都是我们修行的对境，说明自己身上存在着需要清除的按钮。《六祖坛经》云：“不思善，不思恶。”修行的究竟之处，就是在“本来无一物”基础上的不取不舍，从心上彻底地泯灭二边，超越所有的二元对立。

《了凡四训》中的“了凡法眼”

人生世间，惟死生为重，夭寿，则一切顺逆皆该之矣。

最后，云谷禅师进一步点化了凡：“人生世间，惟死生为重。”这句话与《六祖坛经》中的“祖一日唤诸门人总来，吾向汝说，世人生死事大，汝等终日只求福田，不求出离生死苦海。自性若迷，福何可救？”有异曲同工之妙。这句话也是《了凡四训》的法眼，能够读懂这句话，才能真正明白《了凡四训》的核心价值观。了凡也借此呼应曾祖父袁颢在《袁氏家训》中的“贪爱若不能觉了而求出离，则不免身有生死之轮环①”。

人世间除了生死，其他都是小事。我们学习经典，修行的最终目的就是要勘破生死，明白生死轮回其实只是幻相。为何世尊会翻来覆去地一直强调“轮回无我”？如果能够反过来想一下，就会理解世尊的良苦用心：一个没有我的轮回，不就是个假轮回嘛。正因为轮回是假的，修行才有意义，如果轮回是个真轮回，那就不用修行了，也解脱不了了。正因为凡夫自以为真实的生死轮回本来就是假的，所以修行才有必要，也才能获得解脱。轮回如梦，醒即解脱，这才是大乘佛法究竟了义的教诲。

明白了“不二”的真实法义，领受了生生死死的轮回原本只是一场错觉，修行就是转错觉为正觉，才能获得究竟解脱。明白生死原本就是假的，哪里还需要一个真涅槃去对治这个假生死呢？既然生死都是假的，哪里还有一个生死之外与生死相待的真涅槃可以安立呢？这就是生死与涅槃的不二。即使大乘佛法中的成佛，其实也没有什么真实的涅槃可入，这在经里称之为：“佛不住涅槃，涅槃不住佛。”

① [明]袁颢：《袁氏家训·为学篇》，中国台湾“国家图书馆”藏《袁氏家训丛书》卷之二，第6页b。

17 修身以俟

【原文】“至‘修身以俟①之’，乃积德祈天之事。曰‘修’，则身有过恶，皆当治而去之；曰‘俟’，则一毫觊觎②，一毫将迎③，皆当斩绝之矣。到此地位，直造先天④之境，即此便是实学⑤。”

【译文】“‘莫问收获，但问耕耘’，是积德祈福时应有的心态。所谓‘修’，是对自身所犯种种过恶，皆应对治祛除。所谓‘俟’，即安心等待，若对结果生一丝贪求，或对外缘有一毫攀附时，皆当彻底斩断。到达‘修身以俟’之地，即至本自清净的内圣境界，如此才是世间真实之学。

【解读】

“至‘修身以俟之’，乃积德祈天之事。曰‘修’，则身有过恶，皆当治而去之；曰‘俟’，则一毫觊觎，一毫将迎，皆当斩绝之矣。到此地位，直造先天之境，即此便是实学。”

“修身以俟之”和曾国藩所说的“莫问收获，但问耕耘”义理一致，“修身”就是“但问耕耘”，“俟之”就是“莫问收获”。

---

① 俟（sì）：等待。
② 觊觎（jì yú）：渴望得到本不属于自己的东西，即非分之想或企图。
③ 将迎：迎合、逢迎、攀缘。将，送也。出自《庄子》：“至人之用心若镜，不将不迎，应而不藏。”
④ 先天：与生俱来，与“后天”对应，指自出生即存在的，自身本有的，非自身本有的为后天。
⑤ 实学：真实受用的学问。

可以疗愈焦虑症的经典之语

在当今时代快速发展的背景下，很多人普遍内心焦虑，呈现出一种焦躁不安的生命状态。“修身以俟之”非常适合作为警醒自己的人生座右铭，这句话也是“从前种种譬如昨日死，从后种种譬如今日生”的落地践行原则。

演员黄渤在分享自己成长之路时说：“人没出名的时候，身边什么样的人都有，要小心机的、嘲讽你的、使坏的，什么人都有。自己弱的时候，坏人真的很多。你唯有变得足够强大，才能坦然面对这个社会。成名以后，突然发现身边都是好人，每一张脸都洋溢着笑容，非常友好。都是黄老师、黄老师地叫着，黄老师你累不累？休息一会儿！你要吃什么？黄老师，你太辛苦了……”

人的成长经历如同攀登高山：山下的人最多，越往上攀爬人就越少。在下面爬的人往上看，看到的全是屁股。爬在上面的人往下看，看到的都是羡慕的笑脸。而登顶之人，早已在欢喜自在地欣赏“一览众山小”的美景。所以，不必埋怨他人对待我们的态度，而要反问自己当下处在山的哪个位置。

在第五期《了凡领导力》课程中，有一位非常注重文化践行的严馨怡学长，她也是山东临沂“蒙山森林学校”的校长。在 2016 年以前，她是一家企业大型销售团队的领导，收入挺高，家境优越，自家既有苏州阳澄湖边的独栋别墅，也有自己的超级跑车。可是，在 2017 年的夏天，她为了实现自己的教育梦想，发下了“终身从事教育事业，立德树人，为中国培养德才兼备的少年领袖”的大愿。然后，敢想敢干的她毅然决然地远离苏州的舒适生活，只身来到国家 5A 级风景区——美丽的山东临沂蒙山，在著名的鬼谷子文化景区边上，开办了一所经教育主管部门批准的九年制民办学校。

在严校长的领导下，蒙山森林学校以中华优秀传统文化为教育基础，全面实施以人为本的素质教育。截止 2021 年底，学校从当年仅有一栋小楼的教学区，到今天已经成为一个远近闻名占地四十几亩的花园式学校，招生范围涵盖上海、江苏、浙江、山东、北京、安徽等众多省市，并被当地政府列为重点支持的蒙山旅游区文教发展示范学校。

严馨怡校长仅用短短数年即成长为一名优秀的教育专家，她的学校取得的教研成果令人赞叹不已。开办学校过程中的各种艰辛与不易，想来只有她自己才能体会。每次有记者前去采访她时，几乎都会问她同一个问题："是什么样的信念，支持您打造出如此美丽的森林学校？"严校长每次都给予相同的回答："修身以俟之，我每天都在持续不断地学习与成长，当我成为最优秀的自己时，所有的美好都会随后而来。"

目标	成果
修	俟
舍	得
本	末
先	后
耕耘	收获
种子	果实
付出	回报
尽人事	听天命
谋事在人	成事在天
有大德者	必得其名禄其寿
积善	余庆
积不善	余殃
千金人物	千金之产
我若盛开	蝴蝶自来
自己说了算	老天说了算
成为最好的自己	遇见最好的爱人
定量（被计划）	变量（被预测）

表2-2 目标与成果的对应关系

人生前行路上有无数条赛道，无论我们身处哪条赛道，上面都有很多优秀的奔跑者。一个能够持续攻城拔寨、闯关夺隘、超越众人的领导者，必定都是“修身以俟”的人。他们都懂得，人生最大对手从来不是别人，而是自己。

当我们以这句“修身以俟之”作为安定内心的基石时，遇到任何问题，我们视线的焦点都应回到自己身上——身有过恶，皆当治而去之。惟有如此，才能对结果不生贪求之心，不起攀附外缘之意，进入到本自清净的内圣境界。

天青色等烟雨，而我在等你

2017 年 10 月 3 日，乐从堂藏北宋汝窑天青釉洗，最终以创纪录的 2.6 亿港币 (不含佣金) 天价，在苏富比香港秋拍会上成交。

五大名瓷之首的汝窑天青瓷之所以会频繁拍出天价，一是因为汝窑烧造时间仅有 20 年，天青瓷传世量极为稀少；二是釉料配方失传；三是天青瓷烧制复杂，共约七十二道工序，尤其在煅烧时需要极为严苛的温度与湿度，差一点都无法烧出那与世无争的天青之色。

据河南一位做过上千次实验的民间烧窑专家朱文立所说，在仿制烧窑的过程中，窑中温度每上升或下降二十度，釉色就会发生变化。若温度没到，就会烧出一种失透感的月白色；若温度太过，就会烧出一种玻璃感的豆青色；只有在温度刚刚好时，才能烧出那种半透不透像玉一般温润质感的天青色。

在千年以前的宋代，没有温度计，烧窑完全凭借窑工师傅的肉眼观察，凭借个人经验去掌控窑中温度的细微变化，真的极为不易。

不仅如此，天青瓷除了对温度要求极为苛刻，对烧制时的湿度要求更甚。天青瓷的烧制必须要等到落雨之时，才能点火煅烧。雨大了，太过潮湿，烧出的色彩不够透亮。雨小了，湿度不够，烧出的色彩又会清淡无光。降雨量对于古人来说，更是不可控之事。所以，烧窑的工匠只能把已经施釉的瓷坯提前入窑，然后便静心等待一场不知何时会降落的雨。歌曲《青花瓷》还特别为此写了一句极富诗意的歌词："天青色等烟雨，而我在等你。"

雨落之时，坯已入窑，人心安定，若窑火温度合适，内外湿度刚好，当一切最为相合之时，便能烧出那一抹风华绝代的天青色。传说宋徽宗[①]曾为此赋诗曰："雨过天青云破处，这般颜色做将来。"

"修身以俟之"，言浅意深，世间之事，莫不如此。人世间的爱情，亦如这天青瓷的烧制。我们并不知道适合自己的另一半会在何时出现，最智慧的做法就是"修身以俟之"，我们只要把自己修成当下最好的自己，即可在生命的时光里，安心等待。在这个世界上，总有人会选择踏过千重浪，翻越万座山，真心实意地为你而来。在因缘际会的某一时刻，你刚好在，她恰好来，爱情里温润素雅的天青色，即会瞬间化现出妙不可言的金玉良缘。

人之所以痛苦烦恼，原因就在于智慧的不足。当我们真正理解"欲速则不达"的道理，将"修身以俟之"作为自己修行的指导原则，只要每天尽心尽力去耕耘，努力达成目标，无论我们惦记与否，成果在它该来之时，一定会如约而至。

急而不得，慢慢自来；修身以俟，静待花开。我相信，你信吗?

① 另一说为柴世宗，明代人谢肇淛（zhè）的《五杂组》卷 12 记载："世传柴世宗时烧造，所司请其色，御批云：'雨过天青云破处，这般颜色做将来。'"

18 持咒摄心

【原文】“汝未能无心，但能持准提咒，无记无数，不令间断。持得纯熟，于持中不持，于不持中持，到得念头不动，则灵验矣。”

【译文】“你现在做不到完全不起妄念，但可以持诵准提咒，不用记数，不要间断，持诵纯熟时，口中在念心里不觉在念，口中不念心里却常持念。如此持咒到念头空寂不动时，就灵验了。”

【解读】

悦

《了凡四训》是非常好的EMBA教材

“汝未能无心，但能持准提咒，无记无数，不令间断。持得纯熟，于持中不持，于不持中持，到得念头不动，则灵验矣。”

在第15节“一心不乱”中，云谷禅师通过讲解道教符箓派画符时“不动念”的秘传，告诉了凡祈天立命的关键是“无思无虑”。究竟怎样做到无思无虑，他只说了理论，没讲方法。现在，云谷禅师开始讲解“不动念”的方法。《了凡四训》之所以深受大家喜爱，原因就是它既有理论，又有方法，还有案例与案例分析，是一本非常好的EMBA教材。

“无心”的“心”，说的是起心动念，准确地说是妄念。凡夫只要一动妄念，就是在种虚妄分别的杂染种子。

如何才能种下清净的种子呢？云谷禅师给出的方法是“持诵准提咒”。我们作为资粮位的凡夫，通过持诵准提咒，就可以在阿赖耶识中种下并熏习清净的种子。但是，在持诵准提咒的过程中，要“无计无数”，即不要去执着于持诵的数量，只要坚持诵读就好，能不间断就不要间断。等到持诵纯熟时，就会达到这样的境界——口中在念，但又没觉得自己在念；觉得自己没念，但是心里一直在念。如此持诵到妄念不再生起的时候，持咒也就灵验了。持咒的过程中，身口意三门种下了很多清净的种子，未来自然可以收获清净的果实。

19 了凡立志

【原文】余初号[1]学海，是日改号了凡。盖悟立命之说，而不欲落凡夫窠臼[2]也。

【译文】我最初号“学海”，从那天起改号“了凡”，因为我已经深刻领悟了立命学说，再也不愿落入凡夫的囚笼了。

【解读】

古人起名的“姓、名、字、号”

余初号学海，是日改号了凡。

古人在自己的姓名之外，往往都有字和号，有时还不止一个，在不同的场合，有着不同的称呼。比如：诸葛亮，姓诸葛，名亮，字孔明，号卧龙。

从种子的角度看，阿赖耶识有漏的种子分成两类：一类是名言种子，由名言的熏习而来，名言包括概念、思想、经验等，姓名字号就属于名言；另一类是业种子，是通过身口意三门种下去的种子。

古人云：名者命也。名字也会影响人的命运，一个人的命运从名字号上

① 号：古人在名、字之外另起的称谓，多为自己所起，如：苏轼，字子瞻，号东坡居士。
② 窠臼（kē jiù）：旧式门上承受转轴的臼形小坑；借指：陈旧、一成不变的规格模式如同牢笼。

即可看出端倪。研究姓名学的人，根据一个人的生辰八字，再结合其姓名笔画的天格、地格、人格等信息，就可以对当事人的命运进行推算预测。

桌子、椅子、君、臣、父、子，这些都叫“名”。不同的名言，就会种下不同的名言种子，进而产生不同的结果，即不同的命。比如桌子的命是被人用来摆放物品的，具体细分还可分为餐桌、书桌、供桌等，餐桌用来吃饭，书桌用来办公，供桌用来祭祀，这是桌子的命。椅子的命是被人坐的，不会用来吃饭、办公与祭祀。儒家讲“君君，臣臣，父父，子子”，国君要有国君的庄严，臣子要有臣子的谦恭，父亲要有父亲的威严，儿子要有儿子的恭敬。因为每个人的名不同，身份就会不同，言行举止不同，命也就会不同。

起名，就是一种立命。因而，古人对起名之事非常看重。

第一，得有姓氏。姓是祖宗的族号，氏是姓的分支，相当于家族LOGO。秦汉以来，姓氏合为一体。《通志·氏族略》曰：“姓氏者，标示家族血缘之符号也。姓者，统其祖考之所自出；氏者，别其子孙之所自分。三代以前，姓氏分而为二，男子称氏，妊人称姓。”《史记·五帝本纪》中说：“黄帝二十五子，其得姓者十四人。”《三语》中胥臣解释说：“黄帝之子二十五宗，其得姓者十四人，为十二姓，姬、酉、祁、己、滕、箴、任、荀、僖、姞、儇、衣是也。惟青阳与夷鼓同己姓。”姓所以别婚姻，氏同姓不同者，婚姻可通；姓同氏不同者，婚姻不可通。

第二，得有名。名，是个人独用的姓。有了姓，有了名，这叫有名有姓。名是父母长辈给我们起的，表达对我们的期望及人生使命的规定，明确告诉每个子孙：“你的命是什么？”

第三，得有字。字，是对“名”的解释或补充，表达我们志向。与“名”

相表里，故旧时常对人客气地称作“表字”。“字”限于古代有身份的人，无论男女，只有成年后才取字，取字的目的是让人尊重，供他人称呼用。一般人尤其是同辈和属下只可称尊长的字，而不能直呼其名。

第四，得有号。号，也叫别称、别字、别号，用以补充字，并标榜个人的性格与情操。《周礼·春官·大祝》：“号为尊其名更美称焉”。古人的“名”和“字”，可以意义相同，如白居易，“乐天”而能“居易”；也可以意义相反，如赵孟頫，字“子昂”；也有表示行辈的，如伯夷、叔齐、仲尼。名、字由尊长代取，而号则不同，号最初为自取，故称自号，自号一般都有寓意，更能凸显个人的志向情操。如：陆游，自号“放翁”。后来，号也可以由他人取送，故称尊号、雅号等。

了凡先生姓袁，初名表，字庆远。万历五年（1577 年）赴京赶考，与冯开之同住在一处。会试房师[①]最初拟荐了凡为会试第一名，后因策论违逆主试官而落第。此次落第之后，了凡曾心生“谋隐于终南”之意，又因其母李孺人于四年前的万历元年（公元 1573 年）去世，遂改名为黄，字坤仪，以纪念其母，黄为坤地之色，取自《周易·坤·文言》：“夫玄黄者，天地之杂也，天玄而地黄。”了凡一生有三个字：庆远、坤仪、仪甫。

了凡先生最初号“学海”，应是选自韩愈名句“学海无涯苦作舟”开头两字。从“学海”这个号，可以看出了凡读书很多且勤奋刻苦，难怪屠宗师看完五篇策论后会评价他是“博洽淹贯之儒”。不过，学识渊博的读书人，往往都有傲慢清高的毛病，否则也不会导致了凡会试策论违逆主试官而落第的结局。

① 房师：明清乡试、会试中式者对分房阅卷房官的尊称。

人前半生与后半生的分界线在哪里

盖悟立命之说，而不欲落凡夫窠臼也。

现在，了凡先生已经了悟自己命运不佳的根本原因，相信云谷禅师所传的立命之学，并且已经知道该如何去改造自己的命运，自然就不愿继续困在凡夫庸俗见解的牢笼之中了。

一个人前半生与后半生的分界线在哪里？就在他做出决定的一瞬间。了凡如何表达自己内在坚定的信念呢？改号，由原来的“学海”更改为“了凡”。

改号就是改命，“了”是结束的意思，“凡”是凡夫俗子，“了凡”的意思就是我要与“凡夫”之我决裂，再也不愿做一个凡夫俗子了。

名号的改变，从表面上看似乎只是几个字的变化，其实真正改变的是当事人内在的信心与外在的能量状态。名人之所以叫名人，是指名人的姓名有能量，因而个人的知名度高、名气大。名气大的外在表现，就是名人出场时，别人愿意为其支付高额的出场费。比如奥运冠军，当奥运冠军在奥运会上夺得奖牌为国争光时，每一块奖牌的取得，都是在往自己的姓名上增加名气与能量，所以奥运冠军的名字就值钱。而一些频繁出事的劣迹明星艺人，之所以会遭到抵制与封杀，是因为他们的所作所为，是在持续削弱自己姓名上的名气与能量，当一个人“名不副实”时，自然就会“身败名裂”了。

我们的姓氏都自带能量，祖宗一直用“姓”和我们能量连接，标示着我们的血脉传承。祖宗与我们之间从来都没分离过，每天出门时，我们都顶着祖宗的姓出门；每天回家时，我们又都带着祖宗的姓回来。不仅人是如此，城市亦是如此。1999 年 12 月 20 日澳门回归时，闻一多先生所写的诗《七子之歌·澳门篇》被广为传唱，听者无不动容：你可知“MACAU”不是我真姓？

我离开你太久了，母亲！但是他们掳去的是我的肉体，你依然保管我内心的灵魂。那三百年来梦寐不忘的生母啊！请叫儿的乳名，叫我一声“澳门”！

我们经常看到很多西方科学家在他们的后半生会非常痴迷于宗教，其实这些科学家从小就信仰宗教，他们穷尽一生研究科学的唯一目的就是荣耀他们的造物主。与西方不同，我们中国人精神思想的内核之一是儒家的“荣耀祖宗”，在宗族思想的驱使下，我们为了在去世后有脸面去见列祖列宗，会拼命工作积累财富、多生孩子延续香火，我们特别重视投资后代的教育，即使赚了钱也不太消费，我们会继续买地、生孩子、扩大再生产。中国人奋斗一生的最终目的之一，不是为了彰显自己，而是为了光宗耀祖，为了给祖宗的“姓”与整个家族的血脉传承增加名气与能量，《百家姓》就是按照当年家族能量的大小排列顺序的。所以，中国人第一次见面时，都要问对方的“尊姓大名”或者“贵姓”，其实本意是在问对方整个家族的能量状态。我们中国人连骂人都会说“你知道自己姓什么吗？”或“你都不知道自己姓什么了吧？”

祖宗与祖先不同，祖宗与自己有直接或间接的血统关系，而祖先不一定与自己有血统关系。平常我们所说的“祖宗”是对始祖及先代中有功德者的尊称。往上追溯，中国人的姓氏祖宗基本都是圣人。

古代在除夕祭祖时，整个家族的人都要到祠堂集中，恭敬地请出家谱进行“摆谱”，把一年以来为家族增光添彩的人与事记入家谱。同时告知家族子孙，外出做事时，要心中常想如何光宗耀祖，绝不能做对不起祖宗的事，否则就是“羞先人”或“亏先人”。一个心中时刻想着家谱并努力光宗耀祖的人，做起事来别人就会觉得“靠谱”，否则就是“不靠谱”或“没谱”。

一个人福气的大小，最终都会体现在“名”上：福气很大的人“名垂青史”，福气中等的人“远近闻名”，没太多福气的人“默默无闻”，耗尽福气的人“身败名裂”，罪犯入狱后的第一件事就是“除名除姓”，改用阿拉伯数字编号称呼。

我们每个人都要保护好自己的姓名，保护好姓名就等同于保护自己的命，人要按照自己的姓名去工作、去生活，每天都要竭尽全力地去增加自己姓名上的名气与能量。

20 果然中举

【原文】从此而后，终日兢兢，便觉与前不同：前日只是悠悠放任，到此自有战兢惕厉[①]景象；在暗室屋漏[②]中，常恐得罪天地鬼神；遇人憎我毁我，自能恬然容受。到明年，礼部考科举，孔先生算该第三，忽考第一，其言不验，而秋闱[③]中式矣。

【译文】从此以后，我终日小心谨慎，便觉与以前大相径庭：以前做事随意任性，现在则是自我警惕、心存敬畏；即使在暗室独处，也避免心生恶念而得罪天地鬼神；遇到有人憎恨我、诋毁我，也能平和面对、包容接受。

到了第二年(1570年)，我参加礼部的科举考试，孔先生算我应得第三名，我却突然考了第一名，孔先生的话变得不灵了。秋天乡试，我考中了举人。

【解读】

《了凡四训》第四与第五核心关键字

从此而后，终日兢兢，便觉与前不同：前日只是悠悠放任，到此自有战

① 战兢惕厉：战战兢兢，小心谨慎。

② 屋漏：古代房屋西北角设置小帐，帐内安放神像，是古人祭祀神灵之地，这个地方平常不为外人所见；在《尔雅·释宫》中有“西北隅谓之屋漏”之说：屋，小帐也；漏，隐也。

③ 秋闱：科举考试中的乡试，一般在秋季农历八月举行，故称“秋闱”。

兢惕厉景象；在暗室屋漏中，常恐得罪天地鬼神；遇人憎我毁我，自能恬然容受。

袁黄自改号“学海”为“了凡”以后，立即开始践行“立命之学”，与自己以前任性随意的做法完全不同，现在待人接物时，既精进又谦虚。

首先，严以律己。对于自己的言谈举止，现在都很谨慎小心，追求个人与名号的名实相符，避免因名不副实而削减“了凡”名号上的能量。即使在暗室中独处，也避免心生邪念得罪天地鬼神。

其次，宽以待人。即使遭受别人的憎恨、厌恶甚至诋毁，都能够心平气和地面对。在“积善之方”中，了凡将善分成了八类，其中一种是阳善与阴德，其结尾处说：“人之无过咎而横被恶名者，子孙往往骤发。”这句话就是了凡遇到违缘时的应对之道。在《大学》一书中，亦有“言悖而出者亦悖而入”之说，人能了知生命中的一切呈现，都是自己往昔所种种子的开花结果时，对于外在的一切违缘，自然就能心平气和地接受与包容了。

到明年，礼部考科举，孔先生算该第三，忽考第一，其言不验，而秋闱中式矣。

自己改变了，世界就改变了。了凡先生改变了内在的心念，持续种下全新的善种子，种子的法则是“种瓜得瓜，种豆得豆”。现在，了凡先生的善种子开花结果了，原来孔先生推算了凡礼部科考的结果是第三名，实际却考了第一名。到了秋天的乡试，了凡先生又考中了举人。

由此可见，无论外在如何调风水、改名字、换手机号码，这些都是在外相上处理。《易》为君子谋，“终日兢兢”是小心谦畏的做事心态，“遇人憎我毁我，自能恬然容受”是受侮不答、闻谤不辩的悦纳状态。如果我们不能像了凡先生一样由内而外、内外兼修，无论自己在外相上怎么调、改、换，都不是改命的究竟之道。

了凡先生按照“必、信、行”的顺序，“终日兢兢”全力以赴改变自己，导致了孔先生推算的失灵，直接点明了《了凡四训》的第四个核心关键字“谦”和第五个核心关键字“得”。

整部《了凡四训》就在讲这五个核心关键字：必、信、行、谦、得。

必，是对《易经》开章第一义“积善之家，必有余庆”的精要概括。

信，是内心对于“积善之家，必有余庆”这句命运法则的相信程度。

行，是“上士闻道，勤而行之”对自己承诺善事目标的誓行与达成。

谦，是完成目标过程中终日兢兢、受侮不答、闻谤不辩的谦德状态。

得，是践行“莫问收获，但问耕耘”专注于目标达成而得到的成果。

21 求子得子

【原文】然行义未纯，检身多误：或见善而行之不勇；或救人而心常自疑；或身勉为善，而口有过言；或醒时操持[①]，而醉后放逸。以过折功，日常虚度。自己巳岁发愿，直至己卯岁，历十余年，而三千善行始完。

时方从李渐庵入关[②]，未及回向[③]。庚辰南还，始请性空、慧空诸上人，就东塔禅堂[④]回向。

遂起求子愿，亦许行三千善事。辛巳，生汝天启。

【译文】然而，我最初行善时做不到发心纯粹，检点自身还是存在诸多过失：要么见有善事可做却行动缺乏勇气；要么想去救人却又心有迟疑；要么勉强行善却言语失当；要么清醒时自律却在醉后放纵自己。功过相抵后，发现经常虚度了光阴。自己巳岁(1569年)发愿，直到己卯岁(1579年)，历经十年多，

---

① 操持：坚持善行，坚守立身处世的原则。

② 时方从李渐庵入关：李渐庵，即李世达（字子成，号渐庵，晚号廓庵），陕西泾阳人，了凡挚友，曾任浙江巡抚、南京吏部尚书、南京兵部尚书，终左都御史。万历五年（1577年），了凡第三次参加会试，因“五策不合式下第”之后，随李渐庵出塞入关。明末清初吴江学者朱鹤龄所作《赠尚宝少卿袁公传》云：“公(了凡)博学尚奇，凡河图洛书、象纬律吕、水利河渠、韬钤赋役、屯田马政，以及太乙奇门、六壬岐黄、勾股堪舆星命之学，莫不洞悉原委。雅以经济自负，未第时尝受兵法于终南山中刘隐士，又尝服黄冠独行塞外者经年，九边胜行、山川营堡历历能道之。”关于“受兵法于终南山中刘隐士”一事，李渐庵曾在《刻历法新书序》一文中记述此事：“予家去终南山最近。尝裹粮深入，遇梅翁于古松涧，与谈合变，纵横无穷，异而订交焉。了凡袁子下第，谒予，谋隐于终南。时予方废弃，亦有终焉之志。因与同造梅翁，了凡持一缣，以师礼事之。梅素信予，受而不辞。是夕，语至夜分，梅变色曰：‘此吾师，非吾友也。’稽首而还其缣，且约之同谒其本师。既见，尽以其学授之。促令出山，曰：‘汝，丙戌进士也。尘缘未断，何隐为？’明年，予起官赴淮，旋自南转北。而了凡以会试至，相见甚欢。”

③ 回向：将自己所修功德“回”转归“向”与所有众生同享，使众生也能得利益，扩大自己修行心量。

④ 东塔禅堂：万历八年（1580年），与性空、慧空在魏塘东塔禅堂回向，建求子道场，发求子愿。性空、慧空是当时嘉善县城景德寺僧人，东塔禅堂在景德寺内，《嘉善县志》记载：“原地基一十三亩五分两厘六毫，量难办，举人袁黄代输其半。”

才把三千善行做完。

当时我刚随好友李渐庵入关，没来得及就此三千善行做功德回向。直到庚辰岁 (1580 年) 南下回乡后，才礼请本地景德寺性空、慧空诸位法师在寺内的东塔禅堂做了功德回向。

遂起求子之愿，并为此发愿再净行三千善行。结果，第二年（1581 年）就生了你，取名天启。

【解读】

然行义未纯，检身多误：

能真正改变命运的人，都是信心具足的人。信心之中有黄金，但强大的信心不是一蹴而就的，而是通过精进践行诸多实事之后，再经由不断反省去夯实而建立起来的。了凡先生对于“积善之家，必有余庆”的信，也是随着自己践行的不断深入，信的程度有一个由浅至深、渐进提升的过程。

了凡先生对自己行善过程中的过失进行了深刻反省，他的自我反省，是从身口意三个方面进行的：

第一，行义未纯，讲的是“意”，即起心动念；

第二，检身多误，讲的是“身口”，即言谈举止。

或见善而行之不勇；

有时虽然见到有善事可做，却缺乏行动的勇气。刚刚动了做善事的念头，紧接着一个“算了吧”的念头就跳了出来，然后就弃善事远去，这也是我们初行善事时最容易遇到的问题。

或救人而心常自疑；

有时想对他人施以援手，却又怀疑对方的真假，患得患失。从种子的角度讲，真假是对方的事，做不做是自己的事，别人怎么做是他的因果，自己怎么做是自己的修行。很多人因为怀疑，就放弃了自己种善种子的机会，很可惜。

或身勉为善，而口有过言；

有时虽然勉强做了善事，却有言语的过失。有人做点好事总爱求表扬，得到赞美就高兴，得不到夸奖就抱怨，非要放弃阴德选择阳善，真是太遗憾了。

或醒时操持，而醉后放逸；

在清醒时能不做错事，但醉酒之后就放松了警惕。小酌怡情，大饮伤身，人喝醉后容易说错话、做错事，醉过酒的人对此都有亲身体会。俗话说，酒壮怂人胆。有人甚至借着酒劲去违法犯罪，一失足成千古恨，真是太可悲了。

以过折功，日常虚度。自己巳岁发愿，直至己卯岁，历十余年，而三千善行始完。

如同前面讲过的“黑白业法”，把每天所做善行的数量与所犯过失的数量进行正负抵消之后，一天下来，发现有时正负相抵，甚至有时还会负数，发现自己经常虚度了光阴。从己巳年（公元 1569 年）发愿要净行的三千件善事，直至己卯岁（公元 1579 年），整整经历了十年多，才把这三千善行做完。

从了凡先生净行三千善行整整做了十年多这件事上看，行善确实是一门大学问。“积善之方”中，了凡先生把善讲得很透彻，并将善细分成了八组：真假、端曲、阴阳、是非、偏正、半满、大小、难易。如果不明白八善之理，做善事很容易出错。

时方从李渐庵入关，未及回向。庚辰南还，始请性空、慧空诸上人，就

东塔禅堂回向。

“回向”是指在行善之后，我们将自己善行的功德，“回”转归“向”与一切众生同享，以此开阔自己的心胸，并使功德有明确的方向而不致散失。“回向”的神奇之处如同“赠人玫瑰，手有余香”，不仅自己的功德没有减少，而且大家的功德都一起增加了。行善是种善种子，回向如同给种下的善种子浇水，帮助种子更快、更好地发芽、成长、开花、结果。了凡先生庚辰年（1580年）回到嘉善老家之后，特别礼请了嘉善景德寺的性空、慧空等法师，在寺内的东塔禅堂，为之前所做的三千善行做了功德回向。做功德回向时，回向人的能量高低对于种子的发芽成长影响很大。如果自己的能量不够大，我们可以礼请高能量的人帮助回向。这好比我们播种的土地面积很大，仅靠自己一个人挑水浇灌肯定太慢了，如果用机器灌溉的话，就能事半功倍。出家法师是专注修行的人，他们的心清净，能量也更大，他们帮助回向如同用机器灌溉，可以把行善的功德更快地回向给众生，给已经种下的善种子更好地浇水。

了凡立命的四个特点

遂起求子愿，亦许行三千善事。辛巳，生汝天启。

了凡先生首先求中举，心想事成之后，现在（庚辰，公元1580年）又生起了求子的愿。了凡先生求子也不是为自己求，是为了传承祖宗家业、让袁氏家族的生命大树枝繁叶茂而求。了凡先生立命有四个特点可供我们借鉴：

第一，立命要一个一个来，信心是靠一件一件夯实的事情建立起来的。

第二，动机至善，私心了无，要发愿而非发欲，养浩然正气不养邪气。

第三，发愿之后更要精进行愿，立即设定对应的善行目标并全力达成。

第四，善行目标达成后，将行善功德回向给所有众生共享，自他不二。

对于求子之愿，了凡同样设定了净行三千善事的目标。此时了凡对“积善之家，必有余庆”相信的程度已经大幅提升了，所种的种子能量更加强大了。果不其然，三千善行的目标还没有达成，第二年（辛巳 1581 年）种子就开花结果了，心想事成提前实现愿望，得到了生儿子的“成果”。

“目标”与“成果”之间，我们一直强调“莫问收获，但问耕耘”，个人立命也好，企业经营也罢，对于最终成果真的不用太惦记，只要时刻关注自己应该实现的目标，去全力达成就好了。

目标与成果之间，既对立统一，又相辅相成。目标是一根直线，是可以被计划的定量，而成果则是一条围绕目标直线上下波动的曲线，是只能被预测的变量。目标与成果两者之间，可能会存在如下四种对应情况：

第一种，目标达成很好，但是成果不太好。

第二种，目标达成很好，成果也特别的好。

第三种，目标尚未达成，但成果却特别好。

第四种，目标尚未达成，成果也不是太好。

了凡先生两次发愿许行三千善事，都是属于第三种，即三千善行的目标尚未达成，就提前取得了中举与生子的成果。

22 如愿进士

【原文】余行一事，随以笔记。汝母不能书，每行一事，辄[①]用鹅毛管，印一朱圈于历日之上。或施食贫人，或买放生命，一日有多至十余圈者。至癸未八月，三千之数已满。复请性空辈，就家庭回向。

九月十三日，复起求进士愿，许行善事一万条。

丙戌登第[②]，授[③]宝坻[④]知县。

【译文】我每做一件善事，随时用笔记录下来。你的母亲不会写字，每做一件善事，她就用鹅毛管蘸上印泥盖个红圈在日历上面。或是施舍食物救济穷人，或是买来活物将其放生，多的时候一天能盖十几个圈。到癸未（1583 年）八月，求子许下的三千善行已经圆满。再次礼请性空等法师，在家里做了功德回向。

九月十三日，我发愿求中进士，并为此许下净行善事一万件。

三年后的丙戌岁（1586 年）我进士及第，两年后（1588 年）朝廷委派我出任京师顺天府所辖宝坻县的知县。

【解读】

① 辄（zhé）：总是。

② 登第：科举考中进士，亦称作“进士及第”。

③ 授：委派、任命。

④ 宝坻：明朝顺天府下辖的二十四个州县之一，现为天津市宝坻区。据《袁黄（了凡）年表》记载：万历十六年（1588 年），授宝坻知县，六月初九到任。顺天府为皇帝直管，地位相当于今天的北京直辖市。

余行一事，随以笔记。汝母不能书，每行一事，辄用鹅毛管，印一朱圈于历日之上。或施食贫人，或买放生命，一日有多至十余圈者。

了凡先生介绍自己落地践行的重要方法——记功过格，即“种子日记”，记功过格的方法在明朝时有很多人使用。看起来只是每天简单地记录自己所行的善恶，其实本质是帮助自己从心上去修行。

了凡自己每做一件善事，都会随时记在“功过格”上。天启的母亲沈氏不会写字，但是她作为一个妻子，夫唱妇随，全力以赴支持丈夫行善。她每做一件善事，就用切掉鹅毛管尖头的圆孔处蘸上红色印泥，在日历上盖个红圈，做几件善事就盖几个红圈，行善比较多的时候，一天能盖上十几个红圈。

了凡先生与夫人平常所做的善事主要分为两类：

一是“施食贫人”，即爱人，就是救人。古人有“救人一命胜造七级浮屠”之说,《孟子・尽心章句上》中有“亲亲而仁民”。

二是“买放生命”，即爱物，就是放生,《感应篇图说》云:“慈者，万善之根本。人欲积德累功，不独爱人，兼当爱物，物虽至微，亦系生命。”

家有贤妻旺三代

家有贤妻旺三代，胜过良田千万顷。了凡的夫人沈氏是个好太太，虽然不识字，但是有文化，她懂得如何助夫。《易经・家人卦》云:“家人，女正位乎内，男正位乎外。男女正，天地之大义也。家人有严君焉，父母之谓也。父父、子子、兄兄、弟弟、夫夫、妇妇，而家道正。正家，而天下定矣。”女人助夫分为四个层次：

第一，助夫成孝。首先要支持自己的丈夫与祖宗连根养根，不忘其根本。

第二，助夫成德。在助夫成孝的基础上，支持丈夫成为一个有德行的人。

第三，助夫成功。丈夫成为有德之人，支持他事业成功，造福天下苍生。

第四，助夫成道。助丈夫精进修行，成圣成贤，做名垂青史的大雄之人。

与现代很多女人只一心扑在孩子身上不同，古代的女人在家族里的位置极其重要，最少要承载五代人：上孝祖辈与公婆，中相夫，下教子与孙。一个家族有个好女人，不仅是丈夫与儿孙的福气，更是整个家族的福气。

至癸未八月，三千之数已满。复请性空辈，就家庭回向。

有了夫人沈氏的大力相助，了凡完成善行目标的速度越来越快，他第一次许愿中举的三千善行花了十年多才完成，而这次许愿生子的三千善行，从庚辰年（1580 年），到癸未年（1583 年）八月，仅仅用了三年时间就完成了。完成之后，又再次礼请性空等法师，在家里做了功德回向。

由此可见，了凡先生对于“积善之家，必有余庆”相信的程度越来越高，行善的信心与能量也越来越强。

高中进士之后的“烦恼”

九月十三日，复起求进士愿，许行善事一万条。丙戌登第，授宝坻知县。

癸未年（1583 年）八月，了凡先生完成了三千善行。同年九月十三日，他再次发愿求中进士，求中进士同样不是为自己求，与中举人相比，进士及第之后，肯定会有更多为黎民百姓造福的机会。

前面我们讲过，明朝 277 年共开科 92 次，总共考取进士 24636 人，平均每次录取进士不到 268 人。一个人的成就永远不会突破自己的福报，进士如此难考，自然代表进士及第所需的福报更大。了凡先生对此也非常清楚，与进士及第所需的福报相比，之前求中举、求生子所许的三千善行显然数量不足。所以，为了匹配中进士的愿，了凡先生许行善事一万件。

彻底相信“积善之家，必有余庆”的人就是“极善之人”，不仅能量高，心想事成的能力也大。从癸未年（1583 年）九月十三日许愿，到丙戌年（1586 年），短短三年时间，了凡先生就获得了进士及第的成果。

万历十六年（公元 1588 年），了凡被任命为京师顺天府下辖的宝坻县知县，他主政宝坻五年，为政以善，造福一方，被誉为“宝坻自金代建县八百年来最受人称道的好县令”。

万历二十年（公元 1592 年），了凡赴北京觐见皇帝，获升兵部职方主事（在京期间，了凡会晤了赴京参加会试的夏建所，赞其“谦光逼人”），至万历二十一年（公元 1593 年）三月二十六日从兵部离任返乡，了凡为官六年，与原来命中注定只能“当选四川一大尹，在任三年半”相比，差别很大。

与中举、生子的状况相同，了凡都是在行善“目标”尚未达成时，就提前取得了“成果”，了凡顺利考中进士并授宝坻知县，再次验证了“目标”是可以计划执行的定量，而“成果”只能是被预测的变量。

可喜可贺的同时，一个大问题也悄悄出现在了凡夫妇的面前：虽然“成果”已经获得，但完成一万件善事的“目标”，却几乎没有太大的进展。

了凡先生该怎么办呢?

23 老实真干

【原文】余置空格一册，名曰“治心编”。晨起坐堂，家人携付门役，置案上，所行善恶，纤悉必记。夜则设桌于庭，效赵阅道[①]焚香告帝。

【译文】我准备了一本绘有空格的册子，起名为“治心编”。每日晨起升堂处理公务时，家人都会把“治心编”交给衙役，置于公案之上。每日所行善恶之事，无论大小都悉数记在上面。晚上，则效仿北宋铁面御史赵阅道的做法，在庭院中摆上供桌并焚香，把自己当日所行善恶如实禀告天帝。

【解读】

心中有鬼即为“愧”

余置空格一册，名曰“治心编”。晨起坐堂，家人携付门役，置案上，所行善恶，纤悉必记。夜则设桌于庭，效赵阅道焚香告帝。

这一节，了凡介绍自己如何践行“立命之学”，以及记录功过格的方法。

所有修行修到最后，落实到修心才能作数。了凡明白这一点，他把自己的功过格命名为“治心编”。他待人以宽，律己以严，对于自己每天所做的善事恶事，即便再小，也要记录在“治心编”上面。

一天工作结束，了凡先生就效仿北宋的铁面御史赵阅道，每晚都在庭

① 赵阅道：赵抃（读音 biàn，1008–1084 年），字阅道，号知非，浙江衢州人，景祐元年 (1034 年) 进士，至和元年 (1054 年)，宋仁宗召为殿中侍御史，为人正直，谏言弹劾不避权贵，人称“铁面御史”。

院中设置香案，正心盛服，恭敬焚香，将自己一天所行善恶毫无遗漏地禀告天帝。

《孟子·尽心上》云：“仰不愧于天，俯不怍于人。”君子做人做事就要光明磊落，坦坦荡荡，问心无愧。心中有鬼即为“愧”，心中有愧就会导致信心与能量的亏失。设想一下，如果我们每天晚上也要焚香告帝，白天想要作恶时，想到今天晚上还要禀告上天，做还是不做？肯定就会认真掂量一下了。

24 一行万善

【原文】汝母见所行不多，辄颦蹙[①]曰：“我前在家，相助为善，故三千之数得完。今许一万，衙中无事可行，何时得圆满乎？”

夜间偶梦见一神人，余言善事难完之故。神曰：“只减粮一节，万行俱完矣。”盖宝坻之田，每亩二分三厘七毫，余为区处[②]，减至一分四厘六毫。委有此事，心颇惊疑。

适幻余禅师[③]自五台来，余以梦告之，且问此事宜信否？师曰：“善心真切，即一行可当万善，况合县减粮，万民受福乎？”吾即捐俸银，请其就五台山斋僧一万而回向之。

【译文】你的母亲见所行善事不多，就皱着眉担忧道：“我以前在家时，方便助你行善，所以两次许愿的三千善行都能顺利完成。现在你许行善事一万件，衙门里又没什么善事可做，这要等到何时才能善行圆满呢？”

夜里偶然梦见一位天神，我向他说起善事难以完成的原因。天神说：“仅凭你减收粮税一件事，你的一万件善事就已经做完了。”宝坻田税原来是每亩二分三厘七毫，我经过筹划并上奏朝廷核准，减至每亩一分四厘六毫。确实有此事，我的心里不禁对此又惊又疑。

恰好幻余禅师因刊刻《大藏经》事宜从五台山来到宝坻，我把梦告诉他，

① 颦蹙（pín cù）：皱眉皱额，形容人忧愁不乐。

② 区处：处理，筹划安排。

③ 幻余禅师：嘉善县魏塘镇大胜寺僧人，与了凡共同倡刻方册《嘉兴藏》；万历十七年（1589年），《嘉兴藏》在五台山紫霞谷妙德庵正式开刻，幻余禅师从五台山赴宝坻取袁了凡所写的《刻藏发愿文》。

并请教此事是否可信？禅师说："若行善存心真诚恳切，即使只做一件善事，也抵得过平常一万件善事，何况你减免全县粮税，造福宝坻上万百姓呢？"我立即捐出俸银，请禅师在五台山代我设斋供养一万僧人并做功德回向。

【解读】

悦

修行究竟是修什么

汝母见所行不多，辄颦蹙曰："我前在家，相助为善，故三千之数得完。今许一万，衙中无事可行，何时得圆满乎？"

了凡先生的夫人沈氏，这时已经随丈夫来到天津宝坻，原有身份也跟着变了。在浙江嘉善时，沈氏的身份还不是官太太，自己出入行善比较方便，比如挎个篮子买菜时，可以带上几个馒头布施穷人，也可以顺便买些鱼等活物去河边放生。但是现在到了宝坻县衙，身份变为知县夫人了。在古代"士农工商"阶层清晰划分的社会中，一个官太太自然不能像以前在家那样出入方便了。

沈氏见丈夫许行的一万件善事落实得不多，便皱着眉头表达了内心对善事难完的担忧。沈氏的担忧，从侧面也说明了凡当时对行善尚未理解透彻。在行善之前，我们尽量搞清楚行善的道理，否则在操作过程中容易出现偏差。

比如有些学佛的人，常把"修行"二字挂在嘴边，说"嘴上功夫无用，实修实证要紧！"这句话是不少学佛人的必杀技，无论在切磋辩论中处于何种劣势，只要用这一句话，就可以成功挽回面子并全身而退。

可问题的关键在于修行究竟是修什么？修胳膊？修腿？还是修心呢？人最刚强执拗的是心，一切用身所做的事，最终要能作用于心才是真修行。世尊当年舍身饲虎，表面上舍的是身，其本质舍的也是贪欲悭吝。

智慧唯以闻思而得，听闻正法，如理思维，按照法义去观想并作用于心，没有比尽量长时间地观空，对治习惯性错误思维更有效的实修了，其他方法都是方便助缘。有定力观空最好，没有也可以先练着，这就是实修，舍此之外没有其他实修法门。

怎样修最能作用于心？答案是：对治自己的错误思维。而对治错误思维最有效的手段就是义理。我们必须听闻正法，用大量的理论将心彻底打服，而且光打服还不够，因为我们的思维惯性非常强大，一回到日常就容易打回原形。所以，还需要对理论通达熟练，以方便随时串习，这些都是攻坚战。理明法透生正信，想要修行却不能彻底说服自己，思想意识中还有很多解不开的疙瘩，肯定不行。理不明就信不正，没有正见怎么起修？修什么？证什么？修行之路本来就容易跑偏不好走，还非要把眼睛蒙起来，真是太可怕了。明明是“盲修瞎练”，却美其名曰“实修实证”，本质是一种反智主义。

所以，无论是行善，还是日常的修行，胜解最重要。胜解不是盲目追随，而是明理之后的毫无疑虑，是经过反复与彻底怀疑，最后把心中所有疑惑的疙瘩全解开了，才是胜解。

善心真切，一行可当万善

夜间偶梦见一神人，余言善事难完之故。神曰：“只减粮一节，万行俱

完矣。”

所有的答案，都在自己提出的问题里，有什么样的问题，就会有什么样的答案。王阳明的龙场悟道，是因为对“格物致知”不明而梦谒孟子，孟子亲自下阶迎接他，阳明鞠躬请教，孟子为其讲授良知本义，阳明听后恍然大悟，顿悟“圣人之道，吾性自足”之理，从此奠定了他在思想界的宗师地位。

我们日常所说的视觉、听觉、嗅觉、味觉、触觉与感觉中都有一个“觉”字，本义是让我们对外境与内在起心动念时刻保持觉知，觉知到诸法空相方入正觉，否则就会执于外相生错觉。睡觉的“觉”也应该读作“jué”，即使在睡梦之中，也要保持一份觉知。

了凡对于行善的困惑，让他在夜里梦见一个天神，他向天神说出自己善事难完之故。没想到天神直接告诉他：“只减粮一节，万行俱完矣。”你之前给宝坻百姓减免粮税这一件事，万件善行就已经做完了。

为官之人修福既容易也不容易，对于全心全意考虑百姓福祉的人来说，修福就容易；对于心中有丝毫想要为自己谋私利的人来说，修福就不容易。在其位要谋其政，任其职要尽其责，千万不能本职工作没做好，却跑到外面去做善事，这样做就属于本末倒置了。

“积善之方”中有“世之享盛名而实不副者，多有奇祸”的教诲，世间名气很大却名不副实的人，常有意外横祸发生。县令是全县范围内名气最大的人，为官之人一定要名实相符。否则，德不配位，必有灾殃。《管子》曰：“授有德，则国安。”古时称州县官为父母官，意在提醒为官要爱民如子，不仅如此，在正堂还要挂上“明镜高悬”的大字匾额警醒官员时刻对照自己。

《七品芝麻官》里有句“当官不为民做主，不如回家卖红薯”的戏词，做官的本质，是要全心全意为人民服务，在服务中造福，在造福中服务，否则连一个卖烤红薯的小摊贩都不如。卖红薯不损自己福报，而尸位素餐的官员，如果本职工作没做好，就会快速折损自己的福报。除官员以外，医生、老师和企业家也有机会服务更多人，皆属容易修福也容易损福的职业。

真正的贫穷不是没有钱，而是没有福报。我们要成为会算大账的人，与世间人再怎么算账，盈利再多也是小利；但行好事，莫问前程，一切都交给老天爷去算账，才是真正会算大账的智者。

盖宝坻之田，每亩二分三厘七毫，余为区处，减至一分四厘六毫。委有此事，心颇惊疑。

了凡先生听了天神的回答，心里既惊讶又疑惑。惊讶的是，自己确实做过减免宝坻粮税的事，那原本就是自己的职责所在，最多算一件善事，自己又没有宣传过，这天神怎会知晓得如此清楚呢？疑惑的是，行善应该是一件善事、一件善事地做，这减免粮税一件善事真的能抵一万件吗？了凡的惊疑，恰恰说明他虽然全力行善，但对于行善的义理尚未理解透彻。

适幻余禅师自五台来，余以梦告之，且问此事宜信否？师曰："善心真切，即一行可当万善，况合县减粮，万民受福乎？"

恰好与了凡先生共同倡刻《嘉兴藏》的幻余禅师，专程从五台山刻经的妙德庵赶赴宝坻来取了凡撰写的《刻藏发愿文》，借着这个机会，了凡就把梦中之事告诉了幻余禅师，求解天神所言是否可信？

幻余禅师当即给予开示："善心真切，即一行可当万善，况合县减粮，万民受福乎？"行善的目的在于修心，行善的关键在于发心，善事的多少不仅取决于善事的数量，更在于是否真切行善的质量。所谓"真"，就是把行善作为自己的分内之事，不求回报。所谓"切"，就是主动行善，急人所急。种子的基因就是行善时的起心动念，每颗种子都与自己内心最深的动机是一致的，一发心就是一切。

了凡先生为宝坻百姓减免粮税时，他没有想太多。一方面，他觉得这本来就是自己的分内工作。另一方面，即使作为善事，他也认为只能算一件善事。他没有想过一件减免粮税的事，因为利益了上万百姓就能“以一抵万”。了凡的行善心态，恰恰与无我的善心真切最为相应。

青岛的隋忠卫、赵卫东、门昆仑、刘浺菡、毕德锋、崔鲲鹏、于垂海、江志民等了凡同学在学习“了凡领导力”课程以后，2021年9月在青岛注册成立了“一米阳光公益协会”。青岛鲁匠集团董事长孙凤祥学长在2015年学习“了凡领导力”课程后，一直坚持做各种公益捐助。青岛的了凡同学经常举行助老、助学、助残等公益活动。难能可贵的是，他们在公益活动之余，还定期举办“了凡领导力”公益课程，协会秘书长刘浺菡分享心得说：“人穷思想穷，不知积福重；帮人只帮钱，不能救其穷；了凡入人心，才是真救穷。”

吾即捐俸银，请其就五台山斋僧一万而回向之。

志在天下国家，则善虽小而大。了凡先生听完幻余禅师的开示，理解了“善心真切”的重要性。欣喜之余，当下捐出自己的俸禄银两，请幻余禅师返回五台山后，代为供斋一万僧人并做功德回向。

斋僧，就是以斋食供养出家僧众。在佛教中流传着一个“捧沙献佛”的故事：两千五百年前，佛陀有一天带着弟子们外出乞食。路上有一群孩子在玩沙子，其中有个女孩子，她远远看到佛陀一行走来，就半戏半真地从地上捧起一捧沙子，走到佛陀面前，态度恭敬地放到佛陀的钵中。佛陀很客气地接受了她的沙供养。佛陀弟子舍利子看不过去，心想这女孩太不懂事了，怎么能用沙子戏耍佛陀呢？走在路上舍利子实在没忍住，就问佛陀：“世尊，刚才那女孩把沙子放在您的钵里，怎么能让她这么胡闹呢？”佛陀微笑说：“你们有所不知，此女千百年后因缘成熟时，她将在东方震旦国为王。刚才我若不接受她的沙供养，到时她就会破坏佛法。我刚才接受了她的沙供养，也就与她结了善缘，她将来做王时将会弘扬佛法。”据说这个故事中用沙子供养世尊的小女孩，就是中国历史上唯一的女皇武则天的前世。

斋僧的功德极大，据说这武则天一出世就有帝王的龙凤之姿，在做唐高宗皇后之前曾经出家数年，她称帝后明察善断，重视人才的选拔，开创殿试、武举及试官制度。武则天不但虔信佛法，而且精通佛理，佛教徒非常熟悉的“开经偈”，就是她的亲作：“无上甚深微妙法，百千万劫难遭遇；我今见闻得受持，愿解如来真实义。”这首偈语充分表达出轮回迷途的众生有幸见闻佛法时的欢喜，写得实在是太好了。千百年来，曾有许多人试图修改其中的文字，但都不比原作，可见这“开经偈”的精妙。流传至今，“开经偈”已经成为众多修行人诵经之前必读的发愿文。

25 消灾延寿

【原文】孔公算予五十三岁有厄[①]，余未尝祈寿，是岁竟无恙，今六十九[②]矣。

【译文】孔先生算我在五十三岁时有厄难，我从来没为自己祈求延寿，五十三岁那年，竟然平安度过。现在，我已经六十九岁了。

【解读】

孔公算予五十三岁有厄，余未尝祈寿，是岁竟无恙，今六十九矣。

孔先生推算了凡这一生的世寿是五十三岁，按一般人的想法，求应该先求自己长寿才是上策，用今天很多人认同的话说，叫：健康是1，其他都是0，没有1，再多的0也没有意义。可是，了凡从来都没有为自己祈求过延寿。

在《庄子・天地》中有一篇短文："尧观乎华，华封人曰：'嘻，圣人。请祝圣人，使圣人寿。'尧曰：'辞。''使圣人富。'尧曰：'辞。''使圣人多男子。'尧曰：'辞。'封人曰：'寿、富、多男子，人之所欲也，女独不欲，何邪？'尧曰：'多男子则多惧，富则多事，寿则多辱。是三者非所以养德也，故

① 厄：灾难，是指外在世界给人带来的种种灾难；在这里是指有生命危险。

② 六十九：《了凡四训》原名《诫子文》，于万历二十九年（1601年）了凡先生六十九岁时汇集成书。其中"立命之学"为当年所撰，另取其所著《祈嗣真诠》一书中的"改过第一"与"积善第二"分别修改为"改过之法"与"积善之方"，"谦德之效"是之前"谦虚利中"一文，四篇文章合为《诫子文》。

辞。'”圣人尧在华地巡视，谢绝了华地守护封疆的人对他“长寿、富有、多子”的祝愿，华封人对此很不理解：这长寿、富有和多子是人们希望得到的好事，为何尧不希望得到呢？尧对此的回答是：“多子就会多一层忧惧，多财物就会多出麻烦，寿命太长会多受困辱。关键是这三方面都无助于德行的培养，所以我谢绝你对我的祝愿。”

巴金先生说：“长寿是一种惩罚。”很多人表示不理解，其实巴金先生说的没错。我们今天有很多人渴望自己长寿，经常听到有人说：“我要活到200岁！”这样说的人很少有考虑自己活200岁的价值是什么。

第一，很多人希望自己活得长久，主要是基于自己当下身体比较健康、能吃能睡的状态而言的。

第二，寿命太长并不属于均衡发展，福报的水要平均分配给五福的杯子，水往一个杯子里倒得太多，其他四个杯子里的水就会因此而减少。

第三，长寿的关键在于生命活得有价值，因为自己的长寿，能让世界更美好，让更多人认识生命而幸福，而不是为了满足自己享受的欲望。

种子的“未造不遇，已造不坏”

了凡求中举、求生子、求中进士，三件所求之事，没有一件是为自己求的。但是，没有为自己求不代表得不到。种子的法则是反向运行的：想要什么，先给出去，财布施得财富，法布施得智慧，无畏布施与生命布施得健康长寿。了凡与夫人行善中的施食贫人与买放生命，早就种下了健康长寿的种子。

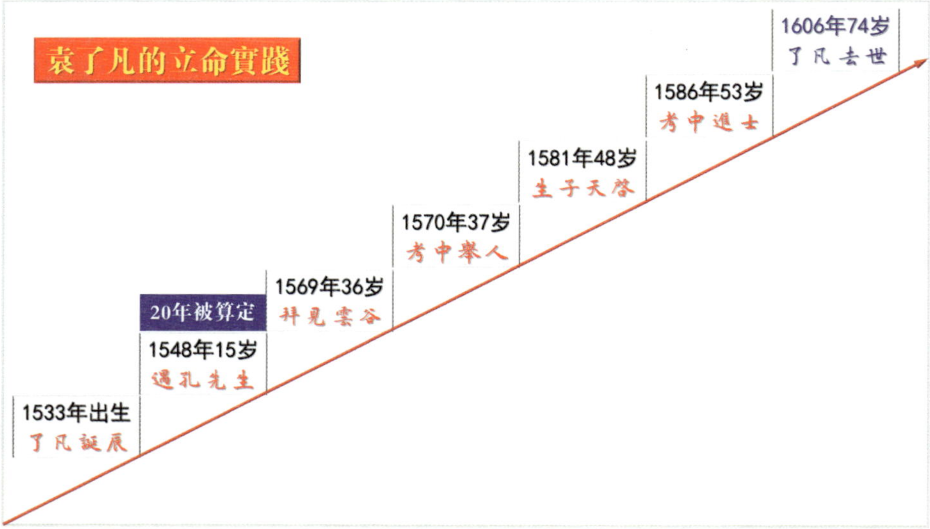

图2-13 立命实践

种子是颠倒播种的，未造不遇，已造不坏，好人好自己，坏人坏自己。没有种下种子，求也没用；种下对的种子，不求也得。但问耕耘（目标），莫问收获（成果），关键在于种子有没有种对、种好。只要把对的种子种下去，五福的“根、枝、叶、花、果”均已在其中。

了凡先生于明嘉靖十二年（公元 1533 年）出生，明万历三十四年（公元 1606 年）善终，世寿七十四岁，比孔先生原来推算的五十三岁，整整延寿了二十一年。

26 祸福自求

【原文】《书》[1]曰："天难谌[2]，命靡[3]常[4]。"又云："惟命不于常。"皆非诳语。吾于是而知，凡称祸福自己求之者，乃圣贤之言；若谓祸福惟天所命，则世俗之论矣。

【译文】《尚书》说："上天的安排不能全信，命运并非恒常不变。"又说："命运是没有定数的。"这些都不是欺骗人的话。我现在知道了，凡说祸福是由自己决定的，是圣贤之言；如果说祸福皆由上天注定无法改变，则是世间凡夫俗子的言论。

【解读】

《尚书》揭示的命运真相

《书》曰："天难谌，命靡常。"又云："惟命不于常。"皆非诳语。

了凡先生写给儿子的家训，与云谷禅师传授他立命之学一样，大量借鉴圣贤经典中的内容，循循善诱的唯一目的，就是希望他的儿子坚定"命由己

① 《书》：即《尚书》，儒家"五经"之一，又称《书经》，是古代关于历史、政治思想的重要经典。
② 谌（chén）：相信。
③ 靡：没有，不是。
④ 常：恒常，永恒不变，固定不变。

造”的信念。《尚书》中的两句话，概括了命运的本质。对于上天的安排，我们是不能完全相信的，个人的命运，是可以自己改变的。

吾于是而知，凡称祸福自己求之者，乃圣贤之言；若谓祸福惟天所命，则世俗之论矣

到这里，了凡先生依据自己亲身践行“立命之学”的心得体会，对“积善之家，必有余庆”的“信”，已经完全达到了100%。通过了凡的立命实践，可以对比出凡夫与圣人的如下差异：

第一，畏惧不同。凡夫害怕坏的结果，圣人害怕种错种子。

第二，关注不同。凡夫整天关注“得”，对于成果患得患失；圣人每天关注“舍”，对于成果宠辱不惊。

第三，所求不同。凡夫外求，求天、求神、求鬼、求人，唯独不求己，经常心想事不成，内外双失；圣人内求，反躬内省，自求多福，心想事成，内外双得。

第四，言论不同。凡夫常说“死生有命，富贵在天”，圣人皆谓“命由我作，福自己求”。

27 了凡六想

【原文】汝之命，未知若何。即命当荣显[1]，常作落寞[2]想；即时当顺利，常作拂逆[3]想；即眼前足食，常作贫窭[4]想；即人相爱敬，常作恐惧想；即家世望重[5]，常作卑下想；即学问颇优，常作浅陋想。

【译文】你的命运，不知道会怎么样？

（地位：显寞不二）即使地位荣耀显赫，也要像失意潦倒一样低调内敛；

（做事：顺逆不二）即使时运一帆风顺，也要像身处逆境一样谨慎小心；

（财富：富贫不二）即使眼前丰衣足食，也要像贫穷匮乏一样惜福节俭；

（名气：爱惧不二）即使别人爱戴恭敬，也要像德不配位一样恐惧警惕；

（出身：尊卑不二）即使出身名门望族，也要像身份低微一样为人处世；

（学问：深浅不二）即使学问深厚渊博，也要像才疏学浅一样虚心好学。

【解读】

善易不卜：了凡不给儿子算命

汝之命，未知若何。

---

① 容显：飞黄腾达。
② 落寞：失意。
③ 拂逆：不称心如意。
④ 贫窭（jù）：贫穷。
⑤ 望重：有名望。

这句话里，隐藏着一个秘密。了凡是孔先生的嫡传弟子，也是得了邵子皇极数正传的人，他难道不会像孔先生一样推测别人的命运吗？当然会。不但会，而且他也是一个了不起的风水大师。

2014年11月2日，我带领21位学习《了凡四训》的同学到嘉善拜谒了凡墓（现惠民街道新润村独社浜24号东），了凡墓址是了凡先生自己选定的，位于一个形如毒蛇吐信的三水交叉之地，当地人称之为“毒蛇两丫叉，九曲十三漾”，原来地名叫“毒蛇浜”，后改叫“独社浜”。了凡先生去世四百多年，他的墓地从来没被水淹过。了凡先生如果活在今天，按照有些人学了点环境能量知识就敢给人算命赚钱的做法，他无论是线下开课，还是网上直播，都一定会是网红大咖。但是，这样一个精通环境能量秘法的大师，竟然对他儿子说出这样的话：“儿子啊，你的命运怎么样，我不知道！”这句话的深意，值得你我细品。

图2-14 拜谒了凡

了凡先生说出这句话的目的，其实是为了进一步强调“命由我作，福自己求”。《道德经》云：“祸兮，福之所倚；福兮，祸之所伏。”了凡先生再次结合“不二”的智慧，向儿子传授成功后如何保持不败的可持续发展战略。

了凡六想：保持成功的六大纲领

即命当荣显，常作落寞想；即时当顺利，常作拂逆想；即眼前足食，常作贫窭想；即人相爱敬，常作恐惧想；即家世望重，常作卑下想；即学问颇优，常作浅陋想。

这段内容也叫作“了凡六想”，是概说“如何保持成功不败”的六大纲领，它既是对“不二”思想的扩展与总结——显寞、顺逆、富贫、爱惧、尊卑、深浅的不二，同时也为第四章“谦德之效”埋下了伏笔。

《尚书》云：“满招损，谦受益。”一个人无论当下的生活多么顺利、工作多么惬意、地位多么尊贵，都要保持一颗谦虚的心。“了凡六想”从六个正反对比的角度，详细阐述惟有修好谦德方可成功不败的道理。

第一，关于地位要“显寞不二”：即命当荣显，常作落寞想。

为官之人，无论自己当下的地位多么荣耀显赫，都要像失意潦倒那样的低调内敛。风水轮流转，三十年河东，三十年河西。当下的荣华富贵，并不代表未来一直如此，越是荣华富贵之人，越要懂得感恩惜福。

唐代著名军事家郭子仪，戎马一生，屡建奇功，举国上下对他都极为尊崇，唐代所有将军中五福临门的只有郭子仪一人。唐肃宗曾高度评价他：“虽吾之家国，实由卿再造。”上元三年，他被肃宗封为汾阳王，并赐建汾阳王府。据《谈宾录》中记载，建设王府过程中，郭子仪担心工程质量，闲来无事就拄着拐杖到现场视察，督促工匠把房子造得更牢固一些。有个老工匠对他说：“请王爷放心，我家祖孙三代都是做泥瓦匠的，在长安不知盖了多少府邸，只见过房屋换主人，还未见过哪栋房屋倒塌的。”郭子仪听后若有所悟，一声不吭地拄着拐杖走了，从此再也没去过工地。老工匠一语成谶。郭子仪去世后四十年左右，在汾阳王府旧宅上建起了法雄寺，仅存当年歌舞楼一角。诗人张籍路过时，写下诗句感叹：“汾阳旧宅今为寺，犹有当年歌舞楼。四十年来车马散，古槐深巷暮蝉愁。”又过了二十多年，晚唐诗人赵嘏于大中年间经过汾阳旧宅，门第更加冷落。赵嘏触景生情，写下了《经汾阳旧宅》一诗：“门前不改旧山河，破虏曾轻马伏波。今日独经歌舞地，古槐疏冷夕阳多。”

为什么历史上有很多个人、企业、王朝会在最辉煌的时刻轰然倒塌、如土委地呢？天狂有雨，人狂有祸，原因就在于巅峰时的狂妄。如同开车，新手开车反倒不容易出大事故，出交通大事故的往往老司机居多。为什么？很多老司机觉得自己车技过人，失去了敬畏之心。

人生向下走的拐点，大多出现在傲慢得意之时。人在何时最易摔跟头？第一，手头有资金；第二，自我感觉好。两个条件具备，人就容易出事。

《道德经》云：“持而盈之，不如其已。揣而锐之，不可长保。金玉满堂，莫之能守。富贵而骄，自遗其咎。功遂身退，天之道也。”越是光芒万丈之时，越要懂得功成身退，名利权位皆是身外之物，千万不要把这些东西抓得太紧，要懂得顺应天道，事了拂衣去，深藏身与名。

第二，关于做事要“顺逆不二”：即时当顺利，常作拂逆想。

孟子曰：“生于忧患，死于安乐。”一个人成长过程中太过顺利，往往不会有太大出息。2019年7月，报纸与网络上都报道了这样的一件事：

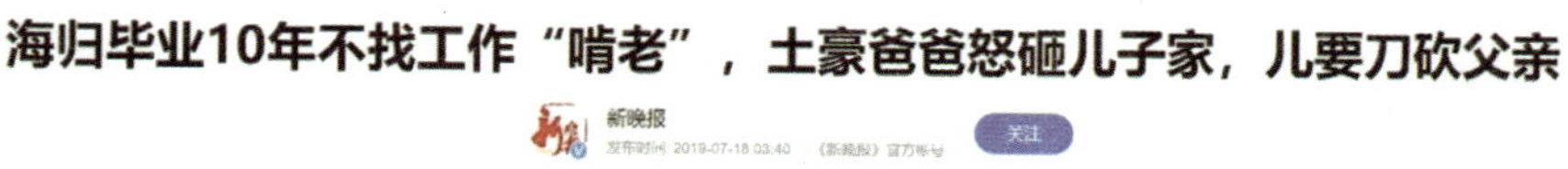
海归毕业10年不找工作“啃老”，土豪爸爸怒砸儿子家，儿要刀砍父亲

新晚报

发布时间 2019-07-18 03:40 《新晚报》官方帐号

关注

图2-15 海归啃老

60多岁的王先生是做生意的，家庭条件不错。儿子34岁，十多年前他

耗资百万送孩子到英国留学，本以为孩子回国后可以找份好工作安心过日子，可让他想不到的是，儿子从英国留学回来后，一直不找工作，整天游手好闲，父子俩为此经常争吵，有时儿子甚至会和他动手。王先生为了让孩子顺利成长，在儿子身上已经砸钱好几百万了，他给儿子买了好房，又买了豪车。可儿子仍然在家“啃老”，他实在看不惯，就把给儿子买的路虎车卖掉了。儿子非常生气，把他的车子给砸了。王先生一气之下，趁儿子不在家时，将儿子家里砸得一片狼藉。7 月 14 日早上 5 点左右，儿子回到家，看到父亲将自己家砸得一团糟，冲上去就要打父亲，并要拿刀砍父亲，王先生的妻子赶紧报警……

现实生活中，顺境淘汰人的数量，要远远大于逆境淘汰人的数量。今天有太多人一心追求自己诸事顺利，既不知道立命之学，又不懂得种子法则，整天在外相上解决问题，真是太遗憾了。

第三，关于财富要“富贫不二”：即眼前足食，常作贫窭想。

我们现在生活条件好，丰衣足食之后，却也出现了很多不应该的浪费。

明朝严嵩，19 岁高中进士，25 岁入仕，62 岁入阁为首辅，大权在握二十余年。严嵩位高权重时大肆敛财，挥霍无度，经常大摆宴席，后厨浪费极其惊人。附近寺院的老和尚看到其府中每天如此浪费，就经常带着弟子们去捡剩下的米，有的米只因不新鲜，还没开袋就被当作垃圾丢弃了。日子久了，老和尚捡回来的米竟存了满满一屋。

后来，严嵩终获恶果，82 岁被革去职，85 岁被削籍为民，儿子严世藩被斩首，孙子被充军，家产被全部没收，自己流落到街头乞讨，却没人给饭吃。看到奄奄一息的严嵩，寺院的老和尚收留了他，才没有被饿死。严嵩对老和尚说："师父，当年我腰缠万贯，却没有来寺院做过一分钱的功德，真是惭愧啊！"老和尚带着严嵩来到存米的屋子，指着满满一屋子的米说："这些粮食都是当年你府上丢弃的，我不忍浪费就捡回来了，你现在吃的正是当年你浪费的粮食。"严嵩听后满脸羞愧，悔不当初。

我们生命中的一切，包括这一生遇到的贵人、得到的财富，都来源于自己的福报。这个世界上并非没有战争，而是我们有幸生在一个没有战争的国家。当下拥有丰衣足食的生活，这是非常大的福报。有福之时更要惜福，越是生活富足，越要常作贫窭想，切不可随意挥霍。兴家犹如针挑土，败业好比水推沙，不懂珍惜福报的人，再好的运气也会烟消云散。

第四，关于名气要"爱惧不二"：即人相爱敬，常作恐惧想。

当下这个快节奏的时代，男喜人敬，女喜人爱，很多人为了出名，无所不用其极。得到鲜花与掌声的人，很容易生起傲慢之心。

俗话说，人怕出名猪怕壮。名气，也是一种福报。在"积善之方"中，了凡先生特别谈到："名，亦福也。名者，造物所忌；世之享盛名而实不副者，多有奇祸。"最近几年，不少明星纷纷出事，尤其是一些靠炒作起来的流量明星，代表作基本没有，却大肆滥交、吸毒、割粉丝韭菜。一些直播带货的头部网红，轻易赚到巨额财富，却故意偷税漏税。诸如此类的德不配位之人，不出事才怪。

《菜根谭》云："伏久者，飞必高；开先者，谢独早。"受人爱戴恭敬的人，当以这一条时刻警醒自己。

第五，关于出身要"尊卑不二"：即家世望重，常作卑下想。

常言说：三代才能培养出一个贵族。出身名门望族的人，更应表现出高贵的风度修养，而非自私傲慢。

每年一期，每期十四天的“了凡传承师”公益课程中，我都会带领同学们去南京夫子庙游学。参观乌衣巷旧址时，大家都会背诵刘禹锡的诗句：“朱雀桥边野草花，乌衣巷口夕阳斜。旧时王谢堂前燕，飞入寻常百姓家。”东晋时期，王导、谢安两人位高权重，王谢两大家族是炙手可热的豪门望族，两个家族彼此联姻，共同左右朝政大局。即使这样，王谢家族最后依然不可避免地衰败了，看着眼前的王谢故居抚今追昔，真是令人感慨万千。

在中国历史上，也有不少传承千年不衰的名门望族。比如江南的钱氏家族，被人赞叹为“千年名门望族，两浙第一世家”。钱氏家族的后裔在江浙地区分布甚广，据考证他们都是吴越开国国君钱镠（852 年 ~ 932 年）的后嗣。

钱氏家族自宋朝以来经久不衰，人才辈出，仅进士就有 350 位。近代以来，钱氏家族更是出现了人才井喷。我们所熟知的三钱：钱学森属杭州钱氏，诺贝尔奖获得者钱永建是其堂侄；钱三强为湖州钱氏，其父是新文化运动著名人物钱玄同；钱伟长则是无锡钱氏，与钱钟书同宗，他们都称国学大师钱穆为叔叔。另外诸如钱复、钱基博、钱俊瑞、钱钟韩、钱煦、钱易、钱文忠等均出自钱门。钱氏家族近代人才状况被总结为“一诺奖、二外交家、三科学家、四国学大师、五全国政协副主席、十八两院院士”。

人们惊叹于钱氏家族后裔的才华横溢，都想挖掘究竟是什么原因让这个家族枝繁叶茂，硕果累累。这一切，还是要从历史中去寻找答案。

钱氏家族的先祖钱镠，生逢乱世，民不聊生，为保家园打出来一个吴越国。作为吴越国的开国国君，他在当政时期贯彻“以民为本，民以食为天”的国策，礼贤下士，广罗人才，奖励垦荒，发展农桑。在位四十一年，战争非常少，社会相对稳定，经济繁荣，百姓安居乐业。其后的钱氏三代五王，都在祖上治世的基础上有所突破和变革，吴越国成了五代时期最为富有的国度。

赵匡胤在陈桥兵变后迅速崛起，他统一中原后，把目光转向了吴越国。钱镠的孙子钱弘俶在北宋未发一兵一卒时，主动带着全族三千余人赶赴开封，面见宋太祖，俯首称臣，这就是历史上著名的“纳土归宋”。纳土归宋是钱氏先祖做出的一次伟大放弃——放弃吴越王位，尊赵氏为帝，舍别归总，将本国所辖十三州、一军、八十六县、五十五万六百八十户、十一万五千一十六士卒，悉数献给宋朝，促成中华统一，开创了中国和平统一的先河。

钱弘俶的委曲求全，正是“家世望重，常作卑下想”的典范。其忠实遵循了祖父钱镠临终遗训：“凡中国之君，虽易异姓，宜善事之。要度德量力，而识时务，如遇真君主，宜速归附，圣人云‘顺天者存’，又云‘民为贵，社稷次之，君为轻’，免动干戈。”由此可见，高瞻远瞩的钱镠，早就料到了这一天，他告诫后人“以民为贵，休为一家之社稷而动干戈。”

在没有外民族侵略的前提下，钱弘俶以牺牲钱氏一家之利，既让国家轻而易举地实现和平统一，也让钱氏家族得以保全宗脉，更让吴越地区免受生灵涂炭，保一方安宁的同时，也种下了无量无边的善种，如此才有钱氏家族传承千年的兴旺发达与人才辈出。

《增广贤文》说：“积德百年元气厚，读书三代雅人多。”钱氏先祖功德至伟，令人赞叹不已，钱氏后裔人杰辈出，乃祖上阴功所致，实至名归。北宋编写《百家姓》时，第一句就是“赵钱孙李”，将钱姓排在第二位，真实反映了百姓对当年钱氏国君为和平统一中国所做正确抉择的拥戴。

第六，关于学问要“深浅不二”：即学问颇优，常作浅陋想。

越是学问深厚渊博之人，越是谦虚有礼。乾隆五十五年状元石韫玉有一副名联：“精神到处文章老，学问深时意气平。”一个人去除了身上的傲气，意气才会平和谦卑；虚怀若谷，方有益于自己成长。傲慢之人都有强烈的我执，总觉得自己非常了不起，对待任何问题都习惯从自我出发，进而更加我执，最终导致自己“一叶障目，不见泰山”。

《论语·八佾篇》中，有记录孔子入太庙的典故。子入太庙，每事问。或曰：“孰谓鄹人之子知礼乎？入太庙，每事问。”子闻之，曰：“是礼也。”孔子年轻时在鲁国公室任职，到太庙当助祭，每做一件事都要问。有人看到孔子的表现与传说中的不一样，便讥讽道：“谁说叔梁纥家的小子懂得礼呢？他到了太庙，每件事都要向别人请教。”别人的非议，传到孔子耳朵里，他却心平气和地一笑，说道：“我这样做正是合乎礼的呀！”

孔子自小就“常陈俎豆，设礼容”，素以知礼闻名，是一位重量级的礼仪专家，所以才被派遣到太庙做助祭。为何孔子进入太庙没去指导工作人员，反而像个小学生追问“十万个为什么”一样四下请教呢？后世很多崇拜孔子的人，在解释这句时总强调是孔子好学。可问题是，孔子再怎么好学，也不至于无知到把自己早就明白的事情全都问一遍吧？

其实，孔子这样做正是他待人接物的圆融高明之处，更是他“学问颇优，常作浅陋想”的大智慧。学识渊博会让人产生一种权威感，无形之中也会给他人压力与逼迫，孔子的人情练达之处就在于，他是鲁国顶级的礼仪专家，却没有像专家那样傲慢地指手画脚，而是与太庙里的同行平等切磋。孔子没有摆出“我是专家我最懂”的高高在上，也没有指出“你们很多布置都不合规矩”的盛气凌人，而是把自己一身的学问全部放下，用“我是来学习的”姿态与人沟通，自然会让大家如沐春风，轻松愉快，畅所欲言。

从史书的记载看，孔子年轻时，也曾锋芒毕露、恃才傲物。他问礼于老子时，老子看出他的锐气逼人，便劝诫他去掉骄气，要虚怀若谷，修和光同尘。孔子虚心受教并精进践行，才有了这里的“入太庙，每事问”。孔子虽然学识渊博，却能与人无隔，平等相待，这种“有若无，实若虚”的风度，正是得道圣人才有的被褐怀玉、深藏若虚。他明明像太阳一样光明璀璨，却主动收敛自身耀眼的光芒，这就是圣人的伟大之处。

好书不厌百回读，细品深思得其真。苏格拉底说：“我最大的智慧，就是我没有智慧。”这句哲理名言，值得我们每个人慢读、细品、深思。

28 了凡六思

【原文】远思扬祖宗之德，近思盖父母之愆[①]；上思报国之恩，下思造家之福；外思济人之急，内思闲[②]己之邪。

【译文】于远要常思，如何继承发扬祖宗的遗德；

于近要常思，如何妥善弥补父母的过失；

对上要常思，如何报效国家的护佑之恩；

对下要常思，如何积功累德为家族造福；

外在要常思，如何救济他人的急难之处；

内在要常思，如何防止自己的心生邪念。

【解读】

悦

这段内容也叫作“了凡六思”，前面的“了凡六想”概说“如何成功不败”，这里的“了凡六思”则是从落地实操的角度，论述“怎样做才能获得成功”？详细讲解个人成功具体要在“远近、上下、外内”六个方面践行，同时也为后续“改过之法”与“积善之方”的开启埋下了伏笔。

了凡六思：获得成功的六大关键

了凡六思与了凡六想统称为“了凡思想”。“了凡思想”不是了凡的个人

① 愆：过失。
② 闲：防范。

想法，而是“了凡成圣”后的了凡智慧总结，不可等闲视之。

远思扬祖宗之德

第一思——远思。我们身为后代子孙，要时刻感念并弘扬祖宗美好的德行。“积善之家，必有余庆”清晰地告诉我们：今天我们拥有的一切，除了有自己的努力，更多还是来自于祖宗的福荫，每个家族的祖宗都是以这样的方式庇护子孙、恩泽后代的。

我的家族堂号名叫“尚义堂”，据尚义堂《葛氏五修族谱》记载，我的家族始祖念一公，山东青州府益都县喜鹊窝人氏，性豪侠，明《易》理，宦游江南。值洪武兵北上灭元，遂滞留于桃源（今泗阳县）之崇河乡定居垦殖。积谷生财，家道殷实，犹乐善好施，每逢岁饥，辄疏财救济，得其惠者不下数万，邑宰因命其乡为恩福乡。

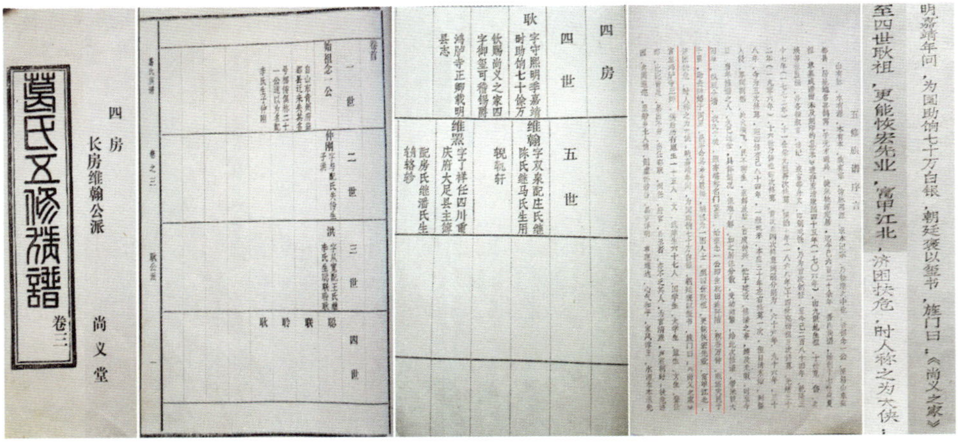

图2-16 葛氏家谱

家族四世祖名讳葛耿，字守熙。其尤能恢宏先业，为江北巨富，且侠义好学，见老弱贫病者，即不吝施予。嘉靖四年（乙酉，公元1525年），见城内古迹濒毁，独自出资修葺三义古刹，人皆誉之为“江左大侠”。明嘉靖四十五年（公元1566年），岁值大荒，朝廷因连年用兵，导致国库极度匮乏，葛耿捐白银七十万两，以济国防之需。朝廷嘉其忠义，钦赐玺书“尚义之家”以旌其门，并擢拔其为“鸿胪寺正卿”，“尚义堂”堂号由此而定。

我的父亲是教师，我的太太也是教师，再加上我，我们家有三个人从事教育事业。我今天取得的些许成绩，亦是全赖祖宗的福荫庇佑。

每个家族的家谱中，都有预先给子孙定好的辈分用字，加上起的名，两者结合就是我们来到这个世界的使命。把辈分的字次第相连，就是祖宗对子孙及家族可持续发展的战略期望。

我组织过三次赴韶山毛主席故乡的游学活动，在毛主席故居、毛氏宗祠等处收集了第一手资料。韶山毛氏的始祖名叫毛太华，韶山毛氏家族的家风以劲直尚气、强悍好胜为主要特征。这种家风的形成，一方面归因于长途迁徙、开创新基的家族背景，另一方面则源于从军打仗、驰骋疆场的家族传统。

图2-17 毛氏宗祠

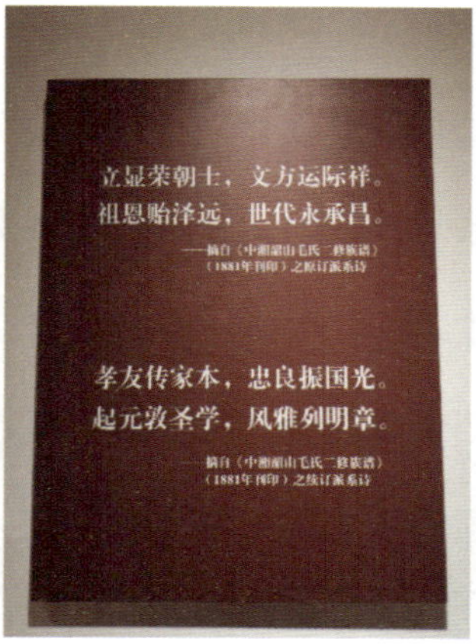

图2-18 毛氏辈分

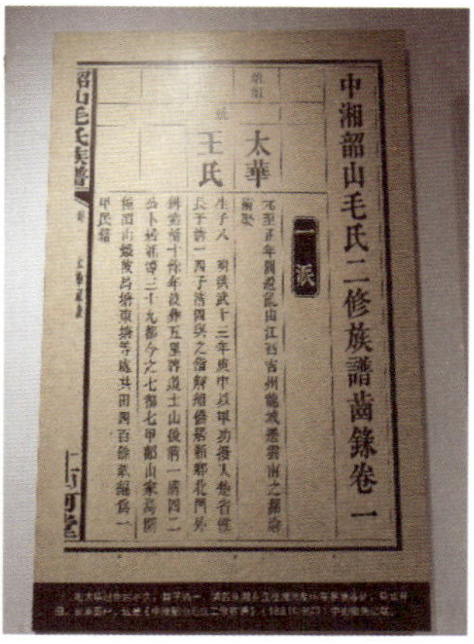

图2-19 毛氏始祖

毛氏家族的始祖毛太华“以军功拔入楚省”。元至正年间，毛太华为避战乱从江西吉水迁徙云南，在那里娶妻生子，并参加了朱元璋平定边疆的战争，立下军功顶补洪武垛籍。王朝鼎革，尘埃落定，为补湖南人口本之不足，朱元璋下令从外省移民实湘。在这种背景下，毛太华率领全家从云南迁至湖南。毛氏宗族从第一代到第六代，一直没有固定的谱系，直到第七代，才制定了族谱，之后便严格遵守第七代的族谱谱系传家。毛氏宗祠正厅两侧的长联写得非常好，上联：现在之福，得于祖宗，不可不享，享之必报；下联：将来之福，贻于子孙，不可不培，培之必昌。

2019 年 5 月 6 日，我去山东日照讲课，青岛了凡同学毕德锋、徐永萍夫妇开车送我，我们一行顺路到了日照涛雒镇的诺贝尔奖获得者丁肇中祖居游学。

丁肇中的曾祖父丁惟堦，曾是朝廷候选中书科中书，五品衔，赏戴蓝翎，诰授奉直大夫。丁惟堦一脉的堂号取名为“种德堂”，“种德”二字取自王阳明《传习录》中的“种树者必培其根，种德者必养其心”，“种德堂”大门上的对联是：向阳门第春常在，积善人家庆有余。

丁肇中的祖父丁履巽，是热心乡间办学的开明绅士，37 岁时因牙病感染而英年早逝，家中靠其祖母郑氏一个人含辛茹苦将六个孩子抚养成人：长子丁砚海是山东师范大学外语系教授，曾任济南市政协委员；次子丁观海（丁肇中父亲）早期曾参加进步学生组织，出国后专精工程力学，是国内土木工程学系讲授弹性力学的第一人；四个女儿中，两位早年奔赴延安参加革命，两位抗日战争胜利后在青岛的联合国救济总署工作。

图2-20 丁肇中祖居

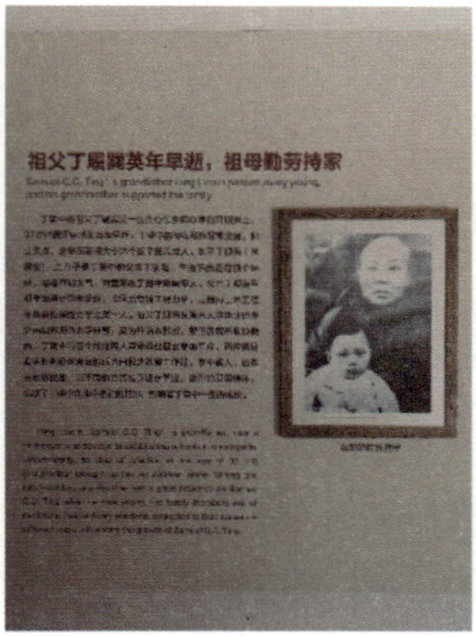

图2-21 丁肇中祖母持家

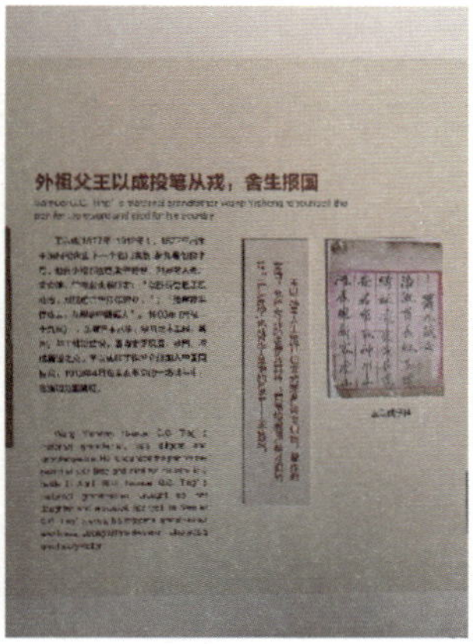

图2-22 丁肇中外祖父

丁肇中的外祖父王以成，出生于海阳招虎山下一个名门望族，早年投笔从戎，有志反清救国，是中国同盟会成员，1912 年 4 月在辛亥革命的一场战斗中，于山东诸城为国捐躯。

丁肇中的祖辈亲人，位卑未敢忘忧国，均以不同方式投身进步事业，浓烈的爱国情怀深深浸入丁肇中的血脉，也影响着丁肇中一生的成长。丁氏家族的生命大树上，终于在 1976 年结出了一个诺贝尔物理学奖获得者的巨大果实。

我们能够理解"前人栽树后人乘凉"的道理，内心自然就能常思来处。我们要努力弘扬祖宗的美好德行，明白家族的每一代人都有积福传家的使命，要做一个好祖宗，养出好儿孙，如同长跑接力赛的选手，每一代人都要把手中家族传承、兴家旺业的接力棒接好、交稳，这才是孝子贤孙的生命要义。

近思盖父母之愆

第二思——近思。我们身为儿女，要常思：如何妥善地弥补父母的过失。

每个人生下来都如同一块璞玉，既内藏美玉，也伴有瑕疵过失，我们如此，父母亦如此，均需良工巧匠精心雕琢后方成美物。《孟子·梁惠王下》云："今有璞玉于此，虽万镒，必使玉人雕琢之。"君子如玉，人弥补了过失，即如璞玉剔除了杂质瑕疵而显现出本有的温润之美。

中国已进入老龄化社会，养老成为重要的社会问题，有很多人大谈特谈养老，可问题是：养老究竟养什么？很多人所谈的“养老”真的是养老吗？

今天很多老人并不是老了，而是衰了。衰是里外的一起枯萎，老是内在的固本培元，老是根本、是成熟、是长久、是圆满与智慧。比如老爸老妈、老家、老同学、老朋友、老物件、老黄牛、老马识途等。

曾国藩在家书中说：“凡盛衰在气象：气象盛，则虽饥亦乐；气象衰，则虽饱亦忧。”今天的老人忧多乐少，活得没有朝气与希望，一些老人只是混吃等死，根本没有积福传家的志向，也不懂得根深叶茂、本固枝荣的道理，个别老人甚至在“积祸害家”。

《孟子·离娄上》曰：“不孝有三，无后为大。”多数人只记住了第三条的“不娶无子，绝先祖祀”，却忽略了第一条的“阿意曲从，陷亲不义”与第二条的“家贫亲老，不为禄仕”。“阿意曲从，陷亲不义”是指父母明明有错，做儿女的却毫无原则地顺从，不仅不帮助父母改过，反而支持他们任性而为，陷双亲于不义，让父母留下骂名。“家贫亲老，不为禄仕”是指家境贫困与父母年老时，仍不思进取，无法为老人提供良好的赡养条件。

养老有四个层次：养身、养心、养志、养慧。今天的生活普遍吃喝不愁，老人“养身”基本没问题，那老人还需养什么呢？

第一，养心情。

俗话说，笑一笑，十年少。今天的老人普遍怨气重、怒气大、脾气差，导致自己正气不足，真气不从，疾病缠身，可是他们不但不正视自己身上的毛病，却相信每天大把吃药才是保持健康的唯一方法。殊不知字里藏医，药的繁体字“藥”揭示了“樂”才是良药，老人心情好，对于自身健康极其重要。

第二，养志气。

子曰：“三军可以夺帅也，匹夫不可夺志也。”很多老人养猫、养狗、养花、养鸟，唯独不养志气。有志有气，无志气衰。老人内在没有志气，必然活得迷茫。

第三，养智慧。

“人生世间，惟死生为重”，很多老人缺乏信仰，也不学习圣贤经典，智慧不足。“家有一老，如有一宝”，有智慧的老人，才是家里的宝藏。

第九期“了凡领导力”课程中，有一位热心公益的刘跃臻学长，她是山东烟台臻道健康的创办人。跃臻学长学完“了凡领导力”课程，特别注重践行，个人收获很大，后来陆续担任课程的辅导员、主持人，个人成长很快。这些年来，她不但自己坚持学习，而且接引自己的员工、客户与朋友一起参加学习。

跃臻学长的父亲是一名小学教师，老人家为人正直，性格刚毅，说话难免会比较直接，退休后身体不是太好，脾气也有点大。跃臻学长一直有接引父亲参加课程学习的心愿。开始时，她的话刚说出口，老人就以一句“我不用学习，给我钱我也不学”直接拒绝她，但跃臻学长从未放弃。

精诚所至，金石为开，2021 年 11 月，跃臻学长以到青岛即墨古城参观为由，终于顺利接引父母一起走进了第 67 期“了凡领导力”课程。老父亲听课非常认真，还记了很多笔记。学完课程之后，老人家改变很大，脾气也柔和了许多，现在还会经常表白赞美老伴，跃臻学长对此评价说：“真是太不可思议了。”

金无足赤，人无完人，人非圣贤，孰能无过？每个人的一生都有许多过失，我们如此，父母亦如此。在今天这个时代中，“近思盖父母之愆”很有实际意义，我们如果能够妥善地支持父母改过，则善莫大焉。

上思报国之恩

“上思报国之恩”讲的是建功立业、报效国家的“忠”。

今天的世界并不太平，地缘战争此起彼伏，民族冲突层出不穷，覆巢之下，焉有完卵？看到国外很多深受战争其害的难民，我们才能理解“宁为太平犬，莫作离乱人”的意义。人民有信仰，国家有力量，民族有希望，作为一名中国人，我们何其有幸，能生于华夏盛世，在一个伟大复兴的国度里见证百年之大变局。于情于理，我们都要常思报国之恩。

下思造家之福

“下思造家之福”说的是培根固本、积福传家的“孝”。我们每个人都是祖宗的子孙，未来也会成为子孙的祖宗。生命的第一要义就是传承，共同守护家族的生命大树根深叶茂、硕果累累。

明朝宰相张居正在《翰林院读书说》中说：“根本固者，华实必茂；源流深者，光澜必章。”根本坚固的，必定会花朵纷繁，果实累累；水源深邃的，必定会水光波澜，清澈明亮。我们既然要做祖宗，就要做个好祖宗，做一个常思造家之福的祖宗，做一个行善积德值得子孙骄傲的祖宗。

外思济人之急

“外思济人之急”，是指对外要主动播种善种子，身口意三门要时时动善念、行善行、说善语。遇人多想“我爱你”，急人所急，无我利他。

内思闲己之邪

“内思闲己之邪”，是指对内避免种下恶种子，时刻保持高度觉知，不可动邪念、行恶行、说恶语。遇事多想“我错了”，才能惟谦受福，快速进步。

29 日日改过

【原文】务要日日知非，日日改过。一日不知非，即一日安于自是；一日无过可改，即一日无步可进。天下聪明俊秀不少，所以德不加修、业不加广者，只为“因循[①]”二字，耽搁一生。

【译文】务必要每天反省自己的不足，及时改正过失。只要有一天没反省到过失，这一天就满足于自以为是；只要有一天没有过错可改，这一天就没有进步的地方。天底下有很多聪明优秀的人，他们之所以不能修身立德、广积善业，只因懒惰拖延，白白浪费了自己的一生。

【解读】

了凡先生讲完了六思六想，又语重心长地对儿子提出了“一日三省”与“知非即改”的两大修身原则。

务要日日知非，日日改过。一日不知非，即一日安于自是；一日无过可改，即一日无步可进。

修行就是修心，改过才能除灾。人的自身过错不改，行善也没有力量！很多人最不愿意干的事情，就是自己亲口承认一句“我错了”。

《论语》开篇第四句，宗圣曾子为我们讲述了一个儒家非常重要的修身方法——“一日三省”。曾子曰：“吾日三省吾身：为人谋而不忠乎？与朋友交而

① 因循：拖延、迟疑，因循守旧，固步自封，沿袭旧有的习气而不知改变。

不信乎？传不习乎？”通过反省，我们可以快速找到自身的不足，并及时改正，既能提升自身的觉察力，也可以在反思中完善人格。

今天有不少女人特别喜欢讲“女人一定要懂得爱自己”，什么是爱自己？是吃好、穿好还是住好？这些不过是物质上的享福而已，福一享就消掉了，并不是真正爱自己。《易》曰：“风雷，益。君子见善则迁，有过则改。”如同剔除玉石中的瑕疵，我们不断改掉自身的过失修清净心，才是真心爱自己。

第十八期“了凡领导力”课程中，有一位热爱学习的王萍学长，她现在是一位环境及数字能量老师。当年她参加课程之后，觉知到自己话比较多且传统文化底蕴不足，她当即报名参加 2016 年第二期的西藏圣地游学课程。课程结束前，王萍学长在布达拉宫广场上诚挚发愿：终身传播中华优秀传统文化，做一名优秀的传统文化老师。这么多年，王萍学长持续行愿，拿出真金白银四处拜师学艺，深入学习国学经典。她把原先的多话替换成“言谈悦人心”，在她自己的课程中，给予学员很多的赞美与鼓励。脱胎换骨后的王萍学长，蜕变成传播优秀传统文化的王萍老师，她以国学经典为基础，持续传播中华传统文化。

子曰：“过而不改，是谓过矣。”学习传统文化，很多人都有设定自己的早晚课，早晚课诵读经典不是完成任务，更不是读给圣贤听的，经典是用来践行的。早课是为了提醒自己，今天待人接物时不要忘记圣贤的教诲，务必要身体力行。晚课是为了反省自己，今天的言谈举止有哪些优点与不足？好的明天继续，错的明天改正。这样做早晚课，才真正有意义。

了凡先生在这里传授的“一日三省”与“知非即改”两大修身原则，对于我们每个人都有很好的借鉴意义。

为何很多优秀的人一生碌碌无为

天下聪明俊秀不少，所以德不加修、业不加广者，只为“因循”二字，耽搁一生。

今天聪明优秀的人太多了，但有所成就的人太少了，了凡先生在此直言很多人心想事不成的关键原因是“因循”二字。

网络上曾流传一篇“3300名高考状元没有一位成为行业领袖”的文章，讲述了中央教科院的一项调查结果：从1977年国家恢复高考以来，共产生了3300多名高考状元，绝大多数高考状元都没成为行业领袖。另外，艾瑞深研究院也有类似调研结果，高考状元毕业后多从事高薪职业，成才率远低于社会预期。

高考状元是典型的“聪明俊秀”，为何高考状元成才率远低于社会预期呢？北大中文系钱理群教授对此一针见血地剖析，他说：“我们的一些大学，包括北京大学，正在培养一些‘精致的利己主义者’①，他们高智商，世俗，老道，善于表演，懂得配合，更善于利用体制达到自己的目的。这种人一旦掌握权力，比一般的贪官污吏危害更大。”

一个人的高考成绩及所受的教育程度，并不能决定他在相关领域的地位。应试教育模式下，学校在想如何提高升学率，家长在想如何买到好的学区房，学生在想上好大学毕业后如何轻松就业赚大钱。无论是学校、家长还是学生，都很少去想一个人该如何沉下心来做修身立德的大事。

一切都在加速奔跑的社会中，人们都想尽快取得成果——赚钱要赚快钱，吃饭要吃快餐，吃药要吃速效，恋爱要求速配。总之，大家都追求一个

---

① 百度百科：精致利己主义者

"快"字。过分求快，人心就会浮躁，浮躁的人很难专心致志地做好一件事。

有很多青蛙一起玩耍，它们看见一个高耸入云的铁塔。于是有青蛙提议，如果大家能一起爬到塔顶看风景该多美啊！其他青蛙一听，觉得很有道理，于是纷纷响应号召，大家便一起爬向塔顶。刚开始时，青蛙爬塔的队伍真叫一个声势浩大。可爬着爬着，太阳晒得青蛙们气喘吁吁，口渴得要命。于是就有青蛙怀疑当初的提议，说："我们傻不傻，为什么要爬塔啊？既吃苦又受累，何必呢？在地面上不也同样看风景嘛！"其他青蛙觉得说的也是，傻乎乎地爬上去有什么意义呢？于是，很多青蛙便接二连三地退了下来，并且嘲笑自己当初的想法说："真是个傻子，塔那么高，我们那么小，是不可能爬上去的，为什么要不自量力呢？"所有放弃的青蛙，都觉得自己的决定无比英明正确。

唯有一只小青蛙，不管别的青蛙如何议论、如何喊它放弃，它都像没听见一样，持续以缓慢的速度爬向塔顶。终于，小青蛙成功了，它顺利地爬上了塔顶，在塔顶上，它看到了在地面上永远都看不到的风景。从塔上下来以后，其他青蛙都对它钦佩得不得了，它也成为了青蛙们崇拜的偶像。

有青蛙记者采访它："到底是一种什么样的力量，让你坚持爬到了塔顶？"让人啼笑皆非的是，原来这只青蛙的听力不太好，当其他青蛙议论纷纷时，它一句都没听见，内心只有一个简单想法：爬上去！最后它成功了。

这只小青蛙不是最强大的，也不是最聪明的，因为耳背而因祸得福，它排除掉所有干扰，凭借自己坚强的信念，心无旁骛地达成当下每一步目标，最终创造出奇迹，取得了令所有青蛙都羡慕的成果。

读懂李白《早发白帝城》的深意

我们这一生要想有所成就，也一定会遇到各种各样的挑战，面对挑战我们该怎么办？是“因循”放弃主动躺平？还是挑战自我坚定前行？我想借新解唐诗《早发白帝城》与大家分享心得。《早发白帝城》是李白作品中广为流传的一首诗，几乎人人都会背诵：

朝辞白帝彩云间，千里江陵一日还。

两岸猿声啼不住，轻舟已过万重山。

很多人把这首诗理解成李白在描写风景：早晨我告别彩云缭绕的白帝城，千里之外的江陵只需一日航程。两岸猿声还在耳边不停回荡，轻舟早已驶过万重山峦。很多诗词赏析也人云亦云地点评：李白这首诗，把自己愉悦的心情和壮丽多姿的山河以及顺水行舟的轻快融为一体，写得妙然天成……

可是，李白写这首诗真的是这样简单吗？我们真的有读懂李白吗？

《三国演义》开篇词《临江仙·滚滚长江东逝水》的作者杨慎，是明朝著名学者，明武宗正德六年（1511 年），二十四岁的杨慎考中状元。杨慎的政治生涯非常坎坷，他对《早发白帝城》一诗极为赞叹，曰：“惊风雨而泣鬼神矣！”杨慎对此诗能给予如此高的评价，恰恰说明这首诗一定有不为人知的精彩之处。李白写这首诗，他究竟想表达什么呢？

唐诗宋词，一言以蔽之：诗为心声，词乃情物。

想要读懂李白这首《早发白帝城》，就要了解写这首诗的历史背景。李白于公元 701 年出生，762 年去世，仅活了六十一岁。唐至德二年（757 年），五十七岁的李白受邀三次之后，进入了永王李璘的幕府，随后写出组诗《永王东巡歌》，在赞颂永王“功绩”的同时，也抒发了自己的远大抱负。后永王因擅自引兵东巡，被唐肃宗以阴谋叛乱而征剿，永王兵败后，李白也因此在浔阳入狱，后被判罪而流放夜郎（今贵州桐梓）。

乾元二年（759年），因关中大旱，朝廷宣布大赦，规定死者从流，流以下完全赦免。还有两年即将离世的李白，此时正在流放赶赴夜郎的途中，经过了一路辛苦的颠沛流离，于白帝城时，突遇朝廷大赦而重获人身自由。

李白作为唐代伟大的浪漫主义诗人，被后人誉为“诗仙”，杜甫赞他“李白斗酒诗百篇”，余光中叹其“绣口一吐，就是半个盛唐”。如此名动天下的人物，若写《早发白帝城》只为描绘一下风景，抒发一点心情，如何能匹配他“诗仙”的称号呢？不可否认，在诗里确有一丝遇赦时的愉悦，但李白之所以伟大，就是在遭受无妄之灾以后，仍能写出格局宏大、用词绝妙的诗句：

“朝辞白帝彩云间”，一个人设定好自己的梦想，就必须从那虚无缥缈的彩云高处下来，要脚踏实地去行动。

“千里江陵一日还”，如此才能让梦想照进现实，顺利抵达千里之外的江陵（荆州）。

“两岸猿声啼不住”，在向着自己梦想精进前行的航程中，一定要有勇气面对两岸持续不断的“猿声”——各种控制、否定、诽谤与捧杀。

“轻舟已过万重山”，梦想从来不会放弃人，只有人会放弃梦想。在前行的道路上，面对各种纷至沓来的打击，我们唯一要做的事情，就是坚定自己的信念，无论他人如何愤怒地呵斥、嫉妒地贬低、卑鄙地抹黑、虚伪地捧杀，都不用放在眼里。如此，前进的航船才能“轻”装上阵，越过万千重山的阻隔，创造出不可思议的奇迹。

面对自己的梦想，我们要拿出那个爬上塔顶青蛙的“傻子精神”，走自己的路，让别人去说吧，“傻子”的力量一定灵！

30 信受奉行

【原文】云谷禅师所授“立命之说”，乃至精至邃，至真至正之理，其熟玩而勉行之，毋自旷[①]也。

【译文】云谷禅师所传授的立命学问，是最精辟深邃、最真实中正之理，你务必要深刻领会，精进践行，千万不可放纵自己而荒废宝贵的一生。

【解读】

“立命之学”是世间四至之理

云谷禅师所授“立命之说”，乃至精至邃，至真至正之理。

了凡先生最后对“立命之学”进行总结，连续用了四个“至”：至精，是纯粹之至；至邃，是道理极深；至真，是丝毫不假；至正，是不偏不邪。

了凡先生以此告诉儿子，云谷禅师所传授的立命之学，没有丝毫虚妄偏邪，他一生依此精进修学，真实改造了命运：原来命里只是秀才，后来中了进士；原来命里无子，后来生了儿子；原来命中在四川为大尹，后来做了顺天府宝坻知县；原来命中只有五十三岁，最后活到了七十四岁。这些结果个个属

① 旷：荒废、耽误

实，足以证明云谷禅师所授“立命之学”是世间完美无缺之理。了凡用“四至”赞叹的目的，还是为了强调“必”字，希望儿子要坚定生“信”。

其熟玩而勉行之，毋自旷也。

“熟玩而勉行”是指深刻领会并精进践行“立命之学”，有解无行，会增长邪见，有行无解，则增长无明。之于我们，“熟玩而勉行”有六个层次：

第一，读熟，认真把《了凡四训》熟读，才能够在践行时信手拈来；

第二，问熟，要敢于提问，把不明之处搞清楚，自己内在没有疑惑；

第三，想熟，把所学内容印刻在脑子里，能够思考通达，理论自洽；

第四，做熟，学习稻盛和夫，践行要“付出不亚于任何人的努力”；

第五，写熟，要能把自己践行心得写出来，建立系统化的理论框架；

第六，讲熟，做个子孙的好祖宗，要能把自己心得讲明白、传下去。

《实践论》说：“感觉到了的东西，我们不能立刻理解它，只有理解了的东西，才能更深刻地感觉它。”真心渴望改变自己命运的人，一定要学好“立命之学”，做到知行合一。王阳明在《传习录》说：“知者行之始，行者知之成。”最后，再次回顾“立命之学”的五大核心关键字：必、信、行、谦、得，与诸君共勉。

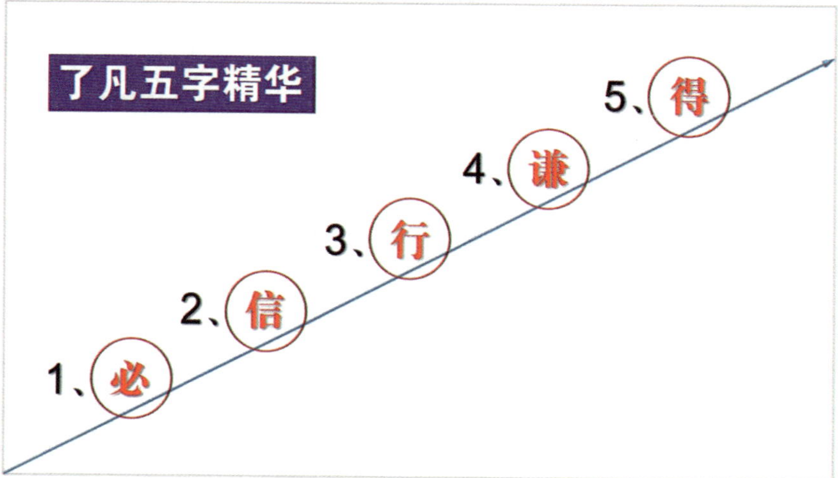

图2-23　了凡五字精华

第三章　改过之法

"改过之法"题解

"改过之法"作为《了凡四训》的第二篇，重点讲述改过的方法，阐发"诸恶莫作"的道理，与第三篇"积善之方"所阐发的"众善奉行"共同构成"命由己造"的实践之道。两篇是《了凡四训》全书的最核心部分，其重要程度相当于经典中的"正宗分"。第一篇"立命之学"是侧重于讲命运的原理，类似于经典中的"序分"。

人要想改变命运，获福而远祸，要么主动行善积德，要么经历磨难改过，除此二法，别无他途。

在大多数常人的认知里，人要改变命运，肯定先从行善开始。在"改过之法"中，了凡先生提出的"未论行善，先须改过"之理发人深省，提出的"三心三法"更是帮助改过者落实践行的利器。

改过三心：

第一，要发"耻心"，人应该德慕圣贤，耻心为改过之要机。

第二，要发"畏心"，人虽过在隐微之处，而天地神明鉴之。

第三，要发"勇心"，改过必须要奋然振作，不可迟疑等待。

了凡先生借讲"杀生"与"好怒"两种世人的常犯之过，详解了改过有上中下三种方法：

最上的改法，是从"心上修"，可以"如斩毒树，直断其根"。

中等的改法，是从"理上明"，能够"此理既明，过将自止"。

下等的改法，是从"事上禁"，容易"强制于外，东灭西生"。

文章最后，了凡先生分别列举"改过八益"与"犯错七恶"的效验，同时借孔子挚友蘧伯玉精进改过的故事，阐述"吾辈身为凡流，过恶猬集"的现实，告诫儿子切不可"心粗而眼翳，不见己过"，一定要"常思往事，反省过错，舍旧图新，幸勿自误。"

01 吉凶之兆

【原文】春秋诸大夫，见人言动，亿[①]而谈其祸福，靡不验者，《左》[②]《国》[③]诸记可观也。大都吉凶之兆，萌乎心而动乎四体，其过于厚者常获福，过于薄者常近祸。俗眼多翳[④]，谓有未定而不可测者。

【译文】春秋时各诸侯国的大夫，通过观察一个人的言谈举止，就能推断此人的吉凶祸福，没有不灵验的，《左传》和《国语》这些书中有很多记载可以看到。所有吉凶的预兆，皆先萌动于内心，然后表现在行为。心地宽厚之人常获福报，刻薄自私之人常招灾祸。俗人的双眼被成见遮蔽难见真相，就说祸福无常且无法预测。

【解读】

学习《了凡四训》，不仅仅是学了凡，更要做了凡、得了凡、成了凡，最终了凡成圣。“了凡”就是了结凡夫心想事不成的生命状态，“成圣”就是成就圣人心想事成的生命状态。

我们明白了“立命之学”的“必”与“信”，下面最重要的步骤就是

---

① 亿：通“臆”，推测、揣度。

② 左：即《左传》，原名《左氏春秋传》，相传是春秋末期鲁国的史官左丘明所著，是中国古代一部叙事完备的编年体史书，更是先秦散文著作的代表。

③ 国：即《国语》，相传也是左丘明所撰，是我国第一部国别体史书，编纂方法是以国分类，以语为主，故名“国语”；书中包括各国贵族间朝聘、宴飨、讽谏、辩说、应对之辞以及部分历史事件与传说。

④ 翳（yì）：遮掩，眼球上生的障蔽视线的白膜（白内障）。

“行”，而“行”的第一步，就是“知过改过”。

“改过之法”源于了凡先生《祈嗣真诠》[1]的第一章“改过第一”，在“立命之学”的结尾处，了凡先生告诫儿子“务要日日知非，日日改过”。可见了凡先生对“知过改过”极为重视。《黄帝内经》云：“圣人不治已病，治未病；不治已乱，治未乱。”了凡先生借本章的讲述，希望儿子袁天启能够效仿圣人，在自身过失尚处在萌芽状态时，就能及时觉察并予以消灭。

图3-1 祈嗣真诠

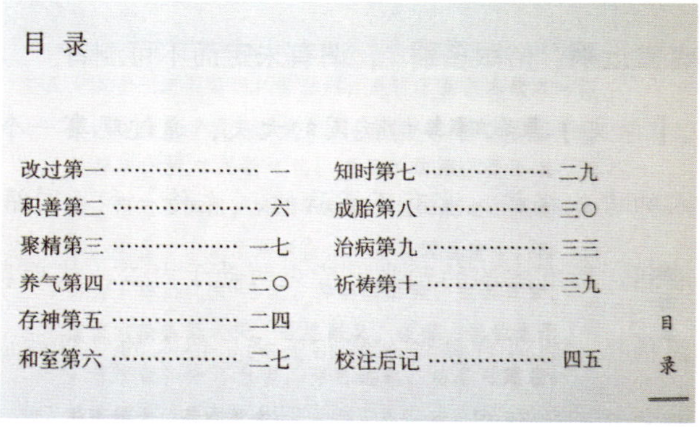

目录

目录

图3-2 祈嗣真诠

在这个世界上，绝大多数人都认为自己是个好人，我们很多时候不仅对于自身的凡夫习气觉知甚少，还经常会自以为是地对别人指手画脚。《荀子·荣辱》云：“凡斗者必自以为是，而以人为非也。”自以为是的人，认为自己的想法与做法都无比正确，可就是难以心想事成。只要经常心想事不成，就说明自己还是个凡夫俗子。

王阳明说：“破山中贼易，破心中贼难。”我们生命中之所以会出现很多苦厄，就是因为心中有太多的错误知见。如果不能把心里这些为非作歹的家伙给破除掉，它们就会把我们一直围困在凡夫的窠臼中不得解放。

---

① 《祈嗣真诠》：祈嗣就是祈求生育子嗣；《祈嗣真诠》意思表明该书是研究如何生育后代之要诀的一部专书。全书共分为十篇，依次为改过、积善、聚精、养气、存神、和室、知时、成胎、治病和祈祷。

《西游记》第十四回隐藏的修行秘密

凡夫的眼睛是监狱，俗人的思想是牢笼。

凡夫俗子靠感官去认知世界，感觉世界是什么，就会把它当什么，最终忽略了世界本身是什么。

《西游记》第十四回名为“心猿归正，六贼无踪”，孙悟空在上路取经之前先打死了六个山贼。这六个山贼是什么人？看一下他们的名字就明白了：眼见喜、耳听怒、鼻嗅爱、舌尝思、身本忧、意见欲。我们亦是如此，在修行的道路上，如果不能破除自己的错误知见，就难以上道前行。

春秋诸大夫，见人言动，亿而谈其祸福，靡不验者，《左》《国》诸记可观也。大都吉凶之兆，萌乎心而动乎四体，其过于厚者常获福，过于薄者常近祸。俗眼多翳，谓有未定而不可测者。

春秋战国是一个百家争鸣、人才辈出、学术风气极其活跃的时代，它是我们中华民族过去三千年文明史上文化最繁荣的历史时期。春秋时期，周王朝由强转弱，王室日益衰微，分封制下形成了众多大大小小的诸侯国。

各个诸侯国的士大夫阶层，他们都有一种能力，只要看到一个人的言谈举止，就能推测出此人的吉凶祸福，而且非常灵验。不明白就理的人，会觉得很神奇，其实原理并不复杂。古人都注重修身养性，连坐都是跽坐，跽坐既可以内外调和，和气护身，又能够端正心性。所以，这些士大夫在看人时，都能观人气象的盛衰。

通过一个人的言语表达，可以推测其大致的吉凶祸福。《易》曰：“吉人之辞寡，躁人之辞多。”吉祥的人言辞少，浮躁的人话语多。俗话说，言多必失，祸从口出。就是这个意思。

通过一个人的行为举止，也可推断其大致的吉凶祸福。比如喜欢跷二郎腿的人，要么傲慢、要么自卑。再比如抖腿，树摇叶落，人抖福薄。男人爱抖腿说明肾精不足，导致肝风内动，敛不住虚火，做事容易急躁、不理智，所以事业往往难以成功。如果女人爱抖腿，一方面说明肾水不足，心性浮躁；另一方面，肝开窍于目，肾水滋养不了肝木，眼神就会漂移不定，不仅没有温柔贤惠的观感，反而显得人很轻浮。所以，民间才会有“男抖穷，女抖贱”一说。

一个人的吉凶预兆，都是意念先动，然后才通过外在的言行举止表现出来。《心相篇》说：“心者貌之根，审心而善恶自见；行者心之发，观行而祸福可知。”仁慈宽厚之人，常会得福；薄情寡义之辈，易招灾祸。可是智慧缺乏的凡夫俗子，被错误的知见遮蔽了心灵，如同眼睛得了翳病一样，难以观见实相，总说祸福是不确定的，而且是无法预测的。

《心相篇》说：“愚鲁人，说话尖酸刻薄，既贫穷，必损寿元；聪明子，语言木讷优容，享安康，且膺封诰。”愚蠢的人说话尖酸刻薄，会因此减损自己的福报，贫穷短命。大智若愚，真正的大智之人大都寡言少语，举止悠然从容，会因此增加自己的福报，富贵安康。

孔门三千弟子中，贤者七十有二，排名第二的是曾子，曾子著《大学》，继承了儒家的道统。《论语》中孔子评价曾子“参也鲁”。“鲁”并非鲁莽，而是质朴、木讷、不爱多说话的意思。排名第一的颜回短命早死时，孔子曾痛彻心扉地大呼“天丧予”，没想到最后传承儒家道统的人，恰恰就是这位老实木讷、憨厚正直，做起事来不紧不慢的曾子。后世帝王封曾子为“宗圣”，入孔庙享配祭之礼，正应了《心相篇》所说的“且膺封诰”。

其实说来说去，一切都是种子的问题。种子是颠倒播种的，好人好自己，坏人坏自己。《格言联璧》云：“富贵家不肯从宽，必遭横祸；聪明人不肯学厚，必夭天年”。这一生丰衣足食且资源充足的人，一定要主动帮助他人。如果不帮助他人，反而刻薄自私、仗势欺人，一定会损减自己的福报。积攒一点福德很难，但减损福德却很容易，往往在起心动念的不知不觉间，福德就被减损掉了。《太上感应篇》云：“凡人有过，大则夺纪，小则夺算。”所以，我们的内心一定要对此保持一份敬畏与觉知。

02 改过为先

【原文】至诚合天。福之将至，观其善而必先知之矣；祸之将至，观其不善而必先知之矣。今欲获福而远祸，未论行善，先须改过。

【译文】人心至诚契合天道。福报将至之前，观其善行即可预先得知；灾祸降临之际，观其恶行亦可提前料到。现今想要获得福报、远离灾祸，在讨论行善之前，必须先要改过。

【解读】

至诚合天。福之将至，观其善而必先知之矣；祸之将至，观其不善而必先知之矣。

《太上感应篇》云："祸福无门，惟人自召，善恶之报，如影随形。"人心与天道之间，是感应相交的关系，内有所感，外有所应。

从种子的角度讲，看一个人未来有福还是有祸，只需观察他身口意三门经常在种什么种子。《太上感应篇》结尾处对此总结为："吉人语善、视善、行善，一日有三善，三年天必降之福；凶人语恶、视恶、行恶，一日有三恶，三年天必降之祸。"亦同此理。

获福远祸八字方针：未论行善，先须改过

今欲获福而远祸，未论行善，先须改过。

《俞净意公遇灶神记》重在讲授“净意”的重要性，对《了凡四训》进行了非常好的补充，我们可以把两篇文章一起作为个人的修身宝典来受持。《俞净意公遇灶神记》告诉我们，当人净意到一定境界时，就能做到“动即万善相随，静则一念不起”。

世间人都希望自己能获得更大福报、远离诸多灾祸，可问题的关键是：怎么才能做到呢?《大学》云:“物有本末，事有终始。知所先后，则近道矣。”做任何事，我们得先知道次第，知道哪一步在前，哪一步在后，这是事情能够做好的关键。

在“改过之法”中，对于“如何能够获福而远祸”这个问题，了凡先生给出了重要的八字方针：未论行善，先须改过。

《了凡领导力》第二个关键词：杯子

小学生都做过一道类似这样题目的数学题：水池有个进水口，也有个出水口，开进水口 5 小时灌满水，开出水口 8 小时流完水。请问：同时开几小时水池会灌满?

图3-3 进水与放水的池子

当年我和小伙伴做这道题时，觉得出题人的脑袋有问题，好好的一个水池，要么进水，要么放水，干嘛非要同时进水与出水呢？

后来我读《了凡四训》，看到这“未论行善，先须改过”八个字时，猛然间想到小学的这道数学题，觉得用一个底部有漏洞的杯子，可以很形象地概括整部《了凡四训》，“杯子”也是“了凡领导力”的第二个关键词。

“立命之学”讲的是：我们计划在这个杯子里要装多少水？

“改过之法”讲的是：我们如何把杯底漏洞尽可能多地堵住？

“积善之方”讲的是：我们如何尽可能多地往杯子里多加水？

“谦德之效”讲的是：我们如何把杯子周围四壁加高加固？

图3-4 杯子

“未论行善，先须改过”这八个字非常重要，是“改过之法”的法眼，这句话有两层意思：

第一，改过本身就是一种行善。

很多人认为对外行善才是行善，比如放生、布施等。其实，真正行善的第一步，是先改自己的过错。《韩非子·喻老》云：“千丈之堤，以蝼蚁之穴溃；百尺之室，以突隙之烟焚。”千里长堤，可能会因为蝼蚁洞而决堤；百尺高楼，可能因为烟囱缝隙的火星引发火灾而焚毁。我们身上的过错，如同众多大小不一的蝼蚁洞，如果我们能够改过迁善，堵上自己身上的漏洞，则世间就会少了一个恶人，这本身就是行善。

如果一个人自己浑身过错，却不停地去外面行善，这种善行也不会太真。比如有的人对父母不孝敬，却跑到西藏去救藏羚羊，这种做法不是一种本末倒置吗？所以，改过本身就是一种行善。有的人脾气大，情绪管理差，如果能把这个毛病改掉，它就是一件大善事。为什么呢？首先，从中医角度讲，情绪好的人会让体内细胞生活得很愉悦，这种内在放生细胞的数量，比外在放生鱼虾的数量大多了。其次，情绪好的人，会让身边人感觉很轻松，不会经常生活在情绪霸凌的阴影中，这是对他人的放生。

第二，在行善之前，先要改掉自己的傲慢之过。

有些人在行善时，内心或多或少地会产生高人一等的傲慢。其实，行善的本质不只是帮助他人，而是借由行善祛除自己心上的贪婪与悭吝。从这一点上看，行善者更应感谢那些接受帮助的人。路上遇到乞丐，我们布施给乞丐十块钱，表面上是我们先拿出钱行布施，其实是乞丐先把他的贫困拿出来布施给了我们，才让我们得到一次财布施的机会。否则，即使内心再渴望布施，可没有布施的对象，我们到哪里去布施呢？

无论是持咒、念佛、禅坐、布施，所有的修行方法与手段，最后都要归结到心上，是修心上的功夫。《太上感应篇》云："心起于善，善虽未为，而吉神已随之；或心起于恶，恶虽未为，而凶神已随之。"

宇宙中有一种自然且神秘的能量平衡，如同星球之间，既相互彼此吸引，却又保持距离平衡，各自运行在各自的轨道上。《系辞》曰："《易》之为书也，广大悉备，有天道焉，有人道焉，有地道焉。"天道的阴与阳，人道的仁与义，地道的柔与刚，天地人三才，本身就是一种能量平衡的呈现：天地能长且久，却不自生。天地生圣人，是让圣人教化凡人；天地生贵人，是让贵人帮助贱人；天地生富人，是让富人布施贫人。贵人不帮贱人，贵人会变贱；富人不施贫人，富人会变贫。这种能量平衡，人的眼睛虽然看不见，但它一直都在宇宙间默默运转，持续不断地演绎一幕又一幕“惟恍惟惚”的幻象红尘。凡夫只见表象，圣者识其本真。

03 常生惭愧

【原文】但改过者，第一，要发耻[1]心。思古之圣贤，与我同为丈夫，彼何以百世可师，我何以一身瓦裂[2]？耽染[3]尘情[4]，私行不义，谓人不知，傲然无愧，将日沦于禽兽而不自知矣。世之可羞可耻者，莫大乎此。孟子曰："耻之于人大矣！"以其得之则圣贤，失之则禽兽耳，此改过之要机[5]也。

【译文】但凡改过，第一，要发"羞耻心"。想想古代的圣贤，与我同为七尺男儿，为何他们可以流芳百世、为人师表，而我却宛若破瓦、碌碌无为？原因就是自己沉溺于世间的欲乐享受与儿女私情，暗地里做了很多不该做的错事，还以为别人全然不知，骄慢得意毫无羞愧之心。如此日渐沉沦如同禽兽，自己却毫无觉察，世间再没有比这更大的羞耻了。孟子说："羞耻心对人至关重要！"人有羞耻心就能成圣成贤，失去羞耻心则与禽兽毫无二致，这是改过的关键。

【解读】

悦

改过有"三心三法"：存三种心，行三种法。人之所以难以改过，原因是心上不信故无力，方法不对必气馁，眉毛胡子一把抓，最终必然毫无建树。

① 耻：惭愧、羞愧。
② 瓦裂：像瓦片掉在地上而碎裂，比喻名声败坏。
③ 耽染：沉溺沾染。
④ 尘：指外在的声色货利等诱惑；情：指内在的喜怒哀乐等情绪。
⑤ 要机：关键，重要秘诀。

改过第一心：羞耻心

但改过者，第一，要发耻心。思古之圣贤，与我同为丈夫，彼何以百世可师，我何以一身瓦裂？耽染尘情，私行不义，谓人不知，傲然无愧，将日沦于禽兽而不自知矣。世之可羞可耻者，莫大乎此。

改过的首要关键，是先要生发“羞耻心”。圣贤是由普通人成的，为何圣贤可以被后人千万年地礼敬祭拜，而我们却一无是处百般无用呢？原因就是我们过度沉迷于世间的欲乐享受。有些人在暗地里做了许多亏心事，却总以为别人不知道，明明是自己无知无耻，却内在毫无惭愧之心，老百姓对于这样的人，都会骂上一句“不知羞耻，禽兽不如！”

手里拿个锤子，看啥都是钉子。现实生活中，我们往往只看别人的过失，心里满是傲慢。人要生起羞耻心，首先得知道“我错了”。只有知道自己想错、说错、做错的时候，人才会觉得不好意思，甚至会羞得满脸通红。

“莫问收获，但问耕耘”这句话，其实是曾国藩《求阙斋日记》中一副对联的下联，上联是：“不为圣贤，便为禽兽。”一个人如果没有追求成为圣贤的心，便与禽兽无异。当年，曾国藩正是以这副对联来表达自己了凡成圣的决心。同样的，虽然我们都是平凡人，但也要把了凡成圣作为我们的梦想。《大学》云：“心诚求之，虽不中，不远矣。未有学养子而后嫁者也。”只要诚心诚意去追求梦想，即使目标没有圆满达成，成果也不会相差太远。从未有一个先学会生养孩子然后再去出嫁的女人。

吾心自有光明月，千古团圆永无缺

孟子曰：“耻之于人大矣！”以其得之则圣贤，失之则禽兽耳，此改过之要机也。

“耻之于人大矣”出自《孟子·尽心章句上》。“耻之于人大矣！为机变之巧者，无所用耻焉。不耻不若人，何若人有？”羞耻之心对于人至关重要。精于算计老于权谋的人，羞耻心于他无用。不以自己赶不上别人为羞耻的人，怎么能赶得上有羞耻心的人呢？

人的羞耻之心在哪里呢？王阳明的“心学四诀”（四句教）说：“无善无恶心之体，有善有恶意之动，知善知恶是良知，为善去恶是格物。”阳明先生认为，每个人的内心深处都住有一位圣人——良知，它时刻都在陪伴着我们，也在监控着我们。

相传王阳明在贵州龙场时，捕获了当地一个偷马的盗贼，盗贼在大堂受审时依然一副趾高气扬、满不在乎的样子，还大言不惭地跟王阳明说：“我死罪难逃，你那些良知与道德廉耻的话我不想听，要杀要剐，悉听尊便。”王阳明说：“天气炎热，不如你把衣服脱了我们再审案。”那盗贼心想，我正热得难受，脱就脱呗，没啥大不了的，就脱了上衣。王阳明又指着他的裤子说：“把裤子也脱了吧。”盗贼愣了一下，又依了，同时心里在想，无论你搞什么花样，我统统来者不拒。此时，盗贼身上只剩下了一条遮羞裤。不料王阳明又指着那条遮羞裤说：“罢了，罢了，既然你做盗贼连羞耻也不要了，还是把裤头也脱了吧，图他个轻松自在！”盗贼彻底愣了，他满脸通红紧紧抓着遮羞裤大叫：“这可使不得！万万使不得！”王阳明说：“为何使不得？使不得说明你内心还知道羞耻。知道羞耻何尝不是道德良知的表现呢？看来我还是可以跟你讲道德廉耻的。”至此，盗贼被彻底折服，乖乖地认罪伏法。

阳明先生在其《咏良知四首示诸生》的第一首诗中说：“个个人心有仲尼，自将闻见苦遮迷。而今指与真头面，只是良知更莫疑。”每个人的内心都住着一位本自具足的圣人，我们之所以见不到，是因为内在耽染尘情的私心，如同厚厚的乌云一样遮蔽了良知的明月。

1521 年 7 月，五十岁的王阳明被即位不久的明世宗升职为南京兵部尚书，得到皇上准许后，他千里迢迢从北京赶回余姚老家，陪伴七十六岁高龄的父亲王华过中秋。可惜中秋当晚，天上不见月亮，王阳明没有因此影响心情。就在那个中秋之夜，他写下了一首名为《中秋》的诗：

去年中秋阴复晴，今年中秋阴复阴。

百年好景不多遇，况乃白发相侵寻。

吾心自有光明月，千古团圆永无缺。

山河大地拥清辉，赏心何必中秋节。

人生百年，中秋节本来就没有多少次，何况还有阴晴圆缺，随着自己的头发已渐花白，人生还能再见几次中秋的明月呢？真正的月圆，是在自己心里。悲欢离合的红尘世间，人首先应该安顿好自己的心，只有不假外物，除去遮蔽内心光明的虚妄分别时，才能见到本有的良知，活出生命的自在与欢喜。

这句“吾心自有光明月，千古团圆永无缺”传诵甚广，圣人以经典为手指，指向良知的明月，是想把真实的本来面目指示给世人，我们要“因指见月”，绝不能因为自己的无明，丧失掉羞耻之心，而对自己内在本来就有圣人这一事实心生愚痴的怀疑。

04 损福招祸

【原文】第二，要发畏心。天地在上，鬼神难欺，吾虽过在隐微[①]，而天地鬼神实鉴临[②]之，重则降之百殃，轻则损其现福。吾何可以不惧？

【译文】第二，要发“敬畏心”。人在做事天在看，举头三尺有神明，天地鬼神难以欺骗。我们的过失即使再隐秘细微，天地鬼神都像明镜般把我们审视得一清二楚。重则降下各种灾祸，轻则折损现有福报，我们怎能不害怕呢？

【解读】

悦

改过第二心：敬畏心

第二，要发畏心。

畏心，即敬畏之心。发畏心，即生起敬畏之心。《论语·季氏》中，孔子曰：“君子有三畏：畏天命，畏大人，畏圣人之言。小人不知天命而不畏也，狎大人，侮圣人之言。”君子有三种敬畏：敬畏天命，是对自然规律的敬畏，顺之则吉，逆之则凶；敬畏大人，是对有德有位者的敬畏，他们治理国家，位高权重，稍有差错便会祸及百姓；敬畏圣人之言，圣人经典揭示万古不易之

① 隐微：隐蔽且不明显。
② 鉴临：如同明镜一样照临。

理，指出人应遵循的大道，违背会有灾祸。小人不知天命，所以自以为是，只看眼前利益，不懂敬畏天道法则；对于大人，小人也不会敬畏，只会为一己之私而谄媚取悦；对于阐述大道的圣人之言，更是不屑敬畏，甚至出言不逊。

无知者无畏，人犯错的最大原因就是没有敬畏之心，根本不怕犯错。

我小时候家里穷，带橡皮的铅笔要比不带橡皮的铅笔贵上好几分钱。为了省钱，所以我用的铅笔都是没有橡皮头的铅笔。为了改错字，橡皮是要单独另买的。记得那时候商店里卖的橡皮分两种：一种是普通没味道的，另一种是高级有香味的。上小学时，我曾有过一块带香味的橡皮，因为实在是太喜欢了，舍不得拿出来用，所以自己写字时就很是小心翼翼，特别害怕写错字，浪费了那块带香味的高级橡皮。

我儿子上学时，他们这一代人的学习用品太高级了，改错字除了各式各样的橡皮之外，还有修正带。修正带用起来非常方便，只要轻轻一涂，错字就被覆盖了。改错字确实是方便了，可是儿子作业本的整洁程度，与我当年的作业本相比，明显相差很多。为什么？现在的孩子根本不怕写错字，即使写错了，就用修正带轻松涂一下呗。

南京夫子庙有一个由江南贡院改建的中国科举博物馆，里面陈列了许多古代科举考试的文物。其中有古代状元、榜眼和探花的试卷，那些试卷上的小楷写得太工整了，简直比印刷还要精美。看到如此整洁美观的试卷，我们才能理解古人说“字如其人”的真正含义。另外，古代考生在答卷前，还要在考卷上填报自己父、祖和曾祖的名字，古人的敬畏之心，由此可见一斑。如果古代考生的考卷上，隔几行就有一个修正带涂写的白方块，估计改考卷的考官能被气得晕过去。

弘农杨氏“四知堂”的来历

天地在上，鬼神难欺，吾虽过在隐微，而天地鬼神实鉴临之，重则降之百殃，轻则损其现福。吾何可以不惧？

这段是讲“不欺鬼神”。有一句“天知地知，你知我知”的成语，这句广为人知的成语背后，有一个弘农杨氏绵延千年的传说。

《后汉书·卷五四·杨震传》中，记载一个“四知”的故事。故事的主人公叫杨震，杨震的高祖父杨敞是司马迁的女婿，汉昭帝时期做过丞相。

杨震年轻时，德才兼备，大将军邓骘因此征召并举荐他为茂才。经过四次升迁，杨震由荆州刺史转任东莱太守。在赴东莱（今烟台）上任时，路过昌邑（今巨野），昌邑县令王密是杨震在荆州刺史任上举荐的茂才。为了感谢杨震的知遇之恩，王密深夜带着十两黄金作为谢礼前来拜见，一是表达感谢，二是想请老领导以后继续多加关照。但是杨震当场拒收并对王密说：“故人知君，君不知故人，何也。”王密以为杨震假装客气，便说：“暮夜无知者。”意思是深夜没人知道。杨震严肃回答：“天知，地知，我知，子知。何谓无知？”王密十分羞愧，只好带上黄金狼狈而回。

杨震的“四知”传为千古美谈，他也成为清廉自好、拒收非义之财的典范。杨震后来官至东汉太尉，号称“关西孔子”，杨氏后裔为了纪念他，立堂号为“四知堂”，以勉励后人。杨震去世以后，他的后代更是大放异彩，其子杨秉、孙杨赐、重孙杨彪皆为太尉，时称“四世太尉”，弘农杨氏与汝南袁氏皆是后汉时期“四世三公”的典型代表。

《法句经》中说：“莫轻小恶，以为无殃，水滴虽微，渐盈大器，凡罪充满，从小积成。莫轻小善，以为无福，水滴虽微，渐盈大器，凡福充满，从纤纤积。”恶贯满盈是怎么来的，是从一个个小小的恶累积而来的。同理，大善也是一个个小小的善逐渐积累起来的。刘备说：“勿以善小而不为，勿以恶小而为之。”我们不要以为捡一个垃圾、少浪费一张纸是小善，就觉得无所谓。人的大福报，都是从一点一滴逐渐累积起来的。

人在做事天在看，举头三尺有神明。

人不怕犯错，是源于内心无所谓，滋养自己的傲慢之心；人不敢犯错，是因为心中有敬畏，滋养自己内在的谦德。我们应该学习杨震，不可放纵自己。

05 自欺欺人

【原文】不惟是也。闲居[①]之地，指视[②]昭然[③]。吾虽掩之甚密，文[④]之甚巧，而肺肝早露，终难自欺。被人觑[⑤]破，不值一文矣。乌得不懔懔[⑥]？

【译文】不仅如此。即使在独处之地，我们的起心动念，天地鬼神也同样明察秋毫。虽然我们可以把过错遮藏得非常严密，掩饰得极其巧妙，但神明早就把我们的肺肝看透了，终究难以自欺；如果再被他人看穿，就更加一文不值了。怎么能不惧怕呢？

【解读】

不惟是也。闲居之地，指视昭然。吾虽掩之甚密，文之甚巧，而肺肝早露，终难自欺。被人觑破，不值一文矣，乌得不懔懔？

这一段是讲“不欺自己”。《大学》云：“诚其意者，毋自欺也。”[⑦]人能诚意的关键，在于不欺自己。即使一个人，也要君子慎独。而小人则不同，只要有条件就会无恶不作，不仅执迷不悟，还要文过饰非。富润屋，德润身，财富

---

① 闲居：避人独居。
② 指视：手指着看。
③ 昭然：明显的样子。
④ 文：掩饰。
⑤ 觑（qù）：看，窥视，伺视。
⑥ 懔懔（lǐn）：恐惧、惧怕。
⑦ “诚其意者，毋自欺也”：君子必慎其独也！小人闲居为不善，无所不至，见君子而后厌然，掩其不善，而著其善。人之视己，如见其肺肝然，则何益矣？此谓诚于中，形于外。故君子必慎其独也。曾子曰：“十目所视，十手所指，其严乎？”富润屋，德润身，心广体胖。故君子必诚其意。

可以装修房屋，品德才能修养身心，比起装修房屋，更重要的是装修自己的身心。唯有如此，才能使我们心胸宽广，身体舒泰安康。

很多人一辈子只干了三件事

南怀瑾先生读古人笔记，看到明代一个买卖古董的人说：“世上人只做了三件事，做一辈子自欺、欺人、被人欺。”仔细想一下，的确如此。我们很多人一辈子都在忙着骗骗别人、骗骗自己，最后再被别人骗骗。几乎每个人在小时候都有一个伟大梦想，可有多少人付诸行动呢？大多数人的梦想，直到自己死的时候，仍然还是一个梦。

种子是透过身口意三门播种的，每颗种子的基因都与自己内心最深的动机是一致的。真诚做人，是我们的立身之本。

诚，是中华文化的一个核心词。《中庸》云：“诚者，天之道也；诚之者，人之道也。”诚是天道的规律，追求诚是做人的原则。人不自诚，就会自欺，因为自欺，必会欺人，最后就会被人欺。换言之，人因自爱、自尊，才能爱人、尊人，最后才会有人爱、受人尊。

《吕氏春秋·自知》中记载：“范氏之亡也，百姓有得钟者，欲负而走，则钟大不可负。以锤毁之，钟况然有音。恐人闻之而夺己也，遽掩其耳。”晋国世家赵氏灭掉范氏，笨贼趁乱掩耳偷盗范家大钟的寓言故事，被后人提炼为成语“掩耳盗铃”。若要人不知，除非己莫为。掩耳盗铃，自欺欺人，终会有东窗事发、自食恶果的一天。

06 无常迅速

【原文】不惟[①]是也。一息尚存，弥天[②]之恶，犹可悔改。古人有一生作恶，临死悔悟，发一善念，遂得善终者。谓一念猛厉，足以涤百年之恶也。譬如千年幽谷，一灯才照，则千年之暗俱除。故过不论久近，惟以改为贵。

但尘世无常，肉身易殒[③]，一息不属[④]，欲改无由矣。明则千百年担负恶名，虽孝子慈孙不能洗涤；幽则千百劫沉沦狱报，虽圣贤佛菩萨不能援引。乌得[⑤]不畏？

【译文】不仅如此，人只要还有一口气在，即便是弥天大罪，依然可以悔改。古代有人一生作恶，临死时幡然悔悟，生发一个善念，最后得以善终。一个勇猛刚劲的善念，足以洗涤百年所造的恶业。譬如黑暗了千年的山谷，只要有一盏灯照进去，千年之暗即可瞬间尽除。所以，过错不论所犯多久，只要能改就很可贵。

但世事无常，血肉之身极易消亡，一口气上不来，即使想改也为时已晚。看得见的果报是，死后在人间依然会遭受千百年的骂名，即使有孝子慈孙努力行善也无法洗刷。看不见的果报是，千百劫沉沦于地狱受苦，即使是圣贤佛菩萨也无法超拔。怎么能不害怕呢？

---

① 不惟：不但，不仅。
② 弥天：满天，形容极大。
③ 殒（yǔn）：死亡，丧身。
④ 不属(shǔ)：不归我所有，指呼吸停止而死亡。（zhǔ），连续。
⑤ 乌得：偏正短语，由疑问代词“乌”和助动词“得”构成，用于反诘询问，相当于“怎么能”。

【解读】

悦

这段是讲：真心改过，必须要“敢于认错”。

不惟是也。一息尚存，弥天之恶，犹可悔改。古人有一生作恶，临死悔悟，发一善念，遂得善终者。谓一念猛厉，足以涤百年之恶也。譬如千年幽谷，一灯才照，则千年之暗俱除。故过不论久近，惟以改为贵。

我们每个人都是靠气活着的，有气为人，无气为尸，一口气上不来，人就没了。大多数人在临死前，都会有回光返照，临终者的精神状态会突然变好，思路清晰且可以正常沟通。其实，这是上天的慈悲，最后一次给予死者忏悔认错的机会。世界的主流宗教都会让信众做两件事：一是忏悔，二是祈祷。《论语·泰伯》中，曾子曰：“鸟之将死，其鸣也哀；人之将死，其言也善。”从种子的角度讲，是让死者最后一次通过身口意三门去种下善的种子。

在临死前，不少人都能生起真诚的善念，这种真心忏悔的力量无比巨大，大到超乎我们的想象。如同“善心真切，即一行可当万善”所言之理，临终之人若能生发一个勇猛刚劲的善念，就足以涤荡死者一生所造的诸多恶业。

生命所遇碍皆爱

我若光明，世界就不会黑暗。人之所以犯错，最根本的原因就是无明。无明就是没有亮光，人缺乏智慧时，如同心中的一轮明月却被错误知见的乌云遮蔽住一样。试想一下，人如果在一个黑暗且摆满瓷器的房间里走路，能不犯错吗？不但容易走错，肯定还会持续不断地打碎瓷器。

一灯能破千年暗，一智能灭万年愚。修行有顿渐二法，修行的关键之处，往往都是刹那间的顿悟。大道至简，只要我们心升明月，不论是远处的无明，还是近处的黑暗，都会在皎洁的月光下瞬间消失得无影无踪。2018 年，我为此写了一首《明月观自在》的偈子：

生命所遇碍皆爱，佛在灵山向心拜。

命由我作福求己，一轮明月观自在。

若要如何，全凭自己。上天对每个人都一视同仁，越是心怀大愿之人，遇到的障碍就会越大。烦恼即菩提，生命中所有遇到的障碍，都是上天对我们的垂爱。

生命中遇到障碍与挑战时，每个人都有两条完全不同的道路可以选择：

第一条路：碍→挨→捱→爱（获得成长）。

第二条路：碍→唉→哀→癌（死的很惨）。

选择第一条路的人，遇到障碍时，会微笑面对，愿意接受命运的各种摔打，虚心改正自己的过错，等到捱过了这段在别人看起来无比苦难的时光，最终必定会获得上天的垂爱，个人的能量与能力都会得到大幅提升。障碍如同沙粒，其人如蚌，沙粒悄悄潜入蚌的体内，蚌觉得浑身不舒服，但又无法将沙粒排出，它没有选择怨天尤人，而是用体内分泌的营养逐步把沙粒包裹起来，到最后，沙粒就变成了美丽的珍珠。

选择第二条路的人，遇到障碍只会唉声叹气、怨天尤人，把生命活成哀鸿遍野的景象，最后过着类似癌变的悲惨人生。对于这种人，障碍如同吸血的蝙蝠，其人如同野马。吸血蝙蝠叮在野马身上，野马觉得很不爽，却又无法赶走蝙蝠，就会暴怒狂奔，最后被活活累死。其实，吸血蝙蝠所吸的血并不太多，根本不足以致其死亡，野马真正的死因，是它的暴怒与狂奔。

俗话说，宰相肚里能撑船。撑大宰相肚子的从来都不是船，而是各种障碍与委屈。能够说出来的，都不是委屈；说不出来的，只好委屈自己。《道德经》云：“受国之垢，是谓社稷主；受国不祥，是为天下王。”承担一国的屈辱，才能成为国家的君主；承担全国的苦难，才配做天下的君王。能吃多大委屈，就有多大胸怀，胸怀决定格局，格局决定布局，布局决定结局。

秦桧的子孙为何改姓“徐”

但尘世无常，肉身易殒，一息不属，欲改无由矣。明则千百年担负恶名，虽孝子慈孙不能洗涤；幽则千百劫沉沦狱报，虽圣贤佛菩萨不能援引。乌得不畏？

世事无常，血肉之身极易消亡。《四十二章经》第三十八章记载了这样一段对话：“佛问沙门：人命在几间？对曰：数日间。佛言：子未知道！复问一沙门：人命在几间？对曰：饭食间。佛言：子未知道！复问一沙门：人命在几间？对曰：呼吸间。佛言：善哉，子知道矣！”佛在此处说的是生灭无常之道，从生到死的距离，只在呼吸之间。生灭无常虽然常见，但百姓日用而不知，只会用“咽下最后一口气”来形容人的死亡，却忽略了肉身的价值。

人身的最大意义便是作为修道的法器，当一个人丧失生命时，肉体已变成即将腐败的垃圾，失去了修道的作用。此时再想改过，已经没有任何机会了。生前干过很多坏事、种下无量恶种子的人，看得见的果报是，死后遗臭万年，即使后世有孝子顺孙，也难以洗刷其罪业。看不见的果报，则是千百劫沉沦于地狱受苦，即使是圣贤佛菩萨也难以救度。

南宋抗金名将秦钜，字子野，其曾祖父为著名的大奸臣秦桧。秦钜本性善良，文武双全，立志报效国家。南宋嘉定十年（1217 年），金兵再度南侵，宋宁宗召集群臣商讨抗金对策。老臣赵放提议由秦钜领兵抗敌："秦钜文武兼备，报国心切，令其统率三军定能驱逐胡虏。"赵放的提议立即遭到了众人反对。其他大臣说："秦钜乃逆臣谬丑秦桧之曾孙，其祖恶贯天下，万人唾骂，若重用此人，必然贻害国家！"赵放反驳说："秦钜是秦桧后人不假，但人各有心，心志各异，岂能以先祖善恶断定子孙之品行？"最终，宋宁宗对双方意见均未采纳，而是以折中的办法封秦钜为蕲州（今湖北蕲春）通判。

嘉定十四年(1221 年)二月，十万金兵南下，欲图江南，再下杭州。金兵一路势如破竹，迅速逼近蕲州。秦钜与郡守李城之率领三千将士及全城百姓屯粮抗战，拼死坚守一月有余，无奈敌人攻势强大，最终寡不敌众。城破之时，秦钜的妻儿老小全在城墙上协助作战，金兵潮水般涌进城来。秦钜此时已身受重伤浑身是血，金兵将他及家人逼到城楼上，秦钜面对金兵哈哈大笑，拉住一双儿女毅然跃入城下熊熊燃烧的烈火之中，另外四个家人也跟着跳了下去。秦钜死时，年仅三十九岁。

秦钜死后，被封为"义烈侯"。蕲州百姓为其建庙以示纪念，宋宁宗也为其庙赐额，御题"褒忠"二字，其后人堂号"咏烈堂"。可是，即使有秦钜这样的抗金名将作为后世子孙，仍然难以洗刷其曾祖父秦桧在世间的千年骂名。

清乾隆年间，江宁人秦大士考中乾隆十七年（1752 年）状元。秦大士中状元后，与诗友同游西湖边的岳王坟。

岳王坟前有铁铸的秦桧夫妇跪像，当时两旁还有以秦桧夫妇互相埋怨口吻撰写的一副楹联："咳！我本丧心，有贤妻何至若是；啐！妇虽长舌，非老贼不到今朝。”

诗友们戏谑新状元也姓秦，是秦桧的后裔，并要他题对联以记此游。秦大士苦苦一笑，一副对联挥笔立就：“人从宋后羞名桧，我到坟前愧姓秦。”

据《清朝野史大观》记载，乾隆皇帝也曾对秦大士的身世有所疑惑，曾问他：“汝家果秦桧后乎？”秦无他言，但对曰：“一朝天子一朝臣。”可谓回答巧妙。最后查明，秦大士是宋朝清官秦梓的后代，秦梓是秦桧同父异母的兄长，但他不与秦桧同流合污，当年即举家从江宁迁至溧阳隐居。

绍兴二十五年（1155 年）秦桧病逝，追赠申王，谥忠献。开禧二年（1206 年），宋宁宗追夺其王爵，改谥谬丑。秦桧的后代亦以祖宗是秦桧为耻，纷纷改姓，弃“秦”为“徐”。

07 知非即改

【原文】第三，须发勇心。

人不改过，多是因循[①]退缩。吾须奋然振作，不用迟疑，不烦等待。小者如芒刺在肉，速与抉剔；大者如毒蛇啮[②]指，速与斩除，无丝毫凝滞[③]。此风雷[④]之所以为益也。

【译文】第三，要发“勇猛心”。人犯错后之所以不愿改过，多是由于迟疑拖延、畏难退缩。我们必须毅然决然立即行动，不可犹豫，更不能消极等待。对待小的过失，如同扎到肉里的尖刺，要赶紧剔除；对待大的过错，就像被毒蛇咬到的手指，要迅速砍掉，绝不能有丝毫犹豫延迟。这就是《易经》益卦中“风雷，益。君子以见善则迁，有过则改”的道理所在。

【解读】

这段是讲：真心改过，要在“敢于认错”之后，立即采取行动。

第三，须发勇心。人不改过，多是因循退缩。吾须奋然振作，不用迟疑，不烦等待。小者如芒刺在肉，速与抉剔；大者如毒蛇啮指，速与斩除，无丝毫凝滞。此风雷之所以为益也。

---

① 因循：沿袭原来的习惯与方法。

② 啮（niè）：咬。

③ 凝滞：停顿，呆滞。

④ 风雷：即《易经》第四十二卦“益卦”，上卦巽为风，下卦震为雷，风雷激荡，雷厉风行，交相助益。《象》曰：风雷，益。君子以见善则迁，有过则改。

改过第三心：勇猛心

人有了羞耻心，就能觉知到自己的过错；有了敬畏心，就敢于承认自己的过错；有了勇猛心，就能采取行动改掉自己的过错。

人之所以有过不改，原因在于自身信心不足，所以才会迟疑拖延、畏难退缩。改过要一件一件地改，改掉一个，信心就会增加一分，然后再去改第二个，以此类推，改过的信心就会越来越强。否则，只看不行动，永远是观众。

1996 年，我刚到南京时，在好友江晓东先生的帮助下，在城南周处街（现名剪子巷）住过半年。离住处仅两百多米的小心桥东街上，有一处古迹叫“周处读书台”，俗称“周孝侯读书台”。恰巧我当年上学时，曾经读过《周处除三害》这篇文章。

图3-5 周处读书台

周处[①]，字子隐，江苏宜兴人。其父为东吴名将周鲂，曾做过东吴鄱阳太守。周处很小的时候，父亲就去世了。不到二十岁时，他就臂力过人，喜好驰骋田猎，为人不拘小节，经常寻衅滋事，危害乡里。宜兴人把他与南山之虎、长桥之蛟合称为“三害”。

有一天，周处问乡里的老人：“今年风调雨顺，丰收在望，你们为何还愁眉苦脸呢？”老人道：“三害尚在，怎能快乐起来呢！”周处问：“是哪三害？”老人说：“南山中的白额猛虎，长桥下的蛟龙，还有你周处，就是我们宜兴人的三大灾害。”周处听后很难过，遂下决心杀虎斩蛟，为乡亲们除害。

周处毅然只身进入南山，顺利射杀了猛虎；又下水，与蛟龙搏斗，没想到那蛟龙异常凶猛，周处与其搏斗了三天三夜，追逐了数十里地，才将它斩杀。乡亲们误以为周处与蛟龙一起死了，便敲锣打鼓放鞭炮庆贺。精疲力竭的周处杀蛟回来，看到老百姓家家户户都在相互庆贺，才真实体会到乡亲们对自己有多么厌恶，内心受到了极大震动。

幡然醒悟的周处，便到吴国去寻找陆机、陆云两兄弟。当时陆机不在，他见到陆云，具以实情相告，请教说：“我想修养德行而年纪已大，恐怕来不及了。”陆云说：“古人看重早上闻道，晚上就改正过失。你的前途还不错，应该担心的是自己尚没有立定志向，何必去忧虑有美名而不能彰显呢？”从此，周处便励志发奋，既有文才，又有仁义刚烈之志，与人说话必忠信，且注意克

---

① 周处，字子隐，义兴阳羡人也。父鲂，吴鄱阳太守。处少孤，未弱冠，膂力绝人，好驰骋田猎，不修细行，纵情肆欲，州曲患之。处自知为人所恶，乃慨然有改励之志，谓父老曰：“今时和岁丰，何苦而不乐耶？”父老叹曰：“三害未除，何乐之有！”处曰：“何谓也？”答曰：“南山白额猛兽，长桥下蛟，并子为三矣。”处曰：“若此为患，吾能除之。”父老曰：“子若除之，则一郡之大庆，非徒去害而已。”处乃入山射杀猛兽，因投水搏蛟，蛟或沈或浮，行数十里，而处与之俱，经三日三夜，人谓死，皆相庆贺。处果杀蛟而反，闻乡里相庆，始知人患己之甚，乃入吴寻二陆。时机不在，见云，具以情告，曰：“欲自修而年已蹉跎，恐将无及。”云曰：“古人贵朝闻夕改，君前途尚可，且患志之不立，何忧名之不彰！”处遂励志好学，有文思，志存义烈，言必忠信克己。期年，州府交辟，仕吴为东观左丞，孙浩末为无难督。——《晋书·周处传》

制自己。一年后，州府交相征召，后出仕吴国任东观左丞。孙皓末年，做到了无难都督。

后来，东吴灭亡，周处又被西晋任命为御史中丞，他为官清正，不畏权贵。西晋元康六年（公元296年），授建威将军，奉命率兵西征羌人。次年春，于六陌（今陕西乾县）战死沙场。死后追赠平西将军，赐封孝侯，归葬于宜兴老家。周处有三子：周玘、周靖、周札。周靖早死，周玘、周札皆青史留名。

种子无论善恶，都是透过身口意三门播种的，且意念先动，而后表现为言行。行为、言语与意念三种过失中，言行的过失即使再大也属小过，而意念的过失即使再小都是大过。我们抓住了这个关键，也就抓住了改过的核心。

《易经》第四十二卦“益卦”，上卦为巽卦，巽为风；下卦为震卦，震为雷；《象》曰：“风雷，益。君子以见善则迁，有过则改。”雷厉风行，万物得益。君子见到风雷激荡时会心生敬畏，因此见到美好的品行就会倾心追随，有了错误就会迅速改正。

08 改过三法

【原文】具是三心，则有过斯改，如春冰遇日，何患不消乎？然人之过，有从事上改者，有从理上改者，有从心上改者。工夫不同，效验亦异。

【译文】具备了上述的羞耻心、敬畏心和勇猛心，就能做到有过即改，如同春天的薄冰遇到阳光，还用担心它不会融化吗？然而人改过有三种改法：有从具体事上改的，有从理上改的，有从心上改的。三种改法所下的功夫不同，得到的效果亦有很大差异。

【解读】

讲完“三心”之后，现在讲三种具体的改过方法。

具是三心，则有过斯改，如春冰遇日，何患不消乎？

《中庸》云：“好学近乎知，力行近乎仁，知耻近乎勇。”当我们具备了羞耻心、敬畏心和勇猛心之后，内在的正气、能量与信心就具足了，当外在的行动力也具备时，自然就能落实改过了。了凡先生为我们举例，“三心”的能量好像太阳，我们的过错如同春天的薄冰，只要阳光一照，冰就会融化。我们根本不用担心自身过错的大小，关键是要让智慧的阳光穿破乌云，照射出来。

改过方法不同，效果差异巨大

然人之过，有从事上改者，有从理上改者，有从心上改者。工夫不同，效验亦异。

了凡先生在此先概说了改过的三种具体方法：从具体的事情上改，从明白道理上改，从心上去改。三种改过方法的入手处不同，也会导致最终的改过之效产生很大差异。

09 从事上改

【原文】如前日杀生，今戒不杀；前日怒詈[①]，今戒不怒。此就其事而改之者也。强制于外，其难百倍，且病根终在，东灭西生，非究竟廓然[②]之道也。

【译文】比如以前杀生，从今往后不再杀了；以前发火骂人，从今往后不再发火了，这些都是在具体的事情上改过。从外部强制在具体事上改过的方法，与另外两种改法相比，要难上数百倍，因为犯错的病根一直都在，就会旧过刚改，新错又犯，这不是究竟的改过之法。

【解读】

下等改过方法：从具体事上改

如前日杀生，今戒不杀；前日怒詈，今戒不怒；此就其事而改之者也。

了凡先生结合“杀生”与“发怒”两个例子，逐一讲解三种改过方法，首先讲解如何从具体事情上改过。

对待“杀生”这个问题，儒释道三家的方式是有一定区别的。

儒家虽不戒杀，但讲爱物。孟子曰：“亲亲而仁民，仁民而爱物。”儒家说的爱物，是指爱惜万物，具体表现为“取之有时，用之有节。”《礼记·月令》云：“孟春之月，牺牲毋用牝。禁止伐木，毋覆巢，毋杀孩虫，胎夭飞鸟，毋

① 詈（lì）：骂，恶语伤害他人。
② 廓然：空旷广阔的样子，这里是指将过失彻底改正、毫无保留。廓：清除。

麛毋卵”。初春祭祀时，不可用雌性的牛羊献牲作为供品，避免因牛羊怀孕而伤及更多性命。同时，也不要在春天杀害动物的幼仔。

道家戒杀生，老子所言“三宝”的第一宝就是“慈”。道家认为天地万物皆由“道”生成，“一切有形，皆含道性”。万物都有按照“道”赋予它的本性自然发展的权利，人不应该随意杀戮，阻碍它们实现自己的价值。老子强调摄生、贵生和长生久视，庄子说保生、全生、尽年、尊生，道家善书《太上感应篇图说》也强调：“慈者，万善之根本。人欲积德累功，不独爱人，兼当爱物，物虽至微，亦系生命。”

佛家尤戒杀生，把“戒杀”排在五个根本戒的首位。佛教有“一念嗔心起，百万障门开”之说，佛家戒杀讲到究竟处，不仅杀动物是杀生，自杀亦是杀生。另外，因为人体内也有无量众生，所以把人的五种邪气，也归为杀生的重要原因，偈曰：“怒恨怨恼烦，人生五毒丸，半颗会生病，一颗要人命。”

强制于外，其难百倍，且病根终在，东灭西生，非究竟廓然之道也。

如果改过仅从“事上改”，与“理上改”及“心上改”相比，会有百倍的艰难。白居易诗曰：“离离原上草，一岁一枯荣；野火烧不尽，春风吹又生。”从事上改过，如同火烧野草，烧掉的只是表面，泥土下的病根还在，只要遇到外缘，就会旧过刚改，新错又犯，东灭西生，绵延不绝，这不是究竟彻底的改过之法。

10 从理上改（一）：明理戒杀

【原文】善改过者，未禁其事，先明其理。如过在杀生，即思曰：上帝好生，物皆恋命，杀彼养己，岂能自安？且彼之杀也，既受屠割，复入鼎镬，种种痛苦，彻入骨髓。

己之养也，珍膏[①]罗列，食过即空，疏[②]食菜羹，尽可充腹，何必戕[③]彼之生，损己之福哉？又思血气之属，皆含灵知，既有灵知，皆我一体。纵不能躬[④]修至德，使之尊我亲我，岂可日戕物命，使之仇我憾[⑤]我于无穷也？一思及此，将有对食伤心，不能下咽者矣。

【译文】善于改过的人，在尚未禁做某事之前，就先明白不能做的道理。比如过错在杀生，就应想到：上天有好生之德，所有动物都贪生怕死，杀掉它以满足自己的口腹之欲，岂能自心安宁？而且它们被杀时，既要先受宰杀切割，又要再放入锅中煎炒烹炸，种种痛苦，深入骨髓。

人为了滋养身体，尽情享用各种珍禽猛兽做成的肉食，珍馐百味，一饱便休，蔬菜粮食，皆可充腹，何必要残害其他生命造下杀生罪业，损减自己的福报呢？同时还要想到，凡是有血气的生命，都有灵性觉知，既然都有灵性觉知，便和我们是同一整体。纵然不能修出至善品德，使它们尊重我们、亲近我

---

① 珍膏：美食；珍：珍贵；膏：厚味。
② 疏：通“蔬”，蔬菜。
③ 戕（qiāng）：杀害，残害。
④ 躬：亲自。
⑤ 憾：失望。

们，又怎能每天杀害它们，使它们永远仇视、怨恨我们呢？一想到这些，就会对桌上的血肉之食，于心不忍，吃不下去了。

【解读】

悦

善改过者，未禁其事，先明其理。

善于改过的人，可以先从明理入手，也就是从思想道理上先搞明白。毛主席说过："思想这个阵地，你不占领，别人就会占领。"人的思想如果被各种邪知邪见占领了，必然就会人云亦云，随波逐流，不断犯错。

中等改过方法：明理戒杀

如过在杀生，即思曰：上帝好生，物皆恋命，杀彼养己，岂能自安？且彼之杀也，既受屠割，复入鼎镬，种种痛苦，彻入骨髓。己之养也，珍膏罗列，食过即空，疏食菜羹，尽可充腹，何必戕彼之生，损己之福哉？又思血气之属，皆含灵知，既有灵知，皆我一体。纵不能躬修至德，使之尊我亲我，岂可日戕物命，使之仇我憾我于无穷也？一思及此，将有对食伤心，不能下咽者矣。

世间至重者，生命；天下最惨者，杀伤。《易经·系辞》云："天地之大德曰生。"天地的最大恩德就是化生万物，让所有众生各得其所。每种动物都爱惜自己的生命，没有哪一个动物愿意被人宰杀吃掉。人类的每个节日，对动物而言都是"劫日"。将心比心地想一下，假如被杀的动物是人类，我们愿意接受吗？那些动物先被刀斧切割砍劈，又再放入锅中煎炒烹炸，它们的经历真是太惨了。我们自己手指被割破时，都会感到疼痛难忍，而动物被宰杀时，疼痛虽不能诉诸言语，但与割破手指相比，它们所受的种种痛苦实在是痛入骨髓，难以接受。我们人被杀时，都会咬牙切齿地想要报仇，而动物被杀的方式更为残忍，想必它们内心的仇恨只多不少。想到这里，我们还能忍心吃下动物的血肉吗？更加可怕的是，杀生会种下非常恶的种子，而种子的法则又是“种子小，果实大”，这样仔细一想，真是心生恐惧。

如果人与动物的权利完全平等，世界上所有动物开会讨论“地球上要消灭一种动物”时，我们人类绝对会以最高票当选。

现在物质条件极大丰富，我们日常饮食已经习惯了各种美味佳肴。然而无论多么美味的食物，不过只是在口腔内短暂停留一下而已，等咽到喉咙以下，就完全不知道味道了。饕餮盛宴，食过成空，去一趟厕所排泄掉就没有了。但对于动物来说，则是天差地别，人类一顿“平常饭菜”，它们得为此献出宝贵生命。明明蔬菜粮食就能填饱肚子，可是我们却残害了众多动物的生命，折损了自己的很多福报。

所谓“肉”，其实就是动物的尸体，可是人类非要给它贴上一个“肉”的标签。各种肉食都属于“腥”，原因是动物尸体有一种腥臊味。为了压制尸体本身的腥臊味道，厨师在烹饪时必须要加入各种辛香调料，所谓的肉香，不过是调料的味道而已。

了凡为了行善积德，既施食贫人，又买放生命。我们为了口腹之欲，既残杀动物，又折损福报。了凡种下了很多善种子，我们种下很多恶种子。两相对比，差距确实太大了。

面对差距，惭愧之至。

11 从理上改（二）：明理惩忿

【原文】如前日好怒，必思曰：人有不及，情所宜矜①；悖②理相干③，于我何与？本无可怒者。又思天下无自是之豪杰，亦无尤④人之学问。行有不得，皆己之德未修，感未至也。吾悉以自反，则谤毁之来，皆磨炼玉成之地，我将欢然受赐，何怒之有？

又闻谤而不怒，虽谗⑤焰薰天，如举火焚空，终将自息。闻谤而怒，虽巧心力辩，如春蚕作茧，自取缠绵。怒不惟无益，且有害也。其余种种过恶，皆当据理思之。此理既明，过将自止。

【译文】比如以前好发脾气，就应该想到：人人都有不足之处，情理上应该怜悯他才是；倘若有悖常理冒犯于我，那也是他的过错，跟我有什么关系呢？本来就没什么值得生气的。还应该想到，天下没有自以为是的豪杰，也没有怨恨他人的学问。之所以不能心想事成，皆因自己德行没有修好，致使感应未至。凡事都能这样自我反省，即使遇到污蔑诽谤，都是磨炼成就自己的善缘，我们应该欣然接受恩赐，还有什么好发怒的呢？

另外，听到别人诽谤自己也不用生气，即使谣言满天飞，也不过像手举火把焚烧天空一样，火焰终会自行熄灭。如果听闻诽谤就生气，即使用尽心思努力辩解，也会如春蚕吐丝般作茧自缚，反而更加纠缠不清。生气不但毫无

---

① 矜：怜悯，同情。
② 悖：违背、违反。
③ 干：冒犯。
④ 尤：怨恨。
⑤ 谗：在别人面前说某人坏话。

益处，而且害处多多。至于其他种种过恶，都应依据此理认真思考。道理明白了，过错自然就不会再犯了。

【解读】

悦

了凡先生讲完“明理戒杀”，现在接着讲“明理惩忿”，借讲如何克制发怒的过错，再次深入讲解“从理上改”的重要性。

中等改过方法：明理惩忿

如前日好怒，必思曰：人有不及，情所宜矜；悖理相干，于我何与？本无可怒者。又思天下无自是之豪杰，亦无尤人之学问。行有不得，皆己之德未修，感未至也。吾悉以自反，则谤毁之来，皆磨炼玉成之地，我将欢然受赐，何怒之有？

又闻谤而不怒，虽谗焰薰天，如举火焚空，终将自息。闻谤而怒，虽巧心力辩，如春蚕作茧，自取缠绵。怒不惟无益，且有害也。其余种种过恶，皆当据理思之。此理既明，过将自止。

人之所以会生气，是因为觉得自己受到了冒犯或伤害，认为别人不该这样对待自己。

《庄子·山木篇》中有个“方舟济河”[①]的寓言故事：一个人在乘船渡河时，对面有条船撞了过来，这个人便焦急地喊叫起来。可无论他怎么叫喊，对

① 方舟济河：“方舟而济于河，有虚船来触舟，虽有惼心之人不怒；有一人在其上，则呼张歙之；一呼而不闻，再呼而不闻，于是三呼邪，则必以恶声随之。向也不怒而今也怒，向也虚而今也实。人能虚己以游世，其孰能害之？”——《庄子·外篇·山木第二十》

面的船上都无人回应。于是，这个人便破口大骂，骂对面船上的人不长眼睛。等到两船相撞时，才发现撞上来的竟是一条空船，刚刚还发怒咆哮的他，怒火瞬间就消失得无影无踪了。

故事很短，意趣很深。常人情绪的发作与否，根本不由自己掌控，而是取决于对方船上是否有人——有人就生气，空船就不生气，这样的情绪管理模式是典型的“心随境转”。

庄子说：“不谴是非，以与世俗处。”能守住自己心的人，才能境随心转，不为世俗所累。当我们了凡成圣时，就会发现生命中根本没有对错好坏。所有的“伤害”，都是凡夫内在的认知允许它发生而已，每个人都在自己的能量层级上，做出当下最有利自己的选择，进而表现出与之匹配的言行状态——好是自以为是的好，坏也是自以为是的坏。明白了这一点，才能理解“无缘大慈，同体大悲”的深意，才能给予对方无条件的包容与真心善待。至于所谓的“伤害”，跟对方没有任何关系，那都是自己内在诸多“看不惯”所投影出的幻象，看不惯的人越多，投影出的幻象就越多。

叔本华说：“针对别人的行为动怒，就像跟一块横在我们前进路上的石头大发脾气同等的愚蠢。”

叔本华的话与“方舟济河”故事的意思异曲同工。如果我们能够依庄子所说的“虚己以游世”去生活，把外在的一切都看作一条空船，就能活出一种“得失不萦于怀，顺逆无挂于心”的生命状态，不伤人亦不伤于人，不害物亦不害于物，悠游于世间，自在且欢喜。

《了凡领导力》第三个关键词：棍子

到目前，我们已经学习了“了凡领导力”第一个关键词“种子”与第二个关键词“杯子”。现在，我们共同学习第三个关键词——“棍子”。搞清楚情绪管理的“棍子原理”，可以深入理解“明理惩忿”，才能做到境随心转。

首先需要理解并认知“情绪管理三原则”：

第一，这个世界上很少有人可以像父母那样一直无条件地包容我们，所以我们一定要学会管理自己的情绪，心情不好时可以哭出来，但千万不要把情绪发泄到任何人的身上，别人没有义务为我们的不高兴买单。

第二，有时自己已经很努力去达成目标了，但依然会看不到成果，这本来就是很正常的事，并不是所有的花都集中在同一个季节里开放的。福气，福气，享多大福就得受多大气。一个人能够经历多大磨难，才能获得多大成功，我们要学会去享受生命的过程，根本不用理会那些嘲笑我们的人，我们已经比那些连尝试都不敢尝试的人优秀很多了。

第三，我们即使做得再好，也不可能得到所有人的喜欢。每一个优秀者的背后都会有一群嫉妒者，嫉妒者希望我们与他们一样平庸地度过一生，如果我们把心思放在取悦这些人身上，最终必将失去自我，绝对得不偿失。

图3-6 棍子原理

婆婆用棍子打孙子，重要的问题出现了：被打的男孩，是对婆婆生气，还是对打向他的棍子生气？

答案当然是：婆婆。

这就是《了凡领导力》课程中非常重要的“棍子原理”：人在发脾气时，情绪如同婆婆，人就像棍子，情绪如同婆婆操控棍子一样地操控着人，人被情绪操控而丧失觉知，就会像棍子听命于婆婆一样攻击他人。

人因“无明”所障，而生“贪嗔痴”三毒，进而被三毒操控又生起“怒恨怨恼烦”五种负面情绪，最终产生攻击他人等不当行为。

真正理解了情绪管理的“棍子原理”，以后在面对那些被情绪操控而攻击我们的人时，我们内在才能真正生发悲悯之心——真是太可怜了，你这个大棍子！被情绪操控了，却毫无觉知。

12 从心上改

【原文】何谓从心而改？过有千端[①]，惟心所造，吾心不动，过安[②]从生？

学者[③]于好色、好名、好货[④]、好怒种种诸过，不必逐类寻求。但当一心为善，正念现前，邪念自然污染不上。如太阳当空，魍魉[⑤]潜消，此精一[⑥]之真传也。

过由心造，亦由心改，如斩毒树，直断其根，奚[⑦]必枝枝而伐，叶叶而摘哉？

【译文】什么叫从心上改过呢？过错有千万种，皆由妄心所造，如果我们心不妄动，过错能从哪里产生呢？

修学之人对于贪爱美色、名声、财物以及好发脾气等诸多过失，没有必要逐一寻求改过之法。只要一心一意行善利他，时时处处保持正念，邪念自然污染不上。如同太阳当空普照，所有妖魔鬼怪都会消失得无影无踪，这是改过精髓的真实传授。

过错皆由心造，也须从心而改，如同斩断毒树，只要直接断根就可以了，何必要一根一根树枝去砍伐，一片一片树叶去摘除呢？

---

① 端：种类，方面。

② 安：此处为疑问代词，a. 什么，什么地方；b. 怎么，哪里。

③ 学者：修学之人，追求德行上进的人，求学的人。荀子《劝学》中有："古之学者为己，今之学者为人。君子之学也，以美其身；小人之学也，以为禽犊。"意为：古人学习是自身道德修养的需求，现在的人学习则只是为了炫耀于人。君子学习，是为了完善自我；小人学习，是为了卖弄和哗众取宠。

④ 货：财物。

⑤ 魍魉（wǎng liǎng）：古代神话传说中的妖魔鬼怪。

⑥ 精一：出自《尚书·大禹谟》中的中华传统文化著名的"十六字心传"——人心惟危，道心惟微，惟精惟一，允执厥中。意为：人心难易其诡，道心难得其真，求真总须精纯专一，治世贵在守中固善。

⑦ 奚：何。

【解读】

了凡先生讲完“从事上改”与“从理上改”，现在讲“从心上改”。

何谓从心而改？过有千端，惟心所造，吾心不动，过安从生？学者于好色、好名、好货、好怒种种诸过，不必逐类寻求。但当一心为善，正念现前，邪念自然污染不上。如太阳当空，魍魉潜消，此精一之真传也。过由心造，亦由心改，如斩毒树，直断其根，奚必枝枝而伐，叶叶而摘哉？

上等改过方法：心如工画师

我们对外境的认知，是由自己的所见、所听、所嗅、所尝、所触、所想和合而成。现代科学的“波粒二象性”理论已经证明，我们所看到的一切，并非世界的本来面目。万法皆是妄心显现的误以为有外境的错觉,《金刚经》称之为“一合相”。

世界是众生的共业所感，又因众生的别业而有差异。我们自以为真实的世界，每时每刻都在随着自己妄心的乱动而变化。同样一件事情，有人觉得美好圆满，有人觉得丑陋残缺；甲之蜜糖，乙之砒霜；蝇喜粪便，鸟爱蛆虫；腐肉为人所恶，秃鹫啖之鲜美；古有南朝刘邕那样的嗜痂之徒，今有喜食螺蛳粉的逐臭之辈。世间的万千好恶，无不皆由妄心所造。

《列子》里收录一个“疑邻盗斧”[①]的寓言故事：从前有个人，丢了一把斧

① 疑邻盗斧：人有亡斧者，意其邻之子。视其行步，窃斧也；颜色，窃斧也；言语，窃斧也；动作态度，无为而不窃斧也。俄而，扣其谷而得其斧，他日复见其邻人之子，行动、颜色、动作态度无似窃斧者也。

头，他怀疑是邻居偷走的，便暗地里观察邻居，发现邻居的言谈举止以及脸上的表情，都像是偷了自己斧头的人。不久后，他在翻自家的谷堆时，发现斧头被埋在了谷堆里。次日，他再见到邻居时，不论自己怎么看，邻居的言行举止以及脸上的表情，没有一处再像是偷斧头的人了。

我们都是用自己的妄心去认识世界，每个人都走在一条自己认为正确的生命道路上。当我们戴上主观成见的有色眼镜去观察世界时，必然会歪曲世界的原貌。当我们讨厌一个人时，无论对方做什么、怎么做，我们都会觉得非常恶心，走路姿势恶心，说话声音恶心，甚至对方脸上的笑容都会觉得很恶心。事实真的有那么恶心吗？很难说。这只是我们的妄心使然，不是风动，不是幡动，是我们的妄心一直在动。

《华严经》云："心如工画师，能画诸世间；五蕴悉从生，无法而不造。"我们用六根、六识去感受六尘，误以为外在有一个真实的世界，并持续地以假为真。如此这般地长时间沉浸在错觉之中，错误的认知必然会像乌云一样遮蔽本有的清净之心，进而导致各种各样欲望的产生，表现为贪恋外在的美色、名声、财物等行为，得到了就洋洋自得，得不到就怒恨怨恼烦。

凡夫境界只是一场虚妄分别，对应的梵文词是"vijñaptimātra"，即"唯分别"或"唯了别"。我们日常身口意三门的行为都是当生即灭的，但是这个行为的作用会延续下去，驱使着这个行为作用延续下去的力量叫作"karma"。我们的行为当生即灭了，但这个行为会在阿赖耶识（以下简称"藏识"）当中熏习下一颗新的种子，藏识里的种子是由行为熏习而来的，这些种子因缘成熟时，它又会现行出一个新的行为。这个新的行为，它依然是当生即灭的，这个新的行为虽然灭了，但是它的作用会继续延续下去——这个新的行为又会在藏识当中熏习下一颗新的种子……如此这般地循环往复，就形成了行为熏习种子，种子现行出行为，行为与种子互为缘起，两者之间“此有故彼有，此生故彼生，此无故彼无，此灭故彼灭”。故有偈曰：

凡愚颠倒入梦深，虚妄分别假作真。

了境如幻自心现，空中无色本无生。

“从心上改”，就是杂染种子的转染成净，进而转识成智，以智证真。相比“从事上改”“从理上改”，“从心上改”如同砍伐毒树时，直接从树根上下刀，只要砍断树根，至于树上那些因不同过错而长出的枝条与树叶，根本不必逐一理会。

一切过错，皆由妄心所造，而妄心并非真实永恒的存在，我们只要认真听闻正法，如理思维，如法修行，转错觉为正觉，即可种下清净的种子，就能够转染成净，转识成智，以智证真。

13 改过二途

【原文】大抵最上治心，当下清净，才动即觉，觉之即无；苟未能然，须明理以遣[①]之；又未能然，须随事以禁之。以上事而兼行下功，未为失策[②]；执下而昧[③]上，则拙矣。

【译文】概而言之，最好的改过是从心上改，当下心地清净，邪念刚一萌动就能觉察，觉察到了即可断除；如果做不到从心上改，就要在明理上下功夫；如果明理还做不到，就要在具体的事情上禁止。用心上改的上等功夫，再加上明理与禁事，这不失为上好的改过之法。若只执于具体的事上禁，既不明理，又不能从心上改，那就太笨拙了。

【解读】

清楚了三种改过的具体方法，更要知道该如何运用“三法”。

上事而兼行下功Vs执下而昧上

大抵最上治心，当下清净，才动即觉，觉之即无；苟未能然，须明理以

① 遣：除去。
② 失策：失算。
③ 昧：不明白。

遣之；又未能然，须随事以禁之。

不怕念起，就怕觉迟。改过的最好方法是从心上入手，继而转染成净。《大乘入楞伽经》云："了境如幻，自心所现。"人之所以会犯错，就是因为把假的当真了，才会生起各种各样的贪爱。世间万法，唯心所现，过错万千，其性本空。如果我们了知外相本无自性，凡夫境界皆是妄心显现的错觉，自然就不会执着于外境的好坏、对错、美丑、是非，转了错觉为正觉，当下也就种下了清净的种子。《金刚经》云："一切有为法，如梦幻泡影，如露亦如电，应作如是观。"邪念生起时，当下即可觉知，邪念被觉知到时，对自己说一句"又当真了"，微微一笑间，邪念当下即会烟消云散，且又种下了清净种子。

如果实在做不到从心上改过，也可以从明理上入手，用类似"方舟济河"的道理指导自己。明白了道理，很多事情我们也就见怪不怪了，便能理解世间同样的事情，为何有人欢喜有人愁，有人拾之如珠玉，有人弃之如敝履。譬如名利，有人视之如见蛇蝎，唯恐避之不及；有人对此趋之若鹜，不惜造下无边恶业。

唯有理明法透，改过之路方可行稳致远。如果"从理上改"还做不到，那就只能"从事上改"了。虽然逐一从具体的事上改过不太高明，但是能改一点是一点，有改总比没改好。

以上事而兼行下功，未为失策；执下而昧上，则拙矣。

如果我们能够运用"从心上改"的上等功夫，同时又能明理，在容易犯错的具体事情上也能有所禁止，这是绝佳的改过组合之法。相反，如果只是一味执着在具体的事情上改过，既不明理，又不懂得从心上改，这就如同打一场高科技条件下的现代战争，明明可以直接炸掉敌人的指挥中枢，却对此视而不见，非要逐一去炸外在星罗棋布的碉堡，做法确实非常愚笨。

如同很多企业制定的各种规章制度，虽然数量挺多，印刷装订精美，但绝大多数都是针对具体事情的“事上改”，这就属于典型的“执下而昧上”。所以，制度执行的效果往往差强人意，也就完全可以理解了。

14 改过效验

【原文】顾[1]发愿改过，明须良朋提醒，幽须鬼神证明。一心忏悔，昼夜不懈，经一七、二七，以至一月、二月、三月，必有效验。

或觉心神恬旷；或觉智慧顿开；或处冗沓[2]而触念皆通；或遇怨仇而回嗔作喜；或梦吐黑物；或梦往圣先贤提携接引；或梦飞步太虚；或梦幢幡宝盖。种种胜事，皆过消罪灭之象也。然不得执此自高，画而不进。

【译文】但是，发愿改过，明处须有良师益友提醒，暗处须有鬼神监督证明。一心一意忏悔改过，从早到晚绝不松懈，经过一周、两周，再到一个月、两个月、三个月，必定会有效验。

或是感到心境开阔精神舒畅；或是觉得灵性智慧突然打开；或是手头事务繁杂却能从容处理；或是遇仇人冤家反而转怒为喜；或是梦中吐出污秽黑物；或是梦见古圣先贤前来提携接引；或是梦见自己飞于虚空漫步；或是梦见庄严佛土幢幡宝盖。以上种种殊胜景象，都是过恶消除、罪业已灭的吉祥征兆。但是，不能因此而自高自傲，画地而守，止步不前。

【解读】

悦

现在开始讲，改过可以获得哪些具体的效果。

① 顾：此处为文言连词，但是。
② 冗沓（rǒng tà）：事务繁杂。

愿发愿改过，明须良朋提醒，幽须鬼神证明。一心忏悔，昼夜不懈，经一七、二七，以至一月、二月、三月，必有效验。

一个自律的人走得快，一群志同道合的人走得远。我们发愿改过，如果有良师益友经常耳提面命，改过的速度肯定会更快。南京的了凡同学们，在参加了《了凡领导力》线下课程以后，在经仕凤、李秀琴、柴坤宏、韩冰、冰溪、徐毅冰、殷桂云等几位同学的带领下，于2021年9月组成了“南京了凡读书会”。读书会里的了凡同学，坚持每天早上六点准时线上晨读经典并分享学习心得，大家共同打造一个学习型组织，这就是“明须良朋提醒”。一群人共同维护彼此学习经典的热情，持续保持高能量的了凡生命状态，是一件非常有意义的事情。现在内蒙古、山东等地的了凡同学都在组建本地的了凡读书会，真诚嘉许这些优秀的了凡同学们，为他们双手点赞。

什么叫作“幽须鬼神证明”呢？俗话说，天选强者受苦，鬼挑弱者上身。鬼神是人眼一般看不见的能量存在，孔子对此也不否认，他在《论语》中说过“敬鬼神而远之”的话语。对于鬼神，只要“君子慎独”即可。有位了凡女同学说她父亲在年轻时曾杀过很多青蛙，后来得了癌症，最后临终时，老人嗓子里发出的声音竟然是清晰的蛙鸣声。这位同学跟我分享时，把手机里的录音放给我听，那清晰的蛙鸣声听得我头皮发麻。

《黄帝内经》云：“正气内存，邪不可干。”真心改过的人，一定会呈现出精气神旺盛的高能量生命状态，人也不容易生病，《黄帝内经》称之为：“精神内守，病安从来？”而一个过错很多的人，能量肯定不高，按《黄帝内经》的说法，叫作：“邪之所凑，其气必虚。”人犯过错即亏德，亏德之人能量不高，正气也不足，人自然容易生病。“得病”的本质是“德病”，中医十三科里，原来单独有一科叫“祝由科”，“祝”者咒也，“由”者病之缘由也。“祝由”二字最早见于《黄帝内经·素问·移精变气篇》:“黄帝问曰:‘余闻古之治病,惟其移精变气,可祝由而已。今世治病,毒药治其内,针石治其外,或愈或不愈,何也?’”由此可知,上古之人治病,不用打针服药,只要移易精神、变换气质,请人施展祝由之术,即可痊愈。中医祝由术现在已经很少见了,现代西医对此不是太理解,统称为“免疫力低下”。

改过,我们需要全心全意去忏悔。“忏”是承认错误,“悔”是后不再造。经过一七、二七,以至于一月、二月、三月的时间,必定会有好的效果。

在中华传统文化中,“七”和“三”是两个非常重要的数字。

“七”在后天八卦中为兑卦,表示少女,五行属金,方位正西。《黄帝内经·素问》中有女子发育以七为倍数之说:女子七岁,肾气盛,齿更发长;二七而天癸至,月事以时下;直到七七,天癸竭,地道不通。所以,中医开方一般都是以七天为计算周期。中国古代天文学里,对于北斗七星极为重视,《史记·天官书》中说:“斗为帝车,运于中央,临制四方,分阴阳,建四时,均五行,移节度,定诸记,皆系于斗。”北斗是定方向、定季节、定时辰的标尺。除了有北斗七星,古人还把黄道星象按照东方青龙、南方朱雀、西方白虎、北方玄武各七宿划分为二十八星宿。我们人的头部有七窍,身上还有三魂七魄之说。旧时汉族的丧葬风俗中,人去世以后,于“头七”起即设立灵座,早晚祭拜,每隔七日作一次佛事,设斋祭奠,依次至“七七”四十九日除灵方止。《易经》复卦的卦辞也说:“反复其道,七日来复,利有攸往。”

“三”在后天八卦中为震卦,表示长子,五行属木,方位正东。《系辞》讲天地人三才,《道德经》讲“三生万物”。人把某件事做成习惯,一般需要三七二十一天。中国人常讲“事不过三”,“三”这个数字中隐藏着一个改变运程的秘密:

一个人出现好的改变，最快需要三天，所谓“士别三日，当刮目相看”；

一个人转变运程，一个领导者确立威信，最少需要三个月；

一个企业转变运程，最多需要三年；

一个家族转变运程，往往需要三代人的不懈努力；

一个民族转变运程，最少需要三十年，即“三十年河东，三十年河西”。

“改过八益”的效验

或觉心神恬旷；或觉智慧顿开；或处冗沓而触念皆通；或遇怨仇而回嗔作喜；或梦吐黑物；或梦往圣先贤提携接引；或梦飞步太虚；或梦幢幡宝盖。

了凡先生依据自己的心得体会，详细列举改过后会出现的“改过八益”：

第一个效验，关于内心感受，会感到“心神恬旷”。即内在安定，心境开阔，精神舒畅，轻松自在。

第二个效验，关于个人智慧，会觉得“智慧顿开”。人因为“心神恬旷”，所以内心安定。戒定慧三学，人能诚心改过持戒，便可以因戒得定，因定开慧。如同遮蔽明月的乌云消散之后，皎洁的月光自然就会遍洒人间。

第三个效验，关于个人做事，会“处冗沓而触念皆通”。人因为“智慧顿开”，即使遇到再多繁杂的事务，也能够从容处理，有条不紊。

第四个效验，关于情绪管理，会“遇怨仇而回嗔作喜”。人改了过错，智慧也会快速提升，明了外在一切的人、事、物都是藏识杂染种子的现行。《大乘入楞伽经》云：“一切诸法唯是自心分别所见，不了知故分别心起，了心则灭。”理明法透时，再遇到以前讨厌的人时，杂染种子不现行了，自然就能化怨恨为欢喜了。

第五个效验，关于疾病疗愈，会“梦吐黑物”。中医认为怨伤脾，怨气下沉不仅会导致腹部变大，而且会伤脾胃，而回嗔作喜之后，就可以化解怨气。在梦中吐出污秽黑物，这是脾胃排毒的表现，排出了体内的负能量，正气就足了，正气一足，疾病自然好转，甚至会快速痊愈。

南京的王枫媛学长，是个热情大度的女性领导者，她在烟台参加第 24 期《了凡领导力》课程以后，改变很大。后来，她大爱发心带领自己的核心团队，连续举办过两期《了凡领导力》课程，共有 900 多人参课。

2019 年夏天，由南京市女企联副会长桂亮兰女士与江苏省旗袍会会长何莉女士两位大爱的女企业家发心承办了第 52 期《了凡领导力》课程，王枫媛学长因身体欠佳没有做义工，便专心致志听课学习。在课程的第二天夜里，枫媛学长就梦吐了很多黑物。据她分享，第二天早晨起床后，她感觉到自己身心十分愉悦，那种轻松与自在的体验，无法言表。

在喜悦人生系列国学经典课程开课期间，三餐饮食都是干净的素食，除了一些学长会梦吐黑物，还经常有学长在课程期间会上吐下泻排毒。在北京修德谷开班的第 13 期《了凡领导力》课程中，有位想要自杀的李学长，课程第三天中午突然吐了一大口黑血，义工陪他去医院检查，身体没有任何问题。课程最后一天，他上台分享说自己不会再自杀了，还请大家在他的外衣上签字留念。在《修身智慧》课程中，有几位女学长在生理期间连续排出很多黑色或黄色的体内垃圾。这些学长“排毒”后，神奇的事情发生了——自己身上多年未愈的疾病竟然痊愈了。其实，这些事情不难理解，与梦吐黑物的道理完全一样。

第六个效验，关于梦中人物，会“梦往圣先贤提携接引”。了凡先生梦见了一个神人，阳明先生梦见了孟子亲自为他讲课，这种都是非常吉祥的梦境。

第七个效验，关于梦里时空，会“梦飞步太虚”。按现代科学解释，梦境具有高维能量属性，梦中的时间是无序的，不同梦境里的时间尺度也会不一样。唐代《枕中记》中的“黄粱一梦”，卢生在梦中享尽了一生的荣华富贵，一觉醒来，店家的小米饭还没有煮熟。电影《盗梦空间》里也有类似的精彩演绎，梦不但可以预先规划，而且可以分为好多个层次。在梦境中，时间与空间都是变量，人在其中可以任意穿越到过去或未来。我们都有过《甜蜜蜜》歌中唱的那种体验，明明是第一次遇到某个人或到达某个地方，却总有一种似曾相识的感觉，这与《红楼梦》中宝玉初见黛玉时“这个妹妹我曾见过的”感受一样，原因无它，是因为在梦里曾经遇见过、到达过或者是旧相识。人如果梦见自己飞升虚空、潇洒漫步，这也是一种好的改过效验。

第八个效验，关于梦中物品，会“梦幢幡宝盖”。幢幡宝盖都是寺院的常用物品，幢幡也代表一种信号。幢，是长圆筒状的，从前寺院都有旗杆，幢升到旗杆上叫“悬幢”，用以通知大众在道场里有讲经说法，或表示道场里有共修，这叫作“法幢高悬，慧炬长明”。幡，是长扁形的，有法会时就会升幡。宝盖，是佛像头顶上像大伞一样的布制品，既为佛像挡灰尘，也表法防止心的染污。幢幡宝盖上往往绣有特定的经文咒语，这些都属于高能量物品。如果做梦梦见了幢幡宝盖，说明自己最近改过改得很好。

种种胜事，皆过消罪灭之象也。然不得执此自高，画而不进。

了凡先生列举的八种胜事，我们简称为“改过八益”，这些都是改过改得好才会出现的效验，是一个人过恶消除、罪业已灭的吉祥征兆。但是，我们绝不能因此而自高自傲，画地而守，止步不前。

15 常思己过

【原文】昔蘧伯玉[①]当二十岁时，已觉前日之非而尽改之矣。至二十一岁，乃知前之所改未尽也。及二十二岁，回视二十一岁，犹在梦中。岁复一岁，递递改之，行年五十而犹知四十九年之非。古人改过之学如此。

吾辈身为凡流，过恶猬集，而回思往事，常若不见其有过者，心粗而眼翳也。

【译文】春秋卫国大夫蘧伯玉在他二十岁时，已能觉察自己以前所犯过失而全部改正。到了二十一岁，又觉察到以前所改过失并不彻底。到了二十二岁，回看二十一岁时，还是像在梦中一样。就这样年复一年，持续深入地改过，整整做了五十年，仍能觉察到过去四十九年中还有很多没改掉的错，古人改过就是如此精进不懈。

你我皆凡人，所犯过恶就像刺猬身上的刺一样密集，回想曾经的所作所为，如果经常看不到自己的过失，那是因为粗心蒙蔽了双眼，如同得了翳病一样。

【解读】

悦

① 蘧伯玉：即蘧瑗（qú yuàn），字伯玉（约公元前 585 年 – 前 484 年），春秋时期卫国（今河南新乡长垣市）大臣，大夫蘧无咎之子 。卫献公初入仕，在献公中期已为卫国举世皆知的贤大夫，一生侍奉卫献公、卫殇公、卫灵公三代国君，主张以德治国，执政者以自己的模范行为去感化、教育、影响人民，“无为而治”的开创者。病卒于任上，谥号为成。为孔子朋友，奉祀于孔庙东庑第一位，后世追封内黄侯。

讲完“改过八益”的具体效验，现在列举春秋贤大夫蘧伯玉改过的案例，借以强化我们的改过信念。

春秋贤大夫蘧伯玉改过的案例

昔蘧伯玉当二十岁时，已觉前日之非而尽改之矣。至二十一岁，乃知前之所改未尽也。及二十二岁，回视二十一岁，犹在梦中。岁复一岁，递递改之，行年五十而犹知四十九年之非。古人改过之学如此。

蘧伯玉是春秋时期卫国的贤大夫，也是孔子的挚友。孔子周游列国十四年，有十年都是在卫国，其中两次住在蘧伯玉家，前后长达九年时间。孔子与蘧伯玉二人无话不谈，充分交流彼此的思想。蘧伯玉的政治主张、言行、情操对儒家理论的形成产生了重大影响，为以后确立儒家学派奠定了坚实的基础。后世被封为“先贤”，奉祀于孔庙东庑第一位。

《论语·宪问篇》有关于蘧伯玉自省的记载：“蘧伯玉使人于孔子，孔子与之坐而问焉，曰：‘夫子何为？’对曰：‘夫子欲寡其过而未能也。’使者出，子曰：‘使乎！使乎！’”有一次，蘧伯玉派人来拜望孔子，孔子向来人询问蘧伯玉的近况，来人回答说：“他正设法减少自己的缺点，可却苦于做不到。”来人走后，孔子对弟子说：“这是理解主人的好使者！非常称职的好使者！”

《二十四礼》中记载了一则关于蘧伯玉慎独的故事①：有一天晚上，卫灵公和夫人南子一同坐在宫里，忽然听到外面有一辆车子过来的辚辚响声，到宫门

① 周卫蘧瑗，字伯玉。年五十，知四十九年之非。灵公与夫人南子夜坐，闻车声辚辚，至阙而止。南子曰：“此蘧伯玉也。公曰：“何以知之？”南子曰：“礼，下公门，式路马，所以广敬也。君子不以冥冥堕行。伯玉，贤大夫也，敬以事上，此其人必不以暗昧废礼。”公使问之，果伯玉也。

口时，车声就不响了。南子说:“这人一定是蘧伯玉。”卫灵公说:“你怎么知道?”南子说:“从礼节上讲，做臣子的人，走过君上的宫门口，一定要下车;看见君上驾路车的马，一定要行敬礼。这些都是表示敬重君主的行为。凡是君子，都不会在无人所见之地放弃自己的品行。蘧伯玉平日服事君上很是礼敬，这个人一定不会在暗昧之地失礼的。”卫灵公就差人前去询问，果然是蘧伯玉。

蛇不知自己有毒，人不知自己有过

吾辈身为凡流，过恶猬集，而回思往事，常若不见其有过者，心粗而眼翳也。

了凡先生举春秋蘧伯玉改过的案例，一方面是表达自己对于蘧伯玉精进改过的钦佩，另一方面也是在苦口婆心地叮嘱儿子：人是可以通过精进修身成为圣贤的。

圣贤是人修成的，每个圣贤都有曾经犯错的灰暗过去，每个罪犯都有改过自新的光明未来。人因为自己立志要成圣成贤，所以才会精进反省自己犯下的过错，并持续不停地断恶修善。与圣贤相比，我们都是凡夫俗子，曾经所犯的过恶像刺猬身上的刺一样密集。回想过往，如果我们经常看不到自己身上有什么过失的话，那肯定是因为自己的粗心大意遮蔽了双眼，如同得了翳病一样。

三四十年前，卖冰棍的人为了方便走街串巷，都会在自行车后座上绑一个木头箱子，把冰棍放在箱子里。为了防止冰棍融化，会在箱子内壁的四周铺上棉被，把冰棍包在棉被里。其实，我们曾经所犯的过错，就如同一根根冰棍一样，不但藏在箱子里，还要包在棉被中。自以为外人不知，但自己的良知全都清楚，每每想起仍会羞愧不已。时间久了，这些过错就会形成逆鳞铠甲，只要别人一触及，自己就会恼羞成怒，甚至会暴跳如雷。

蛇不知自己有毒，人不知自己有过。

最拉低我们生命能量的东西，就是一个个深埋在心底的过错，它们如同一根根冰棍一样累积在那里，阴冷僵硬地隐藏在黑暗深处，时时牵缀着我们渴望光明向上的生命能量。改过，就是主动打开冰棍箱，掀开包裹在冰棍外面的棉被，让灿烂的阳光照在冰棍上，让过错消融于改过自新的阳光下，打开禁锢心灵的枷锁，人就解放了。

《大学》云："汤之《盘铭》曰：'苟日新，日日新，又日新。'《康诰》曰：'作新民。'《诗》曰：'周虽旧邦，其命维新。'是故君子无所不用其极。"品德高尚的人，每时每刻都在不断地改过自新，超越自我。

佛经中把我们这个世界称之为娑婆世界，娑婆即堪忍之意，表示我们安于十恶，忍受诸多烦恼却不肯出离，故把这个世界也称作秽土，告诉我们这个世界是污秽不堪的。在悬挂投影仪的房间里，关掉灯光后，在投影的光束中，可以清晰地看到有数不清的细小灰尘在空气中上下翻滚。正常光线下，我们眼睛看不见，只要关掉灯光，马上就显现出来，那么多密密麻麻的微尘，让人看了有一种密集恐惧症的难受。

空气中那么多细小的灰尘，就像我们曾经所犯的过错，只要未改过清除，它们就一直在。之所以看不到，并不是它们消失了，而是因为我们自己的粗心蒙蔽了双眼而已。当一个人自我标榜是个好人时，就已经不是好人了。我们之所以看不到自己有过错，不过是《大学》所说的"心不在焉，视而不见"罢了。

16 作孽之相

【原文】然人之过恶深重者，亦有效验：或心神昏塞，转头即忘；或无事而常烦恼；或见君子而赧然[1]消沮[2]；或闻正论而不乐；或施惠而人反怨；或夜梦颠倒；甚则妄言失志[3]；皆作孽之相也。

苟一类此，即须奋发，舍旧图新，幸[4]勿自误。

【译文】然而，如果一个人过恶深重，也会呈现出各种征兆：或是脑袋不灵光经常忘事；或者没事却常爱生气自寻烦恼；或是见到正人君子感到羞愧而垂头丧气；或是听闻正法却内心不太高兴；或是帮助他人却反招怨恨；或是夜梦难安颠三倒四；甚至会像失去理智一样胡言乱语；这些都是作了孽的表现。

一旦出现类似状况，就必须痛下决心，彻底改过迁善，千万不可耽误自己。

【解读】

然人之过恶深重者，亦有效验：

改过好的人会出现“改过八益”的效验，同样，过恶深重的人会出现不太吉利的“犯错七恶”效验。

---

① 赧（nǎn）：因为羞愧而脸红。赧然：形容因难为情而羞愧的样子
② 消沮：消沉沮丧。
③ 志：知觉，理智。战国楚·宋玉的《神女赋》中有“罔兮不乐，怅然失志。”
④ 幸：希望。

“犯错七恶”的效验

或心神昏塞，转头即忘；或无事而常烦恼；或见君子而赧然消沮；或闻正论而不乐；或施惠而人反怨；或夜梦颠倒；甚则妄言失志；皆作孽之相也。

第一种恶效，关于记忆力，会“心神昏塞，转头即忘”。很多人都有过这样的体验，比如刚离开家不久，就忘了自己关没关煤气、锁没锁门等事情。表面上看是年龄大了，或记忆力衰退了，其本质是因为过错太多而导致的脑袋不灵光。在现实生活中，依然有很多百岁老人的记忆力很好，且耳聪目明。

第二种恶效，关于情绪管理，会“无事而常烦恼”。世间本无事，庸人自扰之。明明没什么事，却内心烦躁，一不留神就生气，总爱找别人茬。还有一种常见的表现就是经常担心焦虑——担心自己家人会出事，对还未发生的很多事情紧张焦虑。担心的本质是一种轻度诅咒，当一个人常想万一时，就是在用意识种恶种子。俗话说，越怕越来。越是担心焦虑的事情就越会发生，所有的坏事，都是自己种子的“心想事成”。

第三种恶效，关于亲近仁者，会“见君子而赧然消沮”。《吉祥经》云：“勿近愚痴人，应与智者交，尊敬有德者，是为最吉祥。”有机会亲近高能量的有德之人，本是一件非常值得高兴的事。但是，有些人见到正人君子后，却感到难为情，或对见有德之人根本提不起兴趣，原因就是过错太多，业障太大。

第四种恶效，关于学习经典，会“闻正论而不乐”。《吉祥经》云：“忍耐与顺从，得见众沙门，适时论信仰，是为最吉祥。”得以听闻圣贤教诲，本应是件吉祥的事，可有人听闻正论之后，内心不但没有法喜充满，反而心生不悦，原因是与圣贤之间的缘分太浅，这也是过恶深重的典型表现。

第五种恶效，关于帮助他人，会“施惠而人反怨”。这是很多人经常遇到的事情，自认为对他人掏心掏肺，可是不仅没有得到感恩，反而遭受对方的怨恨，甚至绝交。原因无他，还是自己过恶太过深重。一个人的成就永远不会突破自己的福报，过恶深重的人福德薄，看似是对方受惠不懂感恩，其实是自己的福报余额不够了。

第六种恶效，关于梦境示警，会“夜梦颠倒”。邵康节先生的《忧梦吟》诗曰：“至人无梦，圣人无忧。梦为多想，忧为多求。忧既不作，梦来何由？能知此说，此外何修。”至圣之人因为没有了颠倒妄想，心不妄动，何梦之有？圣人应无所住而生其心，他们基于空性而生起度化众生的菩提心，所以圣人无梦。“梦”是什么？心理学大师弗洛伊德认为，日有所思，夜有所梦，夜里的梦其实都是“白日梦”。有梦即执念，无念则无梦，白天妄念多，夜晚就多梦。至圣之人彻底泯灭了二边，不会颠倒妄想，他们了知凡夫境界本来无一物，故时刻都能作如梦观。对圣人来说，凡尘俗世不过是一场红尘大梦而已。当然，圣人并非完全无梦，圣人即使有梦，也是自然彩色的梦。而我们凡夫的梦，基本都是黑白的，鲜有彩色梦境。彩色梦境代表我执很淡，至圣之人本来就没有美梦与噩梦的二元对立，更不会因为梦境的好坏而心随境转。而凡夫因为智慧缺乏不能认识生命实相，所以白天妄念纷飞，晚上就会做乱七八糟的梦，这都是自己过恶太重的缘故。

第七种恶效，关于言语表达，会“妄言失志”。“妄言”就是“妄语”，即乱说虚妄不实的谎话。“失志”是指缺乏考虑、思虑不周，甚至神志失常。妄言失志，就是谎话连篇、胡说八道。吹嘘自己想要得到的成果，却枉顾目标不去达成的人，就是典型的妄言失志。

苟一类此，即须奋发，舍旧图新，幸勿自误。

了凡先生列举的“犯错七恶”，都是我们容易遇到的情况，区别只是每个人过错大小程度不同，这些作孽之相也会略有不同。只要有类似的情况出现，我们就要痛下决心，闻道即受，闻过即改，如此才能上无愧于列祖列宗，下无愧于子孙后代，千万不可因此耽误自己宝贵的一生。

牢记“未论行善，先须改过”的八字方针，持续不断地改过自新。把“改过八益”与“犯错七恶”合并起来，可以作为我们个人改过的正反检视点，用以时刻对照检视自己的身口意三门，避免种下错误的种子。

第四章　谦德之效

"谦德之效"题解

《谦德之效》作为《了凡四训》的第四篇，也是全书的总结篇，承接"立命之学"中的"了凡六想"。一个人"谦"的程度，直接决定其"改过"与"积善"的品质与成果。带着傲慢施舍之心的积善，多属阳善；带着谦卑感恩之心的积善，多为阴德。带着不情不愿之心改过，不是真改，必然再犯；带着真诚忏悔之心改过，才是真改，必不二过。

《传习录》云："谦者众善之基，傲者众恶之魁。"想要改变命运，须从"谦"字入手，方能受教有地。否则，即使当下一帆风顺，也不会长久。"谦德之效"中，了凡先生列举出五个读书人的五种"惟谦受福"的真实案例：

一、年少谦虚的丁敬宇"受侮不答，闻谤不辩"，结果开榜中式；

二、大变幼习的冯开之"虚己敛容，平怀顺受"，结果今年决第；

三、童年中举的赵裕峰"文被悉抹，心服速改"，结果明年登第；

四、生性温良的夏建所"气虚意下，谦光逼人"，结果开榜中式；

五、恃才傲物的张畏岩：从开始的"揭晓无名，大骂试官"，到后来的"折节自持，持身颇慎"，结果于三年后"是科果中一百五名"。

五个案例详尽阐述了"满招损，谦受益"的世间至理，尤其在着墨较多的张畏岩案例中，直指很多人不愿行善积德时常说的理由"我贫士，何能为"，本质是"心上穷"的错误知见。本篇内容共分为四个部分：

第一部分，以《易经》之句开篇总说“寒士将达，必有一段谦光可掬”。

第二部分，讲述五个以不同方式修谦德的儒生“惟谦受福”的真实案例。

第三部分，总结“谦德之效”，强调“举头三尺，决有神明，趋吉避凶，断然由我”，告诫所有的修业者：谦德是必须具备的个人素质。

第四部分，总结整部《了凡四训》，用“立定此志，造福由我”，呼应“命由我作，福自己求”。并在本书的最后一句再次指出“积善之家，必有余庆”的改命要诀：务必要把向外追名逐利的心收回来，落实到行善积德上。

01 惟谦受福

【原文】《易》曰:“天道亏 盈而益 谦，地道变盈而流谦，鬼神害 盈而福谦，人道恶盈而好谦。”是故“谦”之一卦，六爻皆吉。《书》曰:“满招损，谦受益。”予屡同诸公应试，每见寒士将达，必有一段谦光可掬。

【译文】《易经》上说:“天道使盈者减损而令谦者受益，地道使满者溢漏而令谦者聚积，鬼神祸害自满者而施福谦让者，人道厌恶傲慢者而喜欢谦虚的人。”所以，在《易经》八八六十四卦中，只有“谦”这一卦，六爻皆吉。《尚书》上说:“自满必招损减，谦虚方可增益。”我很多次与友人赴考时，每见寒门士子即将显达高中之前，必定会有谦和四溢的光彩。

【解读】

悦

《易》曰:“天道亏① 盈而益② 谦；地道变盈而流谦；鬼神害③ 盈而福谦；人道恶盈而好谦。”是故“谦”之一卦，六爻皆吉。《书》曰:“满招损，谦受益。”

《易经》被誉为诸经之首，是中华传统文化的总纲领。涵盖万有，纲纪群伦，是中华文化的杰出代表；广大精微，包罗万象，亦是中华文明的源头。其内容涉及哲学、政治、生活、文学、艺术、科学等诸多领域，是各家共同的经典。

---

① 亏：使……减损。
② 益：使……受益。
③ 害：损害，教育令其吃点苦头的意思。

《易》有“三易”,《周礼·春官》曰:“太卜掌三易之法，一曰连山，二曰归藏，三曰周易。其经卦皆八，其别皆六十有四。”夏朝用《连山易》、商朝用《归藏易》、周朝用《周易》，并称为三易。相传《连山》与《归藏》在魏晋之后就下落不明了，二易究竟是如何亡佚的，一直是中华文化史上的千古之谜。

《史记·周本纪》上说，周文王被商纣王软禁在羑里监狱七年中“益易之八卦为六十四卦”，六十四卦的每一卦都表征一种生命征候，爻变则卦变，借以揭示出《易经》“变易”“简易”与“不易”的三大法则。

《周易》的第十五卦是“谦”卦，谦卦卦象是“地山谦”,《象》曰:“地中有山，谦。”谦卦的上卦为坤卦，代表大地；下卦为艮卦，代表大山。

在《周易》的六十四个卦中，每一个卦都有其卦德，除了谦卦之外，其余六十三卦的卦德都是吉凶交替、福祸交织，即使在乾、坤、泰、益等明显的吉卦中，也出现了悔、穷、吝、凶等象。因此，谦卦也就成为了众多学易者最推崇的一卦，被认为是一个修行者最应具备的基本素养。

在很多人的理解中，谦就是低调、退让。但是，真的能这样理解吗?

季羡林先生对“谦”的真假之分

季羡林先生[①]曾经写过一篇《满招损，谦受益》[②]的文章，季老在文章中

① 季羡林，字希逋，又字齐奘。国际著名东方学大师、语言学家、文学家、国学家、佛学家、史学家、教育家和社会活动家。历任中国科学院哲学社会科学部委员、北京大学副校长、中国社会科学院南亚研究所所长，是北京大学终身教授，与饶宗颐并称为“南饶北季”。早年留学国外，通英文、德文、梵文、巴利文，能阅俄文、法文，尤精于吐火罗文（印欧语系中的一种独立语言），是世界上仅有的精于此语言的几位学者之一。为“梵学、佛学、吐火罗文研究并举，中国文学、比较文学、文艺理论研究齐飞”，其著作汇编成《季羡林文集》，共24卷。生前曾撰文三辞桂冠：国学大师、学界泰斗、国宝。

② 季羡林：《我的人生感悟》，北京：中国青年出版社2006年。

说:“满(自满)只有一种:真。假自满者,未之有也。吹牛皮,说大话,那不是自满,而是骗人。谦(谦虚)却有两种,一真一假。”季老的这段话,振聋发聩,也启发了我对“谦”的深度思考。

《易经》自第一卦“乾卦”的“天行健,君子以自强不息”始,到六十四卦“未济卦”的“君子以慎辨物居方”结束,《易经》处处都在引导我们精进趋向君子。在“立命之学”中,云谷禅师亦讲“《易》为君子谋”。

季老把谦分为真假两种,可用“小人之谦”与“君子之谦”进行区分:“小人之谦”是嘴上的谦,是假谦,假谦不会让人得到任何益处,反而滋养傲慢。惟有“君子之谦”才是真谦,是心上的谦,才会滋养谦者的福德。

在文章的结尾处,季老对自己也做了个自评:“我自己怎样呢?我总觉得自己不行。我常常讲,我是样样通,样样松。我一生勤奋不辍,天天都在读书写文章,但一遇到一个必须深入或更深入钻研的问题,就觉得自己知识不够,有时候不得不临时抱佛脚。人们都承认,自知之明极难;有时候,我却觉得,自己的‘自知之明’过了头,不是虚心,而是心虚了。因此,我从来没有觉得自满过。这当然可以说是一个好现象。但是,我又遇到了极大的矛盾:我觉得真正行的人也如凤毛麟角。”

我极为钦佩季老写出这篇文章时的澄明心境与博大胸怀,他老人家生前被人冠以“佛学家、语言学家,文学家,国学家,教育家”等名,却敢于直陈自己知识不足也会心虚,且直言不讳“当今中国的学坛上,自视甚高者,所在皆是;而真正虚怀若谷者,则绝无仅有。……真正行的人也如凤毛麟角”。

为何季老会如此直言不讳?难道是老人家内心傲慢吗?想来以老人家的修为境界,决然不会!那就只有一种可能,我们对“谦”的理解还不够全面。

日常提及谦卦时,很多人都会条件反射般地脱口而出“六爻皆吉”,有些人还会进一步解释说，谦卦是《易经》中唯一一个“六爻皆吉”的卦，并由此得出一个“谦者必吉”的结论。

谦卦的卦象是“地山谦”，依侯果说，谦卦是由剥卦的“山地剥”变卦而来的。

我们要想学好“谦德之效”，就必须深入理解谦卦的本义所在，同时还要搞清楚两大问题：

第一，谦卦究竟是在说什么？谦，只是简单的低调与退让吗？

第二，明明知道“满招损，谦受益”，为何自己很难做到“谦”呢？

下面，我们先来完整地了解一下“谦卦”的卦画、卦名、卦辞、爻序号、爻辞、彖辞、大象辞和小象辞。

《周易》第15卦：地山谦(谦卦)

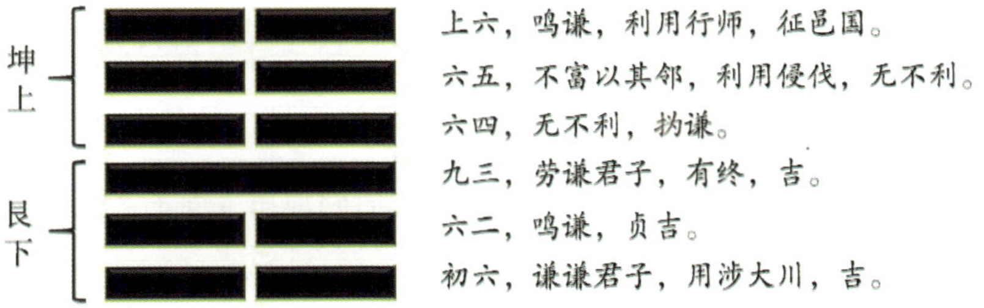

图4-1 周易谦卦

䷎谦，亨。君子有终。

《彖》曰：谦，亨。天道下济而光明，地道卑而上行。天道亏盈而益谦，地道变盈而流谦，鬼神害盈而福谦，人道恶盈而好谦。谦，尊而光，卑而不可逾，君子之终也。

《象》曰：地中有山，谦。君子以裒[①]多益寡，称物平施。

---

① 裒：póu，减损。

初六，谦谦君子，用涉大川，吉。《象》曰："谦谦君子"，卑以自牧也。

六二，鸣谦，贞吉。《象》曰："鸣谦贞吉"，中心得也。

九三，劳谦君子，有终，吉。《象》曰："劳谦君子"，万民服也。

六四，无不利，㧑谦。《象》曰："无不利，㧑谦"，不违则也。

六五，不富以其邻，利用侵伐，无不利。《象》曰："利用侵伐"，征不服也。

上六，鸣谦，利用行师，征邑国。《象》曰："鸣谦"，志未得也。"可用行师"，征邑国也。

"谦卦"的本义究竟在说什么

第一个问题，谦卦究竟在说什么？谦卦六爻，从初六到上六确实是爻爻皆吉。可惜的是，我们对于谦卦的本义理解不足，只对谦卦作出诸如"低调""退让"之类的泛泛表述，最后再不约而同地用《尚书》"满招损，谦受益"六字古训总结，硬生生地把活泼泼的"谦"字深意，脱水为无趣的枯燥说教。

谦卦初六的爻辞为："谦谦君子，用涉大川，吉。"谦虚且严于律己的君子，可任用于涉越大川险阻这样的重要事务，吉祥。《象辞》为："谦谦君子，卑以自牧也。"谦谦君子，自甘放低身段，克己养谦，以"谦"来管理约束自己。

在初爻的爻辞中，谦卦首先强调的是"谦谦君子"，我们既要看到自甘放低身段、约束自己的"君子之谦"，还要看到君子本身所具有的能够"用涉大川”的超强能力。

在自然界的景象中，高山都是耸立于平地之上。而谦卦的卦象，却是让人出乎意料的“艮下坤上”。坤为大地，大地的特性是低、卑、顺、退。艮为大山，大山的特性是高、亢、逆、进。谦卦的卦象是“卑者在上，亢者在下；退避为表，征伐为里”。一个表面上看起来毫不起眼的空旷山谷，没想到竟然有一座极为峻峭挺拔的巨峰，在山谷中不显山、不露水地静静耸立。

原来，谦虚的“虚”所表征的“空谷”只是谦卦的部分特征，而“空谷藏峰”才是谦卦中隐藏的核心深意。以本应高耸入云的巍峨大山却选择默默隐藏于地下，如此形成的“空谷藏峰”之象，示意一个人的修为内满如山，积累得非常高大厚实，却主动选择被褐怀玉，和光同尘，薄外厚内，示如常人，以此表示谦者的谦德至极。

《说文解字》中对谦的解释为：“谦，敬也。”谦字由“言”和“兼”两部分构成，“言”作形旁，说话之义。“兼”作声旁，以一手拿两束禾苗，引申为合并，表示说话时能尊重对方想法，合并思考，主动替对方着想。由此可见，“谦”是内心强大者才能做到的上善品德。

谈及“谦”时，很多人喜欢举例曾国藩把自己书斋取名为“求阙斋”的故事，以此说明自己也要求缺。但是，曾国藩被后人评价为“立德立言立功三不朽，为师为将为相一完人”，他的谦是空谷藏峰的“君子之谦”，所以人家在大成之后有资格求缺。我们身为凡夫，切忌只学了表面功夫，而忽略掉自己内在的空谷中有没有巨峰耸立。否则，只有空谷，内无藏峰，那就不是“君子之谦”的虚心，而是“小人之谦”的心虚了。

谦卦虽然每一爻都在谈谦，但每一爻中的“谦”是有很大区别的：

第一爻是“用涉大川”的“谦谦”；

第二爻是“中心得”的“鸣谦”；

第三爻是“万民服”的“劳谦”；

第四爻是“无不利，不违则”的“㧑谦”；

第五爻是“利用侵伐，征不服”的“护谦”；

第六爻是“利用行师，征邑国”的“鸣谦”。

只有深刻理解了谦卦，读懂了《彖辞》中的“天道下济而光明，地道卑而上行。”才能明白，真正的谦，并不是让我们毫无底线忘却目标的低声下气、谄媚奉承，而是彬彬有礼、不卑不亢地以德服人。

在谦卦的爻辞中，越是往后越强调“无不利，㧑谦”“利用侵伐”“利用行师，征邑国”。这些都是在告诉我们：真正的谦，是有方向、有底线、有目标、有行动的，唯有“无往不平行于外，高山仰止蕴其内，空谷藏峰之象”的人，才是真正的“谦谦君子”。

曾仕强先生有一个观点，“谦谦君子”不仅有谦上又谦的表象之义，谦还分为内卦的“艮谦”与外卦的“坤谦”两个层次。从谦卦的卦象上看，无论是下面的大山，还是上面的大地，都在表征对人的约束与限制，而且是艮与坤的双重限制。

第一重限制，是“艮谦”，是表征“劳谦君子”在艮山的“高、亢、逆、进”时，依然能够保持“卑以自牧”的自我约束。如此，才会有谦卦九三的“有终，吉”与“万民服也”的结果。

第二重限制，是“坤谦”，是表征人在“无不利”时，依然能够用坤地的“低、卑、顺、退”约束自己，保持“不违则也”，同时还能“㧑谦”——挥扬谦虚美德，最终才能“利用侵伐，无不利”与“利用行师，征邑国”。

曾先生认为，人能做到“艮谦”就已经很了不起了，历史上能够进入

"坤谦"境界的人凤毛麟角。孔子是一个进入"坤谦"的圣者，在《论语》中，孔子自述为"五十而知天命，六十而耳顺，七十而从心所欲"，但"不逾矩"，曾先生认为这是修到"坤谦"境界人的典型表现。

曾先生的观点，也从侧面验证了季老所言"当今中国的学坛上，自视甚高者，所在皆是；而真正虚怀若谷者，则绝无仅有。……真正行的人也如凤毛麟角"的观点，想来二老在某种意义上有心意互通吧。

我们了知了谦的最高境界是"坤谦"，纵使达不到，也应该用一生的时间去"心诚求之"。

生活中，该如何区分真谦与假谦呢？我们可以把自弱、自强为横轴，以示弱、示强为纵轴，如此，便可划分出人格类型四象限：

1. 自强而示弱；2. 自强而示强；3. 自弱而示弱；4. 自弱而示强。

四种人格类型划分图

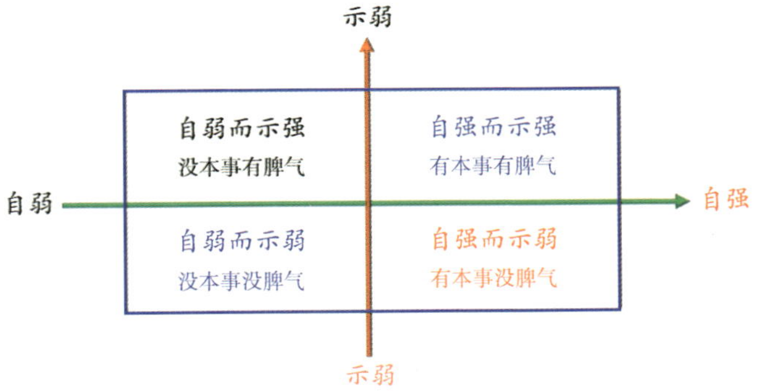

图4-2 四种人格划分

在四种人格类型中，只有第一种"自强而示弱"的人格才属于真正的"君子之谦"。后三种只是不同程度的"小人"而已，尤以第四种最为小人，在企业或组织中，要坚决舍弃。

企业的用人策略，也可以做出"德才匹配"人才策略的四象限：

1. 有德有才，破格重用；2. 有德无才，培养使用；

3. 有才无德，限制录用；4. 无德无才，坚决不用。

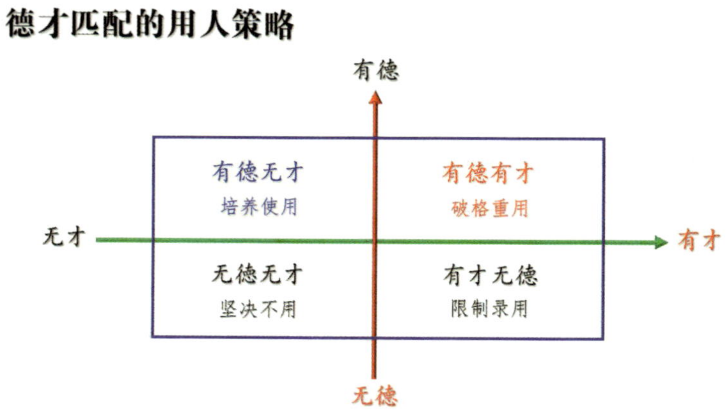

图4-3 德才匹配的用人策略

《菜根谭》云：“德者才之主，才者德之奴。有才无德，如家无主而奴用事矣，几何不魍魉猖狂。”德行是才华的主人，才华是德行的奴仆。有才无德，就像家里没有主人一样，如果一个家里完全由奴仆在做主，怎么可能不像传说中的鬼怪一样猖狂嚣张呢？

需要注意的是，在不少企业中，不分层级地把谦简单理解成“做事先做人”，并奉之为职场圭臬，这很不恰当。比如基层员工，如果自己的本职工作都做不好，却大谈什么“做事先做人”，这种人即使外表再谦和，也是典型的“小人之谦”，管理者对此类人尤其需要注意，若不能扭转，应该摒弃之。

谦在企业中的应用，一定要分层级落实，不同层级的人员，各自“谦德”的着力点是有很大差别的：

基层员工的谦，体现在严格遵守企业的规章制度，依据工作规范，专注于具体工作事务的执行，强调执行力，其具体特质是“不变”，不可擅自改变工作流程及验收标准，要能够把本职工作按时、按质、按量地完成，力行节用尚合作的员工，就是会做人的谦德好员工。

中层干部的谦，要有随机应变的转化力，既要有所变，也要有所不变，善于调和基层执行与高层战略的匹配度。既不能盲目顺从上级的变，也不能只顾基层的利益与方便而对抗上级的变。既要善于把高层的变，智慧地转化让基层接受并执行，又要善于领导基层员工，能及时高质量地完成任务。不仅可以把事做得漂亮，也要及时把基层的合理意见反馈给上级，起到承上启下的作用。

高层领导的谦，重在与时偕行、与时俱进。高层领导作为组织的掌舵人，要“善变”，善于把握未来发展与变化的趋势，培养良好的前瞻力，工作着力点多放在企业战略及方向的把控上，明白“阳动而进，阴动而退”的规律，少去插手具体事务，多关注人的安顿，捋顺人心，注重企业文化建设，建立学习型组织，激发出整个团队的工作热情。

都知道“谦受益”，为何一做就傲慢

第二个问题——为何都明白“谦”能令自己受益，却很难做到呢?《大乘入楞伽经》[①] 揭示了这个问题的答案:“凡愚不知名是假立，心随流动见种种相，计我我所，染着于色，覆障圣智，起贪嗔痴，造作诸业，如蚕作茧，妄想自缠，堕于诸趣生死大海，如汲水轮循环不绝。”凡愚不知道世间一切都是名言假有，必然妄心乱动，以为有个真实的我以及对应外境的真实存在，最后深陷“如汲水轮循环不绝”的欲界生死中无法出离。

① 黄宝生:《梵汉对勘入楞伽经》，北京：中国社会科学出版社 2011 年版，P461。

深陷欲界，如果不明“无我”的智慧，就会持续追求内在欲望黑洞的满足，而执着于外物。执着于外物的人，把满足欲望当作人生的大事，喜好与人攀比，以求得到更多人的认可。欲望得到满足时，就会优越感爆棚，心生傲慢四处炫耀，根本不会谦虚。欲望没有满足时，就会以“好怒”隐藏自卑，根本无法谦虚。长此以往，就会陷入一种虚幻自我的生命状态中随波逐流，应欲望而动，犹如机器人一样，把生命活成一种无意识的自动化运作模式。

执着欲望满足的人不理解本自具足，会持续追求用外物去填充内在欲望的黑洞，铺天盖地的广告就是为了满足凡夫的欲望而存在的。不同的外物，填充不同的黑洞——房子填安全感的洞、头衔填名气的洞、金钱填自尊的洞、学历填自信的洞、大肆消费填快乐的洞等等。有太多人如同蚂蚁一样，每天拼命地搬来各种外物，以求获得一种满足感与成就感，仿佛凭借这些外物，自己就已经成为了想要成为的人。可是，欲壑难填，物质填充黑洞的最大悲剧就是——没有人能跑赢欲望，即使填入再多的外物，却总会无奈地发现，欲望的黑洞一直都在，而且越来越大。自己所占据的东西，正在占据自己；自己所消耗的一切，也在消耗自己……

执着虚幻物质游戏的生命状态，如同美容补牙、整形隆胸一样，不断把填充物当成“我”的组成部分，甚至是最重要的核心部分。填补外物的时间久了，就会不自觉地认为欲望及填充物才是真实的自己。人欲险如虎，起初只是“好货”，进而可能“好色”，渐渐又渴望更多人的认可而“好名”。只要无法勘破世间的万千幻相，人就会被欲望所掌控。比如贪官贪财，从表面上看，贪官贪的是钱，其实本质是贪官被贪欲所掌控，人不过是个可怜的傀儡而已。如果我们不能清醒地觉知内在的欲望黑洞，就会持续自编、自导、自演出一幕幕虚幻自我的悲剧。这——就是第二个问题的答案。

《彖》曰："谦，亨。天道下济而光明，地道卑而上行。天道亏盈而益谦，地道变盈而流谦，鬼神害盈而福谦，人道恶盈而好谦。谦，尊而光，卑而不可逾，君子之终也。"在谦卦的彖辞中，揭示了天道、地道、鬼神与人道的谦德运作模式。

天道的规律，总是使盈满的亏损，而让谦卑的受益。《周易》丰卦的彖辞说："日中则昃，月盈则食。"太阳在正午最明亮的瞬间，即是西落的开始，月亮在十五最圆满的刹那，已发端于亏缺。

地道的规律，总是使盈满者发生溢漏，而让低洼者得到补充。《道德经》云："上善若水，水善利万物而不争，处众人之所恶，故几于道。"白云苍狗，沧海桑田，咆哮的黄河再汹涌澎湃也终归入海，高耸的大山再巍峨挺拔也难抵风化。

鬼神是我们凡夫肉眼看不见的生命状态，虽然它们的能量高低不同，但都会护佑谦虚之人，而让自高自大的人吃点苦头。人在做，不仅天在看，鬼神也在看，这也是"改过之法"中"幽须鬼神证明"的内在义理。

世间人都喜欢谦虚的人，而讨厌骄傲自满的人。荀子在《劝学》中语重心长地告诫我们："古之学者为己，今之学者为人。君子之学也，以美其身；小人之学也，以为禽犊。故不问而告，谓之傲。问一而告二，谓之囋。傲非也，囋非也，君子如向矣。"如果一个人才华横溢，又有权有势，内在的修为如同高山一样雄伟，可为人却像大地一样敦厚谦卑，从不居功自傲。这样的人，即使很有成就，也不会招人嫉妒。

惟谦受福的"谦"，不是简单的低调与退让，更不是"小人之谦"的唯唯诺诺，而是"空谷藏峰"的君子之谦，是"天道下济而光明"的善下之谦，是"地道卑而上行"的潜行之谦，是"Stay Hungry，Stay Foolish"[①] 的进取之谦。

---

① Stay Hungry，Stay Foolish：求知若饥，虚心若愚。苹果乔布斯对斯坦福大学毕业生演讲的结束语。

我们惟有以君子之谦的生命状态，才能在前进的道路上自尊自强、不卑不亢，“用涉大川，吉”。

予屡同诸公应试，每见寒士将达，必有一段谦光可掬。

了凡先生下面将要为我们列举五个“君子之谦”的案例，用以说明“惟谦受福”的深意。在这句话中，“屡”是个关键字，这个“屡”字表明了凡先生对“惟谦受福”的结论，不仅是依据《易经》的书面教诲，更是他自己三十七年举业之路刻骨铭心的亲身体验。

了凡一生的功名之路历尽磨难，从十六岁院试（提学考）考中秀才，到五十四岁进士及第，他的考试周期超过了三十七年，在道阻且长的科举之路上，他通过自己一次又一次心想事不成的落第，以及对身边青年才俊的屡次观察与验证，他发现了一个规律——每个寒门士子在即将显达高中之前，内在都会生发“空谷藏峰”般的自信与笃定，外在都会显露出平和吉祥的“谦光”①。

① 谦光：即谦和安详的气场与光彩。《象》曰：“谦，尊而光，卑而不可逾，君子之终也。”

02 敬顺谦畏

【原文】辛未计偕[①]，我嘉善同袍[②]凡十人，惟丁敬宇宾[③]年最少，极其谦虚。予告费锦坡[④]曰："此兄今年必第。"费曰："何以见之？"予曰："惟谦受福。兄看十人中，有恂恂[⑤]款款[⑥]、不敢先人，如敬宇者乎？有恭敬顺承、小心谦畏，如敬宇者乎？有受侮不答、闻谤不辩，如敬宇者乎？人能如此，即天地鬼神，犹将佑之，岂有不发者？"及开榜，丁果中式。

【译文】辛未年（1571年），我与嘉善同乡一行十人赴京参加会试，只有丁敬宇年纪最小，却最为谦虚。我跟费锦坡说："这位仁兄今年必定考中。"费锦坡问："何以见得？"我说："惟谦受福，你看我们十人之中，有像敬宇那样温和诚恳、不抢他人风头的吗？有像敬宇那样恭敬柔顺、不敢犯错的吗？有像敬宇那样受到侮辱不回应、被人诽谤不辩解的吗？一个人能有此修养，即使天地鬼神也会护佑他，怎么会不发达呢？"等到开榜时，敬宇果然高中。

---

① 计偕：计，计吏，指懂得计算账册的人；偕：一起、偕同；计偕：汉朝时被征召的士人皆与计吏同赴京师，故称为"计偕"。后世举人入京参加礼部会试，也被称为"计偕"。此处是指隆庆五年（辛未，1571年），了凡首次与嘉善同乡丁敬宇（丁宾）、费锦坡（费朝宪）等举人进京会试，未能考中。

② 同袍：泛指朋友、同年、同僚、同学等，此处指同乡的人。

③ 丁敬宇宾：丁宾（1543～1633），嘉善人，字敬宇，又字礼原，号改亭。明隆庆五年（公元1571年）进士，官至南京工部尚书，太子太保（正一品）。

④ 费锦坡：即费朝宪，嘉靖四十三年（1564年）举人，了凡嘉善同袍。

⑤ 恂恂：恭顺的样子。《论语·乡党篇》中有："孔子于乡党，恂恂如也，似不能言者。"

⑥ 款款：忠实、诚恳。

【解读】

悦

了凡先生列举的第一个惟谦受福之人，是“年少谦虚”的丁敬宇。丁敬宇是浙江嘉善人，与了凡先生是同乡，比了凡先生小十岁。

辛未计偕，我嘉善同袍凡十人，惟丁敬宇宾年最少，极其谦虚。予告费锦坡曰：“此兄今年必第。”费曰：“何以见之？”

明隆庆四年（公元1570年），了凡在南京参加秋闱乡试，中了举人（第三十六名）。次年，隆庆五年（公元1571年），了凡先生首次与嘉善籍的其他九名举人，一行十人到京城参加春闱会试。在赴京赶考的过程中，了凡发现年仅二十八岁的举人丁敬宇，不仅才华横溢，而且为人极其谦虚，他便依据“空谷藏峰”的谦德原理铁口直断，告诉同行的好友费锦坡，丁敬宇今年一定会进士及第。费锦坡不明就里，反问了凡断定丁敬宇高中进士的缘由。

丁敬宇28岁高中进士的三大缘由

予曰：惟谦受福。兄看十人中，有恂恂款款，不敢先人，如敬宇者乎？

了凡先生首先给出“惟谦受福”的论断，然后告诉费锦坡自己的观察，在一同赶考的十个举人中，丁敬宇身上所呈现出的三种谦德表现，是其他人所没有的，由此而揭示丁敬宇必定高中进士的三大理由。

第一个理由是“平和心”，表现为“诚实厚道，不抢人先”，这是评价丁敬宇内在的心态平和。

《系辞》云：“谦者，德之柄也，让者，礼之主也。”丁敬宇真正了知了

“夫唯不争，故天下莫能与之争”的生命大道，了凡先生在《退丁敬宇书》中极言其贤：“足下真实之心，恺悌之行，事不敢为天下先，而举世让步，言若讷讷，而能使听者醉心，以至柔而胜天下之至刚，以无为而胜天下之有为，实当世之伟人，而理学之巨擘也。”据史料记载，丁敬宇为人“至柔”“谦虚”“无为”。万历十四年（公元1586年），了凡以五十四岁高龄考中进士时，小了凡十岁的丁敬宇早已官至御史了，后来他官至南京工部尚书，授太子太保衔（正一品）。丁敬宇的一生，真正做到了“急，不得；慢慢，来”，他一生五福齐全，于九十一岁去世，无病无灾，善终，是王龙溪（王畿）晚年的得意弟子，其十三代子孙个个长寿，其中有六十一人载入史册。

有恭敬顺承，小心谦畏，如敬宇者乎？

第二个理由是“很小心”，表现为“待人恭敬，逆来顺受”，这是评价丁敬宇外在的待人接物。

丁敬宇待人接物的表现，完全符合谦卦《彖辞》所说的“谦，尊而光，卑而不可逾”，属于典型的“自强而示弱”人格类型。从了凡对他“恭敬顺承”的描述用语，可见丁敬宇身上具备“卑”“顺”“退”等“坤谦”境界的特质。不仅如此，谦卦《彖辞》所说的“地道卑而上行”的“艮谦”特征“亢”“逆”“进”在丁敬宇身上亦有体现，具体表现在他为官有底线、有方向、有原则。万历四年（公元1576年），辽东巡按御史刘台因弹劾内阁首辅张居正被削籍为民。万历八年（公元1580年），原辽东巡抚张学颜因与刘台不和，诬告刘台贪污，张居正让丁敬宇以御史的身份前往辽东搜寻刘台罪证，丁敬宇力辞，即使为此得罪宰辅张居正也在所不惜，而后因此遭到罢官，直到万历十九年（公元1591年）复官，迁南京右佥都御史兼提督操江。

有受侮不答，闻谤不辩，如敬宇者乎？

第三个理由是“不动心”，表现为“骂不还口，冤不解释”，这是评价丁敬宇对种子法则的敬畏之心。

丁敬宇为官清正，而且很有善心，非常关心百姓的疾苦。据《明史·列传》记载，丁敬宇在南京任职三十年，每有旱涝灾害，总是向朝廷报请赈济灾民，甚至自己捐出家产。天启二年（公元1622年），他捐腴田百亩给嘉善学宫，作为膳养造士之费。天启五年（公元1625年），他捐粟三千石赈贫民，并拿出三千两银子送给不能缴赋税的人家①。他还用一生的积蓄在家乡嘉善丁栅镇建造了五座桥梁：东来桥、南安桥、西成桥、北睦桥、丁宅桥。丁敬宇一生慷慨布施，他肯定深刻理解自作自受的种子法则以及《大学》中“言悖而出者亦悖而入”的深意，他明白如果受侮即答、闻谤即辩，当下又会种下更多的恶种子，冤冤相报无穷尽也。

人能如此，即天地鬼神，犹将佑之，岂有不发者？及开榜，丁果中式。

唐代名臣魏徵曰：“人谦下，德归之。”按照谦卦初六的爻辞，丁敬宇有如此谦谦君子的美德，肯定能够得到天地鬼神的护佑，必然可以“用涉大川，吉”。等到考完开榜，丁敬宇果然金榜题名，考中了进士。

---

① 丁宾，字礼原，嘉善人。累迁南京右佥（qiān）都御史兼督操江。江防多懈，宾率将校乘一舟往来周视，增守兵戍要害，部内宴然。寻擢南京工部尚书。自上元至丹阳道路尽易以石行旅颂之。数引年乞罢，光宗立，始予致仕。宾官南都三十年，每遇旱潦，辄请振贷，时出家财佐之。初以御史家居，及丁忧归，连三年大饥，咸捐资以振。至天启五年，复捐粟三千石振贫民，以资三千金代下户之不能输赋者。抚按录上其先后事，时已加太子少保。崇祯六年卒，年九十一。谥清惠。

03 逆来顺受

【原文】丁丑在京，与冯开之[①]同处[②]，见其虚己敛容，大变其幼年之习。李霁岩[③]直谅[④]益友，时面攻其非，但见其平怀顺受，未尝有一言相报。予告之曰："福有福始，祸有祸先，此心果谦，天必相之。兄今年决第矣！"已而果然。

【译文】丁丑年（1577 年）我在京参加会试，与冯开之同住一处，见他总是虚怀若谷、面容和顺，与其幼年桀骜不驯的习性大相径庭。李霁岩是一位正直诚信的善友，经常当着众人的面指出冯开之的过错，但见冯开之总能心平气和地接受批评，从来没有一句反驳的话。我告诉他说："福有福的起因，祸有祸的先兆，你的心果真是谦虚，上天一定会扶助你。仁兄今年决定登第。"后来，果然如此。

【解读】

了凡先生列举的第二个惟谦受福之人，是"大变幼习"的冯开之。冯开之是了凡先生的挚友，号真实居士，浙江秀水（今嘉兴）人，万历五年（1577

① 冯开之：即冯梦祯（1548—1606），字开之，号具区，又号真实居士，浙江秀水（今嘉兴）人，万历五年（公元 1577 年）会试第一，同年中进士，官翰林院编修，了凡挚友，《明史》有传。

② 同处：了凡赴京会试，与冯开之同住一处，会试拟第一，以策忤主试，落第，遂改名黄，字坤仪。

③ 李霁岩：嘉兴人，为冯梦祯的益友。

④ 直谅：正直诚信。谅，信也。《论语·季氏》有"孔子曰：益者三友，友直、友谅、友多闻，益矣。"

年）会试第一，同年中进士，官至翰林院编修。

了凡第三次会试落榜改名“黄”

丁丑在京，与冯开之同处，见其虚己敛容，大变其幼年之习。李霁岩直谅益友，时面攻其非，但见其平怀顺受，未尝有一言相报。

万历五年（公元1577年），了凡第三次赴京参加会试，遗憾的是，这次会试因“五策不合式下第”，在新编的《嘉善县志》中有“明万历五年，赴京会试，初拟取第一，因策论违逆主试官而落第，遂改名黄，字坤仪”的记载。三次会试落第，对于年已四十五岁的了凡来说打击颇大，其心生“谋隐于终南”修道之意，因此才有万历七年（己卯岁，1579年），四十七岁的了凡在“立命之学”中自述“从李渐庵入关”，以及第二年“庚辰（1580年）南还，始请性空、慧空诸上人，就东塔禅堂回向”的记述。

了凡先生第三次会试，虽然“因策论违逆主试官而落第”而备受打击，但并不影响他对身边人的观察。冯开之生于明嘉靖二十七年（公元1548年），比了凡小十五岁，了凡先生对冯开之的变化用了“大变幼习”四个字，想必他不仅与冯开之熟识，应该还是看着冯开之长大的人。冯开之能够在二十九岁时就高中会试第一的“会元”，足以证明冯开之确实才华横溢。才高难免气傲，按照“四种人格类型”的标准划分，以前的冯开之属于典型的“自强而示强”。

自强而示强，表征才华如高山，耸立于大地之上，这正是与谦卦“空谷藏峰”相反的剥卦[①]卦象（䷖，坤下艮上，卦二十三）。剥卦的卦辞是：“剥，不利有攸往。”《象》曰：“剥，剥也。柔变刚也。‘不利有攸往’，小人长也。”卦辞意思是，剥卦，不利有所前往。卦名“剥”是剥蚀的意思，表征高出地面的大山容易风化剥蚀。剥卦是由乾卦变来的，柔爻从初位长到五位，经历了姤、遁、否、观到剥（即乾䷀、姤䷫、遁䷠、否䷋、观䷓、剥䷖）。柔爻如果再上长一位，就会把刚爻全部剥蚀尽，使全卦变坤，显示出柔爻渐次生长，刚爻逐位消退的趋势。刚爻代表君子，柔爻代表小人，柔爻上长显示的是小人之道在长，所以卦辞才说“不利有攸往”。剥卦的爻辞，从“初六；剥床以足，蔑贞，凶”，到“六二；剥床以辨，蔑贞，凶”“六四；剥床以肤，凶”，以及最后的“上九；硕果不食。君子得舆，小人剥庐”，无一不是在提醒我们，小人之道不能用到最后，否则“终不可用也”。

冯开之的“大变幼习”，正是把“山附于地”的“剥卦”打个颠倒变成了“空谷藏峰”的“谦卦”，在面对“直谅益友，时面攻其非”时，冯开之做到了“但见其平怀顺受，未尝有一言相报”。

在现实生活中，如果别人私底下里告知自己身上的缺点时，我们一般都会容易接受。但如果对方当着很多人的面，直接指出自己的不足时，我们往往会觉得伤到自尊而进行辩解，甚至会指责对方，恼羞成怒大打出手者也不鲜见。

---

① ䷖山地剥（坤下艮上）。剥：不利有攸往。《象》曰：剥，剥也。柔变刚也。不利有攸往，小人长也。顺而止之，观象也。君子尚消息盈虚，天行也。《象》曰：山附于地，剥。上以厚下安宅。

初六，剥床以足，蔑贞，贞凶。《象》曰：“剥床以足”，以灭下也。

六二，剥床以辨，蔑贞，贞凶。《象》曰：“剥床以辨”，未有与也。

六三，剥之，无咎。《象》曰：“剥之，无咎”，失上下也。

六四，剥床以肤，凶。《象》曰：“剥床以肤”，切近灾也。

六五，贯鱼，以宫人宠，无不利。《象》曰：“以宫人宠”，终无尤也。

上九，硕果不食，君子得舆，小人剥庐。《象》曰：君子得舆，民所载也；小人剥庐，终不可用也。

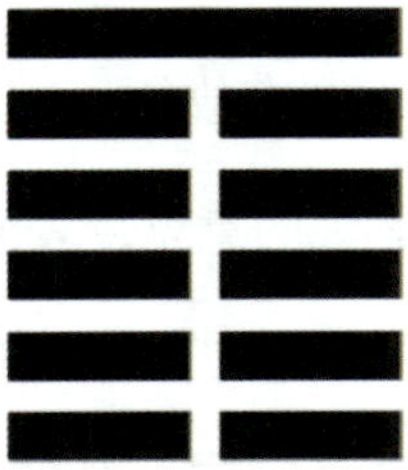

剥卦（坤下艮上）

卦辞：剥，不利有攸往。

谦卦（艮下坤上）

卦辞：谦，亨。君子有终。

图4-4 打个颠倒，谦卦与剥卦

冯开之的做法实属不易。既能心平气和地面对，又能虚心顺从地接受，而且没有一句自我辩解。所谓相信你的人不用解释，不相信你的人解释也没用。对于好友李霁岩经常当着众人面给予的直接批评，冯开之以“有则改之，无则加勉”的态度面对，根本不作任何辩解。由此可见，冯开之已经从原来的“自强而示强”完全转变为“自强而示弱”的谦谦君子了。

大变幼习的冯开之29岁会试第一

予告之曰：“福有福始，祸有祸先，此心果谦，天必相之。兄今年决第矣！”已而果然。

冯开之的“大变”，是从“山地剥”到“地山谦”一百八十度的彻底转变。现实生活中，当我们坚持行动后，如果仍然不顺时，我们应该思考是否要学习冯开之这种彻底颠覆自己旧习的方法，学会“三换”思维：换向思考、换心思考、换位思考。种子是颠倒播种的，种下相反的种子，才会收获与以往完全不同的成果。

一个青年画家请教著名素描大师门采尔："我作一幅画只用一天的时间就够了，为什么卖掉它却要用上一年的时间？"门采尔反问道："你为什么不倒过来试试？"

要想知道，打个颠倒。

无论螺丝怎么设计，正向拧不开时，反向必会拧开。山重水复疑无路时，以谦为指引，"三思而行"——居安思危、欲进思退、欲通思变，一百八十度地换向、换心、换位之后，或许就会豁然开朗，柳暗花明又一村。

29 岁的冯开之如此"大变幼习"，所以"谦，亨。君子有终。"丁丑年（万历五年，公元 1577 年）会试取得第一名会元，同年中进士，官至翰林院编修。

04 心服速改

【原文】赵裕峰光远，山东冠县人，童年举于乡[1]，久不第。其父为嘉善三尹[2]，随之任。慕钱明吾[3]，而执文见之，明吾悉抹其文，赵不惟不怒，且心服而速改焉。明年，遂登第。

【译文】赵裕峰，名光远，山东冠县人，不到二十岁时就乡试中举，却总考不上进士。其父为嘉善县主簿赵克念，随父赴任来到嘉善。他很仰慕嘉善名士钱明吾，便带上文章前往请教。钱明吾阅后拿笔将其文章全部涂抹掉了，赵裕峰不仅没发怒，反而心服口服，迅速改掉了自己的问题。到了第二年，他就高中了进士。

【解读】

了凡先生列举的第三个惟谦受福之人，是“童年中举”的赵裕峰。赵裕峰名光远（1551–?），字世芳，号裕峰，明代冠县崇文乡一里（今梁堂镇一带）人。十七岁中举，万历十七年（公元 1589）三十八岁时中进士，历任平谷、

① 乡：指考举人的乡试。

② 三尹：就是主簿，明朝的时候，县里的知县、县丞、主簿分别称为大尹、二尹和三尹。赵裕峰的父亲是万历十四年（1586 年）任嘉善县主簿的赵克念。

③ 钱明吾：即钱吾德，浙江嘉善人，字湛如，隆庆四年（公元 1570 年）与袁了凡同年中举；据《嘉善文化大族钱氏简介》记载：钱吾德与袁了凡为姑表兄弟，即钱吾德之母为袁了凡之姑母。钱明吾与袁了凡、冯梦祯合称为万历初嘉兴府三名家，万历二十七年任河北迁安县令，后分别改任福建泰宁、江西宁州（今修水）县令，为官清廉，政多惠民，卒年 81 岁。

邢台、泾阳知县，后任户部河南清吏司主事，因功升户部郎中，最后官至保定知府。

赵裕峰17岁中举却久久不能登第

赵裕峰光远，山东冠县人，童年举于乡，久不第。其父为嘉善三尹，随之任。

了凡先生在“谦德之效”中所举例的人，基本都是同乡。一来了凡先生对他们知根知底，以他们为例不会有虚假成分。二来以身边人现身说法，有利于儿子信服。这里出现了一个山东冠县人赵裕峰，这个赵裕峰才华出众，少年成名，十七岁时就中了举人，但在考进士时却接连遭遇滑铁卢，久久不能登第。他的父亲赵克念当时正好在嘉善县任主簿，于是他跟随父亲来到了嘉善。

慕钱明吾，而执文见之。

古代读书人客居异地时，一般都是先打听当地的名人贤士，然后带上自己的文章登门拜访并请教，以期提升自己的学问修养。这和我们今天不一样，我们今天到了外地，一般都是先依照攻略去众多网红地打卡，拍上几张照片或一段小视频发个朋友圈，感慨一下岁月静好；然后再找个特色美食餐厅大快朵颐，同时再发一次朋友圈，感叹一下人间值得。古今两相比较，高下立判。

赵裕峰到达嘉善时，他的父亲身为嘉善县主簿，自然知道嘉兴府三名家之一的大儒钱明吾。赵裕峰顿生仰慕求学之心，便带上自认为称心的文章登门求教于明吾先生。

了凡于万历十四年（丙戌，1586年）进士及第，初入仕途，即被朝廷指派到江南，入赵用贤幕府，参与清核苏松钱粮。[①]于两年后的戊子年（1588年）改授顺天府宝坻知县，于当年六月初九（7月7日，小暑）到任。赵裕峰比了凡先生小十八岁，于万历十七年（己丑，1589年）三十八岁时登第，考中进士的时间比了凡晚了三年。赵裕峰戊子万历十六年（1588年）师从钱明吾，以钱明吾与袁了凡是亲姑表兄弟的关系，想来当年了凡先生通过钱明吾，对赵裕峰的情况非常了解。

被悉抹其文后赵裕峰38岁中进士

明吾悉抹其文，赵不惟不怒，且心服而速改焉。明年，遂登第。

了凡先生文章精炼，用一个“抹”字，就生动描绘出了赵裕峰登门求教的场景：一个儒生后辈，带上自己认为写得最为精妙的文章登门求教，没想到老师看完后，竟然拿起毛笔将佳作全部涂抹掉了。钱明吾对待后辈的做法，我们今天看来，不仅过分，而且带有一定的羞辱性。好歹这也是举人赵裕峰自认为的得意佳作呀，怎能说涂抹就涂抹呢？而且还是“悉抹”，太伤自尊了！

如果我们面对类似的情况，会怎样处理呢？废寝忘食一个礼拜，好不容

---

① 据嘉庆《嘉善县志》记载，了凡“奉都御史制，随都察院赵用贤至苏松地区清核钱粮”。赵用贤，字汝师，号定宇，江苏常熟人，万历初，官检讨。《明史》：“用贤官庶子时，与进士袁黄商榷数十昼夜，条十四事上之。时行、锡爵（申时行，字汝默，长洲人；王锡爵，字元驭，号荆石，太仓人；两人均为万历年间大学士）以为吴人不当言吴事，调旨切责，寝不行。”袁了凡中进士后初入仕途，即奉命清核苏松地区钱粮，商榷了四十七昼夜，上《赋役议》，又请减免额外加征米银十余条款，被豪绅所阻而作罢。

易做出一份可行性研究报告，把报告呈交董事长时，没想到董事长拿起来扫了两眼，竟然拿笔在报告上画了几个叉叉，边画边说：“做的什么破玩意儿？”我们会怎么想、怎么做？估计不久就会快速递交上第二份报告——辞职报告。此处不留爷，自有留爷处，老子不伺候了！

有个弟子问师父：“您有时打人骂人，有时又对人彬彬有礼，这里面有什么玄机吗？”师父说：“对待上等根器的人，要直指人心，可打可骂，以真面目待他。对待中等根器的人，最多隐喻他，要讲分寸，因为他受不了打骂。对待下等根器的人，要面带微笑，双手合十，因为他的内心极其脆弱，只配用世俗的礼节对他。”

在钱明吾先生的眼里，赵裕峰少年成名，应该是个上等根器之人，所以才会用“悉抹其文”的真面目对他，这是赵裕峰的福气。一个人能够受多大委屈，就会有多大心胸，有多大心胸，才能做多大事情。俄国著名作家契诃夫说：“困难与折磨对于人来说，是一把打向坯料的锤，打掉的应是脆弱的铁屑，锻成的将是锋利的钢刀。”善哉斯言。

面对钱明吾先生直指人心的教育方式，赵裕峰是如何处理的呢？了凡先生用了十二个字描述：“赵不惟不怒，且心服而速改焉”。赵裕峰不仅没生气，还“心服”，心服表现在“速改”上，快速地改掉老师指出的问题。忠言逆耳利于行，只有心服且口服的人，才能速改。闻过则喜，知过即改，才是“真谦”。

医生指出我们身体有病及病因时，我们都会对医生的忠告表达感谢。但是，当有人指出自己过错时，很多人往往会用三种“假谦”的方式处理：

第一种，口不服心也不服。闻过则怒——敢说我有病？你才有病呢！你全家都有病！

第二种，口服但心不服。表面在微笑，心里在上蹿下跳——敢说我有病？还让我速改？做梦吧你！

第三种，根本不信。左耳听右耳出——累不累啊？整天改过，改什么过啊？人生苦短，何不随缘？

上述三种人，都是对人、对己没有信心的人，是典型福薄之人的做法。钱明吾先生“悉抹其文”，本意是为了炫耀自己、羞辱学生吗？绝无可能。这是老师一眼就看出赵裕峰文章中存在的大问题，既然赵裕峰长时间心想事不成，就应该“打个颠倒”，唯有大破才能大立，远离颠倒梦想，才能遇见美好未来，哪怕这是一篇让赵裕峰引以为傲的文章。

清朝孝庄文皇后当年对康熙说：“孙儿，大清国最大的危机不是外面的千军万马，最大的危难，在你自己的内心。”同样的道理，生命中最难的事情，从来不是别人的拒绝与不理解，而是我们不愿意为了梦想全力以赴地改变自我。人唯有改掉自以为是的傲慢，种下惟谦受福的种子，最后才能收获美好的成果。

赵裕峰是个有福之人，他能遇到钱明吾这样的明师。更有福气的是，他选择了正确的处理方式，相信自己的老师，谦恭并迅速地改掉过错，原来是“久不第”，现在是“明年，遂登第。”

自己打败自己，是最可悲的失败；自己战胜自己，才是最可贵的胜利。

心服速改，惟谦受福，赵裕峰可以，我们也可以。

05 天启温良

【原文】壬辰岁，予入觐[①]，晤夏建所[②]，见其人气虚意下[③]，谦光逼人。归而告友人曰："凡天将发斯人也，未发其福，先发其慧。此慧一发，则浮者自实，肆者自敛。建所温良若此，天启之矣。"及开榜，果中式。

【译文】壬辰岁（1592 年），我进京面圣，会晤了赴京会试的夏建所，发现他特别谦虚，整个人散发出一种扑面而来的谦和之气。我回来对友人说："但凡上天让一个人发达，在未发其福之前，必定先开启他的智慧。智慧一旦开显，则浮躁之人自然踏实，放肆之人自然收敛。建所如此温和良善，上天将要开启他的福气了。"等到开榜，他果然考中了。

【解读】

悦

了凡先生列举的第四个惟谦受福之人，是生性温良的夏建所。

---

① 入觐：进京面圣。万历二十年（公元 1592），了凡赴京觐见皇帝，升兵部职方主事；八月，朝廷命兵部右侍郎宋应昌"经略备倭事宜"，"主事袁黄随行赞画。"晤赴京会试之夏建所，赞其"谦光逼人"。

② 夏建所：名九鼎，字玉铉，又字建所，号璞斋，嘉善人，生于明嘉靖二十二年（公元 1543 年），万历二十年（公元 1592）壬辰科殿试第三甲第 172 名，赐同进士出身。东林党顾宪成学生，授浮梁知县，改衢州府学教授，卒于途。

③ 气虚意下：态度谦逊，没有骄傲的神色。气虚，指语气柔软，待人和气，反之为气盛；意下，出自《东观汉记·赵孝王良传》："良意下，曰：'我为诈汝耳，当复何苦乎？'"谓口气缓和下来，不再坚持原先的看法。

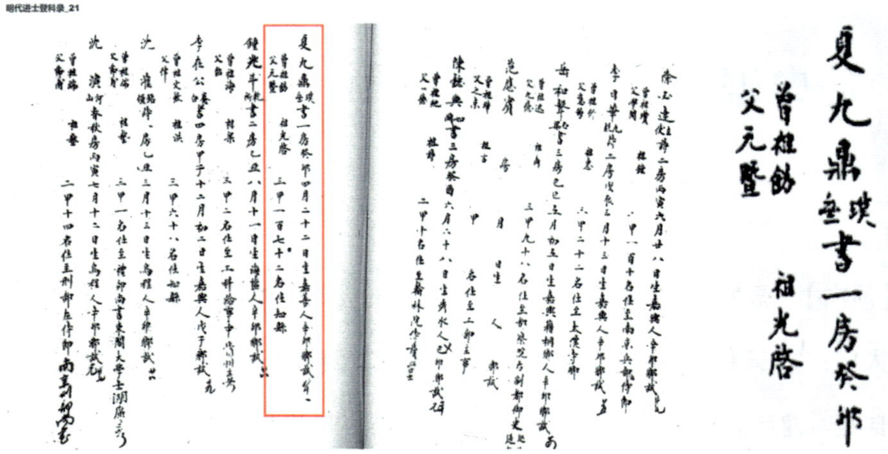

图4-5 夏建所进士登科名录

《明代登科录汇编》，作者：屈万里；出版机构：台北学生书局；出版时间：1969年。

夏建所，名九鼎，建所是他的字，万历二十年（公元1592）壬辰科殿试金榜第三甲第172名，赐同进士出身[1]。

---

① 明朝殿试的时间一般在会试后一个月左右，明代在三月，殿试地点在奉天殿（清代改名为太和殿）。凡会试中式的贡士，都可以参加殿试，贡士的第一名叫“会元”。殿试的主考官是皇帝，殿试的评卷大臣称读卷官，读卷官一般是进士出身的大学士和部院大臣，共八人。读卷结束之后，八大臣要将拟好的名次呈送皇上最后钦定。前十名名次确定之后，皇帝要在金殿接见，这叫金殿小传胪。第十一名以后的名次确定后，皇帝再接见全体新进士，这就是大传胪了。“金殿传胪”对于读书人来讲是一种至高无上的荣耀。传的意思是召唤，胪就是宣布。古代，人们把中进士比作“鲤鱼跳龙门”。传胪的礼仪异常隆重，文武大臣不得缺席。全部名次宣布完以后，所有的贡士就成了新进士。其中前三名“赐进士及第”，称一甲；四至十名“赐进士出身”，称二甲；十一名以后“赐同进士出身”，称三甲。一甲的三名分别叫状元、榜眼和探花，合称三鼎甲，状元也叫殿元；二甲和三甲的第一名俗称传胪。全部名次宣布完毕以后，新进士的名单就用黄绫榜张挂在东长安门外，上盖“皇帝之宝”的大印。这个榜就叫金榜，考中进士就叫金榜题名。金榜也叫甲榜，乡试的桂榜叫乙榜。进士称两榜出身，举人为乙榜出身，统称科甲出身。这被古代读书人视为最为荣耀的做官正途。金榜题名后，新进士们就要开始拜官。按照惯例，三鼎甲金榜题名后立刻就能成为翰林，状元授翰林院修撰，榜眼和探花授翰林院编修。一部分成绩较好的进士将被散馆馆选为翰林院庶吉士，在翰林院入庶常馆继续学习研究三年之后，通过考试再分别出任翰林院的编修等职。剩下的进士会被安排到六部去做主事，或外放去做知县。

谦光逼人的夏建所49岁福慧双运

壬辰岁，予入觐，晤夏建所，见其人气虚意下，谦光逼人。

壬辰岁（1592年），适日本侵略朝鲜，朝廷东征，蓟辽经略宋应昌上疏请袁黄到军营赞画。五十九岁的了凡先生因此进京觐见万历皇帝，被调任兵部职方主事。万历二十一年（1593年）一月，随经略宋应昌、征东提督李如松[①]渡鸭绿江进军朝鲜[②]。

在京期间，了凡先生会晤了赴京参加会试的同乡夏建所。他发现夏建所的身上有“气虚意下，谦光逼人”的特质。气虚，指语气柔软，反之则为气盛。意下，就是口气缓和下来，不再坚持原先的看法。

“气虚意下”，即态度谦逊，没有骄傲的神色。了凡先生再次依据“惟谦受福”的原则观人气象，对夏建所个人运势的走向做出了精准推断。

归而告友人曰：“凡天将发斯人也，未发其福，先发其慧。

耳顺之年的了凡先生，从会晤夏建所这件事中，提炼总结出一个观人好

---

① 李如松（1549–1598），字子茂，号仰城，辽东铁岭卫人。明朝中后期名将，辽东总兵李成梁长子。李如松自少骁勇善战，师从学者徐渭。初承父荫授指挥同知，充任宁远伯勋卫。因战功迁升为都督佥（qiān）事，为神机营右副将。后历任山西、宣府等地总兵官。万历二十年（公元1592年），以提督陕西讨逆军务总兵官出征，平定宁夏哱拜之乱。同年再授中军都督府佥事，提督蓟、辽、保定、山东诸军援助朝鲜，抗击日本。在平壤之战大破日军小西行长等部。碧蹄馆之战失利后与日军对峙汉城一线，随后派兵突袭龙山大仓，破坏日军粮食补给，为“壬辰抗倭援朝战争”的胜利作出巨大贡献。万历二十一年（公元1593年）回朝，升任中军都督府左都督，加太子太保。万历二十五年（公元1597年），出任辽东总兵。万历二十六年（公元1598年），李如松在与蒙古部落的战役中阵亡，终年五十岁。明神宗追赠他为少保、宁远伯，赐谥号“忠烈”，并为其立祠祭祀。

② 万历二十一年正月初八（公元1593年2月1日），明军谋划会攻平壤，歼敌万余，光复平壤，明军收复开城、白川、牛峰、平山等地，日军全线溃败，撤至汉城，扭转半岛战局。但是，在这次战役中，李、袁二人由于战术问题发生了分歧，袁了凡坚决反对李如松采用“以诱兵迎战倭寇”的战术，并下令禁止李部诸将“割敌尸级报功”的做法。双方为此激烈争吵，李如松极为恼怒，独自引兵东去。正月二十六日，在朝鲜国都西北的碧蹄馆（汉城以北十五公里一座小山丘上的驿馆），李如松率领的明军与日军相遇，双方激战整整一日，李如松兵败。兵部尚书石星主张拨款议和，袁黄上书提出将骄应罢兵。三月，被李如松参劾，以十罪列黄。未几，拾遗疏劾在宝坻时纵民逋税（欠交租税），革职归，三月二十六日离任。袁黄遂罢归家居，闭户著书。

运将至的八字秘法："未发其福，先发其慧。"即上天在赐福之前，都会先开显人的智慧。

"未发其福，先发其慧"的八字秘法，与"改过之法"中的"未论行善，先须改过"的八字方针，有异曲同工之妙。人之所以会傲慢、会犯错，根本原因是智慧不够，才会无明，因为无明而造业，才会好色、好名、好货、好怒。能够开显智慧的人，才是真正的有福之人，有福之人不落无福之地。真正的有福，不是先让我们发大财、住豪宅、开豪车，而是福至心灵，智慧顿开。

此慧一发，则浮者自实，肆者自敛。建所温良若此，天启之矣。"

人有了智慧，做事就不会颠倒，就会顺道而行。智慧俱足，自然清楚"目标"与"成果"的先后次第，"莫问收获，但问耕耘"，先去达成目标，至于成果有没有、何时有，根本不用关心。唯有如此，心浮气躁之人才会变得脚踏实地，放肆随性之人才能变得自律收敛。先有"建所温良若此"的耕耘，后有"天启之矣"的收获——"及开榜，果中式。"

06 恃才自傲

【原文】江阴张畏岩[①]，积学工文[②]，有声艺林[③]。甲午[④]，南京乡试，寓一寺中。揭晓无名，大骂试官，以为眯目[⑤]。时有一道者，在旁微笑，张遽[⑥]移怒道者。道者曰："相公文必不佳。"张益怒，曰："汝不见我文，乌知不佳？"道者曰："闻作文，贵心气和平，今听公骂詈[⑦]，不平甚矣，文安得工？"张不觉屈服，因就而请教焉。

【译文】无锡江阴的张畏岩，学识渊博，文章也写得好，在儒生中小有名气。甲午年（1594）到南京乡试时，寄宿在一个寺院中。发榜后，见其榜上无名，即大骂主考官有眼无珠。当时有位道士在旁微笑，张便迁怒于道士。道士说："相公的文章一定不怎么样。"张畏岩听了更加愤怒，便说："你又没看过我的文章，怎知我写得不好？"道士说："我听说写文章，贵在心平气和，今天听你在此高声责骂，内心满是愤懑不平之气，文章怎么能写得好呢？"张畏岩不

---

① 张畏岩：无锡江阴人，明神宗万历二十五年（公元1597年））南京乡试，考中第一百零五名。生卒年不详。

② 积学工文：学识渊博，文章写得好。

③ 艺林：旧时指收藏典籍图书的地方，此处指在读书人的圈子中。

④ 甲午：万历二十二年（公元1594年），了凡举家搬迁至苏州吴江赵田村，在此隐居并耕读传家，同时建造了用以藏书的"万卷楼"，其十三世裔孙袁嵩龄尊称其为"吴江赵田四祖"。明天启年间，万卷楼毁于大火，后了凡子袁俨修复宅第时重建。吴江赵田袁宅于1937年11月抗战时遭日军焚毁，今其遗址部分的石驳岸尚存。了凡隐居吴江赵田的背景为：了凡于癸巳年（万历二十一年，1593年）三月，被征东提督李如松参劾而遭革职，同年三月二十六日离任，五月十八日（6月16日）回到家乡嘉善县魏塘镇，被嘉善知县章士雅聘为重修县志主笔。

⑤ 眯目：没有眼光，有眼无珠。

⑥ 遽（jù）：遂，就。

⑦ 骂詈（lì）：责骂。

禁理屈心服，立即虚心向道士请教。

【解读】

悦

了凡先生列举的最后一个惟谦受福之人，是曾经“恃才傲物”的张畏岩。

了凡为何把张畏岩放在案例最后

江阴张畏岩，积学工文，有声艺林。甲午，南京乡试，寓一寺中，揭晓无名，大骂试官，以为眯目。时有一道者，在旁微笑，张遽移怒道者。

了凡先生把张畏岩放在“谦德之效”的结尾，是有深意的。张畏岩不仅个人的才华学识与了凡相似，而且两个人的性格与经历也基本相同。其实，张畏岩的经历就是了凡一生坎坷举业的缩影。

了凡先生用“积学工文，有声艺林”来形容张畏岩的学问。积学工文，即不仅博学多闻，而且文章写得好。有声艺林，即小有名气，在读书人中是公认的才子。（此处对应殷秋溟宗师评价了凡的“博洽淹贯”。注：以下对应部分皆以小字标识。）

既有才气也有名气的张畏岩，去南京参加乡试时，不仅很多人认为、估计连张畏岩自己都觉得——考中举人应该是十拿九稳的事。没想到发榜的结果，却是让人大跌眼镜的榜上无名。颜面尽失的张畏岩，个人的自信与自尊遭受到全面碾轧，玻璃心碎了一地。张畏岩大骂试官有眼无珠的落榜心情，想来经历过五次乡试落榜、五次会试落榜的了凡必然是感同身受，那种内心说不出的失望、愤怒与无奈，正是了凡当年个人心境的真实写照。

就在张畏岩怨天尤人、痛苦不堪之时，旁边出现了一个道士，这个道士一边看着张畏岩破口大骂的狼狈模样，一边还面露微笑。《格言联璧》曰：“德盛者，其心平和，见人皆可取，故口中所许可者多；德薄者，其心刻傲，见人皆可憎，故目中所鄙弃者众。”道士的微笑既非幸灾乐祸的嘲笑，也非内心鄙视的耻笑，而是类似“棍子原理”中对张畏岩只看收获却不明因果的悲悯与怜惜；同时，也是对这个貌似儒雅的读书人被傲慢邪气操控后无有觉知的同情。

张畏岩此时此刻的心情，估计是糟糕透顶了——自己在大骂试官，这个道士竟然在旁微笑，换作是我们的话，估计也会火冒三丈。所以，张畏岩冲着道士大吼一声：“笑什么笑？有什么好笑的？”关键的时刻来了，张畏岩这一句怒吼，吼出来一个他生命中的大贵人——这个因悲悯而微笑出场的道士。

道者曰：“相公文必不佳。”张益怒，曰：“汝不见我文，乌知不佳？”道者曰：“闻作文，贵心气和平，今听公骂詈，不平甚矣，文安得工？”

这个道士真是太绝了，不仅刚刚“在旁微笑”，现在一开口就直击张畏岩的心底最痛处，张嘴就是一句“火上浇油”的话：“相公文必不佳。”秀才啊，你的文章肯定写得不咋地！（云谷禅师笑曰：“我待汝是豪杰，原来只是凡夫。”）

读书人都有个共性，不但自视颇高而且最爱讲理。张畏岩本来就在气头上，听了道士的话更加怒不可遏，马上回怼：“汝不见我文，乌知不佳？”你又没看过我的文章，怎知我写得不好？凡圣区别的关键就在这里：凡夫看果，圣人观因。生活中很多挂在嘴边的话，听起来很有道理，其实多数都是凡夫的自以为是。（了凡曰：“吾为孔先生算定，荣辱死生，皆有定数，即要妄想，亦无可妄想。”）

道士听完张畏岩的回怼，却心平气和地对他说了一句非常有力量的话，正是这句话把张畏岩拉回了正轨："闻作文，贵心气和平，今听公骂詈，不平甚矣，文安得工？"（云谷曰："汝二十年来，被他算定，不会转动一毫，岂非是凡夫？"）

道士的这句话，瞬间将张畏岩的傲慢击成齑粉——如果你的想法、做法都是对的，为何你没有得到自己最想要的呢？

苦难是化了妆的幸福

子曰："君子求诸己，小人求诸人。"君子要求自己，小人要求他人。苦难，是化了妆的幸福。经典，多是圣贤大起大落后复归平淡时的作品。司马迁在《报任安书》中说："盖西伯拘而演《周易》；仲尼厄而作《春秋》；屈原放逐，乃赋《离骚》；左丘失明，厥有《国语》；孙子膑脚，《兵法》修列；不韦迁蜀，世传《吕览》；韩非囚秦，《说难》《孤愤》。"

经典之所以永流传，就在于我们每一次阅读时，都能提升自己的能量与觉知。手捧经典时，便穿越了时空与圣者的能量联通，经典中的文字如春水般洁净我们的心庭，帮助我们开启智慧，遇见心上最美的风景。这正是《朗月净心庭》的偈子中所描绘的境界：

一池春水净心庭，半盏清茗莫愁情。

朗月落樱窗前起，同待合欢花成荫。

圣贤经典的文章令人百读不厌，提升内在的正气。而不好的文章，令人读后增长欲望与邪气，甚至会泄漏自身的能量。文章如是，诗词、绘画、音乐、书法、舞蹈、视频等，概莫如是。

张不觉屈服，因就而请教焉。

张畏岩虽然傲慢，但毕竟也是个有根器的明理之人。“不觉屈服”与冯开之“大变幼习”类似，都是一百八十度地打了个颠倒，又是一个转“剥卦”凶兆为“谦卦”吉兆的典型做法。张畏岩原来是内心傲慢，向外找寻自己落榜的原因而大骂试官，现在他明白了问题出在自身，开始低头认错反躬内省。

由此可见，张畏岩确实是一个了不起的读书人。君子豹变，他疾转认错并真诚向道士请教这一点，非常难能可贵，值得我们敬佩与学习。

07 道者传道

【原文】道者曰："中全要命，命不该中，文虽工，无益也。须自己做个转变。"张曰："既是命，如何转变？"道者曰："造命者天，立命者我。力行善事，广积阴德，何福不可求哉？"张曰："我贫士[①]，何能为？"道者曰："善事阴功，皆由心造，常存此心，功德无量。且如谦虚一节，并不费钱，你如何不自反，而骂试官乎？"

【译文】道士说："能否考中科举，是由命运决定的；命里不该中的，就算文章写得再好，也没有用。必须要自己转变改命。"张畏岩问："既然是命，如何能改？"道士说："先天造命，权在上天；后天立命，权在自己。只要精进行善，广积阴德，有什么福求不到呢？"张畏岩说："我一个穷秀才，哪有钱去行善啊？"道士说："阳善阴德，在起心动念那一刻就已决定了，只要你常存真心，就有无量功德。比如谦虚这件事，并不用花钱，你为何不反躬内省，却向外责骂试官呢？"

【解读】

《呻吟语·修身》云："大其心，容天下之物；虚其心，受天下之善。"身为学生或弟子能够低下高傲的头，才能腾出听闻正法的余地，才会遇到愿意教授自己的明师。道士看到了张畏岩的诚心认错，便开始向他传道了。

① 贫士：亦作"贫仕"，意思是穷士、穷儒生。

法性上讲平等，法相上有差别

道者曰："中全要命，命不该中，文虽工，无益也。须自己做个转变。"

道士告诉张畏岩一个科举考试的秘密——"中全要命"。不相信的人，会说这是迷信。但是，在这个世界上确实有很多用科学都难以解释的天才。我们在法性上讲平等，并不影响在法相上讲差别。从生死轮回的观点看，每人一生来到这个世界上的时候，人与人之间确实是有很大差异的，原因就是每个人过去多生累劫所种种子的不同。当我们既不相信三世因果，也不理解人各有命的时候，我们就只能把天才理解为天才，无法对此做出合理的解释。

比如科学史上第一个丰碑人物——牛顿，虽然在他之前有伽利略、开普勒等很多重要的科学家，但这些人构建理论体系的普适性都比不上牛顿。在常人的固有认知里，太阳月亮东升西落，和苹果熟了从树上掉下来，两件事之间没有任何关系。可是牛顿告诉我们，这两件事其实是同一件事，并起名为"万有引力"。牛顿用同一个理论既能解释太阳月亮的东升西落，又能解释苹果熟了为什么会掉下来，这就是理论体系的普适性。所以，牛顿成为了科学史上第一个丰碑式的伟大人物。

1669 年，年仅二十六岁的牛顿，就被授予了英国剑桥大学的卢卡斯数学教授席位。牛顿在科学上的伟大贡献，在他三十岁以前就全部完成了。三十岁以后，牛顿改研究基督教神学了。牛顿的一生，他不仅是物理学家，还是神学家、自然哲学家、经济学家、炼金术师、英国皇家造币厂厂长、英国皇家学会会长，是一个百科全书式的"全才"

再比如爱因斯坦，他的第一篇学术论文——《狭义相对论》，奠定了整个二十世纪物理学基础的这篇论文，是他二十五岁时发表的。爱因斯坦根本没读过名牌大学，他1900年毕业于瑞士苏黎世联邦理工学院，当时这个学院只是一个普通工科学校，直到1908年，才在瑞士总统的促使下改组成为一所真正的大学并获得了授予博士学位的资格。爱因斯坦毕业后，他只是瑞士伯尔尼专利局的一个三级技术员，可就是这样一个名不见经传的年轻人，居然能写出一篇奠定整个二十世纪物理学基础的文章。这该如何解释呢？我们二十五岁时在哪里晃荡呢？不得不说，这个世界上确实是有天才的，每个人也确实都是有命的。否则，无法解释很多事情。

爱迪生有句名言："天才是1%的灵感加上99%的汗水。"可是，这句话后面还有半句："起决定性作用的是那1%的灵感，甚至比99%的汗水更重要。"遗憾的是，我们从小到大只知道前半句，根本不知道后半句，更不知道这后半句话的重要性，只知道拼命地鸡娃，误导了太多的中国孩子。

道士的这句话，与"立命之学"云谷禅师所说的"世间享千金之产者，定是千金人物"的义理相同，要想考中科举，你先得成为中举的人物，这比有才华会写文章更加重要。

张曰："既是命，如何转变？"

张畏岩问出了一个当下很多人也想问的问题："既然命是天定的，我还能改变吗？"（余问曰："然则数可逃乎？"）

道者曰："造命者天，立命者我。力行善事，广积阴德，何福不可求哉？"

道士的这句回答虽然很短，但却非常详细阐述了改变命运的原理、方法与结果：

首先，原理是“造命者天，立命者我。”（命由我作，福自己求。）

其次，方法是“力行善事，广积阴德。”（汝今扩充德性，力行善事，多积阴德。）

最后，结果是“何福不可求哉？”（此自己所作之福也，安得而不受享乎？）

茅山万福宫财神殿的财神心法

2021 年 5 月 12 日，我与南京的十几位了凡同学一起去句容茅山的敕赐九霄万福宫游学。茅山是道教三清派的发祥地，万福宫创建于西汉，元代延祐三年（公元 1316）敕建赐额圣祐观，明万历二十六年（公元 1598）又得敕建殿宇，赐名“九霄万福宫”。万福宫内财神殿所供奉的财神是赵公明元帅，有几位了凡同学一进殿，便要上去礼拜祈财，被我一把拦住说：“祈财叩首很重要，但看懂财神心法更重要。”

在财神赵公明元帅的头顶上方，制作精良的大匾中镌刻了四个遒劲有力的大字——惟德生财。“惟德生财”这四个字，就是赵财神在用心良苦要告诉我们的财神心法。财神像两边的立柱上，还刻有一副对联在解释“惟德生财”，上联是：有德斯福，招财纳珍自来驻；下联是：不义岂昌，财官利市求也无。对联的意思是，有德之人自然有福而财源广进，有德之人不必求财，而是财来求于我——招财纳珍自来驻，这才是聚财的最高境界。不义之人，因为违背天道损了福，即便当下得到了很多财富，最后也会被悉数追回，告诫我们对于不义之财万万不可触碰。

图4-6 茅山万福宫财神殿

道家财神心法简洁明了，惟德生财：有德吉财自来驻，不义凶财求也无。对此，我们应该谨记于心。可惜的是，进财神殿的人很多，看财神心法及对联的人很少，大家都在争先恐后地忙着叩头，祈求财神保佑自己多多发财。

《易经》云：“自天佑之，吉无不利。”很多人误解其意为“得到了上天的保佑，人就会大吉大利”。世人期盼大吉大利本身没有问题，可问题是“如何才能大吉大利”？《易经》给出的答案是“自天佑之”。祐，是扶助之意。《道德经》云：“天地不仁，以万物为刍狗。”上天不会随便保佑人，如果随便乱保佑，上天就不公正了。“自天佑之”把“自”置于“天”之前，是在告诉我们：自助者，天佑之。天助自助者，竹竿好扶绳难扶，人必须先有自己努力奋斗的自助，才有资格得到上天的扶助。

孔子也为“自天佑之，吉无不利”做出了注释：“佑者，助也。天之所助者，顺也；人之所助者，信也。履信思乎顺，又以尚贤也。是以天佑之，吉无不利也。”上天所扶助的，都是顺应天道法则的人；众人所扶助的，都是笃守诚信的人。履守诚信，一个为人处世合顺于天道法则，且又崇尚贤能的人，才能因此而得到上天的佑助，最终一切大吉大利。

张曰：“我贫士，何能为？”

张畏岩再次替我们发问：“做善事，就得有钱；我没钱，怎么行善呢？”这是很多人典型的错误知见。（余进曰：“道德仁义，可以力求；功名富贵，如何求得？”）

道者曰：“善事阴功，皆由心造，常存此心，功德无量。且如谦虚一节，并不费钱，你如何不自反，而骂试官乎？”

大乘佛法的修行六度，每一度都是在修心上的功夫。比如财布施，舍的金钱只是表象，本质上舍的是贪欲悭吝。如果布施时想着自己快速出名、可以得到更多回报，反而会越布施越我执，从修行的角度看，还不如不布施，这也是佛教为何强调布施要三轮体空的原因。学习圣贤经典，最怕错解经典的意思却不自知。禅宗有“依文解义，三世佛冤”之说，如果看佛经只依照文字去理解佛陀思想，那么过去、现在、未来三世的佛都会说：“冤枉啊，我不是这个意思呀！”如果有人说，那我不依照经典，我依照自己的修持方法与心得去说。那就更严重了：“离经一字，即同魔说。”学习经典，首先要教理通达，不能只要说通，而忘却了宗通，最终误会了圣贤。说法的人，如果仅在字面上去理解经典的意思，无论怎么口若悬河、巧言善辩，都不是真正的学问。

张畏岩虽然博学多闻，却并不理解布施的本质，所以道者用“善事阴功，皆由心造，常存此心，功德无量”开示他。（云谷曰：“孟子之言不错，汝自错解了。汝不见六祖说：‘一切福田，不离方寸；从心而觅，感无不通。’”）

道者同时还告诉张畏岩一个简单易行的修行方法：“且如谦虚一节，并不费钱。”意思是“谦虚”本身就是修行，不仅简单易行，而且还是不用花钱的修行方法，心上的谦才是真正的谦。（云谷出‘功过格’示余，令所行之事，逐日登记；善则记数，恶则退除，且教持准提咒，以期必验。”）

《心相篇》云：“心和气平，可卜孙荣兼子贵；才偏性执，不遭大祸必奇穷。”从了凡对张畏岩“积学工文，有声艺林”的评价上看，张畏岩确实是个内在有峰之人，只可惜因为傲慢而形成一个“山附于地”的剥卦凶象。道者用“你如何不自反”告诉张畏岩，把自己“艮上坤下”剥卦的卦象打个颠倒，变成“坤上艮下”的“谦卦”，就可以种下善的种子，未来必定心想事成，改命转运。（“若不反躬内省，而徒向外驰求，则求之有道，而得之有命矣！内外双失，故无益。”）

08 折节自持

【原文】张由此折节[1]自持[2]，善日加修，德日加厚。丁酉，梦至一高房，得试录一册，中多缺行。问旁人，曰："此今科试录。"问："何多缺名？"曰："科第，阴间三年一考校，须积德无咎者方有名。如前所缺，皆系旧该中式，因新有薄行而去之者也。"后指一行云："汝三年来，持身颇慎，或当补此，幸自爱。"是科果中一百五名。

【译文】张畏岩从此一改往日恃才自傲的习气，屈己尊人把持自己，善行日益增多，德行日益增厚。三年后的丁酉年（1597年），梦见自己来到一幢高房，得到一本考试录取名册，其中却有不少空行，就问旁边人，得到回答说："这是今年科考的录取名册。"张畏岩问："为何有这么多空行呢？"那人回答："科举考试，阴间三年考察一次，只有积德无过的人方能记入名册。名册上的空缺之处，都是原本可以考中的人，因近期品行不端而被除名了。"后来这个人指着其中一行对张畏岩说："你这三年来，持身律己非常严谨，或许会补录在这个空缺处，希望你自重自爱。"这一年科考，张畏岩果然中举，位列桂榜第一百零五名。

【解读】

① 折节：主动降低自己身份，屈己尊人。
② 自持：自我克制和把持。

信者，诚也，专一不移也

东汉班固《白虎通义·性情》云：“信者，诚也，专一不移也。”信就是诚实，专心一意不改变。看一个人未来有多大成就，首先要看他的“信根”有多深厚。张畏岩领受了道者的教诲，如同了凡相信云谷一样，他当下立即开始行动，改变自己。

张由此折节自持，善日加修，德日加厚。

方孝孺在《候城杂赋》中说：“虚己者，进德之基。”折节，就是虚己、屈己尊人之意。自持，就是自我克制、严以自律。我们之所以会傲慢，是因为不明实相而高看了自己、低估了他人。六祖惠能大师曰：“何其自性，本自具足。”当人认识到自己本自具足时，就不会妄自菲薄；当人相信他人本自具足时，便不会妄自尊大。张畏岩因明理而折节自持，并固守住这样的生命状态，极为难得。（从此而后，终日兢兢，便觉与前不同。前日只是悠悠放任，到此自有战兢惕厉景象，在暗室屋漏中，常恐得罪天地鬼神。遇人憎我毁我，自能恬然容受。）

我们日常修谦德时，务必要有曾国藩“结硬寨，打呆仗”的思想认识，时刻铭记“莫问收获，但问耕耘”的播种法则，更要认识到“折节容易自持难”的践行挑战。具体难在何处？难在我们自己的福德不足、信根不具，往往还没坚持多长时间，就开始怀疑圣贤的教诲，难以降伏蠢蠢欲动的傲慢之心，进而生起贪求成果的浮躁，导致最后不可避免地又回归到我行我素、刚愎自用的颠倒生命状态。

儒家五常的“仁礼信义智”，对应着“木火土金水”五行、“肝心脾肺肾”五脏与“东南中西北”五方。在五行里土位居中，起统摄和平衡的作用。《黄帝内经·灵枢》曰:“胃者，五脏六腑之海也，水谷皆入于胃，五脏六腑皆禀气于胃。”胃所对应的正是土，受五谷精微的“胃气”是五脏之气的根本。老子所说的“见素抱朴”，素朴的本质是纯洁朴实本性的土气，可世人颠倒梦想，都在反向追求洋气。土主信，信根所对应的正是土德，是能够统摄并决定一切的关键所在。信者有，不信者无，一个人未来的成就有多大，信根就要有多深厚。

丁酉，梦至一高房，得试录一册，中多缺行。问旁人，曰:“此今科试录。”问:“何多缺名?”曰:“科第，阴间三年一考校，须积德无咎者方有名。如前所缺，皆系旧该中式，因新有薄行而去之者也。”后指一行云:“汝三年来，持身颇慎，或当补此，幸自爱。”是科果中一百五名。

日有所思，夜有所梦。张畏岩与了凡先生的经历太相似了，他也做了一个神奇的梦。不同的是，了凡做梦是因善事难完之故，张畏岩做梦是关于自己的科举考试。

圣人无梦，我们所有的梦都是杂染种子的现行。当我们与往圣先贤宿昔有缘时，梦也是圣贤能量影响我们的重要方式之一。我们凡夫的心是意识心，在白天清醒时，我执的状态会很坚固。但在睡梦之中，意识心会处于一种半休眠状态，我执强烈的理性防备会有所降低，会比较容易接受一些高维灵性的暗示与影响，幻化为我们的梦境，或是提醒，或是预告，或是帮助开启智慧。

世间绝大多数人只相信自己眼睛看到的，美其名曰“眼见为实”，对于自己眼睛看不到的很多东西，凡夫不仅不相信，还会自以为是地评价为迷信。殊不知我们人眼的可见光，仅仅是光学频谱中极小的部分而已。

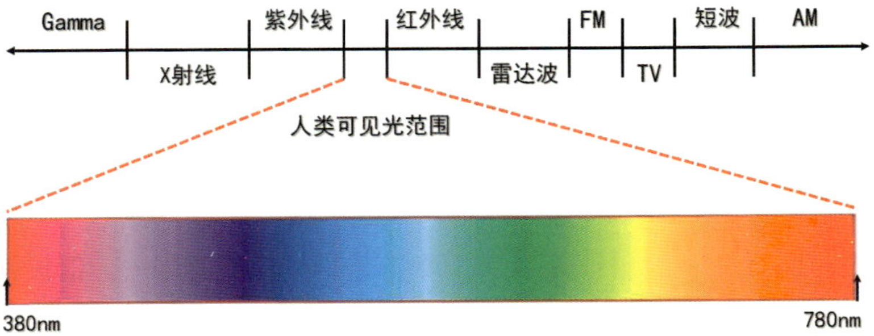

图4-7 可见光

“阴间三年一考校”中的阴间，并不是什么阴曹地府，而是指凡夫眼睛看不见的种子与行为之间的互为缘起。从播种到结果，中间有很长的一段距离，需要有合适的土壤、充分的阳光、合理的田间管理等众多条件的满足，种子才会发芽、长大、开花、结果。同理，科举能否考中，也需要相应的缘分具足。考中科举的缘分是什么——“须积德无咎者方有名”。既要积德，还要无咎，门槛真的很高。而“缺名”之处，则是那些曾经种下过种子的人，因“新有薄行”断了种子发芽的善缘而被除名，最终只能留下遗憾的空白。

人因为不怕犯错而犯错，不仅傲慢，而且愚蠢。阳明先生曰：“人生大病，只是一‘傲’字。”可惜的是，我们因为无明所障，习惯了自以为是的傲慢，总是自高自大地站在圣贤的对立面，无知无畏地与圣贤顶嘴，即使历史上有无数骄慢致祸的案例，也从不引以为戒。很多人成功后又快速衰败，关键原因就在这里。《阿房宫赋》曰：“秦人不暇自哀，而后人哀之；后人哀之而不鉴之，亦使后人而复哀后人也。”

“幸自爱”既是说给张畏岩听的，也是说给我们听的。《道德经》云：“知人者智，自知者明；胜人者有力，自胜者强。”我们要感恩圣贤的教诲，深刻理解“修身以俟之”的重要性，既要“持身颇慎”，更要“幸自爱”，惟有如此，才能了凡成圣，心想事成。

畏岩是因地的了凡，了凡是果地的畏岩

序号	谦德之效		立命之学	
	人物	内容	人物	内容
1	张畏岩	积学工文，有声艺林。	袁了凡	殷秋溟宗师见余场中备卷，叹曰："五策，即五篇奏议也，岂可使博洽淹贯之儒，老于窗下乎！"
2	道者	大骂试官，以为眯目。时有一道者，在旁微笑。（悲悯与同情）	云谷	"汝坐三日，不起一妄念，何也？（赞叹与惊奇）"
3	道者	相公文必不佳。	云谷	我待汝是豪杰，原来只是凡夫。
4	张畏岩	汝不见我文，乌知不佳？	袁了凡	吾为孔先生算定，荣辱死生，皆有定数，即要妄想，也无可妄想。
5	道者	闻作文，贵心气和平，今听公骂詈，不平甚矣，文安得工？	云谷	汝二十年来，被他算定，不会转动一毫，岂非是凡夫？
6	张畏岩	张不觉屈服，因就而请教焉。	袁了凡	余追省良久，曰："不应也。"
7	道者	中全要命，命不该中，文虽工，无益也。须自己做个转变。	云谷	世间享千金之产者，定是千金人物……汝今既知非，将向来不发科第，及不生子之相，尽情改刷。
8	张畏岩	既是命，如何转变？	袁了凡	然则数可逃乎？
9	道者	造命者天，立命者我。	云谷	命由我作，福自己求。
10	道者	力行善事，广积阴德。	云谷	扩充德性，力行善事，多积阴德。

续表

序号	谦德之效		立命之学	
	人物	内容	人物	内容
11	道者	何福不可求哉？	云谷	此自己所作之福也，安得而不受享乎？
12	张畏岩	我贫士，何能为？	袁了凡	道德仁义，可以力求；功名富贵，如何求得？
13	道者	善事阴功，皆由心造，常存此心，功德无量。	云谷	孟子之言不错，如自错解了。汝不见六祖说："一切福田，不离方寸；从心而觅，感无不通。"求在我，不独得道德仁义，亦得功名富贵。
14	道者	且如谦虚一节，并不费钱。	云谷	云谷出"功过格"示余，令所行之事，逐日登记。善则记数，恶则退除，且教持准提咒，以期必验。
15	道者	你如何不自反而骂试官乎？	云谷	若不反躬内省，而徒向外驰求，则求之有道，而得之有命矣！
16	张畏岩	张由此折节自持，善日加修，德日加厚。	袁了凡	从此而后，终日兢兢，便觉与前不同。前日只是悠悠放任，到此自有战兢惕厉景象，在暗室屋漏中，常恐得罪天地鬼神；遇人憎我毁我，自能恬然容受。
17	张畏岩	丁酉，梦至一高房（因为科举）	袁了凡	夜间偶梦见一神人（因为行善）。
18	张畏岩	是科果中一百五名。	袁了凡	到明年，礼部考科举，孔先生算该第三，忽考第一；其言不验，而秋闱中式矣。
张畏岩是因地的了凡，了凡是果地的张畏岩。				

表4-1　张畏岩与袁了凡经历对照表

上述五个惟谦受福的案例中，了凡先生对于张畏岩的故事着墨最多，读起来俨然是"立命之学"的浓缩版。了凡既是在讲张畏岩惟谦受福的案例，也是在借讲张畏岩与“立命之学”中的自己对照呼应，在两相比较之中，再次强调“命由我作，福自己求”的立命法则，语重心长地告诫儿子：“云谷禅师所授立命之说，乃至精至邃，至真至正之理，其熟玩而勉行之，毋自旷也。”

张畏岩是因地的袁了凡，袁了凡是果地的张畏岩。同理，如果我们真正理解了这篇文章结构安排的良苦用心，那我们就是因地的了凡，了凡就是果地的我们。

人世间所有的相遇，都是久别重逢。不知道是因为哪一世你我种下的善种，才有了这份穿越四百多年时空的善缘，我们都是真正的有福之人，一定要好好珍惜与了凡先生之间的缘分。千万不要因为智慧不足而轻易排斥，错过了《了凡四训》，极有可能会耽搁自己宝贵的一生。

09 心气忌盛

【原文】由此观之，举头三尺，决有神明；趋吉避凶，断然由我。须使我存心制行[①]，毫不得罪于天地鬼神，而虚心屈己[②]，使天地鬼神时时怜我，方有受福之基。

彼气盈者，必非远器[③]，纵发[④]，亦无受用。稍有识见之士，必不忍自狭其量，而自拒其福也。况谦则受教有地，而取善无穷，尤修业[⑤]者，所必不可少者也。

【译文】由此看出，举头三尺，决定有神明鉴察；趋吉避凶，绝对由自我决定。必须要使自己发心端正、谨言慎行，丝毫不能得罪于天地鬼神，而要谦虚待人、严于律己，才能使天地鬼神怜惜我们，如此才有纳受福泽的根基。

那些心高气傲之人，必定难成大器，纵然侥幸发迹，也难以受用长久。稍有见识之人，必定不愿让自己的心量狭小，而把自己的应得之福拒之门外。况且，谦虚才能让自己有接受教诲之地，从而受益无穷。谦德，尤其是渴望建功立业之人所必不可少的素质。

【解读】

① 存心制行：端正发心，谨言慎行。
② 虚心屈己：虚心待人（虚心），严于律己（谦卑）。
③ 远器：能担当大任、有远大理想的人。
④ 发：发达，发迹。
⑤ 修业：建功立业，学习知识，钻研学问。

本段是了凡先生对“谦德之效”进行全篇总结。

“谦德之效”五人出场顺序背后的秘意

了凡先生对“谦德之效”中的五位青年才俊，既赞叹、又羡慕。这五个读书人都是先有内在才华藏峰，最后全部修出了“空谷藏峰”之象而因谦受福。

五人之中，除张畏岩①一人是举人，其余四人全都是进士，且他们中进士时的年龄与了凡54岁才中进士相比要小很多。了凡列举这五人的顺序，应是根据他们考中时的年龄，按照从小到大的顺序排列的。

序号	姓名	出生			中进士			了凡丙戌登第时年龄	登第相差年
		年份	公元	小了凡	年份	公元	年龄		
1	丁敬宇	嘉靖二十二年·癸卯	1543	10岁	隆庆五年	1571	28		26
2	冯开之	嘉靖二十七年·戊申	1548	15岁	万历五年	1577	29		25
3	赵裕峰	嘉靖三十年·辛亥	1551	18岁	万历十七年	1589	38		16
4	夏建所	嘉靖二十二年·癸卯	1543	10岁	万历二十年	1592	49	54	5
5	张畏岩	-	-	-	丁酉中举 万历二十年	1597	-		-
6	袁了凡	嘉靖十二年·癸巳	1533	-	丙戌登第 万历十四年	1586	54		-

表4-2　五人考中时年龄对比图

① 张畏岩个人的生卒年资料，笔者通过南京夫子庙的中国科举博物馆（万历十年以后应天府乡试录资料缺失）及江阴文庙皆未查到。笔者推断，张畏岩的年龄肯定比了凡小，可能因为他只中了举人，所以了凡把他放在五个案例的最后。

比了凡小 10 岁的丁敬宇，于 1571 年，28 岁时中进士；

比了凡小 15 岁的冯开之，于 1577 年，29 岁时中进士；

比了凡小 18 岁的赵裕峰，于 1589 年，38 岁时中进士；

比了凡小 10 岁的夏建所，于 1592 年，49 岁时中进士；张畏岩暂无资料。

了凡先生 37 岁之前虽然被殷秋溟宗师评价为“博洽淹贯之儒”，可惜内有高峰，却外无虚谷可藏，属于“山附于地”的“不利有攸往”剥卦之象，耽搁了宝贵的生命年华不说，也导致了自己一生的举业之路极为坎坷：

<table>
<tr><th colspan="2">事件</th><th>《了凡四训》中的内容依据</th><th>年份</th><th>公元</th><th>了凡年龄</th><th>相隔年数</th></tr>
<tr><td colspan="2">了凡出生</td><td>–</td><td>嘉靖十二年·癸巳</td><td>1533</td><td>1</td><td rowspan="3">15</td></tr>
<tr><td colspan="2">袁仁去世</td><td>–</td><td>嘉靖二十五年·丙午</td><td>1546</td><td>14</td></tr>
<tr><td colspan="2">遇孔先生</td><td>子仕路中人也，明年即进学。</td><td>嘉靖二十六年·丁未</td><td>1547</td><td>15</td></tr>
<tr><td colspan="2">考中秀才</td><td>明年赴考，三处名数皆合。</td><td>嘉靖二十七年·戊申</td><td>1548</td><td>16</td><td rowspan="2">19</td></tr>
<tr><td colspan="2">拔为贡生</td><td>直至丁卯年，殷秋溟宗师见余场中备卷，叹曰：“五策即五篇奏议也，岂可使博洽淹贯之儒，老于窗下乎？”遂依县申文准贡。</td><td>隆庆元年·丁卯</td><td>1567</td><td>35</td></tr>
<tr><td colspan="2">问道云谷</td><td>己巳归，游南雍，未入监，先访云谷会禅师于栖霞山中。</td><td>隆庆三年·己巳</td><td>1569</td><td>37</td><td rowspan="2">3</td></tr>
<tr><td colspan="2">考中举人</td><td>到明年，礼部考科举，孔先生算该第三，忽考第一。其言不验，而秋闱中式矣。</td><td>隆庆四年·庚午</td><td>1570</td><td>38</td></tr>
<tr><td rowspan="3">考进士</td><td>落第</td><td>第一次：辛未计偕，我嘉善同袍凡十人。</td><td>隆庆五年·辛未</td><td>1571</td><td>39</td><td rowspan="3">15</td></tr>
<tr><td>落第</td><td>第三次：丁丑在京，与冯开之同处。</td><td>万历五年·丁丑</td><td>1577</td><td>45</td></tr>
<tr><td>登第</td><td>第六次：丙戌登第。</td><td>万历十四年·丙戌</td><td>1586</td><td>54</td></tr>
</table>

表4-3　了凡先生事件年表

从遇孔先生并推算其“明年即进学”始，到“明年赴考，三处名数皆合”，可知他是在嘉靖二十七年（1548 年）院试考中的秀才，是年十六岁。

此后五次参加乡试，均以失败告终，“直至丁卯年（1567 年），殷秋溟宗师见余场中备卷，叹曰：‘五策，即五篇奏议也，岂可使博洽淹贯之儒，老于窗下乎？’遂依县申文准贡”。表明他在三十五岁时才成为了贡生。

隆庆四年（公元 1570 年），“到明年，礼部考科举，孔先生算该第三，忽考第一。其言不验，而秋闱中式矣。”三十七岁时中举。

隆庆五年（公元 1571 年），辛未计偕，与丁敬宇一起，首次参加会试，落第。

万历五年（公元 1577 年），第三次参加会试，与冯开之同处，原本房师拟“取本房首卷”，但因“五策不合式下第”，而冯开之高中会试第一名。

了凡前后五次参加会试，皆不中。直至万历十四年（公元 1586 年）第六次才考中进士，而此时的他，已经五十四岁，早已过了天命之年。

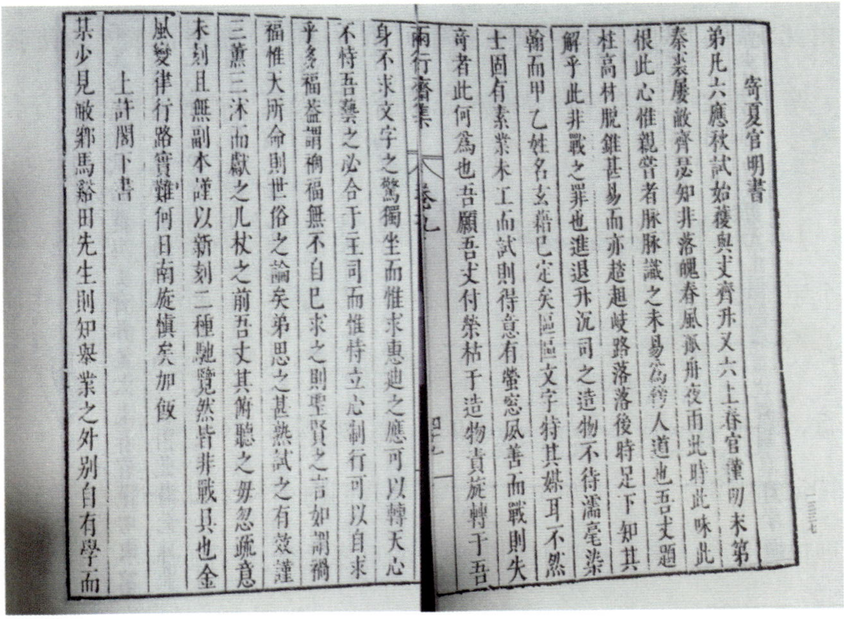
寄夏官明書
第凡六應秋試始獲與丈齊升又六上春官謹叨末第
秦裘屢敝齊晁知非落魄春風孤舟夜雨此時此味此
根此心惟親嘗者脈脈識之未易爲俗人道也吾丈題
柱高材脫錐甚易而亦趦趄岐路落落後時足下知其
解乎此非戰之罪也進退升沉司之造物不待濡毫染
翰而甲乙姓名玄籍已定矣區區文字特其媒耳不然
士固有素業未工而試則得意有螢窓夙善而戰則失
奇者此何爲也吾願吾丈付榮枯于造物責旋轉于吾
兩行齋集　卷九
身不求文字之驚獨坐而惟求惠廸之應可以轉天心
不恃吾藝之必合于主司而惟恃立心制行可以自求
乎多福蓋謂禍福無不自已求之則聖賢之言如謂禍
福惟天所命則世俗之論矣弟思之甚熟試之有效謹
三薰三沐而獻之几杖之前吾丈其傾聽之毋忽疏意
未刻且無副本謹以新刻二種馳覽然皆非戰具也金
風變律行路實難何日南旋慎矣加飯
上許閣下書
某少見敝鄉馬谿田先生則知舉業之外別自有學而

图4-8 寄夏官明书

对于艰难曲折的科举之路，了凡先生有着常人难以体会的切肤之痛，他在《寄夏官明书》[①]中说："弟凡六应秋试，始获与丈齐升，又六上春官，仅叨末第，秦裘屡敝，齐瑟知非，落魄春风，孤舟夜雨，此时此味，此恨此心，惟亲尝者脉脉识之，未易为傍（旁）人道也。"由此可知，了凡一生共参加了六次乡试与六次会试。

"谦德之效"是了凡先生痛定思痛之后的深刻领悟。我们对此需要用心深入理解，更要吃了凡先生的堑，长我们自己的智。谦，不是嘴上说出来的小人之谦，君子之谦是实实在在心上的修行功夫。《传习录》云："谦者众善之基，傲者众恶之魁。"诚哉斯言。

举头三尺有神明，趋吉避凶皆由我

由此观之，举头三尺，决有神明；趋吉避凶，断然由我。须使我存心制行，毫不得罪于天地鬼神，而虚心屈己，使天地鬼神时时怜我，方有受福之基。

"由此观之"，即综上所述。在"谦德之效"收尾之时，了凡先生用了十六个字统摄全篇："举头三尺，决有神明；趋吉避凶，断然由我。"并且用了"决有"与"断然"这两个极其强烈且坚定语气的词语告诫儿子：生命中所有的修行，归结到最后全部都是心上的修行，必须要"存心制行"。"存心"就是保持觉知端正发心，了知每颗种子都与我们内在最深的动机是一致的。"制行"即谨言慎行，言行是我们种下种子的重要途径。"存心制行"就是端正发

① （明）袁黄：《两行斋集》卷九，《袁了凡文集》第十一册，《寄夏官明书》，线装书局影印本，2007年，第1337页。

心、谨言慎行，切忌透过身口意三门种下恶种子。

《维摩诘经》云：“心净则国土净。”唯有“存心制行”的人，方可“动即万善相随，静则一念不起”，如此才能得到天地鬼神的眷顾与怜惜，才会有纳受福泽的根基。

彼气盈者，必非远器，纵发亦无受用。稍有识见之士，必不忍自狭其量，而自拒其福也。况谦则受教有地，而取善无穷，尤修业者，所必不可少者也。

“存心制行”的前提是拥有良好的觉知力，气盈者就是因为无有觉知，所以才会心高气傲。犹如天上的飞鸟，虽然经常在天上飞，却不懂天；亦如水中的游鱼，虽然时刻在水中游，却不识水。我们这些无明的凡夫傲慢起来，与飞鸟、游鱼无二无别。虽然与飞鸟共享同一片天空，好像也不懂天，且常在迷雾中走失自己；虽然与游鱼共拥同一片大海，似乎也不懂海，且常在浊浪中随波逐流。

孟子曰：“仁，人心也；义，人路也。舍其路而弗由，放其心而不知求，哀哉！人有鸡犬放，则知求之；有放心而不知求。学问之道无他，求其放心而已矣。”仁是人的心，义是人的路。放弃那条正路不走，丢失了良心也不知追回，真可悲！人的鸡狗走失了，都知道去找回，良心丢失了却不知道去追回。学问之道没有别的，就是把那颗丢失的良心找回来而已。”人因为智慧不足而觉知力太差，所以才会自高自大，这样的人即使侥幸发达，也无法维持长久。

稍有见识的人，都是有一定觉知力的人。这样的人明白“量大福大”的修行法则，自然不会愿意狭小自己的心量，自己把应得之福拒之门外。

成语“一日千里”有说与欧阳修相关。北宋年间，洛阳镇守钱惟演建了一座名叫“临辕”的驿舍，特别邀请了文坛名士谢希深、尹师鲁及后起之秀欧阳修各作一篇文章记述此事。三人深思熟虑，各自成文。谢希深用了五百字，欧阳修用了五百多字，而尹师鲁仅用了三百八十多字。大家反复阅读比较后，一致评价尹师鲁的文章言简意赅、内涵丰富，整体更胜一筹。欧阳修对尹师鲁深感佩服，当晚便去拜访并诚恳请教如何写好文章。尹师鲁被他虚心好学的精神打动，便把自己写文章“忌格弱字冗”的五字心得与欧阳修分享，并认真点评了欧阳修的文章。回家后，欧阳修立即按照尹师鲁的建议，字斟句酌，重新撰文。新作的文章内容精炼，用词恰当，只用了三百六十字，比尹师鲁还少二十个字，而且详略叙述得比尹师鲁的更得当，章法结构更清晰。尹师鲁大为惊奇与叹服，他逢人就说：“欧阳修虚心好学，进步真是一日千里呀！”

此后，欧阳修写作非常注重文字精练。据说，他作《醉翁亭记》初稿时，开篇曾详细写了滁州四周的山，可最终定稿时，他只留下了“环滁皆山也”五个字，其他冗余的文字全部删除。欧阳修最后成为唐宋八大家之一，他既是范仲淹庆历新政的支持者，也是北宋诗文革新运动的领袖。难能可贵的是，欧阳修尤喜奖掖后进，苏轼兄弟及曾巩、王安石皆出自他的门下。

俗话说，满罐水不响，半罐响叮当。当一个人谦虚下来时，才能受教有地，老师才好给予更多的教授与指导，谦者才有机会获益良多。地不畏其低，方能聚水成海；人不畏其低，方能越众成王。

傲慢者因为无知所以无畏，常把自己看得太过重要。表演艺术家英若诚讲过一个自己亲身经历的故事，他生长在一个大家庭中，每次吃饭都是几十个人在大餐厅里一起吃。有一次，他突发奇想，决定跟大家开个玩笑。吃饭前，他把自己藏在餐厅内一个不被人注意的柜子里，想等大家找不到他着急时再跳出来。可尴尬的是，大家在吃饭时，根本没有人注意到他的缺席。等所有人酒足饭饱离开后，他只好蔫蔫地走出来，独自吃了些残羹剩饭。

一个人能够放低姿态，谦和有礼去待人接物，才能赢得更多人的尊重。

惟有做到“存心制行”“虚心屈己”，方能抵达修身立德的至高境界。《道德经》云：“江海所以能为百谷王者，以其善下之，故能为百谷王。是以欲上民，必以言下之；欲先民，必以身后之。是以圣人处上而民不重，处前而民不害。是以天下乐推而不厌，以其不争，故天下莫能与之争。”善哉斯言，古人诚不我欺。

10 愿大志坚

【原文】古语云："有志于功名者，必得功名；有志于富贵者，必得富贵。"人之有志，如树之有根。立定此志，须念念谦虚，尘尘[①]方便，自然感动天地，而造福由我。

今之求登科第者，初未尝有真志，不过一时意兴[②]耳，兴到则求，兴阑[③]则止。孟子曰："王之好乐甚，齐其庶几[④]乎！"予于科名亦然。

【译文】古语说："真心想求功名者，必得功名；真心想求富贵者，必得富贵。"人一旦有了志向，就如同树有了根。立定志向后，必须念念不忘谦虚，处处方便他人，自然就能感动天地，因而造福全凭自己。

今天求取功名的人，从开始就未曾有真切的志向，不过是一时兴起罢了，兴致来时就行善积德似在追求，兴致退时便懈怠停滞不再行善。孟子对齐宣王说："如果大王是真心喜好礼乐，那齐国也就差不多治理好了！"我看求取功名亦同此理，如果把追名逐利的心拉回来落实到行善积德上，最后必定可以心想事成了凡成圣。

---

① 尘尘：处处、时时。
② 意兴：兴致。
③ 兴阑：兴致消退，兴尽。
④ 庶己：近似，差不多。

【解读】

这一段是了凡先生对《了凡四训》全书进行的总结。

志之所向，心之所往

古语云："有志于功名者，必得功名；有志于富贵者，必得富贵。"人之有志，如树之有根。

这段内容了凡先生最后一次总结"命由我作"，重在讲立志。王阳明说："志不立，天下无可成之事。"王阳明十三岁时就要做"天下第一等事"，立志成为圣贤。生而为人，立志是我们每个人这一生最重要的大事。《论语·为政》中，孔子说他自己是"吾十有五而志于学"。志向之所在，前途之所在。《论语·子罕》中孔子再次强调立志，子曰："三军可夺帅也，匹夫不可夺志也。"三军中最重要的统帅是可以换人的，但是一个人的志向是不可以改变的。立什么样的志，成什么样的人，我们对此应该坚定信念，矢志不渝。

稻盛和夫学习《了凡四训》之后，了知了"人生不是一场物质的盛宴，而是一次灵魂的修炼"，他立志此生要修炼自己的灵魂，最终被尊为日本经营之圣。他成立了"盛和塾"全球布道，四处宣讲"敬天爱人"的经营哲学，倡导做事业一定要"动机至善，私心了无"，究其本源，稻盛的诸多核心思想，确实承接了《了凡四训》的旨要，为很多人树立起一盏璀璨明灯。

现在有很多学佛人，学佛究竟学什么？学佛的本质就是发愿与行愿，所谓成佛就是愿行的圆满。没有发愿，不去行愿，谈不上真学佛。"愿"与"欲"

相对应，愿望无我利他，欲望自私自利。每尊佛的净土，都是大愿成就的，佛菩萨的愿分为“通愿”与“别愿”两种，很多人耳熟能详的“四宏誓愿”是通愿：众生无边誓愿度，烦恼无尽誓愿断，法门无量誓愿学，佛道无上誓愿成。通愿是修行大乘佛法、誓愿成就无上菩提的众生都要发的共愿。而别愿则是具体到不同的修行者，除了要发通愿之外，还要发区别于其他修行者的愿。愿之所在，法门之所在。阿弥陀佛的往生法门怎么修？药师佛的消灾延寿法门怎么修？发心去把这尊佛的愿当作自己的愿去行持，这才是真修这尊佛的法门。

立定此志，须念念谦虚，尘尘方便，自然感动天地，而造福由我。

这段内容是了凡先生最后一次总结“福自己求”，重在讲践行。立定志愿以后该怎么做？了凡先生给出了明确指导——必须念念不忘谦虚，处处助人为乐。人不敬我，是我无才；我不敬人，是我无能；人不容我，是我无德；我不容人，是我无量；人不助我，是我无为；我不助人，是我无善。能够以这样的心态去“力行善事，广积阴德”，种子的力量一定灵。

在践行的过程中，我们务必要清晰了知目标与成果之间的次第关系，永远铭记“莫问收获，但问耕耘”的播种法则，即使当下出现短暂的迷茫或困扰，我们也要坚信圣贤的教诲，只管心无旁骛地精进前行。精诚所至，金石为开，总有一天，必定能够感动天地，而造福由我，踏过岁月的洪流，我们一定会遇见自己最美的心上人。

《了凡四训》最后一句话的良苦用心

今之求登科第者，初未尝有真志，不过一时意兴耳，兴到则求，兴阑则

止。孟子曰："王之好乐甚，齐其庶几乎！"予于科名亦然。

芸芸众生之所以会一辈子自甘平庸、碌碌无为，原因就在于自己"无志无愿"，所以"无知无缘"，最后"无支无援"。（天下聪明俊秀不少，所以德不加修，业不加广者，只为"因循"二字，耽搁一生。）

《史记·货殖列传》说："天下熙熙皆为利来，天下攘攘皆为利往。"凡夫一生匆忙慌张，不过是图那碎银几两，误以为拥有了这些身外之物，就能够化解自己的万千忧伤。在《论语》中，孔子及其弟子颜回等人，为我们展现出真实可信且又自在从容的圣人气象，无论是孔子的"饭疏食饮水，曲肱而枕之，乐亦在其中矣。不义而富且贵，于我如浮云"，还是颜回的"一箪食，一瓢饮，在陋巷，人不堪其忧，回也不改其乐"，圣贤即使吃粗粮、喝冷水、住陋巷，只能弯着胳膊当枕头，这种别人觉得清贫难忍的生活，他们却可以乐在其中。原因无他，斯是陋室，惟吾德馨。《朱子家训》云："读书志在圣贤，非徒科第；为官心存君国，岂计身家。"如果我们读书只为功名、做官只为俸禄、行善只为好运、积德只为福报，这就偏离了修行正道，很容易心累身乏，最终"立志不坚，终不济事"。

搁笔在即，了凡先生既是在感叹，也是在语重心长地告诫我们：人生世间，惟死生为重，务必要把事业当修行，把修行当事业。他满腔热忱地告诉我们：只要能把向外追名逐利的心拉回来，三轮体空地去落实到行善积德的修行事业上，最终人人能够心想事成！功名如是，富贵如是，了凡成圣亦如是。

最后，了凡先生用孟子劝齐宣王的话作为全书的结尾，孟子曰："王之好乐甚，齐其庶几乎！"独乐乐，不若与人乐乐；要把一个人的快乐推广开来，使得世人都获得快乐。无论是祈求科考登第，还是祈愿功成名就，最终都要把所求得的功名善心真切地落实到经世致用上，由改造一己之命运、一家之命运，进而治国、平天下。如是，则圣人之道不远，大同之世界亦可待也。

最后，借这首《普贤菩萨警众偈》，希冀敲醒那些明白道理却还在踯躅不行之人：

如河驶流，往而不返；人命如是，逝者不还。

是日已过，命亦随减；如少水鱼，斯有何乐？

大众，

当勤精进，如救头燃；但念无常，慎勿放逸！

第五章　了凡成圣方程式

了凡成圣方程式

2021年10月中旬，因家父生病，我在医院陪护了将近一个月。在那段时间里，看到那么多身上插着好几根管子的病人，全部乖乖戒掉了自己的烟瘾、酒瘾等各种习气，每天忍受着手术伤口的强烈疼痛，一个个谨遵医嘱在病区的走廊上来回行走锻炼身体，心生悲悯之余也感慨万千。

2021年11月7日，恰好也是辛丑年的立冬节气。《月令七十二候集解》云："立，建始也；冬，终也，万物收藏也。"当天，还在医院陪护的我，总结了那段时间对生命的诸多思考，心里萌生了一个极其强烈的想法，希望能把自己这么多年传播《了凡四训》的些许心得总结为书。于是，我便在医院陪护之余，着手整理各种资料，开始了自己的写书工作。

原本我以为出书很简单，自己身边有不少朋友也是老师，他们出书基本都是直接把自己的课程录音转为文字，然后请学生帮忙整理修改一下，就快速出书了。等到自己动笔时，我才发现"写书"与"出书"是完全两码事。写书是有规范的：首先，内容得有体系，需要作者对经典理解得足够深刻。其次，这本书不是小说题材，不能由着自己天马行空自由发挥。涉及到历史背景和相关人物，都需要有经得起推敲的文献依据。不仅如此，线下讲课时可以快速掠过的一些内容，写书时则不能省略，需要在书中给予读者合理的解释。

《了凡四训》中涉及到大量的明代史料，比如朱元璋册封藩王、太子早逝、建文帝削藩、靖难之役、金川门之变、明成祖迁都、明代科举制度与袁家血脉传承等史实，以及文中涉及众多历史人物的个人资料，均需要在写作前一一查证，如此才能深入理解《了凡四训》的底层逻辑。在查找资料的过程中，最难查找的是了凡曾祖父袁颢所写的《袁氏家训》，相关原件收藏在台北博物馆中。或许是心诚所至，冥冥中得到了圣贤能量的加持，最后也心想事成，顺利取得了《袁氏家训》的影印本图片资料，得以全面了解袁家当年被朝廷抄家的来龙去脉，明白了袁氏先祖强调子孙“弃举业学医”的良苦用心。

《了凡四训》原名《诫子文》，全文总计9515字（不含标点符号），是明代思想家袁黄（号了凡）于万历二十九年（辛丑，公元1601年）六十九岁时汇集成书。巧合的是，2021年也是农历辛丑年，中间正好相隔了七个甲子420年的光阴。“立命之学”为袁了凡当年所撰，另取其所著《祈嗣真诠》一书中的“改过第一”与“积善第二”分别修改为“改过之法”与“积善之方”，又将其之前的“谦虚利中”一文修改为“谦德之效”，将此四篇文章整理合集为《了凡四训》。明清以降，该书一直都是最受读者欢迎的通俗读物之一。

《了凡领导力》一书旨在对《了凡四训》进行系统化的解构与解读，供学习研究《了凡四训》的有缘人借鉴与参考。

第一章，绪言。主要是把《了凡四训》的底层逻辑，用现代语言详细阐述，为读者能够学懂、学好、学透《了凡四训》做了充分的思想铺垫。

第二章，立命之学。主要是阐述“命由我作，福自己求”的命运观，区分了现代人最容易混淆的“目标”与“成功”；同时，通过“千古一问”深度剖析了中举、为官、生子、发财及传家等现实问题。

第三章，改过之法。阐述了“未论行善，先须改过”的获福远祸法则，创造性地提出极具实践价值的“情绪管理棍子原理”。

第四章，谦德之效。结合“谦卦”的本意深入阐述“惟谦受福”的生命法则，深度揭示“谦德之效”背后隐藏的秘意。

明嘉靖十二年十二月十一日（癸巳，公元 1533 年 12 月 26 日），袁了凡出生于浙江嘉善县魏塘镇东亭桥，初名表，字庆远，后于明万历五年（公元 1577 年）四十五岁时改名黄，字坤仪。了凡的一生是“反天命”的一生，他由一个原先相信“死生有命，富贵在天”任由命运摆布的凡夫俗子，到信行“立命之学”成为一个掌握命运的圣贤之人，这种积极进取的“凤凰涅槃”精神，在今天依然具有很高的借鉴意义。

凤凰涅槃，向死而生的整个过程充满了深邃痛苦。《了凡四训》便是袁了凡的“涅槃书”，他的“逆天”改命之路也是荆棘丛生。在反抗宿命的过程中，对于艰难曲折的科举应试，了凡有着深深的切肤之痛——从偶遇孔先生后，他放弃学医走上科举之路，十六岁时考中秀才，此后却连续五次乡试落榜，直至丁卯年（1567 年）三十五岁时才成为贡生。隆庆四年（公元 1570 年）三十七岁时秋闱中式。从隆庆五年（公元 1571 年）开始，他又连续五次会试皆不中，直至万历十四年（丙戌，公元 1586 年）才通过第六次会试并殿试登第，而此时已五十四岁的了凡早已两鬓霜白，一生的大好岁月基本都在埋头苦读与应试中度过。

慧风扫荡障云尽，心月孤圆朗中天。

长达三十八年的漫漫科举之路，一次又一次地落榜，一年又一年的蹉跎，他带着落寞和失意一笔一画写下了“秦裘屡敝，齐瑟知非，落魄春风，孤舟夜雨”，其中各种滋味，更与何人说？今天的我们，已经无法知晓他是如何捱过那些充满挫败感的日子。但是，了凡先生让我们知道了一件事——没有谁的改命是顺风顺水的，我们必须要用尽全力才能在黑暗无尽的命运铁幕上为自己劈出一道光亮。用凡夫的功利之心无法理解了凡面对命运时的坚韧不拔，他倔强地求取功名不是为了一己之私，而是为了治国、平天下的梦想，为了理想中的河清海晏，为了万千苍生的幸福安康。是这样的大公之心一路支撑着了凡先生“暗夜行舟，心向明月”，为了自己，更是为了众生，勇敢地去和命运博弈。这份积极向上的心态，足以媲美苏子“竹杖芒鞋轻胜马，谁怕？一蓑烟雨任平生”的从容与豁达。

我们每个人都希望把命运掌握在自己手中，也希望自己家族能够传承有道、昌盛久远。《了凡四训》为我们提供了方向指引与践行指导，了凡先生用他自己亲身实践的心得鼓励我们——每一个人都是心有伟大使命的凤凰，只要勇敢浴火，必定都能新生。

稻盛和夫先生一生都在提倡“经营需要哲学”的工作理念，他创造出“人生・工作的结果＝思维方式 × 热情 × 能力”的成功方程式。这种利用方程式表达思想的独特方式，给了我很大的启发。

在《了凡领导力》一书的写作过程中，我经常思考这样一个问题：《了凡四训》的核心内容，是否也能在有经典依据的条件下，简洁明了地用一个方程式表述出来呢？

2021 年 12 月 10 日凌晨四点半，我在早起摸黑洗漱的过程中，脑袋中迸发出一个关于《了凡四训》生命平衡等式的灵感，我将之命名为“了凡成圣方程式”（以下简称为“方程式”）。

“方程式”的核心依据，是《周易・文言》中解释坤卦的一句名言：“积善之家，必有余庆”。这八个字中的关键字是“必”字，但凡圣贤经典里用了“必”字表述的地方，其核心法义就是“100%”，即无论我们信与不信，都必定会发生的事实。用数学符号表达的话，“必”等于“100%”。“积善之家，必有余庆”的法义，即可推导出一个平衡等式：积善之家＝ 100% 有余庆。

为了更加完备地表述“方程式”，我们还可以依据如下圣贤经典以及民国高僧印光大师的开示法语，以此作为“方程式”的推理依据。

首先，是《中庸》里的“子曰：‘舜其大孝也与！德为圣人，尊为天子，富有四海之内。宗庙飨之，子孙保之。故大德，必得其位，必得其禄，必得其名，必得其寿。’”

其次，是《了凡四训》中的“未论行善，先须改过”“一切福田，不离方寸；从心而觅，感无不通”“求在我，不独得道德仁义，亦得功名富贵；内外双得，是求有益于得也”“故志在天下国家，则善虽小而大；苟在一身，虽多亦小”。

最后，是1936年印光大师《上海护国息灾法会法语》：“《易》曰：‘积善之家，必有余庆，积不善之家，必有余殃。’所谓余庆余殃，乃报在子孙者。本庆本殃，乃报在本身者。余庆余殃，人可见之。本庆本殃，乃已于现生及来生后世所享受者，世人不能见之，天地鬼神佛菩萨固一一洞知洞见也。”

回到原始平衡等式“积善之家＝100%有余庆”，结合上述的经典依据，即可进行如下的逻辑推导：

第一步，积善之家＝100%有余庆

第二步，积善之家＝行善积德＝内外双得＝本庆＋余庆

第三步，行善积德＝（功名富贵＋道德仁义）＋余庆

第四步，行善积德＝【（名＋禄＋位＋寿）＋智慧）】＋余庆

第五步，行善积德＝（名＋禄＋位）＋寿＋智慧＋余庆

在“改过之法”中，了凡先生通过“未论行善，先须改过”八字方针告诉我们：改过本身就是一种行善。所以，我们接着第五步的公式继续往下推导：

第六步,(积善+改过)=(名+禄+位)+寿+智慧+余庆

继续往下推理，我们需要解决一个问题：同样都是行善，为何不同的人行善的结果会不一样？答案是：发心不同。《传习录》云:“谦者众善之基，傲者众恶之魁。”越是傲慢无明之辈，越是自私我执，付出是为了回报；越是谦虚觉知力强的人，越是无我利他，更趋向三轮体空的布施。曾国藩云:“莫问收获，但问耕耘”,《了凡四训》云:“志在天下国家，则善虽小而大；苟在一身，虽多亦小。”综上所述，谦的程度越高，行善与改过的效果越好；谦的程度越低，行善与改过的效果越差。所以，我们可以据此继续往下推导：

第七步,(积善+改过)× 谦德(0%–100%)=(名+禄+位)+寿+智慧+余庆

为了方便大家理解，借用汽车来类比讲解“方程式”中的九件事：

(1)“积善”相当于给汽车加汽油；

(2)“改过”相当于给汽车加润滑机油；

(3)一个人“谦德”的程度相当于汽油做功转换为机械能的能效比；

(4)“名、禄、位、寿”相当于车灯、音响、电器及汽车使用年限；

(5)“智慧”相当于汽车的发动机，用电量越大，发动机则要越强；

(6)可传承给子孙后代的“余庆”则相当于能储存多余电力的电池。

“立命之学”是什么呢？

在《论语》中，孔子评价自己一生时说:“吾十有五而志于学，三十而立，四十而不惑，五十而知天命，六十而耳顺，七十而从心所欲，不逾矩。”如果孔子没有最初的“十有五而志于学”，就不可能有后来的大成至圣先师孔圣人。王阳明说:“志不立，天下无可成之事。”如果王阳明没有在十三岁时就立志做“天下第一等事”，则不可能有后来的一代心学宗师王文成公。故了凡先生在

《了凡四训》的结尾处告诫我们说:“人之有志，如树之有根”。

所以,“立命之学”不在“方程式”内部，而是在“方程式”外部天空中的太阳——是持续照耀并指引我们前进方向的光明太阳。

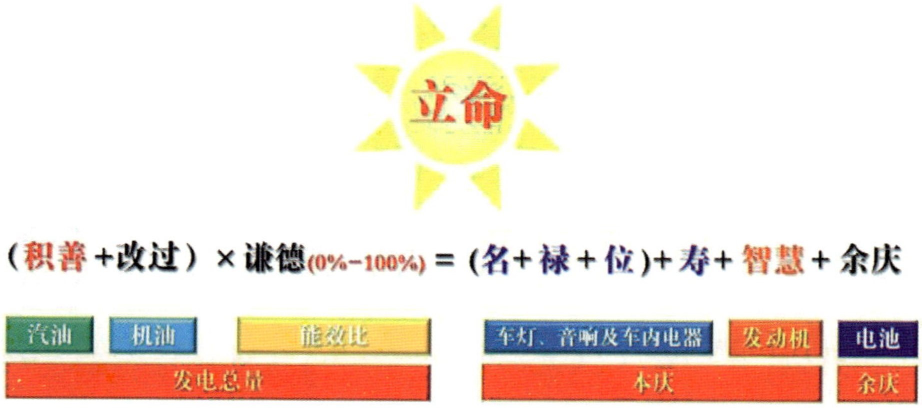

了凡成圣方程式

立命之所在，志向之所在，前途之所在。惟有志存高远，我们才好“诚于中，形于外”，在生命前行的道路上，也才能在面对各种挑战与磨难时，不忘初心，牢记使命，砥砺前行。需要说明的是，若要落地践行的话,“方程式”还须进一步深入推导。

愿每个有缘人都能经由《了凡四训》入道，在自己精进修身的道路上自觉、觉他，最终觉行圆满。

最后，真诚祝愿读者朋友：心想事成，了凡成圣；经典生活，喜悦人生。

葛升（字：书竹）

2022年5月21日 小满 于南京

附 录

袁黄（了凡）年表

公元纪年	干支纪年	年号	了凡年龄	主要活动及相关人员（按虚岁计算）
1533	癸巳	嘉靖十二年	1	明嘉靖十二年十二月十一日，小寒，干支：癸巳、甲子、己卯、壬申（1533年12月26日），出生于嘉善县魏塘镇东亭桥，初名表，字庆远。
1544	甲辰	嘉靖二十三年	12	表兄沈科（沈称之兄）中进士，沈科后任工部营缮司主事，擢升临江府知府和江赣兵备副使，为官勤勉，清廉恤民，有政声。
1546	丙午	嘉靖二十五年	14	七月初四，父袁仁去世。袁仁（1479—1546），字良贵，号参坡，以医为业，以贤能闻名，与本县郁九章（天民）、谭舜臣（稷）、沈檠（一之）、平湖陆文选（中坡）、嘉兴包凭等，以及沈周、唐伯虎等为诗文好友，与王阳明、王艮（心斋）、王畿（龙溪）等有交往，受王阳明器赏。袁仁38岁时妻子王氏（魏塘王孟璿次女）去世，王氏生子袁衷、袁襄。袁仁又娶继室李氏，生三子三女，三子为裳、表（黄）、衮；长女嫁嘉善钱南壬，次女嫁嘉兴张高标，三女嫁嘉善钱晓。
1547	丁未	嘉靖二十六年	15	慈云寺遇孔先生，弃医进学，拜郁海谷为师，郁海谷即郁钦。郁氏为嘉善望族，原住魏塘熙宁桥，与袁氏世交，袁黄曾为好友郁本宗撰传记。
1548	戊申	嘉靖二十七年	16	到“明年赴考，三处名数皆合”，院试中秀才。
1554	甲寅	嘉靖三十三年	22	倭寇大肆流劫东南沿海，扰县境十九次。嘉兴府通判邓迁受命兴筑嘉善县城城墙，聘请袁黄一起坐船巡视，确定县城池址。

续表

公元纪年	干支纪年	年号	了凡年龄	主要活动及相关人员（按虚岁计算）
1565	乙丑	嘉靖四十四年	33	嘉善知县许鎡辟书院，令高才生从黄受经。
1566	丙寅	嘉靖四十五年	34	游山阴，拜王畿为师，王畿盛赞袁黄“最称颖悟，余爱之”。王畿是袁黄父亲袁仁（参坡）好友，撰有《袁参坡小传》。
1567	丁卯	隆庆元年	35	赴北京，撰《命自我立》。
1568	戊辰	隆庆二年	36	留京一年，终日静坐，不阅文字。
1569	己巳	隆庆三年	37	至南京国子监，游栖霞山，访云谷法会，对坐一室，三昼夜不瞑目，受云谷“立命”之学，改号“了凡”。云谷法会(1500—1575)，嘉善县胥山人，俗姓怀，明代中兴禅宗之祖。云谷在栖霞山清修四十余年，73岁时由嘉兴名贤请归故山，葬大云寺右。
1570	庚午	隆庆四年	38	参加浙江省秋闱，举于乡。
1571	辛未	隆庆五年	39	与嘉善同乡丁宾、费锦坡（费朝宪）等进京会试，未中。
1573	癸酉	万历元年	41	生母李氏去世。于嘉善县城东门的大胜寺（塔院）习静，与幻余禅师（法本）倡议将梵夹本藏经翻刻为方册本，此册藏即后名之《嘉兴藏》。幻余，嘉兴人，魏塘大胜寺僧，了凡倡刻方册之首应者，是山西五台山创刻和浙江余杭径山寂照寺刻藏的负责人，后归寂于大胜寺。
1577	丁丑	万历五年	45	北京赴考，与冯开之（即冯梦祯，嘉兴秀水人）同住在一处。会试房师拟荐本房第一，以策忤主试，落第，遂改名黄，字坤仪。
1578	戊寅	万历六年	46	《群书备考》创稿

续表

公元纪年	干支纪年	年号	了凡年龄	主要活动及相关人员（按虚岁计算）
1579	己卯	万历七年	47	跟李渐庵入关，欲上终南山隐居，未果。李渐庵，即李世达，陕西泾阳人，了凡挚友，曾任浙江巡抚，终左都御史。
1580	庚辰	万历八年	48	与性空、慧空在魏塘东塔禅堂回响，建求子道场，发求子愿。性空、慧空是当时嘉善县城景德寺僧，慧空名如谷，嘉善思贤乡（陶庄）人。东塔禅堂在景德寺内，《嘉善县志》载："原地基一十三亩五分两厘六毫，量难办，举人袁黄代输其半"。
1581	辛巳	万历九年	49	生子，初名天启，后为避讳明熹宗天启年号，改名俨。袁俨（1581—1627），字思若，号素水，天启五年（1625）进士，知广东高要。天启七年（1627），高要夏水秋涝，城中水深三尺，俨奔走救灾，"暑雨中竭力求援治苦，……细看贫户，目不暇睫，劳瘁呕血，犹亲民事，遂至不起。归途囊箧萧然，士民市喑，巷哭如丧所生。"袁俨夫妻墓在嘉善县下甸庙沙塔浜，俨妻为袁了凡同科进士陈于王之女。陈于王，号颖亭，嘉善魏塘人，官福建按察使。陈于王与袁了凡情趣相投，常探讨修德行义之举。
1583	癸未	万历十一年	51	与达观大师（紫柏真可）在敝庐商议刻藏之事。八月，善事三千满，九月十三日，复起求进士愿。
1584	甲申	万历十二年	52	与达观弟子密藏（道开）在嘉兴楞严寺筹刻印《嘉兴藏》事，起草撰写募刻方册缘文。
1586	丙戌	万历十四年	54	考中进士，会试三甲一百九十三名。呈《松江、苏州赋役议》。
1587	丁亥	万历十五年	55	赴北京，同九善信在龙华道场发盟。
1588	戊子	万历十六年	56	授宝坻知县，六月初九到任。撰《到任祭城皇文》、《议置木闸文》、《谕乞休书隶示文》、《申请银鱼公移》等。

续表

公元纪年	干支纪年	年号	了凡年龄	主要活动及相关人员（按虚岁计算）
1589	己丑	万历十七年	57	《嘉兴藏》在五台山紫霞谷妙德庵正式开刻。撰《工书》、《积贮书》、《救荒书》、《代王座师寿浔阳董先生八十序》、《刑书》、《谕寮属刑文》等。
1590	庚寅	万历十八年	58	上疏朝廷请求减免宝坻赋税。宝坻赋税倍于他县，历年积欠粮赋万石，得到朝廷允准，“从二分三厘七毫减到一分四厘六毫”，“惟是宽征缓敛，庶可惠众安民。”秋，幻余禅师携卷至宝坻，撰《刻藏发愿文》，捐献俸银到五台山打万僧斋。
1591	辛卯	万历十九年	59	作《劝农书》、撰《重修儒学记》、《开河申文》等。西夏朝鲜相继用兵，条上方略，廷臣交荐。
1592	壬辰	万历二十年	60	赴北京觐见万历皇帝，升兵部职方主事。八月，朝廷命兵部右侍郎宋应昌“经略备倭事宜”，“主事袁黄随行赞画。”撰《与项玄池书书》、《四上王荆石座师书》、《与许甸南书》、《与毛仁山侍御书》。晤赴京会试之夏建所，赞其“谦光逼人”。夏建所即夏九鼎，字台卿，嘉善人，东林党领袖顾宪成学生，官至安福令，抚民如子，清操自励，卒于道，贫不能殓。
1593	癸巳	万历二十一年	61	1月，随经略宋应昌、征东提督李如松渡鸭绿江。正月初八(1593年2月1日)，谋划会攻平壤，歼敌万余，光复平壤，明军收复开城、白川、牛峰、平山等地，日军全线溃败，撤至汉城，扭转半岛战局。三月，被主帅李如松参劾，以十罪列黄。未几，拾遗疏劾在宝坻时纵民逋税，革职归，三月二十六日离任。五月十八日（6月16日）回到魏塘镇。嘉善知县章士雅聘其为重修县志主笔。章士雅，字循之，常熟梅里人，明万历十七年（1589）进士，后升至工部郎中，主政嘉善6年，有政绩。
1594	甲午	万历二十二年	62	举家搬迁至吴江赵田村隐居。
1595	乙未	万历二十三年	63	表兄沈科之子沈道原中进士。撰《分黄导淮考》、《运河考》。

续表

公元纪年	干支纪年	年号	了凡年龄	主要活动及相关人员（按虚岁计算）
1596	丙申	万历二十四年	64	六月，序《一螺集》，十月，跋《新修嘉善县志》，《嘉善县志》刊印，列12卷、9纲、8图及20分区图，分50目。作《圆通精舍募田碑记》。
1597	丁酉	万历二十五年	65	十月，为17岁的儿子天启“行古冠之礼”，由“家兄”嘉善麟溪（今杨庙）人沈大奎主持，记于《训儿俗说》序文。
1600	庚子	万历二十八年	68	撰《立命篇》
1601	辛丑	万历二十九年	69	撰《立命之学》
1602	壬寅	万历三十年	70	刻新编《游艺塾文规》，撰《重梓袁氏家训跋》
1603	癸卯	万历三十一年	71	以“武塘了凡居士袁黄”之名，为天台慈云寺沙门释真清（象先）撰塔铭。
1604	甲辰	万历三十二年	72	撰《绍城于公墓志铭》
1606	丙午	万历三十四年	74	七月，去世，葬嘉善县胥五区大西收字圩（今嘉善县惠民王家村独社浜）。清嘉庆《嘉善县志》载：“袁黄晚年信风水，将营寿藏，日买舟往乡觅地。至一村，见一老人，须鬓皆白，问之曰：‘此间有好风水否？’答曰：‘农民生长此地，七十余年矣，但见官人来作坟，不见官人来上坟。’袁恍然悟，遂反棹。”
1621	辛酉	天启元年		朝廷追叙东征功，下诏追赠尚宝司少卿。
1641	辛巳	崇祯十四年		嘉善士绅陈龙正建同善会馆，为江南最早民办性慈善组织。陈龙正（1585-1645），初名龙致，字惕龙，号几亭，崇祯七年进士，嘉善名宦丁宾孙女婿。陈龙正父陈于王，号颖亭，是袁了凡同科进士。陈龙正少即聪颖，深受袁了凡赏识，认为其“孝思最深，所至不可量”。
1737	丁巳	乾隆二年		入祀嘉善魏塘书院内“六贤祠

备注：上述表中的部分内容参考了百度百科“袁黄”。

《了凡四训》人物索引

篇目	序号	具体人物		个人简介
立命之学	1	了凡直系亲属	了凡父亲袁仁（1479～1546）	浙西名儒，《袁氏家乘》、《嘉善县志》有传。
	2		了凡母亲李氏，1573年去世	《袁氏家乘》、《庭帷杂录》有记。
	3		了凡妻子沈氏，嘉善麟溪人	《袁氏家乘》有记，兄沈大奎《嘉善县志》有传。
	4		了凡儿子袁俨（1581～1627）	字若思，号素水。原名天启，因明熹宗年号天启，避讳改名袁俨，天启五年（1625年）进士，知广东高要，殉职。
	5	孔先生，云南人		嘉善县衙后慈云寺与袁黄相遇，指点其学业仕途。
	6	亲戚	了凡表兄沈称，住县城东亭桥	沈称及兄沈科（进士，临江府知府），《嘉善县志》皆有传。
	7	沈有夫，嘉善县城人		了凡父亲袁仁之友。
	8	郁海谷，即郁钦，住魏塘熙宁桥		嘉善望族，与袁家世交，《郁氏家乘有传》。
	9	浙江官员	屠宗师	浙江省提学
	10		署印杨公	浙江省署理学台
	11		殷秋溟宗师	浙江省提学
	12		李渐庵，即李世达，陕西泾阳人	了凡挚友，曾任浙江巡抚，终左都御史
	13	出家法师	云谷禅师，南京栖霞寺高僧	中兴禅宗之祖，嘉善县人，《嘉善县志》有传。
	14		性空，嘉善县城景德寺法师	东塔禅堂回向，《嘉善县志》有传。
	15		慧空，嘉善县城景德寺法师	慧空即如谷，《嘉善县志》有传。
	16		幻余（法本），魏塘大胜寺法师	与了凡倡刻方册《嘉兴藏》，《嘉善县志》有传。

续表

篇目	序号	具体人物		个人简介
积善之方	1	杨少师，即杨子荣，福建建宁人		28岁中进士，五朝元老（建文、永乐、仁宗、宣宗、英宗），荣禄大夫、少傅、工部尚书。
	2	鄞人杨自惩的家族	鄞人杨自惩	县吏，杨家在明朝一门七进士，皆名臣清官。
	3		杨自惩长子杨守陈	景泰二年（1451）进士，官至北京吏部侍郎。
	4		杨自惩次子杨守址	成化十四年（1478）进士，官至南京吏部侍郎
	5		杨长孙杨茂元	成化十一年（1475）进士，官至刑部侍郎。
	6		杨次孙杨茂仁	成化二十三年（1487）进士，官至四川按察使
	7		杨后裔杨楚亭	官至太史
	8		杨曾孙杨德政	正德十二年（1517）进士，官至福建按察使
	9	张都宪楷，即都御史：张楷，鄞县人		南征，以计擒贼
	10	余姚谢家	布政司谢都事，即谢莹，余姚人	任福建布政使都事，平邓茂七之乱，全活万人
	11		谢莹之子谢迁，字于乔，号木斋	成化十一年（1475）状元，太子太保，兵部尚书
	12		谢都事之孙谢丕	弘治十八年（1505）探花，吏部左侍郎
	13	福建林氏，即福建莆田的“九牧林”		林披，字茂彦，莆田人，玄宗天宝十一年（752）明经及第，官至太子詹事。生九子：苇、藻、箸、荐、晔、蕴、蒙、迈、蔇，皆官居州刺史（州牧）
	14	山东冯家	冯琢庵之父：冯子庸	与其祖冯裕、父冯惟重皆中进士，隆冬救人
	15		冯琢庵（1558-1603），临朐人	字用韫，号琢庵，明万历五年（1577）十九岁中进士。礼部尚书，故称太史，《明史》有传
	16	应尚书，应大猷，仙居县人		字静庵，正德九年进士，刑部尚书，六朝元老，祖应巨、父应匡皆乐善好施，外公王存忠为镇江知府，少年时代由外公王存忠亲自教导学业。
	17	徐栻，字世寅，号凤竹，江苏常熟人		嘉靖二十六年（1547）进士，官至南京刑部尚书，明代著名戏曲家徐复祚的祖父。

续表

篇目	序号	具体人物		个人简介
积善之方	18	平湖屠家	屠勋，字元勋，号东湖	刑部主事，后官至刑部尚书，谥号“康僖”
	19		屠勋长子屠应埙	正德六年（1511）进士
	20		屠勋次子屠应坤	嘉靖二年（1523）进士
	21		屠勋三子屠应埈	嘉靖五年（1526）进士
	22	嘉兴包家	包凭，字信之，赘平湖袁氏	了凡父袁仁好友，博学高才
	23			嘉靖三十八年（1559）进士
	24		包凭孙子包柽芳	嘉靖三十五年（1556）进士，其子包鸿逵亦进士
	25	支立家族	支立之父：支茂	嘉善县衙门刑房书办，助人而不乘人之危。
	26		支立，字可与	弱冠中魁（举人），明正统九年（1444）以春秋魁郎荐官翰林院，《嘉善县志》有传。
	27		支立子：支高	贡为学博（州县学教官）
	28		支立孙：支禄	贡为学博，为汝宁训导。
	29		支禄子支大纶：字心易，号华平	万历二年（1574）进士，《嘉善县志》有传。
	30	中峰和尚，西天目山住持，钱塘人		俗姓孙，法名明本，号中峰，元代禅门高僧
	31	吕文懿公，即吕原（1418-1462年），字逢原，号介庵，秀水人		正统七年（1442年）进士，官至翰林学士，并入内阁，逝后追赠礼部左侍郎，谥号文懿。

续表

篇目	序号	具体人物	个人简介
谦德之效	1	丁宾(1543～1633)，字敬宇，号改亭	嘉善县人，隆庆五年(公元1571)进士，官至南京工部尚书，王龙溪晚年得意弟子，《明史》有传。
	2	费锦坡，即费朝宪	嘉靖四十三年（1564）举人，了凡嘉善同袍。
	3	冯开之（1548—1606），名梦祯，字开之，号具区，又号真实居士，浙江秀水（今嘉兴）人	著名佛教居士，诗人，万历五年（公元1577年）会试第一，同年中进士，与了凡、紫柏禅师等人共倡刊刻《嘉兴藏》，官编修，后因得罪宰相张居正，被外谪广德州判，复又累迁南京国子监祭酒（相当于国立大学校长），《明史》有传。三年后被劾罢官，遂不复出。移家杭州，筑室于孤山之麓。因家藏王羲之《快雪时晴帖》，遂以此名其堂为"快雪"。著有《快雪堂集》64卷、《快雪堂漫录》1卷、《历代贡举志》等。
	4	李霁岩，嘉兴人	冯开之益友
	5	赵裕峰，山东冠县人，其父是万历十四年（丙戌，公元1586年）任嘉善县主簿的赵克念	名光远（1551～?），字世芳，号裕峰，明代冠县崇文乡一里（今梁堂镇一带）人。十七岁中举，万历十七年（1589）进士，历任平谷、邢台、泾阳知县，后任户部河南清吏司主事，因功升户部郎中，最后官至保定知府。
	6	钱明吾，即钱吾德，了凡亲戚	字湛如，隆庆四年（公元1570）与袁了凡同年中举；与袁了凡、冯梦祯同为万历初嘉兴府三名家。
	7	夏建所，名九鼎，字玉铉，又字建所，号璞斋，嘉善人，生于明嘉靖二十二年（癸卯，公元1543）四月二十二日	万历二十年（公元1592）壬辰科殿试金榜第三甲第172名，赐同进士出身。授浮梁知县，改衢州府学教授，卒于途。——夏氏宗亲网（www.cnxia.org）

续表

篇目	序号	具体人物	个人简介
谦德之效	8	张畏岩，江苏无锡江阴人	丁酉（1597）乡试中举人105名。《谦德之效》中所说的“甲午，南京乡试”时间是公元1594年，时了凡已被罢官回到吴江隐居，由此可知这个张畏岩是一个晚辈。 张畏岩生平在公开资料中均未找到，非常遗憾。 有人认为：明末清初著名诗人、书法家陈恭尹（1631年-1700年）有两首诗提及一个叫张畏岩的人，诗名叫《送张畏岩进士归吴门兼怀孙赤崖二首》。 但是，按《了凡四训》所述，张畏岩丁酉（1597）乡试中举，即使当时再年轻其年龄也应在30岁左右，而陈恭尹是1631年才出生，两人相差60多岁，如果陈恭尹是30岁左右写诗，则其诗中的张畏岩最少也有90多岁了，两人年龄相差太大，故此张畏岩不太可能是彼张畏岩。

《了凡四训》

yī　lì mìng zhī xué
一、立命之学

【第1节】顺母学医

yú tóng nián sàng fù　lǎo mǔ mìng qì jǔ yè xué yī　wèi kě yǐ yǎng shēng　kě
余童年丧父，老母命弃举业学医，谓可以养生，可

yǐ jì rén　qiě xí yí yì yǐ chéng míng　ěr fù sù xīn yě
以济人，且习一艺以成名，尔父夙心也。

【第2节】偶遇孔公

hòu yú zài cí yún sì　yù yī lǎo zhě　xiū rán wěi mào　piāo piāo ruò xiān　yú jìng
后余在慈云寺，遇一老者，修髯伟貌，飘飘若仙，余敬

lǐ zhī　yù yú yuē　zǐ shì lù zhōng rén yě　míng nián jí jìn xué　hé bù dú shū
礼之。语余曰："子仕路中人也，明年即进学，何不读书？"

yú gào yǐ gù　bìng kòu lǎo zhě xìng shì lǐ jū　yuē　wú xìng kǒng　yún nán rén yě
余告以故，并叩老者姓氏里居。曰："吾姓孔，云南人也。

dé shào zǐ huáng jí shù zhèng chuán　shù gāi chuán rǔ
得邵子皇极数正传，数该传汝。"

【第3节】纤悉皆验

yú yǐn zhī guī　gào mǔ　mǔ yuē　shàn dài zhī　shì qí shù　xiān xī jiē yàn
余引之归，告母。母曰："善待之。"试其数，纤悉皆验。

yú suì qǐ dú shū zhī niàn　móu zhī biǎo xiōng shěn chēng　yán　yù hǎi gǔ xiān shēng　zài
余遂起读书之念，谋之表兄沈称，言："郁海谷先生，在

shěn yǒu fū jiā kāi guǎn　wǒ sòng rǔ jì xué shèn biàn　yú suì lǐ yù wéi shī
沈友夫家开馆，我送汝寄学甚便。"余遂礼郁为师。

kǒng wèi yú qǐ shù xiàn kǎo tóng shēng dāng shí sì míng fǔ kǎo qī shí yī míng
孔为余起数：县考童生，当十四名，府考七十一名，
tí xué kǎo dì jiǔ míng míng nián fù kǎo sān chù míng shù jiē hé
提学考第九名。明年赴考，三处名数皆合。

【第4节】终身休咎

fù wèi bǔ zhōng shēn xiū jiù yán mǒu nián kǎo dì jǐ míng mǒu nián dāng bǔ lǐn
复为卜终身休咎，言：某年考第几名，某年当补廪，
mǒu nián dāng gòng gòng hòu mǒu nián dāng xuǎn sì chuān yí dà yǐn zài rèn sān nián bàn
某年当贡，贡后某年，当选四川一大尹，在任三年半，
jí yí gào guī wǔ shí sān suì bā yuè shí sì rì chǒu shí dāng zhōng yú zhèng qǐn xī
即宜告归。五十三岁八月十四日丑时，当终于正寝，惜
wú zǐ yú bèi lù ér jǐn jì zhī
无子。余备录而谨记之。

【第5节】不出悬定

zì cǐ yǐ hòu fán yù kǎo jiào qí míng shù xiān hòu jiē bù chū kǒng gōng suǒ
自此以后，凡遇考校，其名数先后，皆不出孔公所
xuán dìng zhě dú suàn yú shí lǐn mǐ jiǔ shí yī dàn wǔ dòu dāng chū gòng jí shí mǐ qī shí
悬定者。独算余食廪米九十一石五斗当出贡。及食米七十
yú dàn tú zōng shī jí pī zhǔn bǔ gòng yú qiè yí zhī hòu guǒ wéi shǔ yìn yáng gōng
余石，屠宗师即批准补贡，余窃疑之，后果为署印杨公
suǒ bó
所驳。

zhí zhì dīng mǎo nián yīn qiū míng zōng shī jiàn yú chǎng zhōng bèi juàn tàn
直至丁卯年（1567），殷秋溟宗师见余场中备卷，叹
yuē wǔ cè jí wǔ piān zòu yì yě qǐ kě shǐ bó qià yān guàn zhī rú lǎo yú chuāng
曰：“五策，即五篇奏议也，岂可使博洽淹贯之儒老于窗
xià hū suì yī xiàn shēn wén zhǔn gòng lián qián shí mǐ jì zhī shí jiǔ shí yī dàn wǔ
下乎？”遂依县申文准贡，连前食米计之，实九十一石五
dǒu yě
斗也。

yú yīn cǐ yì xìn jìn tuì yǒu mìng chí sù yǒu shí dàn rán wú qiú yǐ
余因此益信进退有命，迟速有时，澹然无求矣。

【第6节】问道栖霞

gòng rù yàn dōu liú jīng yī nián zhōng rì jìng zuò bù yuè wén zì jǐ sì
贡入燕都，留京一年，终日静坐，不阅文字。己巳

(1569)归，游南雍，未入监，先访云谷会禅师于栖霞山中，对坐一室，凡三昼夜不瞑目。

云谷问曰：“凡人所以不得作圣者，只为妄念相缠耳。汝坐三日，不见起一妄念，何也？”余曰：“吾为孔先生算定，荣辱死生，皆有定数，即要妄想，亦无可妄想。”

【第7节】凡人有数

云谷笑曰：“我待汝是豪杰，原来只是凡夫。”

问其故？曰：“人未能无心，终为阴阳所缚，安得无数？但惟凡人有数；极善之人，数固拘他不定；极恶之人，数亦拘他不定。汝二十年来，被他算定，不曾转动一毫，岂非是凡夫？”

【第8节】命由我作

余问曰：“然则数可逃乎？”

曰：“命由我作，福自己求。《诗》《书》所称，的为明训。我教典中说：‘求富贵得富贵，求男女得男女，求长寿得长寿。’夫妄语乃释迦大戒，诸佛菩萨，岂诳语欺人？”

【第9节】福自己求

yú jìn yuē mèng zǐ yán qiú zé dé zhī shì qiú zài wǒ zhě yě dào dé rén
余进曰："孟子言：'求则得之，是求在我者也'。道德仁
yì kě yǐ lì qiú gōngmíng fù guì rú hé qiú dé
义，可以力求；功名富贵，如何求得？"

yún gǔ yuē mèng zǐ zhī yán bú cuò rǔ zì cuò jiě liǎo rǔ bú jiàn liù zǔ shuō
云谷曰："孟子之言不错，汝自错解了。汝不见六祖说：
yí qiē fú tián bù lí fāngcùn cóng xīn ér mì gǎn wú bù tōng qiú zài wǒ
'一切福田，不离方寸；从心而觅，感无不通。''求在我'，
bù dú dé dào dé rén yì yì dé gōngmíng fù guì nèi wài shuāng dé shì qiú yǒu yì
不独得道德仁义，亦得功名富贵，内外双得，'是求有益
yú dé yě ruò bù fǎn gōng nèi shěng ér tú xiàng wài chí qiú zé qiú zhī yǒu dào
于得也'。若不反躬内省，而徒向外驰求，则'求之有道'，
ér dé zhī yǒu mìng yǐ nèi wài shuāng shī gù wú yì
而'得之有命'矣，内外双失，故无益。"

【第10节】千古一问

yīn wèn kǒng gōng suàn rǔ zhōng shēn ruò hé yú yǐ shí gào yún gǔ yuē
因问："孔公算汝终身若何？"余以实告。云谷曰：
rǔ zì chuāi yīng dé kē dì fǒu yīng shēng zǐ fǒu
"汝自揣应得科第否？应生子否？"

yú zhuī xǐng liáng jiǔ yuē bù yīng yě kē dì zhōng rén lèi yǒu fú xiàng
余追省良久，曰："不应也。科第中人，类有福相，
yú fú bó yòu bù néng jī gōng lěi xíng yǐ jī hòu fú jiān bù nài fán jù bù néng
余福薄，又不能积功累行，以基厚福；兼不耐烦剧；不能
róng rén shí huò yǐ cái zhì gài rén zhí xīn zhí xíng qīng yán wàng tán fán cǐ jiē bó
容人；时或以才智盖人；直心直行；轻言妄谈。凡此皆薄
fú zhī xiàng yě qǐ yí kē dì zāi
福之相也，岂宜科第哉。"

【第11节】反躬内省

dì zhī huì zhě duō shēng wù shuǐ zhī qīng zhě cháng wú yú yú hào jié yí wú
"地之秽者多生物，水之清者常无鱼。余好洁，宜无
zǐ zhě yī hé qì néng yù wàn wù yú shàn nù yí wú zǐ zhě èr ài wéi shēng
子者一；和气能育万物，余善怒，宜无子者二；爱为生
shēng zhī běn rěn wéi bú yù zhī gēn yú jīn xī míng jié cháng bù néng shě jǐ jiù rén
生之本，忍为不育之根，余矜惜名节，常不能舍己救人，
yí wú zǐ zhě sān duō yán hào qì yí wú zǐ zhě sì xǐ yǐn shuò jīng yí wú zǐ zhě
宜无子者三；多言耗气，宜无子者四；喜饮铄精，宜无子者

wǔ hǎochè yè chángzuò ér bù zhī bǎoyuán yù shén yí wú zǐ zhě liù qí yú guò
五；好彻夜长坐，而不知葆元毓神，宜无子者六。其余过

è shàngduō bù néng xī shǔ
恶尚多，不能悉数。”

【第12节】厚德载物

yún gǔ yuē qǐ wéi kē dì zāi shì jiān xiǎngqiān jīn zhī chǎn zhě dìng shì qiān
云谷曰：“岂惟科第哉。世间享千金之产者，定是千

jīn rén wù xiǎng bǎi jīn zhī chǎn zhě dìng shì bǎi jīn rén wù yìng è sǐ zhě dìng shì è
金人物；享百金之产者，定是百金人物；应饿死者，定是饿

sǐ rén wù tiān bù guò yīn cái ér dǔ jǐ céng jiā xiānháo yì sī
死人物。天不过因材而笃，几曾加纤毫意思。

jí rú shēng zǐ yǒu bǎi shì zhī dé zhě dìngyǒu bǎi shì zǐ sūnbǎo zhī yǒu shí
即如生子。有百世之德者，定有百世子孙保之；有十

shì zhī dé zhě dìngyǒu shí shì zǐ sūnbǎo zhī yǒusān shì èr shì zhī dé zhě dìngyǒusān
世之德者，定有十世子孙保之；有三世二世之德者，定有三

shì èr shì zǐ sūnbǎo zhī qí zhǎnyān wú hòuzhě dé zhì bó yě
世二世子孙保之。其斩焉无后者，德至薄也。

【第13节】改过向善

rǔ jīn jì zhī fēi jiāngxiàng lái bù fā kē dì jí bù shēng zǐ zhī xiāng jìn qíng
汝今既知非。将向来不发科第及不生子之相，尽情

gǎi shuā wù yào jī dé wù yàobāohuāng wù yào hé ài wù yào xī jīngshén cóngqián
改刷。务要积德，务要包荒，务要和爱，务要惜精神。从前

zhǒngzhǒng pì rú zuó rì sǐ cónghòuzhǒngzhǒng pì rú jīn rì shēng cǐ yì lǐ zài shēng
种种譬如昨日死；从后种种譬如今日生，此义理再生

zhī shēn yě
之身也。

fú xiě ròu zhī shēn shàng rán yǒu shù yì lǐ zhī shēn qǐ bù néng gé tiān tài
夫血肉之身，尚然有数；义理之身，岂不能格天？《太

jiǎ yuē tiān zuò niè yóu kě wéi zì zuò niè bù kě huó shī yún
甲》曰：‘天作孽，犹可违；自作孽，不可活。’《诗》云：

yǒngyán pèi mìng zì qiú duō fú kǒngxiānshēngsuàn rǔ bù dēng kē dì bù shēng
‘永言配命，自求多福。’孔先生算汝不登科第、不生

zǐ zhě cǐ tiānzuò zhī niè yóu kě dé ér wéi rǔ jīn kuòchōng dé xìng lì xíngshàn
子者，此天作之孽，犹可得而违，汝今扩充德性，力行善

事，多积阴德，此自己所作之福也，安得而不受享乎？

【第 14 节】敬信教言

《易》为君子谋，趋吉避凶，若言天命有常，吉何可趋，凶何可避？开章第一义便说：‘积善之家，必有余庆。’汝信得及否？”

余信其言，拜而受教。因将往日之罪，佛前尽情发露，为疏一通，先求登科，誓行善事三千条，以报天地祖宗之德。

云谷出“功过格”示余，令所行之事，逐日登记。善则记数，恶则退除，且教持“准提咒”，以期必验。

【第 15 节】一心不乱

语余曰：“符箓家有云：‘不会书符，被鬼神笑。’此有秘传，只是不动念也。执笔书符，先把万缘放下，一尘不起。从此念头不动处，下一点，谓之混沌开基。由此而一笔挥成，更无思虑，此符便灵。凡祈天立命，都要从无思无虑处感格。

【第 16 节】不二无别

孟子论立命之学，而曰：‘夭寿不贰。’夫夭与寿，至贰者也。当其不动念时，孰为夭，孰为寿？细分之，丰歉

bú èr rán hòu kě lì pín fù zhī mìng qióng tōng bú èr rán hòu kě lì guì jiàn zhī mìng
不贰，然后可立贫富之命；穷通不贰，然后可立贵贱之命；
yāo shòu bú èr rán hòu kě lì shēng sǐ zhī mìng rén shēng shì jiān wéi sǐ shēng wéi
夭寿不贰，然后可立生死之命。人生世间，惟死生为
zhòng yāo shòu zé yí qiè shùn nì jiē gāi zhī yǐ
重，夭寿，则一切顺逆皆该之矣。

【第 17 节】修身以俟

zhì xiū shēn yǐ sì zhī nǎi jī dé qí tiān zhī shì yuē xiū zé
“至‘修身以俟之’，乃积德祈天之事。曰‘修’，则
shēn yǒu guò è jiē dāng zhì ér qù zhī yuē sì zé yì háo jì yú yì háo
身有过恶，皆当治而去之。曰‘俟’，则一毫觊觎，一毫
jiāng yíng jiē dāng zhǎn jué zhī yǐ dào cǐ dì wèi zhí zào xiān tiān zhī jìng jí cǐ biàn
将迎，皆当斩绝之矣。到此地位，直造先天之境，即此便
shì shí xué
是实学。

【第 18 节】持咒摄心

rǔ wèi néng wú xīn dàn néng chí zhǔn tí zhòu wú jì wú shù bú lìng jiàn duàn
汝未能无心，但能持准提咒，无记无数，不令间断。
chí dé chún shú yú chí zhōng bù chí yú bù chí zhōng chí dào dé niàn tóu bú dòng
持得纯熟，于持中不持，于不持中持。到得念头不动，
zé líng yàn yǐ
则灵验矣。”

【第 19 节】了凡立志

yú chū hào xué hǎi shì rì gǎi hào liǎo fán gài wù lì mìng zhī shuō ér bú yù
余初号学海，是日改号了凡，盖悟立命之说，而不欲
luò fán fū kē jiù yě
落凡夫窠臼也。

【第 20 节】果然中举

cóng cǐ ér hòu zhōng rì jīng jīng biàn jué yǔ qián bù tóng qián rì zhǐ shì yōu yōu
从此而后，终日兢兢，便觉与前不同：前日只是悠悠
fàng rèn dào cǐ zì yǒu zhàn jīng tì lì jǐng xiàng zài àn shì wū lòu zhōng cháng kǒng dé zuì
放任，到此自有战兢惕厉景象；在暗室屋漏中，常恐得罪
tiān dì guǐ shén yù rén zēng wǒ huǐ wǒ zì néng tián rán róng shòu dào míng nián
天地鬼神；遇人憎我毁我，自能恬然容受。到明年（1570），

lǐ bù kǎo kē jǔ kǒngxiānshēngsuàn gāi dì sān hū kǎo dì yī qí yán bú yàn ér
礼部考科举，孔先生算该第三，忽考第一，其言不验，而
qiū wéizhòng shì yǐ
秋闱中式矣。

【第21节】求子得子

rán háng yì wèi chún jiǎn shēn duō wù huò jiàn shàn ér xíng zhī bù yǒng huò jiù
然行义未纯，检身多误：或见善而行之不勇；或救
rén ér xīn cháng zì yí huòshēnmiǎnwéishàn ér kǒu yǒu guò yán huòxǐng shí cāo chí
人而心常自疑；或身勉为善，而口有过言；或醒时操持，
ér zuì hòu fàng yì yǐ guò zhé gōng rì cháng xū dù zì jǐ sì suì fā
而醉后放逸。以过折功，日常虚度。自己巳岁（1569）发
yuàn zhí zhì jǐ mǎo suì lì shí yú nián ér sānqiānshànxíng shǐ wán
愿，直至己卯岁（1579），历十余年，而三千善行始完。

shí fāng cóng lǐ jiàn ān rù guān wèi jí huí xiàng gēng chén nán huán shǐ
时方从李渐庵入关，未及回向。庚辰（1580）南还，始
qǐng xìng kōng huì kōng zhū shàng rén jiù dōng tǎ chán táng huí xiàng suì qǐ qiú zǐ yuàn
请性空、慧空诸上人，就东塔禅堂回向。遂起求子愿，
yì xǔ xíngsānqiānshàn shì xīn sì shēng rǔ tiān qǐ
亦许行三千善事。辛巳（1581），生汝天启。

【第22节】如愿进士

yú xíng yí shì suí yǐ bǐ jì rǔ mǔ bù néng shū měi xíng yí shì zhé yòng
余行一事，随以笔记。汝母不能书，每行一事，辄用
é máo guǎn yìn yī zhū quān yú lì rì zhī shàng huò shī shí pín rén huò mǎi fàng shēng
鹅毛管，印一朱圈于历日之上。或施食贫人，或买放生
mìng yí rì yǒu duō zhì shí yú quān zhě zhì guǐ wèi bā yuè sānqiān zhī shù yǐ
命，一日有多至十余圈者。至癸未（1583）八月，三千之数已
mǎn fù qǐngxìngkōng bèi jiù jiā tíng huí xiàng
满。复请性空辈，就家庭回向。

jiǔ yuè shí sān rì fù qǐ qiú jìn shì yuàn xǔ xíngshàn shì yí wàn tiáo bǐng xū
九月十三日，复起求进士愿，许行善事一万条。丙戌
dēng dì shòubǎo dǐ zhī xiàn
（1586）登第，授宝坻知县。

【第23节】老实真干

yú zhì kōng gé yí cè míngyuē zhì xīn biān chén qǐ zuò táng jiā rén xié fù
余置空格一册，名曰“治心编”。晨起坐堂，家人携付

mén yì zhì àn shàng suǒ xíng shàn è xiān xī bì jì yè zé shè zhuō yú tíng xiào
门役，置案上，所行善恶，纤悉必记。夜则设桌于庭，效

zhào yuè dào fén xiāng gào dì
赵阅道焚香告帝。

【第24节】一行万善

rǔ mǔ jiàn suǒ xíng bù duō zhé pín cù yuē wǒ qián zài jiā xiāng zhù wéi shàn
汝母见所行不多，辄颦蹙曰："我前在家，相助为善，

gù sān qiān zhī shù dé wán jīn xǔ yí wàn yá zhōng wú shì kě xíng hé shí dé yuán
故三千之数得完。今许一万，衙中无事可行，何时得圆

mǎn hū
满乎？"

yè jiān ǒu mèng jiàn yì shén rén yú yán shàn shì nán wán zhī gù shén yuē zhǐ
夜间偶梦见一神人，余言善事难完之故。神曰："只

jiǎn liáng yì jié wàn xíng jù wán yǐ gài bǎo dǐ zhī tián měi mǔ èr fēn sān lí qī
减粮一节，万行俱完矣。"盖宝坻之田，每亩二分三厘七

háo yú wèi qū chǔ jiǎn zhì yì fēn sì lí liù háo wěi yǒu cǐ shì xīn pō jīng yí
毫，余为区处，减至一分四厘六毫。委有此事，心颇惊疑。

shì huàn yú chán shī zì wǔ tái lái yú yǐ mèng gào zhī qiě wèn cǐ shì yí xìn
适幻余禅师自五台来，余以梦告之，且问此事宜信

fǒu shī yuē shàn xīn zhēn qiē jí yì xíng kě dāng wàn shàn kuàng hé xiàn jiǎn liáng wàn
否？师曰："善心真切，即一行可当万善，况合县减粮，万

mín shòu fú hū wú jí juān fèng yín qǐng qí jiù wǔ tái shān zhāi sēng yī wàn ér huí
民受福乎？"吾即捐俸银，请其就五台山斋僧一万而回

xiàng zhī
向之。

【第25节】消灾延寿

kǒng gōng suàn yú wǔ shí sān suì yǒu è yú wèi cháng qí shòu shì suì jìng wú yàng
孔公算予五十三岁有厄，余未尝祈寿，是岁竟无恙，

jīn liù shí jiǔ yǐ
今六十九矣（1601）。

【第26节】祸福自求

shū yuē tiān nán chén mìng mǐ cháng yòu yún wéi mìng bù yú cháng
《书》曰："天难谌，命靡常。"又云："惟命不于常。"

jiē fēi kuáng yǔ wú yú shì ér zhī fán chēng huò fú zì jǐ qiú zhī zhě nǎi shèng xián
皆非诳语。吾于是而知，凡称祸福自己求之者，乃圣贤

之言；若谓祸福惟天所命，则世俗之论矣。

【第27节】了凡六想

汝之命，未知若何。即命当荣显，常作落寞想；即时当顺利，常作拂逆想；即眼前足食，常作贫窭想；即人相爱敬，常作恐惧想；即家世望重，常作卑下想；即学问颇优，常作浅陋想。

【第28节】了凡六思

远思扬祖宗之德，近思盖父母之愆；上思报国之恩，下思造家之福；外思济人之急，内思闲己之邪。

【第29节】日日改过

务要日日知非，日日改过。一日不知非，即一日安于自是；一日无过可改，即一日无步可进。天下聪明俊秀不少，所以德不加修、业不加广者，只为“因循”二字，耽搁一生。

【第30节】信受奉行

云谷禅师所授立命之说，乃至精至邃、至真至正之理，其熟玩而勉行之，毋自旷也。

二、改过之法

【第 01 节】吉凶之兆

春秋诸大夫，见人言动，亿而谈其祸福，靡不验者，《左》《国》诸记可观也。大都吉凶之兆，萌乎心而动乎四体，其过于厚者常获福，过于薄者常近祸。俗眼多翳，谓有未定而不可测者。

【第 02 节】改过为先

至诚合天。福之将至，观其善而必先知之矣；祸之将至，观其不善而必先知之矣。今欲获福而远祸，未论行善，先须改过。

【第 03 节】常生惭愧

但改过者，第一，要发耻心。思古之圣贤，与我同为丈夫，彼何以百世可师？我何以一身瓦裂？耽染尘情，私行不义，谓人不知，傲然无愧，将日沦于禽兽而不自知矣。世之可羞可耻者，莫大乎此。孟子曰："耻之于人大矣！"以其得之则圣贤，失之则禽兽耳，此改过之要机也。

【第 04 节】损福招祸

第二，要发畏心。天地在上，鬼神难欺，吾虽过在隐微，而天地鬼神实鉴临之，重则降之百殃，轻则损其现福。吾何可以不惧？

【第 05 节】自欺欺人

bù wéi shì yě　xián jū zhī dì　zhǐ shì zhāo rán　wú suī yǎn zhī shèn mì　wén
不惟是也。闲居之地，指视昭然。吾虽掩之甚密，文
zhī shèn qiǎo　ér fèi gān zǎo lù　zhōng nán zì qī　bèi rén qù pò　bù zhí yì wén yǐ
之甚巧，而肺肝早露，终难自欺。被人觑破，不值一文矣，
wū dé bù lǐn lǐn
乌得不懔懔？

【第 06 节】无常迅速

bù wéi shì yě　yì xī shàng cún　mí tiān zhī è　yóu kě huǐ gǎi　gǔ rén yǒu
不惟是也。一息尚存，弥天之恶，犹可悔改。古人有
yì shēng zuò è　lín sǐ huǐ wù　fā yí shàn niàn　suì dé shàn zhōng zhě　wèi yí niàn
一生作恶，临死悔悟，发一善念，遂得善终者。谓一念
měng lì　zú yǐ dí bǎi nián zhī è yě　pì rú qiān nián yōu gǔ　yì dēng cái zhào　zé
猛厉，足以涤百年之恶也。譬如千年幽谷，一灯才照，则
qiān nián zhī àn jù chú　gù guò bú lùn jiǔ jìn　wéi yǐ gǎi wéi guì
千年之暗俱除。故过不论久近，惟以改为贵。

dàn chén shì wú cháng　ròu shēn yì yǔn　yì xī bù zhǔ　yù gǎi wú yóu yǐ　míng
但尘世无常，肉身易殒，一息不属，欲改无由矣。明
zé qiān bǎi nián dān fù è míng　suī xiào zǐ cí sūn bù néng xǐ dí　yōu zé qiān bǎi jié chén
则千百年担负恶名，虽孝子慈孙不能洗涤；幽则千百劫沉
lún yù bào　suī shèng xián fó pú sà bù néng yuán yǐn　wū dé bú wèi
沦狱报，虽圣贤佛菩萨不能援引。乌得不畏？

【第 07 节】知非即改

dì sān　xū fā yǒng xīn　rén bù gǎi guò　duō shì yīn xún tuì suō　wú xū fèn rán
第三，须发勇心。人不改过，多是因循退缩。吾须奋然
zhèn zuò　bú yòng chí yí　bù fán děng dài　xiǎo zhě rú máng cì zài ròu　sù yǔ jué
振作，不用迟疑，不烦等待。小者如芒刺在肉，速与抉
tī　dà zhě rú dú shé niè zhǐ　sù yǔ zhǎn chú　wú sī háo níng zhì　cǐ fēng léi zhī
剔；大者如毒蛇啮指，速与斩除，无丝毫凝滞。此风雷之
suǒ yǐ wéi yì yě
所以为益也。

【第 08 节】改过三法

jù shì sān xīn zé yǒu guò sī gǎi rú chūn bīng yù rì hé huàn bù xiāo hū
具是三心，则有过斯改，如春冰遇日，何患不消乎？
rán rén zhī guò yǒu cóng shì shàng gǎi zhě yǒu cóng lǐ shàng gǎi zhě yǒu cóng xīn shàng
然人之过，有从事上改者，有从理上改者，有从心上
gǎi zhě gōng fū bù tóng xiào yàn yì yì
改者，工夫不同，效验亦异。

【第 09 节】从事上改

rú qián rì shā shēng jīn jiè bù shā qián rì nù lì jīn jiè bú nù cǐ jiù qí
如前日杀生，今戒不杀；前日怒詈，今戒不怒。此就其
shì ér gǎi zhī zhě yě qiǎng zhì yú wài qí nán bǎi bèi qiě bìng gēn zhōng zài dōng miè
事而改之者也。强制于外，其难百倍，且病根终在，东灭
xī shēng fēi jiū jìng kuò rán zhī dào yě
西生，非究竟廓然之道也。

【第 10 节】从理上改（一）：明理戒杀

shàn gǎi guò zhě wèi jìn qí shì xiān míng qí lǐ
善改过者，未禁其事，先明其理。

rú guò zài shā shēng jí sī yuē shàng dì hào shēng wù jiē liàn mìng shā bǐ yǎng
如过在杀生。即思曰：上帝好生，物皆恋命，杀彼养
jǐ qǐ néng zì ān qiě bǐ zhī shā yě jì shòu tú gē fù rù dǐng huò zhǒng
己，岂能自安？且彼之杀也，既受屠割，复入鼎镬，种
zhǒng tòng kǔ chè rù gǔ suǐ
种痛苦，彻入骨髓。

jǐ zhī yǎng yě zhēn gāo luó liè shí guò jí kōng shū shí cài gēng jìn kě chōng
己之养也，珍膏罗列，食过即空，疏食菜羹，尽可充
fù hé bì qiāng bǐ zhī shēng sǔn jǐ zhī fú zāi yòu sī xiě qì zhī shǔ jiē hán líng
腹，何必戕彼之生，损己之福哉？又思血气之属，皆含灵
zhī jì yǒu líng zhī jiē wǒ yì tǐ zòng bù néng gōng xiū zhì dé shǐ zhī zūn wǒ qīn
知，既有灵知，皆我一体。纵不能躬修至德，使之尊我亲
wǒ qǐ kě rì qiāng wù mìng shǐ zhī chóu wǒ hàn wǒ yú wú qióng yě yì sī jí cǐ
我，岂可日戕物命，使之仇我憾我于无穷也？一思及此，
jiāng yǒu duì shí shāng xīn bù néng xià yān zhě yǐ
将有对食伤心，不能下咽者矣。

【第 11 节】从理上改（二）：明理惩忿

rú qián rì hào nù bì sī yuē rén yǒu bù jí qíng suǒ yí jīn bèi lǐ xiāng
如前日好怒，必思曰：人有不及，情所宜矜；悖理相
gàn yú wǒ hé yù běn wú kě nù zhě yòu sī tiān xià wú zì shì zhī háo jié yì wú
干，于我何与？本无可怒者。又思天下无自是之豪杰，亦无
yóu rén zhī xué wèn xíng yǒu bù dé jiē jǐ zhī dé wèi xiū gǎn wèi zhì yě wú xī yǐ
尤人之学问。行有不得，皆己之德未修，感未至也。吾悉以
zì fǎn zé bàng huǐ zhī lái jiē mó liàn yù chéng zhī dì wǒ jiāng huān rán shòu cì
自反，则谤毁之来，皆磨炼玉成之地，我将欢然受赐，
hé nù zhī yǒu
何怒之有？

yòu wén bàng ér bú nù suī chán yàn xūn tiān rú jǔ huǒ fén kōng zhōng jiāng zì
又闻谤而不怒，虽谗焰薰天，如举火焚空，终将自
xī wén bàng ér nù suī qiǎo xīn lì biàn rú chūn cán zuò jiǎn zì qǔ chán mián nù
息。闻谤而怒，虽巧心力辩，如春蚕作茧，自取缠绵。怒
bù wéi wú yì qiě yǒu hài yě qí yú zhǒng zhǒng guò è jiē dāng jù lǐ sī zhī
不惟无益，且有害也。其余种种过恶，皆当据理思之。
cǐ lǐ jì míng guò jiāng zì zhǐ
此理既明，过将自止。

【第 12 节】从心上改

hé wèi cóng xīn ér gǎi guò yǒu qiān duān wéi xīn suǒ zào wú xīn bú dòng guò
何谓从心而改？过有千端，惟心所造，吾心不动，过
ān cóng shēng
安从生？

xué zhě yú hào sè hào míng hào huò hào nù zhǒng zhǒng zhū guò bú bì zhú lèi
学者于好色、好名、好货、好怒种种诸过，不必逐类
xún qiú dàn dāng yì xīn wéi shàn zhèng niàn xiàn qián xié niàn zì rán wū rǎn bú shàng rú
寻求。但当一心为善，正念现前，邪念自然污染不上，如
tài yáng dāng kōng wǎng liǎng qián xiāo cǐ jīng yī zhī zhēn chuán yě
太阳当空，魍魉潜消，此精一之真传也。

guò yóu xīn zào yì yóu xīn gǎi rú zhǎn dú shù zhí duàn qí gēn xī bì zhī
过由心造，亦由心改，如斩毒树，直断其根，奚必枝
zhī ér fá yè yè ér zhāi zāi
枝而伐，叶叶而摘哉？

【第 13 节】改过二途

dà dǐ zuì shàng zhì xīn dāng xià qīng jìng cái dòng jí jué jué zhī jí wú gǒu
大抵最上治心，当下清净，才动即觉，觉之即无；苟

未能然，须明理以遣之；又未能然，须随事以禁之。以上事而兼行下功，未为失策；执下而昧上，则拙矣。

【第 14 节】改过效验

顾发愿改过，明须良朋提醒，幽须鬼神证明。一心忏悔，昼夜不懈，经一七、二七，以至一月、二月、三月，必有效验。

或觉心神恬旷；或觉智慧顿开；或处冗沓而触念皆通；或遇怨仇而回嗔作喜；或梦吐黑物；或梦往圣先贤提携接引；或梦飞步太虚；或梦幢幡宝盖。种种胜事，皆过消罪灭之象也。然不得执此自高，画而不进。

【第 15 节】常思已过

昔蘧伯玉当二十岁时，已觉前日之非而尽改之矣。至二十一岁，乃知前之所改未尽也。及二十二岁，回视二十一岁，犹在梦中。岁复一岁，递递改之，行年五十而犹知四十九年之非。古人改过之学如此。

吾辈身为凡流，过恶猬集，而回思往事，常若不见其有过者，心粗而眼翳也。

【第 16 节】作孽之相

然人之过恶深重者，亦有效验：或心神昏塞，转头

jí wàng huò wú shì ér cháng fán nǎo huò jiàn jūn zi ér nǎn rán xiāo jǔ huò wén zhèng
即忘；或无事而常烦恼；或见君子而赧然消沮；或闻正
lùn ér bù lè huò shī huì ér rén fǎn yuàn huò yè mèng diān dǎo shèn zé wàng yán shī
论而不乐；或施惠而人反怨；或夜梦颠倒；甚则妄言失
zhì jiē zuò niè zhī xiāng yě
志；皆作孽之相也。

gǒu yì lèi cǐ jí xū fèn fā shě jiù tú xīn xìng wù zì wù
苟一类此，即须奋发，舍旧图新，幸勿自误。

三、积善之方

【01 福始善庆】

《易》曰："积善之家，必有馀庆。"昔颜氏将以女妻叔梁纥，而历叙其祖宗积德之长，逆知其子孙必有兴者。

孔子称舜之大孝，曰："宗庙飨之，子孙保之。"皆至论也。试以往事征之。

【02 仁义济渡】

杨少师荣，建宁人。世以济渡为生。久雨溪涨，横流冲毁民居，溺死者顺流而下，他舟皆捞取货物，独少师曾祖及祖，惟救人，而货物一无所取，乡人嗤其愚。逮少师父生，家渐裕，有神人化为道者，语之曰："汝祖父有阴功，子孙当贵显，宜葬某地。"遂依其所指而窆之，即今白兔坟也。后生少师，弱冠登第，位至三公，加曾祖、祖、父如其官。子孙贵盛，至今尚多贤者。

【03 悲悯苦囚】

鄞人杨自惩，初为县吏，存心仁厚，守法公平。时县宰严肃，偶挞一囚，血流满前，而怒犹未息，杨跪而宽解之。宰曰："怎奈此人越法悖理，不由人不怒。"自惩叩首曰："上失其道，民散久矣，如得其情，哀矜勿喜。喜且不可，而况怒乎？"宰为之霁颜。

家甚贫，馈遗一无所取，遇囚人乏粮，常多方以济之。一日，有新囚数人待哺，家又缺米。给囚，则家人无食；自顾，则囚人堪悯。与其妇商之，妇曰："囚从何来？"曰："自杭而来。沿路忍饥，菜色可掬。"因撤己之米，煮粥以食囚。后生二子，长曰守陈，次曰守址，为南北吏部侍郎；长孙为刑部侍郎；次孙为四川廉宪，又俱为名臣；今楚亭、德政，亦其裔也。

【04 力止妄杀】

昔正统间，邓茂七倡乱于福建，士民从贼者甚众。朝廷起鄞县张都宪楷南征，以计擒贼，后委布政司谢都事，搜杀东路贼党。谢求贼中党附册籍，凡不附贼者，密授以白布小旗，约兵至日，插旗门首，戒军兵无妄杀，全活万人。后谢之子迁，中状元，为宰辅；孙丕，复中探花。

【05 诚施无倦】

莆田林氏，先世有老母好善，常作粉团施人，求取即与之，无倦色。一仙化为道人，每旦索食六七团。母日日与

zhī zhōng sān nián rú yí rì nǎi zhī qí chéng yě yīn wèi zhī yuē wú shí rǔ sān nián
之，终三年如一日，乃知其诚也。因谓之曰：“吾食汝三年
fěn tuán hé yǐ bào rǔ fǔ hòu yǒu yí dì zàng zhī zǐ sūn guān jué yǒu yì shēng
粉团，何以报汝？府后有一地，葬之，子孙官爵，有一升
má zǐ zhī shù qí zǐ yī suǒ diǎn zàng zhī chū shì jí yǒu jiǔ rén dēng dì lěi dài zān
麻子之数。”其子依所点葬之，初世即有九人登第，累代簪
yīng shèn shèng fú jiàn yǒu wú lín bù kāi bǎng zhī yáo
缨甚盛，福建有“无林不开榜”之谣。

【06 倒卧扶归】

féng zhuó ān tài shǐ zhī fù wéi yì xiáng shēng lóng dōng zǎo qǐ fù xué lù yù yì
冯琢庵太史之父，为邑庠生。隆冬早起赴学，路遇一
rén dǎo wò xuě zhōng mén zhī bàn jiāng yǐ suì jiě jǐ mián qiú yī zhī qiě fú guī
人，倒卧雪中，扪之，半僵矣。遂解己绵裘衣之，且扶归
jiù sū mèng shén gào zhī yuē rǔ jiù rén yí mìng chū zhì chéng xīn wú qiǎn hán qí wéi
救苏。梦神告之曰：“汝救人一命，出至诚心，吾遣韩琦为
rǔ zǐ jí shēng zhuó ān suì míng qí
汝子。”及生琢庵，遂名琦。

【07 阴德尚书】

tāi zhōu yīng shàng shū zhuàng nián xí yè yú shān zhōng yè guǐ xiào jí wǎng wǎng
台州应尚书，壮年习业于山中。夜鬼啸集，往往
jīng rén gōng bú jù yě yī xī wén guǐ yún mǒu fù yǐ fū jiǔ kè bù guī wēng gū
惊人，公不惧也。一夕闻鬼云：“某妇以夫久客不归，翁姑
bī qí jià rén míng yè dāng yì sǐ yú cǐ wú dé dài yǐ gōng qián mài tián dé yín
逼其嫁人。明夜当缢死于此，吾得代矣。”公潜卖田，得银
sì liǎng jí wěi zuò qí fū zhī shū jì yín huán jiā qí fù mǔ jiàn shū yǐ shǒu jì
四两，即伪作其夫之书，寄银还家。其父母见书，以手迹
bú lèi yí zhī jì ér yuē shū kě jiǎ yín bù kě jiǎ xiǎng ér wú yàng fù
不类，疑之。既而曰：“书可假，银不可假，想儿无恙。”妇
suì bú jià qí zǐ hòu guī fū fù xiāng bǎo rú chū
遂不嫁。其子后归，夫妇相保如初。

gōng yòu wén guǐ yǔ yuē wǒ dāng dé dài nài cǐ xiù cái huài wú shì bàng yī
公又闻鬼语曰：“我当得代，奈此秀才坏吾事。”旁一
guǐ yuē ěr hé bù huò zhī yuē shàng dì yǐ cǐ rén xīn hǎo mìng zuò yīn dé shàng
鬼曰：“尔何不祸之？”曰：“上帝以此人心好，命作阴德尚
shū yǐ wú hé dé ér huò zhī yīng gōng yīn cǐ yì zì nǔ lì shàn rì jiā xiū dé
书矣，吾何得而祸之？”应公因此益自努励，善日加修，德

日加厚。遇岁饥，辄捐谷以赈之；遇亲戚有急，辄委曲维持；遇有横逆，辄反躬自责，怡然顺受。子孙登科第者，今累累也。

【08 义富好施】

常熟徐凤竹栻，其父素富，偶遇年荒，先捐租以为同邑之倡，又分谷以赈贫乏，夜闻鬼唱于门曰：“千不诓，万不诓，徐家秀才做到了举人郎。”相续而呼，连夜不断。是岁，凤竹果举于乡。其父因而益积德，孳孳不怠，修桥修路，斋僧接众，凡有利益，无不尽心。后又闻鬼唱于门曰：“千不诓，万不诓；徐家举人，直做到都堂。”凤竹官终两浙巡抚。

【09 平解冤抑】

嘉兴屠康僖公，初为刑部主事，宿狱中，细询诸囚情状，得无辜者若干人，公不自以为功，密疏其事，以白堂官。后朝审，堂官摘其语，以讯诸囚，无不服者，释冤抑十余人。一时辇下咸颂尚书之明。公复禀曰：“辇毂之下，尚多冤民，四海之广，兆民之众，岂无枉者？宜五年差一减刑官，核实而平反之。”尚书为奏，允其议。时公亦差减刑之列，梦一神告之曰：“汝命无子，今减刑之议，深合天心，上帝赐汝三子，皆衣紫腰金。”是夕夫人有娠，后生应埙、应坤、应埈，皆显官。

【10 至心护法】

嘉兴包凭，字信之，其父为池阳太守，生七子，凭最少，赘平湖袁氏，与吾父往来甚厚。博学高才，累举不第，留心二氏之学。一日东游泖湖，偶至一村寺中，见观音像淋漓露立，即解橐中得十金，授主僧，令修屋宇，僧告以功大银少，不能竣事。复取松布四疋，检箧中衣七件与之，内纻褶，系新置，其仆请已之。凭曰：“但得圣像无恙，吾虽裸裎何伤？”僧垂泪曰：“舍银及衣布，犹非难事。只此一点心，如何易得。”后功完，拉老父同游，宿寺中。公梦伽蓝来谢曰：“汝子当享世禄矣。”后子汴，孙柽芳，皆登第，作显官。

【11 稀世厚德】

嘉善支立之父，为刑房吏，有囚无辜陷重辟，意哀之，欲求其生。囚语其妻曰：“支公嘉意，愧无以报，明日延之下乡，汝以身事之，彼或肯用意，则我可生也。”其妻泣而听命。及至，妻自出劝酒，具告以夫意。支不听，卒为尽力平反之。囚出狱，夫妻登门叩谢曰：“公如此厚德，晚世所稀，今无子，吾有弱女，送为箕帚妾，此则礼之可通者。”支为备礼而纳之，生立，弱冠中魁，官至翰林孔目；立生高，高生禄，皆贡为学博；禄生大纶，登第。

【12 善有八分】

凡此十条，所行不同，同归于善而已。若复精而言之，则善有真，有假；有端，有曲；有阴，有阳；有是，有非；有偏，有正；有半，有满；有大，有小；有难，有易；皆当深辨。为善而不穷理，则自谓行持，岂知造孽，枉费苦心，无益也。

【13 真善假善】

何谓真假？昔有儒生数辈，谒中峰和尚，问曰：“佛氏论善恶报应，如影随形。今某人善，而子孙不兴；某人恶，而家门隆盛。佛说无稽矣！”中峰云：“凡情未涤，正眼未开，认善为恶，指恶为善，往往有之。不憾己之是非颠倒，而反怨天之报应有差乎？”众曰：“善恶何致相反？”中峰令试言其状。一人谓：“詈人殴人是恶，敬人礼人是善。”中峰云：“未必然也。”一人谓：“贪财妄取是恶，廉洁有守是善。”中峰云：“未必然也。”众人历言其状，中峰皆谓不然。

yīn qǐng wèn zhōng fēng gào zhī yuē yǒu yì yú rén shì shàn yǒu yì yú jǐ
因请问。中峰告之曰：“有益于人，是善；有益于己，
shì è yǒu yì yú rén zé ōu rén lì rén jiē shàn yě yǒu yì yú jǐ zé jìng
是恶。有益于人，则殴人、詈人皆善也；有益于己，则敬
rén lǐ rén jiē è yě
人、礼人皆恶也。

shì gù rén zhī xíng shàn lì rén zhě gōng gōng zé wéi zhēn lì jǐ zhě sī sī zé
是故人之行善，利人者公，公则为真；利己者私，私则
wéi jiǎ yòu gēn xīn zhě zhēn xí jì zhě jiǎ yòu wú wéi ér wéi zhě zhēn yǒu wéi ér wéi
为假。又根心者真，袭迹者假；又无为而为者真，有为而为
zhě jiǎ jiē dāng zì kǎo
者假，皆当自考。”

【14 端善曲善】

hé wèi duān qǔ jīn rén jiàn jǐn yuàn zhī shì lèi chēng wéi shàn ér qǔ zhī shèng
何谓端曲？今人见谨愿之士，类称为善而取之；圣
rén zé nìng qǔ kuáng juàn zhì yú jǐn yuàn zhī shì suī yì xiāng jiē hào ér bì yǐ wéi
人则宁取狂狷。至于谨愿之士，虽一乡皆好，而必以为
dé zhī zéi shì shì rén zhī shàn è fēn míng yǔ shèng rén xiāng fǎn tuī cǐ yī duān
德之贼。是世人之善恶，分明与圣人相反。推此一端，
zhǒng zhǒng qǔ shě wú yǒu bú miù tiān dì guǐ shén zhī fú shàn huò yín jiē yǔ shèng
种种取舍，无有不谬。天地鬼神之福善祸淫，皆与圣
rén tóng shì fēi ér bù yǔ shì sú tóng qǔ shě fán yù jī shàn jué bù kě xùn ěr mù
人同是非，而不与世俗同取舍。凡欲积善，决不可徇耳目，
wéi cóng xīn yuán yǐn wēi chù mò mò xǐ dí chún shì jì shì zhī xīn zé wéi duān gǒu
惟从心源隐微处，默默洗涤。纯是济世之心，则为端；苟
yǒu yī háo mèi shì zhī xīn jí wéi qǔ chún shì ài rén zhī xīn zé wéi duān yǒu yī háo
有一毫媚世之心，即为曲。纯是爱人之心，则为端；有一毫
fèn shì zhī xīn jí wéi qǔ chún shì jìng rén zhī xīn zé wéi duān yǒu yī háo wán shì zhī
愤世之心，即为曲。纯是敬人之心，则为端；有一毫玩世之
xīn jí wéi qǔ jiē dāng xì biàn
心，即为曲。皆当细辨。

【15 阴善阳善】

hé wèi yīn yáng fán wéi shàn ér rén zhī zhī zé wéi yáng shàn wéi shàn ér rén
何谓阴阳？凡为善而人知之，则为阳善；为善而人
bù zhī zé wéi yīn dé yīn dé tiān bào zhī yáng shàn xiǎng shì míng míng yì fú
不知，则为阴德。阴德，天报之；阳善，享世名。名，亦福

yě míng zhě zào wù suǒ jì shì zhī xiǎng shèng míng ér shí bù fù zhě duō yǒu qí
也。名者，造物所忌。世之享盛名而实不副者，多有奇
huò rén zhī wú guò jiù ér héng pī è míng zhě zǐ sūn wǎng wǎng zhòu fā yīn yáng zhī
祸。人之无过咎而横被恶名者，子孙往往骤发，阴阳之
jì wēi yǐ zāi
际微矣哉。

【16 是善非善】

hé wèi shì fēi lǔ guó zhī fǎ lǔ rén yǒu shú rén chén qiè yú zhū hóu jiē shòu
何谓是非？鲁国之法，鲁人有赎人臣妾于诸侯，皆受
jīn yú fǔ zǐ gòng shú rén ér bú shòu jīn kǒng zǐ wén ér wù zhī yuē cì shī zhī
金于府。子贡赎人而不受金。孔子闻而恶之，曰：“赐失之
yǐ fú shèng rén jǔ shì kě yǐ yí fēng yì sú ér jiào dào kě shī yú bǎi xìng fēi
矣。夫圣人举事，可以移风易俗，而教道可施于百姓，非
dú shì jǐ zhī xíng yě jīn lǔ guó fù zhě guǎ ér pín zhě zhòng shòu jīn zé wéi bù lián hé
独适己之行也。今鲁国富者寡而贫者众，受金则为不廉，何
yǐ xiāng shú hū zì jīn yǐ hòu bú fù shú rén yú zhū hóu yǐ
以相赎乎？自今以后，不复赎人于诸侯矣。”

zǐ lù zhěng rén yú nì qí rén xiè zhī yǐ niú zǐ lù shòu zhī kǒng zǐ xǐ
子路拯人于溺，其人谢之以牛，子路受之。孔子喜
yuē zì jīn lǔ guó duō zhěng rén yú nì yǐ zì sú yǎn guān zhī zǐ gòng bú shòu
曰：“自今鲁国多拯人于溺矣。”自俗眼观之，子贡不受
jīn wéi yōu zǐ lù zhī shòu niú wéi liè kǒng zǐ zé qǔ yóu ér chù cì yān nǎi zhī rén zhī
金为优，子路之受牛为劣；孔子则取由而黜赐焉。乃知人之
wéi shàn bú lùn xiàn xíng ér lùn liú bì bú lùn yì shí ér lùn jiǔ yuǎn bú lùn yì
为善，不论现行，而论流弊；不论一时，而论久远；不论一
shēn ér lùn tiān xià xiàn xíng suī shàn qí liú zú yǐ hài rén zé sì shàn ér shí fēi
身，而论天下。现行虽善，其流足以害人，则似善而实非
yě xiàn xíng suī bú shàn ér qí liú zú yǐ jì rén zé fēi shàn ér shí shì yě rán cǐ
也；现行虽不善，而其流足以济人，则非善而实是也。然此
jiù yì jié lùn zhī ěr tā rú fēi yì zhī yì fēi lǐ zhī lǐ fēi xìn zhī xìn fēi cí
就一节论之耳。他如非义之义，非礼之礼，非信之信，非慈
zhī cí jiē dāng jué zé
之慈，皆当抉择。

【17 偏善正善】

hé wèi piān zhèng xī lǚ wén yì gōng chū cí xiàng wèi guī gù lǐ hǎi nèi
何谓偏正？昔吕文懿公，初辞相位，归故里，海内

yǎng zhī rú tài shān běi dǒu yǒu yì xiāng rén zuì ér lì zhī lǚ gōng bú dòng wèi
仰之，如泰山北斗。有一乡人，醉而詈之，吕公不动，谓
qí pú yuē zuì zhě wù yǔ jiào yě bì mén xiè zhī yú nián qí rén fàn sǐ xíng rù
其仆曰：“醉者勿与较也。”闭门谢之。逾年，其人犯死刑入
yù lǚ gōng shǐ huǐ zhī yuē shǐ dāng shí shāo yǔ jì jiào sòng gōng jiā zé zhì kě
狱。吕公始悔之曰：“使当时稍与计较，送公家责治，可
yǐ xiǎo chéng ér dà jiè wú dāng shí zhǐ yù cún xīn yú hòu bú wèi yǎng chéng qí è
以小惩而大戒。吾当时只欲存心于厚，不谓养成其恶，
yǐ zhì yú cǐ cǐ yǐ shàn xīn ér xíng è shì zhě yě
以至于此。”此以善心而行恶事者也。

yòu yǒu yǐ è xīn ér xíng shàn shì zhě rú mǒu jiā dà fù zhí suì huāng qióng mín
又有以恶心而行善事者。如某家大富，值岁荒，穷民
bái zhòu qiǎng sù yú shì gào zhī xiàn xiàn bù lǐ qióng mín yù sì suì sī zhí ér kùn
白昼抢粟于市。告之县，县不理，穷民愈肆，遂私执而困
rǔ zhī zhòng shǐ dìng bù rán jǐ luàn yǐ gù shàn zhě wéi zhèng è zhě wéi piān
辱之，众始定。不然，几乱矣。故善者为正，恶者为偏，
rén jiē zhī zhī qí yǐ shàn xīn ér xíng è shì zhě zhèng zhōng piān yě yǐ è xīn ér xíng
人皆知之。其以善心而行恶事者，正中偏也；以恶心而行
shàn shì zhě piān zhōng zhèng yě bù kě bù zhī yě
善事者，偏中正也。不可不知也。

【18 半善满善①】

hé wèi bàn mǎn yì yuē shàn bù jī bù zú yǐ chéng míng è bù jī bù
何谓半满？易曰：“善不积，不足以成名；恶不积，不
zú yǐ miè shēn shū yuē shāng zuì guàn yíng rú zhù wù yú qì qín ér jī
足以灭身。”《书》曰：“商罪贯盈，如贮物于器。”勤而积
zhī zé mǎn xiè ér bù jī zé bù mǎn cǐ yī shuō yě
之，则满；懈而不积，则不满。此一说也。

【19 半善满善②】

xī yǒu mǒu shì nǚ rù sì yù shī ér wú cái zhǐ yǒu qián èr wén juān ér yǔ
昔有某氏女入寺，欲施而无财，止有钱二文，捐而与
zhī zhǔ xí zhě qīn wèi chàn huǐ jí hòu rù gōng fù guì xié shù qiān jīn rù sì shě zhī
之，主席者亲为忏悔。及后入宫富贵，携数千金入寺舍之，
zhǔ sēng wéi lìng qí tú huí xiàng ér yǐ yīn wèn yuē wú qián shī qián èr wén shī qīn
主僧惟令其徒回向而已。因问曰：“吾前施钱二文，师亲
wéi chàn huǐ jīn shī shù qiān jīn ér shī bù huí xiàng hé yě yuē qián zhě wù
为忏悔。今施数千金，而师不回向，何也？”曰：“前者物

虽薄，而施心甚真，非老僧亲忏，不足报德；今物虽厚，而施心不若前日之切，令人代忏足矣。”此千金为半，而二文为满也。

【20 半善满善③】

钟离授丹于吕祖，点铁为金，可以济世。吕问曰：“终变否？”曰：“五百年后，当复本质。”吕曰：“如此则害五百年后人矣，吾不愿为也。”曰：“修仙要积三千功行，汝此一言，三千功行已满矣。”此又一说也。

【21 半善满善④】

又为善而心不着善，则随所成就，皆得圆满。心着于善，虽终身勤励，止于半善而已。譬如以财济人，内不见己，外不见人，中不见所施之物，是谓三轮体空，是谓一心清净，则斗粟可以种无涯之福，一文可以消千劫之罪，倘此心未忘，虽黄金万镒，福不满也。此又一说也。

【22 大善小善】

何谓大小？昔卫仲达为馆职，被摄至冥司，主者命吏呈善恶二录，比至，则恶录盈庭，其善录一轴，仅如箸而已。索秤称之，则盈庭者反轻，而如箸者反重。仲达曰：“某年未四十，安得过恶如是多乎？”曰：“一念不正即是，不待犯也。”因问轴中所书何事？曰：“朝廷尝兴大工，修三山石桥，君上疏谏之，此疏稿也。”仲达曰：“某虽言，朝廷不从，于事无补，而能有如是之力。”曰：“朝廷虽不从，君之一念，已在万民；向使听从，善力更大矣！”故志在天下国家，则善虽少而大；苟在一身，虽多亦小。

【23 难善易善】

何谓难易？先儒谓“克己须从难克处克将去”。夫子论为仁，亦曰先难。必如江西舒翁，舍二年仅得之束修，代偿官银，而全人夫妇；与邯郸张翁，舍十年所积之钱，代完赎银，而活人妻子。皆所谓难舍处能舍也。如镇江靳翁，虽年老无子，不忍以幼女为妾，而还之邻。此难忍处能忍也。故天降之福亦厚。凡有财有势者，其立德皆易，易而不为，是为自暴；贫贱作福皆难，难而能为，斯可贵耳。

【24 约言十善】

随缘济众，其类至繁，约言其纲，大约有十：第一，与人为善；第二，爱敬存心；第三，成人之美；第四，劝人为善；第五，救人危急；第六，兴建大利；第七，舍财作福；第八，护持正法；第九，敬重尊长；第十，爱惜物命。

【25 与人为善】

何谓与人为善？昔舜在雷泽，见渔者皆取深潭厚泽，而老弱则渔于急流浅滩之中，恻然哀之，往而渔焉。见争者皆匿其过而不谈，见有让者，则揄扬而取法之。期年，皆以深潭厚泽相让矣。夫以舜之明哲，岂不能出一言教众人哉？乃不以言教而以身转之，此良工苦心也。

吾辈处末世，勿以己之长而盖人，勿以己之善而形人，勿以己之多能而困人。收敛才智，若无若虚。见人过失，且涵容而掩覆之。一则令其可改，一则令其有所顾忌而不敢纵；见人有微长可取、小善可录，翻然舍己而从之，且为艳称而广述之。凡日用间，发一言，行一事，全不为自己起念，全是为物立则，此大人天下为公之度也。

【26 爱敬存心】

何谓爱敬存心？君子与小人，就形迹观，常易相混，惟一点存心处，则善恶悬绝，判然如黑白之相反。故曰：“君子所以异于人者，以其存心也。”君子所存之心，只是爱人敬人之心。盖人有亲疏贵贱，有智愚贤不肖，万品不齐，皆吾同胞，皆吾一体，孰非当敬爱者？爱敬众人，即是爱敬圣贤；能通众人之志，即是通圣贤之志。何者？圣

xián zhī zhì běn yù sī shì sī rén gè dé qí suǒ wú hé ài hé jìng ér ān yí shì
贤之志，本欲斯世斯人，各得其所。吾合爱合敬，而安一世
zhī rén jí shì wéi shèng xián ér ān zhī yě
之人，即是为圣贤而安之也。

【27 成人之美】

hé wèi chéng rén zhī měi yù zhī zài shí dǐ zhì zé wǎ lì zhuī zhuó zé guī
何谓成人之美？玉之在石，抵掷则瓦砾，追琢则圭
zhāng gù fán jiàn rén xíng yí shàn shì huò qí rén zhì kě qǔ ér zī kě jìn jiē xū yòu yè
璋。故凡见人行一善事，或其人志可取而资可进，皆须诱掖
ér chéng jiù zhī huò wèi zhī jiǎng jiè huò wèi zhī wéi chí huò wèi bái qí wū ér fēn qí
而成就之。或为之奖借，或为之维持；或为白其诬而分其
bàng wù shǐ zhī chéng lì ér hòu yǐ
谤。务使之成立而后已。

dà dǐ rén gè wù qí fēi lèi xiāng rén zhī shàn zhě shǎo bú shàn zhě duō shàn rén
大抵人各恶其非类，乡人之善者少，不善者多。善人
zài sú yì nán zì lì qiě háo jié zhēng zhēng bù shèn xiū xíng jì duō yì zhǐ zhāi
在俗，亦难自立。且豪杰铮铮，不甚修形迹，多易指摘。
gù shàn shì cháng yì bài ér shàn rén cháng dé bàng wéi rén rén zhǎng zhě kuāng zhí ér
故善事常易败，而善人常得谤。惟仁人长者，匡直而
fǔ yì zhī qí gōng dé zuì hóng
辅翼之，其功德最宏。

【28 劝人为善】

hé wèi quàn rén wéi shàn shēng wéi rén lèi shú wú liáng xīn shì lù yì yì
何谓劝人为善？生为人类，孰无良心？世路役役，
zuì yì mò nì fán yǔ rén xiāng chǔ dāng fāng biàn tí sī kāi qí mí huò pì yóu
最易没溺。凡与人相处，当方便提撕，开其迷惑。譬犹
cháng yè dà mèng ér lìng zhī yì jué pì yóu jiǔ xiàn fán nǎo ér bá zhī qīng liáng wéi
长夜大梦，而令之一觉；譬犹久陷烦恼，而拔之清凉，为
huì zuì pǔ hán yù yún yì shí quàn rén yǐ kǒu bǎi shì quàn rén yǐ shū jiào zhī
惠最溥。韩愈云："一时劝人以口，百世劝人以书。"较之
yǔ rén wéi shàn suī yǒu xíng jì rán duì zhèng fā yào shí yǒu qí xiào bù kě fèi yě
与人为善，虽有形迹，然对症发药，时有奇效，不可废也。
shī yán shī rén dāng fǎn wú zhì
失言失人，当反吾智。

【29 救人危急】

何谓救人危急？患难颠沛，人所时有。偶一遇之，当如痌瘝之在身，速为解救。或以一言伸其屈抑，或以多方济其颠连。崔子曰：“惠不在大，赴人之急可也。”盖仁人之言哉。

【30 兴建大利】

何谓兴建大利？小而一乡之内，大而一邑之中，凡有利益，最宜兴建。或开渠导水；或筑堤防患；或修桥梁，以便行旅；或施茶饭，以济饥渴。随缘劝导，协力兴修，勿避嫌疑，勿辞劳怨。

【31 舍财作福】

何谓舍财作福？释门万行，以布施为先。所谓布施者，只是舍之一字耳。达者内舍六根，外舍六尘，一切所有，无不舍者。苟非能然，先从财上布施。世人以衣食为命，故财为最重。吾从而舍之，内以破吾之悭，外以济人之急。始而勉强，终则泰然，最可以荡涤私情，祛除执吝。

【32 护持正法】

何谓护持正法？法者，万世生灵之眼目也。不有正法，何以参赞天地？何以裁成万物？何以脱尘离缚？何以经世出世？故凡见圣贤庙貌、经书典籍，皆当敬重而修饬之。至于举扬正法，上报佛恩，尤当勉励。

【33 敬重尊长】

何谓敬重尊长？家之父兄，国之君长，与凡年高、德高、位高、识高者，皆当加意奉事。在家而奉侍父母，使深爱婉容，柔声下气，习以成性，便是和气格天之本。出而事君，行一事，毋谓君不知而自恣也；刑一人，毋谓君不知而作威也。事君如天，古人格论，此等处最关阴德。试看忠孝之家，子孙未有不绵远而昌盛者，切须慎之。

【34 爱惜物命】

何谓爱惜物命？凡人之所以为人者，惟此恻隐之心而已。求仁者求此，积德者积此。《周礼》：“孟春之月，牺牲毋用牝。”孟子谓：“君子远庖厨。”所以全吾恻隐之心也！故前辈有“四不食”之戒，谓闻杀不食，见杀不食，自养者不食，专为我杀者不食。学者未能断肉，且当从此戒之。

渐渐增进，慈心愈长，不特杀生当戒，蠢动含灵，皆为物命。求丝煮茧、锄地杀虫，念衣食之由来，皆杀彼以

zì huó gù bào tiǎn zhī niè dāng yǔ shā shēng děng zhì yú shǒu suǒ wù shāng zú suǒ wù
自活。故暴殄之孽，当与杀生等。至于手所误伤、足所误

jiàn zhě bù zhī qí jǐ jiē dāng wěi qū fáng zhī gǔ shī yún wèi shǔ cháng liú fàn
践者，不知其几，皆当委曲防之。古诗云："为鼠常留饭，

lián é bù diǎn dēng hé qí rén yě
怜蛾不点灯。"何其仁也！

【35 善行无穷】

shàn xíng wú qióng bù néng dān shù yóu cǐ shí shì ér tuī guǎng zhī zé wàn dé
善行无穷，不能殚述。由此十事而推广之，则万德

kě bèi yǐ
可备矣。

四、谦德之效

【01 惟谦受福】

《易》曰："天道亏盈而益谦，地道变盈而流谦，鬼神害盈而福谦，人道恶盈而好谦。"是故谦之一卦，六爻皆吉。《书》曰："满招损，谦受益。"予屡同诸公应试，每见寒士将达，必有一段谦光可掬。

【02 敬顺谦畏】

辛未(1571)计偕，我嘉善同袍凡十人，惟丁敬宇宾年最少，极其谦虚。予告费锦坡曰："此兄今年必第。"费曰："何以见之？"予曰："惟谦受福。兄看十人中，有恂恂款款、不敢先人，如敬宇者乎？有恭敬顺承、小心谦畏，如敬宇者乎？有受侮不答、闻谤不辩，如敬宇者乎？人能如此，即天地鬼神，犹将佑之，岂有不发者？"及开榜，丁果中式。

【03 逆来顺受】

丁丑(1577)在京，与冯开之同处，见其虚己敛容，大变其幼年之习。李霁岩直谅益友，时面攻其非，但见其平怀顺受，未尝有一言相报。予告之曰："福有福始，祸有祸先，此心果谦，天必相之。兄今年决第矣！”已而果然。

【04 心服速改】

赵裕峰光远，山东冠县人，童年举于乡，久不第。其父为嘉善三尹，随之任。慕钱明吾，而执文见之，明吾悉抹其文，赵不惟不怒，且心服而速改焉。明年，遂登第。

【05 天启温良】

壬辰岁(1592)，予入觐，晤夏建所，见其人气虚意下，谦光逼人。归而告友人曰：“凡天将发斯人也，未发其福，先发其慧。此慧一发，则浮者自实，肆者自敛。建所温良若此，天启之矣。”及开榜，果中式。

【06 恃才傲物】

江阴张畏岩，积学工文，有声艺林。甲午(1594)，南京乡试，寓一寺中。揭晓无名，大骂试官，以为眯目。时有一道者，在旁微笑，张遽移怒道者。道者曰：“相公文必不佳。”张益怒，曰：“汝不见我文，乌知不佳？”道者曰：“闻作文，贵心气和平，今听公骂詈，不平甚矣，文安得工？”张不觉屈服，因就而请教焉。

【07 道者传道】

道者曰："中全要命，命不该中，文虽工，无益也。须自己做个转变。"张曰："既是命，如何转变？"道者曰："造命者天，立命者我。力行善事，广积阴德，何福不可求哉？"张曰："我贫士，何能为？"道者曰："善事阴功，皆由心造，常存此心，功德无量，且如谦虚一节，并不费钱，你如何不自反，而骂试官乎？"

【08 折节自持】

张 由此折节自持，善日加修，德日加厚。丁酉（1597），梦至一高房，得试录一册，中多缺行。问旁人，曰："此今科试录。"问："何多缺名？"曰："科第阴间三年一考校，须积德无咎者方有名。如前所缺，皆系旧该中式，因新有薄行而去之者也。"后指一行云："汝三年来，持身颇慎，或当补此，幸自爱。"是科果中一百五名。

【09 心气忌盛】

由此观之，举头三尺，决有神明；趋吉避凶，断然由我。须使我存心制行，毫不得罪于天地鬼神，而虚心屈己，使天地鬼神时时怜我，方有受福之基。彼气盈者，必非远器，纵发，亦无受用。稍有识见之士，必不忍自狭其量，而自拒其福也。况谦则受教有地，而取善无穷，尤修业者，

suǒ bì bù kě shǎo zhě yě
所必不可少者也。

【10 愿大志坚】

gǔ yǔ yún yǒu zhì yú gōng míng zhě bì dé gōng míng yǒu zhì yú fù guì zhě
古语云："有志于功名者，必得功名；有志于富贵者，
bì dé fù guì rén zhī yǒu zhì rú shù zhī yǒu gēn lì dìng cǐ zhì xū niàn niàn qiān
必得富贵。"人之有志，如树之有根。立定此志，须念念谦
xū chén chén fāng biàn zì rán gǎn dòng tiān dì ér zào fú yóu wǒ
虚，尘尘方便，自然感动天地，而造福由我。

jīn zhī qiú dēng kē dì zhě chū wèi cháng yǒu zhēn zhì bú guò yì shí yì xìng
今之求登科第者，初未尝有真志，不过一时意兴
ěr xìng dào zé qiú xìng lán zé zhǐ mèng zǐ yuē wáng zhī hào yuè shèn qí qí shù jī
耳。兴到则求，兴阑则止。孟子曰："王之好乐甚，齐其庶几
hū yú yú kē míng yì rán
乎！"予于科名亦然。

《俞净意公遇灶神记》

——罗祯（明）

míng jiā jìng shí jiāng xī yú gōng huì dōu zì liáng chén duō cái bó xué
明嘉靖时，江西俞公，讳都，字良臣，多才博学。

shí bā suì wéi zhū shēng měi shì bì gāo děng
十八岁为诸生，每试必高等。

nián jí zhuàng jiā pín shòu tú yǔ tóng xiáng shēng shí yú rén jié wén chāng
年及壮，家贫授徒，与同庠生十余人，结文昌

shè xī zì fàng shēng jiè yín shā kǒu guò xíng zhī yǒu nián
社，惜字、放生、戒淫杀口过，行之有年。

qián hòu yìng shì qī kē jiē bù zhōng
前后应试七科，皆不中。

shēng wǔ zǐ sì zǐ bìng yāo qí dì sān zǐ shèn cōng xiù zuǒ zú dǐ yǒu
生五子，四子病夭。其第三子，甚聪秀，左足底有

shuāng zhì fū fù bǎo zhī bā suì xì yú lǐ zhōng suí shī qù bù zhī suǒ zhī shēng
双痣，夫妇宝之；八岁戏于里中，遂失去，不知所之。生

sì nǚ jǐn cún qí yī
四女，仅存其一。

qī yǐ kū ér nǚ gù liǎng mù jiē máng
妻以哭儿女故，两目皆盲。

gōng liáo Dao zhōng nián pín jiǒng yì shèn zì fǎn wú dà guò cǎn yīng tiān fá
公潦倒终年，贫窘益甚，自反无大过，惨膺天罚。

nián sì shí wài měi suì là yuè zhōng zì xiě huáng shū dǎo yú zào shén qiú qí
年四十外，每岁腊月终，自写黄疏，祷于灶神，求其

shàng dá rú shì shù nián yì wú bào yìng
上达。如是数年，亦无报应。

zhì sì shí qī suì shí chú xī yǔ gǔ qī yì nǚ yè zuò jǔ shì xiāo rán qī
至四十七岁时，除夕与瞽妻、一女夜坐，举室萧然，凄

liáng xiāng diào
凉相吊。

忽闻叩门声，公秉烛视之，见一角巾皂服之士，须发半苍，长揖就座，口称张姓，自远路而归，闻君家愁叹，特来相慰。

公心异其人，执礼甚恭。因言生平读书积行，至今功名不遂、妻子不全、衣食不继；且以历焚灶疏，为张诵之。

张曰：“予知君家事久矣！君意恶太重，专务虚名，满纸怨尤，渎陈上帝，恐受罚不止此也。”

公大惊曰：“闻冥冥之中，纤善必录，予誓行善事，恪奉规条久矣，岂尽属虚名乎？”

张曰：“即如君规条中惜字一款，君之生徒与知交辈，多用书文旧册，糊窗裹物，甚至以之拭桌；且藉口曰‘勿污’，而旋焚之。君日日亲见，略不戒谕一语，但遇途间字纸，拾归付火，有何益哉？

“社中每月放生，君随班奔逐，因人成事；倘诸人不举，君亦浮沉而已，其实慈悲之念，并未动于中也。且君家虾蟹之类，亦登于庖，彼独非生命耶？

“若‘口过’一节，君语言敏妙，谈者常倾倒于君。

君彼时出口，心亦自知伤厚，但于朋谈惯熟中，随风讪笑，不能禁止，舌锋所及，触怒鬼神，阴恶之注，不知凡几？乃犹以笃厚自居，汝谁欺？欺天乎！

“邪淫虽无实迹，君见人家美女子，必熟视之，心即摇摇不能遣，但无邪缘相凑耳！君自反身当其境，能如鲁男子乎？遂谓终身无邪色，可对天地鬼神，真妄也！

“此君之规条誓行者，尚然如此，何况其余？

“君连岁所焚之疏，悉陈于天。上帝命日游使者，察君善恶，数年无一善行可记。但于私居独处中，见君之贪念、淫念、嫉妒念、褊急念、高己卑人念、忆往期来念、恩仇报复念，憧憧于胸，不可纪极。

“此诸种种意恶，固结于中，神注已多，天罚日甚。君逃祸不暇，何由祈福哉？”

公惊愕惶悚，伏地流泪曰：“君既通幽冥事，定系尊神，愿求救度！”

张曰：“君读书明理，亦知慕善为乐：当其闻一善言时，不胜激劝；见一善事时，不胜鼓舞。但旋过旋忘，信根原自不深，恒性是以不固。故生平善言善行，都是敷衍浮沉，何尝有一事着实？且满腔意恶，起伏缠绵，犹欲责天美报，如种遍地荆棘，痴痴然望收嘉禾，岂不谬哉？

“君从今后，凡有贪淫、客气、妄想诸杂念，先具猛力，一切摒除，收拾干干净净；一顾念头，只理会善一边去。若有力量能行的善事，不图报、不务名，不论大小难易，实实落落，耐心行去；若力量不能行的，亦要勤勤恳恳，使此善意圆满。第一，要忍耐心；第二，要永远心。切不可自惰，切不可自欺。久久行之，自有不测效验。

“君家事我，甚见虔洁，特以此意报之，速速勉持，可回天意。”

言毕，即进公内室，公即起随之，至灶下，忽不见，方悟为“司命之神”。因焚香叩谢。

即于次日元旦，拜祷天地，誓改前非，实行善事。自别其号，曰“净意道人”，志誓除诸妄也。

初行之日，杂念纷呈，非疑则惰，忽忽时日，依旧浮沉。因于家堂所供观音大士前，叩头流血，敬发誓愿：愿善念永纯，善力精进，倘有丝毫自宽，永堕地狱。每日清晨，虔诵大慈大悲尊号一百声，以祈阴相。

cóng cǐ yì yán yì dòng yì niàn yì shí jiē rú guǐ shén zài páng bù gǎn qī sì
从此一言一动、一念一时，皆如鬼神在旁，不敢欺肆。
fán yí qiè yǒu jì yú rén yǒu lì yú wù zhě bú lùn shì zhī jù xì shēn zhī máng xián
凡一切有济于人、有利于物者，不论事之巨细、身之忙闲、
rén zhī zhī bù zhī lì zhī jì bù jì jiē huān xǐ xíng chí wěi qū chéng jiù ér hòu
人之知不知、力之继不继，皆欢喜行持、委曲成就而后
zhǐ suí yuán fāng biàn guǎng zhí yīn gōng qiě yǐ dūn lún qín xué shǒu qiān rěn rǔ
止。随缘方便，广植阴功。且以敦伦、勤学、守谦、忍辱，
yǔ fū yīn guǒ bào yìng zhī yán féng rén huà dǎo wéi rì bù zú
与夫因果报应之言，逢人化导，惟日不足。

měi yuè huì rì jí jì yí yuè suǒ xíng suǒ yán zhě jiù zào shén chù wéi shū yǐ
每月晦日，即计一月所行所言者，就灶神处为疏以
gào zhī
告之。

chí zhī jì shú dòng jí wàn shàn xiāng suí jìng zé yí niàn bù qǐ rú shì sān
持之既熟，动即万善相随，静则一念不起。如是三
nián nián wǔ shí suì nǎi wàn lì èr nián jiǎ xū huì shì zhāng jiāng líng wéi shǒu fǔ
年，年五十岁，乃万历二年，甲戌会试，张江陵为首辅，
chuò wéi hòu fǎng yú tóng xiāng wèi zǐ zé shī rén jiāo kǒu jiàn gōng suí pìn fù jīng shī
辍闱后，访于同乡，为子择师。人交口荐公，遂聘赴京师；
gōng qiè juàn yǐ xíng zhāng jìng gōng dé pǐn wéi yuán lì rù guó xué
公挈眷以行。张敬公德品，为援例入国学。

wàn lì sì nián bǐng zǐ fù jīng xiāng shì suí dēng kē cì nián zhōng jìn shì
万历四年丙子，附京乡试，遂登科；次年中进士。

yí rì yè nèi jiàn yáng gōng yáng lìng wǔ zǐ chū bài jiē qí mì zhū sì fāng wéi
一日，谒内监杨公，杨令五子出拜，皆其觅诸四方，为
jǐ sì yǐ yú lǎo zhě nèi yì zǐ nián shí liù gōng ruò shú qí mào wèn qí jí yuē
己嗣以娱老者。内一子，年十六，公若熟其貌，问其籍，曰
jiāng yòu rén xiǎo shí wù rù liáng chuán dú yī xī jì xìng shì lǘ lǐ gōng shèn yà zhī
江右人，小时误入粮船，独依稀记姓氏闾里。公甚讶之！
mìng tuō zuǒ zú shuāng zhì wǎn rán gōng dà hū yuē shì wǒ ér yě yáng yì jīng
命脱左足，双痣宛然。公大呼曰：“是我儿也！”杨亦惊
è jí sòng qí zǐ suí gōng hái yù
愕，即送其子，随公还寓。

gōng bēn gào fū rén fū rén fǔ zǐ dà tòng xuè lèi bèng liú zǐ yì tí pěng
公奔告夫人，夫人抚子大恸，血泪迸流；子亦啼，捧

mǔ zhī miàn ér shì qí mù qí mǔ shuāng mù fù míng
母之面而舐其目。其母双目复明。

gōng bēi xǐ jiāo jí suí bù yuàn wéi guān cí jiāng líng huí jí zhāng gāo qí yì hòu zèng ér hái
公悲喜交集，遂不愿为官，辞江陵回籍。张高其义，厚赠而还。

gōng jū xiāng wéi shàn yì lì qí zǐ qǔ fù lián shēng qī zǐ jiē yù xī sì shū xiāng yān
公居乡，为善益力。其子娶妇，连生七子，皆育，悉嗣书香焉。

gōng shǒu shū yù zào shén jì bìng shí xíng gǎi guò shì yǐ xùn zǐ sūn shēn xiǎng kāng shòu bā shí bā suì rén jiē yǐ wéi shí xíng shàn shì huí tiān zhī bào yún
公手书遇灶神记，并实行改过事，以训子孙。身享康寿，八十八岁。人皆以为实行善事，回天之报云。

tóng lǐ hòu xué luó zhēn jì
同里后学罗祯记。

致谢

1994 年离开老家外出闯荡时，背包里的两套换身衣服与口袋中的 260 元钱就是我的全部家当，登上讲台传播中华优秀传统文化这件事，我根本想都没想过。但是，命运的神奇之处就在于——我们每个人都能创造自己不可思议的生命奇迹。离家十五年后，我竟然成为了一名传道授业解惑的教育工作者。

自 2003 年开始学习研究传统文化，至今刚好二十年，从事领导力教育工作也有十四年了。我从辛丑年（2021）的立冬写到壬寅年（2022）的立夏，两耳不闻窗外事，一心只“释”圣贤书，每天从早上的 6 点写到晚上的 23 点，腰酸背痛时就在膝盖下垫个枕头跪着写。这整整六个月的时间里，虽然完美错过了金陵城的梅花、迎春、兰花、桃花、蔷薇的次第花期，但却在壬寅立夏之日心升明月、又见芳华，终于把这本《了凡领导力》诚意满满地送到您的面前。

2011 年 11 月 2 日，我在厦门南普陀寺发愿终生传播中华优秀传统文化。一路走来，有太多贵人持续不断地走进我的生命，正是由于他们的大爱支持与鼓励，我才能取得今天的些许成绩——讲授“了凡领导力”课程九年以来，全国线下开班已经 70 多期，线上线下受众接近 20 万人。在本书付梓之际，请允许我对生命中的诸多贵人略表自己内心的诚挚谢意（排名不分先后）：

特别感谢当年公司总裁徐勤虎先生，是他的果断投资决策改变了我的命运轨迹，没有他的慷慨与大度，就不可能有今天走遍全国传播圣贤经典的我。

感谢原中华民族团结进步协会经贸会的凌孜会长、朱莉女士、闫卫东老师、杨阳女士，每次关心开课并发来贺信，闫老师更多次亲临课程担任主持。

感恩宋声良、丁旭、陈光标、林海涛、赵利平诸位兄台对我的大力支持。

感恩当年信任并支持我开课的张博皓、郭家贵、桂亮兰、徐永林、张春芳、王宗平、张丽、匡启香、任骏、汪虎，没有你们当年第一期的大爱布施，就不可能有“了凡领导力”课程在全国开课的现实。

感恩当年的领导王松、姜睿、陈俊、袁顺昌、郭伟东、夏芸对我的提携。

感恩朱子仁、李龙怀、梁凯恩、许伯恺、刘国庆、顾四国、俞智宏、郑义潇、程晓英、如平、罗福贤、陈华强、王红人等老师给予我的关爱与帮助。

感恩所有线下课程的承办方胡瑞、葛纯玮、诸葛玉堂、尹绍刚、宋佳玲、陈鼎文、周楚雄、顿勇法师、黄渲国、邱桂兰、郭红涛、张良、张波、郭无争、郭振辉、张继红、尹元国、王宇、赵卿羽、马志俊、王刚、刘红、严馨怡、曲轩毅、李猛、黄磊、颜漫丽、姜妍如、王枫媛、经仕凤、哈吉娴、王敬霞、王飞飞、孙中涛、王萍、卜泓钧、赵朔、毛智远、刘紫璇、冯瑞丽、张晓辉、路婕、毕德锋、孙凤祥、门昆仑、隋忠卫、赵卫东、刘浄菡、桂亮兰、何莉、刘雪峰、舒于娜、许蕙、张霞、张洪山、宋景锡、王芊雅、刘跃臻、孙嘉、刘志阳等众多企业家及善心人士的大爱支持。

感恩给予大爱布施的周氢（黄玉）、李国庆、陶陶、张跃、吴丽荣、霍益民、郭红涛、李秀琴、夏爱娣、袁雅莉、严莉莉、殷桂云等爱心企业家。

感谢简好蓁小姐、郭柏纬先生协助在台北寻访《袁氏家训》等珍贵文献。

感谢所有来到“喜悦人生”系列国学经典课堂中担任义工的同学们，因为人数有几百人之多，确实无法一一列举姓名，你们都是大爱的无名英雄，没有你们的付出就没有每一次课程的完美呈现。

感谢栖霞古寺方丈隆相大和尚为本书及“了凡书院”题名并予智慧开示。

感谢肖惠莹小姐无怨无悔地协助我整理文稿，并给予我很多非常有价值的建议，没有她的大力支持与付出，本书不会这么顺利完稿并出版发行。

感谢所有的古圣先贤，感谢生命道路上所有支持我成长的人和事。

感恩列祖列宗的大爱护佑，感恩父母给了我生命，感恩父亲葛于堂、母亲刘英两位大人对我的教诲，感恩爷爷、奶奶、外婆对我的哺育之恩，感恩我的岳父、岳母对我的关心照顾，感恩我的弟弟葛栋梁与弟媳宋颜丽贤伉俪尽心尽力地照顾父亲。

最后，特别感谢我的太太与儿子给予我的大力支持，我的太太一直默默地为家庭无私付出，陪伴儿子长大，接送儿子上学，让我能够腾出足够精力在传播中华优秀传统文化的光明大道上精进前行。

因自身学术水平有限，本书中难免有疏漏之处，欢迎各地了凡学者批评指正；也欢迎大家通过邮箱进行交流探讨。

葛升（字：书竹）

2022 年 5 月 21 日小满于南京

邮箱：njgesheng@126.com

助理微信：shuzhulaoshi